Kombi Buch Deutsch 9

Lese- und Sprachbuch
für Gymnasien
Ausgabe NRW

Herausgegeben von
Karla Müller und
Gottlieb Gaiser

Bearbeitet von
Dagmar Dorsch
Susanne Eckhardt
Andreas Hensel
Markus Knebel
Markus Kondert
Elke Langendorf
Karla Müller
Andreas Ramin
und Stefanie Strunz

C. C. BUCHNER

Die 4 Lernbereiche im Kombi-Buch

Im Kombi-Buch sind in jedem Kapitel alle vier Lernbereiche grundsätzlich vernetzt → Integratives Prinzip. Die Farbfelder markieren deshalb lediglich den Lernschwerpunkt in den Kapiteln bzw. auf der Seite:

1. Auflage 1 4 3 2 1 2013 12 11 10
Die letzte Zahl bedeutet das Jahr des Druckes. Alle Drucke dieser Auflage sind,
weil untereinander unverändert, nebeneinander benutzbar.

Dieses Werk folgt der reformierten Rechtschreibung und Zeichensetzung.
Ausnahmen bilden Texte, bei denen künstlerische, philologische oder lizenzrechtliche
Gründe einer Änderung entgegenstehen.

© 2010 C.C. Buchners Verlag, Bamberg

Das Werk und seine Teile sind urheberrechtlich geschützt. Jede Verwertung in anderen
als den gesetzlich zugelassenen Fällen bedarf deshalb der vorherigen schriftlichen Einwilligung
des Verlages. Das gilt insbesondere auch für Vervielfältigungen, Übersetzungen und
Mikroverfilmungen. Hinweis zu §52a UrhG: Weder das Werk noch seine Teile dürfen
ohne eine solche Einwilligung eingescannt und in ein Netzwerk eingestellt werden.
Dies gilt auch für Intranets von Schulen und sonstigen Bildungseinrichtungen.

www.ccbuchner.de

Gestaltung: Artbox Grafik & Satz GmbH, Bremen
Druck: Stürtz GmbH, Würzburg

ISBN 978-3-7661-3612-1

Inhaltsverzeichnis

Miteinander zurechtkommen

8	Daniel Fritsch, Wenn Mädchen anfangen ...
9	Simone Buchholz, Es reicht schon ein falsches Wort ...
10	Gabriele Wohmann, Ein netter Kerl
11	Wilhelm Busch, Die Selbstkritik hat viel für sich ...
12	Arezu Weitholz, Interview mit den „Ärzten"
13	Aufgaben

14	**Miteinander reden**
14	Gemeintes und Verstandenes
16	Gesprächsphasen
17	Sprachebenen
17	Paul Auster, Smoke
20	Entschuldigung einer Beleidigung
20	Sprachkritik üben – Sprache human verwenden
23	**Politische Rede – Verführung durch Sprache?**
23	Auszug aus einer Hitlerrede
25	◯ Überprüfen und Sichern: Kommunikationsprobleme
25	Die Ärzte, Lasse redn

Spotlights

27	Gottfried Benn, Ein Wort
28	Alun Lewis, Der Lapsus
31	Erich Kästner, Der gordische Knoten
32	Aufgaben

33	**Inhaltsangabe eines Erzähltextes**
33	Eine Inhaltsangabe vorbereiten
33	Michaela Seul, Allmorgendlich
35	Eine Inhaltsangabe schreiben
36	Eine Inhaltsangabe überarbeiten
36	**Untersuchung und Interpretation eines Erzähltextes**
36	Analyse von Textmerkmalen
38	Methode: Textmerkmale erkennen
39	Einen Text im historischen Zusammenhang interpretieren
39	Reiner Kunze, Nachhall
42	**Produktiver Umgang mit einem Erzähltext**
42	Planvoll und überlegt vorgehen
42	Tanja Zimmermann, Eifersucht
43	Methode: Produktive Schreibaufgaben bearbeiten
44	Leerstellen entdecken und füllen, Stilmittel bewusst verwenden
45	Methode: Füllen einer selbst gefundenen Leerstelle
45	Einen Text in eine andere Textsorte umschreiben
45	Bertolt Brecht, Der hilflose Knabe
46	Methode: Umgestalten in eine andere Textsorte
48	**Einen Text szenisch interpretieren**
48	Szenen aufführen
48	Methode: Interpretieren durch lautes Lesen
49	Eine Rollenbiografie erarbeiten
49	Methode: Erstellen einer Rollenbiografie
49	◯ Projektorientierte Aufgabe: Dramen mithilfe von Rollenbiografien interpretieren
50	◯ Überprüfen und Sichern: Inhaltsangabe
50	Markus Orths, Lehrerzimmer

Lebenswünsche – Lebenswege

54	Henriette Herz, Verlobung
55	Maxie Wander, Ein Blatt weißes Papier
56	Paul Auster, Von der Hand in den Mund
58	Václav Havel, Ohne Titel
58	Aufgaben

59	**Ein Referat vorbereiten und halten**
59	Eine Fragestellung finden
61	Die Recherche
62	Methode: Bibliotheksrecherche
62	Methode: Exzerpieren

63	Die Informationen ordnen: von der Stoffsammlung zur Gliederung
64	Im Referat erzählen – beschreiben – berichten
65	Einleitung und Schluss eines Referats formulieren
66	Das Referat veranschaulichen
67	**Methode:** Anfertigen von Thesenpapieren
68	Das Referatskript erstellen und die Zeit planen
68	○ **Projektorientierte Aufgabe:** Kurzreferate
69	Das Referat vortragen
70	**Lebenswünsche und Lebenswege im Jugendbuch – eine Textsammlung erstellen**
70	Biografische Jugendliteratur finden
71	Quellen nachweisen
72	Richtig zitieren
74	○ **Überprüfen und Sichern:** Referate halten und korrekt zitieren
74	Biografische Texte zu Wolfgang Paul

Bildschirme, Bytes und Botschaften

79	Axel Hacke, Ohne Titel
80	Ina Hönicke, Wenn das Internet zur Droge wird – im Tiefenrausch des Datenmeers
80	Joachim Feldmann, Die Fachinformatikerin: auf Zukunft programmiert
81	Hans Magnus Enzensberger, Altes Medium
82	Aufgaben
83	**Diskutieren**
84	Tabelle: Spiele-Typen
87	**Debattieren**
88	Michael Gerard Bauer, Nennt mich nicht Ismael!
89	**Schriftliches Erörtern**
89	Erfassen des Themas, Ideen- und Stoffsammlung
90	**Methode:** Internetrecherche
92	Stoffordnung und Gliederung
96	Die Argumentation
96	„Ein Laptop für jeden Schüler!"
98	Unterschiede zwischen mündlichem und schriftlichem Argumentieren
99	Erörtern im Anschluss an einen Text
99	Computer-Projekt gescheitert
100	Die Idee einer Laptop-Klasse ist eine Unverschämtheit!
101	Überleitungen
102	Einleitung und Schluss
103	Überarbeitung
103	**Methode:** Texte überarbeiten
104	**Wort und Stil – mehr als die Suche nach dem „schlagenden Argument"**
104	Wortbedeutung und Bedeutungswandel: Es kommt auch auf Feinheiten an
106	Fach- und Gruppensprache: Auch eine Frage des Stils!
107	Auszug aus dem Wörterbuch der Szenesprachen
108	Man merkt – Interneteuphorie ...
108	Frau Holle und die soziale Kiste
109	Kenntnisse in der Muttersprache: Hilfe oder Hindernis beim Erlernen einer Fremdsprache?
112	○ **Überprüfen und Sichern:** Schriftlich erörtern im Anschluss an einen Text
112	Felicitas von Lovenberg, Das Buch ist unverbesserlich

Tierbilder – Sprachbilder

- 115 Hilde Domin, Das Gefieder der Sprache
- 116 Joseph von Eichendorff, Anklänge I
- 116 E.T.A. Hoffmann, Lebensansichten des Katers Murr
- 118 Christian Morgenstern, Das Vermächtnis
- 120 Aufgaben
- 120 ○ Über Sprache nachdenken

121 Analyse von Gedichten
- 121 Gedichte untersuchen – auch im Vergleich
- 121 Hilde Domin, Möwe zu dritt
- 121 Conrad Ferdinand Meyer, Möwenflug
- 123 Methode: Ein Gedicht untersuchen
- 123 Walter Helmut Fritz, Der Wal
- 124 Ute Riedl, Vogel Herz
- 125 Hermann Hesse, Blauer Schmetterling
- 126 Gedichte interpretieren und zusätzliche Informationen einbeziehen
- 126 Johann Wolfgang Goethe, Willkommen und Abschied
- 127 Bertolt Brecht, Die Liebenden
- 128 Jochen Vogt, Bertolt Brecht
- 129 Klaus Völker, Bertolt Brecht: Eine Biographie
- 130 Kugli/Opitz (Hg.), Brecht-Lexikon
- 130 Jan Knopf, Gedichte 1924–1933
- 131 Dialekt-Gedichte
- 131 Kurt Sigel, Anpassen
- 131 Ohne Autor, Anpassen (Übersetzung)
- 132 Kurt Sigel, [...] Nach drei hochdeutschen Gedichtbänden
- 133 Klaus Groth, Fledermaus
- 133 „Cajun Night Before Christmas"
- 134 ○ Projekt: Bilder versprachlichen – Sprache verbildlichen
- 134 Christa Wolf, Verwundet
- 135 Rose Ausländer, Im Chagall-Dorf

Zusammenleben in einer Welt

- 136 Kurt Tucholsky, Augen in der Großstadt
- 138 Wladimir Kaminer, Geschäftstarnungen
- 139 Sylke Tempel, Kulturelle Vielfalt – ein Zeichen von Freiheit
- 140 Desmond Tutu, Warum gibt es Krieg?
- 143 Aufgaben
- 143 ○ Projekt: Friedensnobelpreise

144 Sachtexte verstehen
- 144 Die Struktur eines Sachtextes erkennen und skizzieren
- 144 Tahar Ben Jelloun, Papa, was ist ein Fremder?
- 148 Methode: Die Struktur eines Sachtextes erfassen
- 149 Methode: Lesestrategien
- 149 Vorwissen abrufen, Erwartungen formulieren, Verständnisfragen klären
- 150 Andreas Eschbach, Kriege der Zukunft
- 151 Methode: Einen Sachtext verstehen
- 152 Sachtexte vergleichend auswerten
- 152 Eirik Newth, Krieg und Frieden in der Zukunft

154 Eine Sachtextanalyse schreiben
- 154 Sachtexte zusammenfassen
- 155 Sachtexte vergleichend untersuchen
- 156 Eirik Newth, Globalisierung
- 157 Andreas Eschbach, Globalisierung

159 Informationen in Diagrammen und Schaubildern verstehen, beschreiben und selbst formulieren
- 159 Grafik zum täglichen Energiebedarf
- 159 Grafik zur CO_2-Emission
- 160 Schaubild „Globaler Temperaturanstieg"

161	**Besondere Sachtexte verstehen und verfassen**
161	Schriftlich appellieren
163	Mit Gebrauchsanweisungen umgehen
163	Ihre erste Fahrt
163	Verträge und Gesetze verstehen
163	Bagatellschäden
164	Gesetz zum Schutz der arbeitenden Jugend
165	○ Über Sprache nachdenken
166	○ Überprüfen und Sichern: Sachtexte verstehen
166	Wege aus der Krise – die globale Wasserpolitik

Gutes Klima?

170	Hans Magnus Enzensberger, Das Ende der Eulen
172	Interview – Wege aus dem Energie-Irrsinn
174	Rainer Burchardt, Hochwasser
175	Aufgaben
175	○ Über Sprache nachdenken

176	**Protokollieren**
176	Das Verlaufsprotokoll
177	Aufmerksam zuhören und das Wichtigste notieren
179	Methode: Mitschreiben
179	Die äußere Form des Protokolls
181	Die Sprache des Protokolls
182	Mario Molina, Ozon sorgt nicht nur für den blauen Himmel …
183	Warum ist es im Winter so kalt?
184	Das Protokoll überarbeiten
185	**Rechtschreibung, Zeichensetzung und Grammatik eigener Texte überarbeiten**
185	Groß- und Kleinschreibung
186	Zusammen- und Getrenntschreibung
186	Fach- und Fremdwörter
187	Dass oder das?
187	Laut-Buchstaben-Zuordnung
188	Substantivierungen
188	Zeichensetzung in Satzgefügen
188	Dirk Asendorpf, Viel Energie auf hoher See
189	Kommas bei Einschüben
190	Nach Äsop, Ein verschwenderischer junger Mann …
190	Doppelpunkt
191	Zeichensetzung bei Zitaten
192	Bindestrich, Ergänzungsstrich, Gedankenstrich
195	Übereinstimmung von Subjekt und Prädikat (Kongruenz)
195	Wort- und Satzstellung variieren
196	Und sonst?
197	○ Überprüfen und Sichern: Protokoll

Katastrophen

200	Adalbert Stifter, Vorrede zu „Bunte Steine"
202	Gert Ledig, Vergeltung
203	Johann Peter Hebel, Unglück der Stadt Leiden
204	Ray Bradbury, Die letzte Nacht der Welt
207	Jakob van Hoddis, Weltende
208	Aufgaben

209	**Thema „Katastrophen" – immer ähnlich, immer anders?**
211	Novelle: Heinrich von Kleist „Das Erdbeben in Chili"
215	Roman: Christa Wolf „Störfall. Nachrichten eines Tages"
217	Das fünfaktige Drama: Henrik Ibsen „Ein Volksfeind"

Zwischen Inszenierung und Information

- 223 Die Videoinstallation „Die letzte Familie"
- 224 Hilde Domin, Fernsehgedicht „Brennende Stadt"
- 224 Manfred Spitzer, Studien zu Gewalt in Computer- und Videospielen
- 226 Sonja Mikich, Kritischer Journalismus
- 228 Heinrich Böll, Die verlorene Ehre der Katharina Blum
- 230 Aufgaben
- 230 ○ Über Sprache nachdenken

- 231 **Sich mit medial vermittelten Texten auseinandersetzen**
- 231 Medien vergleichen
- 231 Wolfgang Meier, Dimensionen des Medienbegriffs
- 233 Realität und Fiktion in den Medien
- 233 Herlinde Koelble, Lügen Bilder?
- 234 „Bild-Manipulation"
- 235 ○ Projekt: Bildeinsatz in den Medien
- 235 Infotainment
- 236 Sich einmischen statt wegschauen – gegen Gewalt durch Medien
- 236 ○ Über Sprache nachdenken
- 237 Filme analysieren
- 238 Wolfgang Gast, Einstellungsgrößen im Film

○ Übung macht den Meister

- 240 Übungen zur Wiederholung, Intensivierung und Vertiefung

- 241 **Einheit 1 zu „Bildschirm, Bytes und Botschaften"**
- 241 Kenntnisse der Fremdsprachen nutzen und Sprachbewusstsein entwickeln
- 241 Wörterbuchstrecken aus Duden 1991 und 2006
- 243 Schriftlich Erörtern
- 243 Mathias Schreiber, Deutsch for sale
- 244 Englisch ist Geschäftssprache
- 247 **Einheit 2 zu „Zusammenleben in einer Welt"**
- 247 Sachtexte und diskontinuierliche Texte verstehen
- 247 Andrea Börner, Leere im Meer
- 250 Diagramm „Fischbestände auf offener See"
- 251 Diagramm „Entwicklung der Fangergebnisse"
- 252 Diagramm „Fisch und Ernährung"
- 253 **Einheit 3 zu „Gutes Klima"**
- 253 Protokollieren
- 256 **Einheit 4 zu „Katastrophen"**
- 256 Rechtschreib- und Sprachwandel

- 259 Anhang
- 259 Der Wissensspeicher
- 279 Autoren- und Quellenverzeichnis
- 283 Textsortenverzeichnis
- 284 Bildquellenverzeichnis
- 285 Sachregister

Miteinander zurechtkommen

Daniel Fritsch

Wenn Mädchen anfangen, sich mit uns zu streiten, kapieren wir […] meistens überhaupt nichts mehr. Wir denken: Man streitet sich über ein
5 Thema. Aber Mädchen brauchen kein Thema zum Streiten. Sie legen einfach los. Und wir kommen nicht mit. Das Allerschlimmste: Wenn man den Ernst der Lage nicht sofort be-
10 greift und müde weiter mit der Fernbedienung rumzappt. Dann bricht über uns die Hölle los. Deshalb muss man ziemlich auf der Hut sein – und die Deflektorschilde[1] auf 100 Pro-
15 zent hochfahren. […]

[1] *Deflektorschild:* Teil des Schutzsystems eines Raumschiffes gegen Beschädigung

Simone Buchholz

Es reicht schon ein falsches Wort, eine unentschlossene Berührung. […] Mädchen streiten aus Angst zu verlieren. Sie: „Wie kannst du nur so eisig sein?" Er: „Ich bin nicht eisig, ich bin wie immer. Was hast'n du plötzlich?" Sie: „Ich hab' überhaupt nichts. Du bist einfach anders als früher." Er: „Spinnst du?" Sie: „Ich spinne nicht. Ich hab' Angst." Er: „Versteh' ich nicht. Kriegste deine Tage?" Wusste sie es doch. Er versteht sie nicht. Wahrscheinlich hat er sie nie verstanden. Sie ist sauer. […] Am Ende geht sie einfach. Lässt ihm nur noch ihre stillen Tränen da und die Tür ins Schloss fallen. Hat er nun davon. War ja nicht bereit, sich mit ihr auseinanderzusetzen. Jetzt ist sie eben weg. […]

Gabriele Wohmann
Ein netter Kerl

Ich habe ja so wahnsinnig gelacht, rief Nanni in einer Atempause. Genau wie du ihn beschrieben hast, entsetzlich.
Furchtbar fett für sein Alter, sagte die Mutter. Er sollte vielleicht Diät essen. Übrigens, Rita, weißt du, ob er ganz gesund ist?
Rita setzte sich gerade und hielt sich mit den Händen am Sitz fest. Sie sagte: Ach, ich glaub' schon, daß er gesund ist. Genau wie du es erzählt hast, weich wie ein Molch, wie Schlamm, rief Nanni. Und auch die Hand, so weich.
Aber er hat dann doch auch wieder was Liebes, sagte Milene, doch, Rita, ich finde, er hat was Liebes, wirklich.
Na ja, sagte die Mutter, beschämt fing auch sie wieder an zu lachen; recht lieb, aber doch gräßlich komisch. Du hast nicht zu viel versprochen, Rita, wahrhaftig nicht. Jetzt lachte sie laut heraus. Auch hinten im Nacken hat er schon Wammen, wie ein alter Mann, rief Nanni. Er ist ja so fett, so weich, so weich! Sie schnaubte aus der kurzen Nase, ihr kleines Gesicht sah verquollen aus vom Lachen.
Rita hielt sich am Sitz fest. Sie drückte die Fingerkuppen fest ans Holz.
Er hat so was Insichruhendes, sagte Milene. Ich find ihn so ganz nett, Rita, wirklich, komischerweise.
Nanni stieß einen winzigen Schrei aus und warf die Hände auf den Tisch; die Messer und Gabeln auf den Tellern klirrten.
Ich auch, wirklich, ich find ihn auch nett, rief sie. Könnt ihn immer anseh'n und mich ekeln.
Der Vater kam zurück, schloß die Eßzimmertür, brachte kühle nasse Luft mit herein. Er war ja so ängstlich, daß er seine letzte Bahn noch kriegt, sagte er. So was von ängstlich.
Er lebt mit seiner Mutter zusammen, sagte Rita. Sie platzten alle heraus, jetzt auch Milene. Das Holz unter Ritas Fingerkuppe wurde klebrig. Sie sagte: Seine Mutter ist nicht ganz gesund, so viel ich weiß.
Das Lachen schwoll an, türmte sich vor ihr auf, wartete und stürzte sich dann herab, es spülte über sie weg und verbarg sie: lang genug für einen kleinen schwachen Frieden. Als erste brachte die Mutter es fertig, sich wieder zu fassen.
Nun aber Schluß, sagte sie, ihre Stimme zitterte, sie wischte mit einem Taschentuchklümpchen über die Augen und die Lippen. Wir können ja endlich mal von was anderem reden.
Ach, sagte Nanni, sie seufzte und rieb sich den kleinen Bauch, ach ich bin erledigt, du liebe Zeit. Wann kommt die große fette Qualle denn wieder, sag, Rita, wann denn? Sie warteten alle ab.
Er kommt von jetzt an oft, sagte Rita. Sie hielt den Kopf aufrecht.
Ich habe mich verlobt mit ihm.

Am Tisch bewegte sich keiner. Rita lachte versuchsweise und dann konnte sie es mit großer Anstrengung lauter als die anderen, und sie rief: Stellt euch das doch bloß mal vor: mit ihm verlobt! Ist das nicht zum Lachen!

Sie saßen gesittet und ernst und bewegten vorsichtig Messer und Gabeln.

He, Nanni, bist du mir denn nicht dankbar, mit der Qualle hab ich mich verlobt, stell dir das doch mal vor!

Er ist ja ein netter Kerl, sagte der Vater. Also höflich ist er, das muß man ihm lassen.

Ich könnte mir denken, sagte die Mutter ernst, daß er menschlich angenehm ist, ich meine, als Hausgenosse oder so, als Familienmitglied.

Er hat keinen üblen Eindruck auf mich gemacht, sagte der Vater.

Rita sah sie alle behutsam dasitzen, sie sah gezähmte Lippen. Die roten Flecken in den Gesichtern blieben noch eine Weile. Sie senkten die Köpfe und aßen den Nachtisch.

Wilhelm Busch
Die Selbstkritik hat viel für sich …

Die Selbstkritik hat viel für sich.
Gesetzt den Fall, ich tadle mich,
So hab' ich erstens den Gewinn,
Dass ich so hübsch bescheiden bin;
Zum Zweiten denken sich die Leut,
Der Mann ist lauter Redlichkeit;
Auch schnapp' ich drittens diesen Bissen
Vorweg den andern Kritiküssen[1];
Und viertens hoff' ich außerdem
Auf Widerspruch, der mir genehm.
So kommt es denn zuletzt heraus,
Dass ich ein ganz famoses Haus[2].

Wilhelm Busch (1832–1908)

[1] *Kritiküssen:* Kritikern (für den Endreim angepasste Form)
[2] *ein famoses Haus sein:* veraltet ugs. für „ein toller Typ sein"

Arezu Weitholz

Interview mit den „Ärzten"

Die Gruppe „Die Ärzte" wurde von Farin Urlaub, Bela B und Sahnie in Berlin gegründet. Später kam Bassist Rodrigo Gonzales für den zwischenzeitlich ausgestiegenen Sahnie dazu.

Wozu habe ich Freunde?
FARIN: Freunde hast du, um auch Leid mit ihnen teilen zu können. Von jüngeren Fans höre ich oft Sorgen wie „Meine Eltern sind gemein zu mir" oder „Mein Lehrer ist Alkoholiker". Die wenigsten können mit ihren Freunden sprechen. Sie sind zwar in Cliquen, aber sie vertrauen einander nichts an. Aber Freunde sind Menschen, die dich trotz unwürdiger Dinge respektieren und lieben. […]
Glück?
FARIN: In Momenten totalen Glücks war ich bisher viel zu sehr damit beschäftigt, zu *sein*. Erst später habe ich dann festgestellt: Das war ein perfekter Augenblick. […]
Wie treffe ich die richtigen Entscheidungen?
FARIN: Denk als 15-Jähriger nicht an deine Rente.
RODRIGO: Frag dich: Wo will ich hin? Was will ich erreichen?
BELA: Und dann mach' es einfach. […]
Wie werde ich ein fröhlicher Mensch?
BELA: Du musst eine Sache finden, bei der du dir selber total egal bist. Das kann auch etwas ganz Profanes sein, wie Kochen oder Zeichnen.
RODRIGO: Vielleicht kann man das auch ganz praktisch sehen: Mach andere glücklich, dann wirst du es auch. Klingt kitschig, ist aber so.
Und wie werde ich mit Traurigkeit fertig?
BELA: Es ist einfach geworden, traurig zu sein. Ein gutes Selbstwertgefühl zu erlangen und auch zu behalten, ist meiner Meinung nach das größte Problem von Jugendlichen heute. Es funktioniert noch nicht mal mehr über die richtigen Turnschuhe, über Gewalt oder die Menge der Sexualpartner. Es wird dir nicht leicht gemacht, stolz darauf zu sein, wer du bist und was du kannst. Aber du musst dran glauben.
FARIN: Tagebuchführen hilft. Nicht unbedingt jeden Tag, sondern vielleicht zwei Mal im Jahr einfach schreiben, was passiert ist im Leben, Hochphasen wie Tiefphasen. Wenn du das machst, sparst du dir in zehn Jahren einen Psychiater.
BELA: Stimmt. Egal, was: Schreiben ist immer gut.

Daniel Fritsch / Simone Buchholz (ohne Titel) (Seite 8 und 9)

1. Lies die Texte und äußere dich dann spontan, ob du die Aussagen aus deiner persönlichen Erfahrung heraus bestätigen kannst oder nicht. Vermeide dabei, Namen zu nennen oder auf jemanden deutlich anzuspielen.
2. „Mädchen brauchen kein Thema zum Streiten": Diskutiert, ob sich diese Aussage nach Lektüre des zweiten Textes halten lässt. Stellt dann auch Überlegungen an, warum der Junge den Eindruck hat, es gebe kein Streitthema.
3. Was versteht der Junge unter „Deflektorschilde hochfahren"? Beurteile seine Reaktion.
4. Schreibe, wie es wohl in der Beziehung der beiden weitergeht, nachdem das Mädchen gegangen ist. Vergleicht die von euch erfundenen Handlungsverläufe und sprecht über die Gründe, die den Schreiber/die Schreiberin zu dieser Lösung veranlasst haben.

Gabriele Wohmann, **Ein netter Kerl** *(Seite 10)*

1. Verfasse zur Geschichte von Gabriele Wohmann den einleitenden Satz einer Inhaltsangabe (Basissatz) (S. 35) . Vergleicht anschließend eure Sätze in der Klasse und einigt euch auf das zentrale Thema des Textes.
2. Beschreibe, wie sich die Ansichten der Familienmitglieder wandeln. Ist der Wandel glaubwürdig? Begründe sowohl die „Ja"- als auch die „Nein"-Position.
3. Rita geht nach dem Essen in ihr Zimmer und schreibt über das vorausgegangene Gespräch in ihr Tagebuch. Verfasse diesen Tagebucheintrag.
4. Spielt den Text als kleines Theaterstück. Achtet dabei auch auf die nonverbale Kommunikation und überprüft, welche Hinweise der Text dazu gibt.

Wilhelm Busch, **Die Selbstkritik …** *(Seite 11)*

1. In einem etwas altertümlichen Deutsch entlarvt Busch manche Gründe für Selbstkritik. Gib die vier Gründe in eigenen Worten wieder. Geh von folgendem Beispiel aus: Ein Mitschüler hat beim Fußballturnier schlecht gespielt, aber dann das alles entscheidende Tor geschossen. Nach dem Spiel sagt er: „Mein Tor ist gar nichts wert, vorher war ich soooo schlecht!"
2. Diskutiert in der Kleingruppe den Sinn echt gemeinter Selbstkritik. Denkt dabei auch ans Streiten und Versöhnen.

Arezu Weitholz, **Interview mit den „Ärzten"** *(Seite 12)*

1. Findest du die Fragen, die der Interviewer an die Musiker gestellt hat, gut oder hättest du lieber anderes erfahren? Begründe deine Meinung.
2. Markiere dir auf einer Kopie des Textes mit verschiedenen Farben die Stellen, die du vollkommen bestätigen kannst, ferner die, bei denen du anderer Ansicht bist, und solche, die dich nachdenklich stimmen. Vergleicht eure Ergebnisse in Kleingruppen.

Miteinander reden

Gemeintes und Verstandenes

1. Spielt folgende Szene: Eine Mitschülerin oder ein Mitschüler aus deiner Klasse hat auf dem Wandertag nichts zu essen dabei. Du gibst ihr bzw. ihm eines deiner belegten Brote. Sie bzw. er hebt die eine Brotscheibe an, schaut auf den Belag und fragt (mit verschiedenen Intonationen): „Was ist denn da drauf?". Was würdest du jeweils antworten?

2. Vergleiche mit den Dialogmöglichkeiten aus Aufgabe 1 den folgenden Dialog. Beschreibe, was die linke Person mit ihrer Äußerung vermutlich sagen will und wie die rechte die Frage empfunden hat. Verwende die Fachbegriffe, die du für Kommunikationsmodelle in früheren Jahren gelernt hast: *Sender/in, Empfänger/in, Botschaft/Nachricht*.

3. Natürlich geht es in Gesprächen, in denen die Beteiligten „aneinander vorbeireden", oft um Wichtigeres als das Grüne in der Soße. Um so bedeutsamer ist es, gut zuhören zu können. Geh die folgenden Merkmale durch und mach dir klar, was sie im Einzelnen konkret bedeuten:

> **Merkmale eines guten Gesprächspartners:**
> - Durch Blickkontakt und eine Aufmerksamkeit signalisierende Körperhaltung zeigt er beim Zuhören Anteilnahme.
> - Er lässt den anderen ausreden, ohne vorschnell das Gehörte zu bewerten. (Also nicht: „Ach, du bist einfach überempfindlich.")
> - Er fragt nach, statt sofort Gegenbehauptungen aufzustellen. („Wie kommst du darauf?" statt „Das stimmt doch alles gar nicht.")
> - Er verwendet mehr Ich- als Du-Botschaften.

→

→
- Er klärt die Sache, indem er sagt, wie er die Nachricht verstanden hat, und dem Sprecher Gelegenheit zur Verdeutlichung gibt: „Ich habe das so und so verstanden. Ist das so richtig?"
- Er klärt die Beziehung, indem er sagt, wie er die Nachricht empfindet, und dem Sprecher Gelegenheit zur Richtigstellung gibt:
„Ich habe den Eindruck, dass du dich verletzt fühlst. Stimmt das?"
„Ich habe den Eindruck, dass du mir an deiner Panne die Schuld gibst."

4. Fällt dir noch aus dem Unterricht früherer Schuljahre ein, was der Vorteil von Ich-Botschaften ist? Wenn nicht: Formuliere die letzten zwei Sätze im Kasten als Du-Botschaft. Vergleiche die Wirkung.

5. Auch die Körpersprache kann viel aussagen. Deute sie auf den folgenden Fotos.

Gesprächsphasen

1. Bastian trifft nach den Weihnachtsferien seine Lehrerin Frau Maier auf dem Flur. Folgendes Gespräch entwickelt sich:

BASTIAN: „Guten Tag, Frau Maier"
FRAU MAIER: „Guten Tag, Bastian. Na, schöne Ferien gehabt?"
BASTIAN: „Ja, danke. Ich war mit meiner Freundin ein paar Mal beim Eisstockschießen."
FRAU MAIER: „Ja, das muss man ausnutzen, wenn unser See alle paar Jahre mal zugefroren ist. Übrigens gut, dass ich dich sehe. Du bist doch der Klassensprecher. Nach dem Weihnachtsbazar in der Aula wurden ein roter Schal und weiße Wollhandschuhe gefunden. Frag bitte in deiner Klasse, ob jemand was vermisst."
BASTIAN: „Klar, mach ich. Wo kann man die Sachen abholen?"
FRAU MAIER: „Im Sekretariat. Oh, es klingelt schon. Nun schnell in den Unterricht. Ich hoffe, dass du wegen mir nicht zu spät kommst."
BASTIAN: „Keine Sorge, der Bio-Saal ist ja gleich um die Ecke."
FRAU MAIER: „Wiedersehen."
BASTIAN: „Wiedersehen."

Gliedere das Gespräch nach folgenden Phasen:

> **Gesprächsphasen**
> - Gesprächseröffnung
> - Gesprächsrand (Nebenthema)
> - Gesprächsmitte (Hauptthema)
> - Gesprächsrand (Nebenthema)
> - Gesprächsbeendigung

2. Lest den Dialog mit verteilten Rollen. Lasst dabei nacheinander jeweils eine der Phasen aus. Beschreibt, wie sich der Charakter des Gesprächs verändert.

3. Eine Theorie besagt, dass die Gesprächsränder der Pflege der Beziehung dienen, die Gesprächsmitte der Klärung eines Sachverhalts. Erläutere die Theorie anhand des Dialogs.

Sprachebenen

Der Ton macht die Musik! Aber was ist mit „der richtige Ton" gemeint?

1. Lest den folgenden Auszug aus einem Drehbuch erst leise, dann laut mit verteilten Rollen.

Paul Auster
Smoke

Zur Einführung: *Die Filmszene spielt in Brooklyn. Rashid ist ein 17-jähriger Farbiger, der in der Klemme steckt. Er wurde zufällig Zeuge eines Raubüberfalls und konnte die Tüte mit der Geldbeute – 5800 Dollar – an sich nehmen, während die Täter flüchteten. Nun sind die Räuber hinter ihm her. Da findet Rashid Hilfe beim Schriftsteller*
5 *Paul. Paul vermittelt ihm auch eine Arbeitsstelle im Zigarren- und Zeitschriftenladen von Auggie. Dort hat Rashid nun einen Schaden angerichtet: Weil er in die Lektüre der Zeitschriften vertieft war, hatte er vergessen, einen Wasserhahn zu schließen, sodass das Lager überflutet wurde und die von Auggie schwarz gehandelten, kostbaren kubanischen Zigarren vernichtet wurden – ein Schaden von 5000 Dollar.*

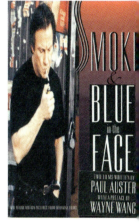

Cover der Drehbuchveröffentlichung

10 **51. Innen. Tag. Pauls Wohnung**

Nahaufnahme von RASHIDS *Gesicht. Tränenüberströmt.*
PAUL *(im Off)*: Du hast den Job verloren. Hab ich das richtig verstanden? Er hat dich einfach so rausgeschmissen?
RASHID *(unter Tränen)*: Nein, es war schon etwas komplizierter. Er hatte einen
15   Grund.
PAUL *(im Off)*: Und?
[…]
RASHID *(gegen die Tränen ankämpfend)*: Der Wasserhahn hat getropft … Ich hab ihn zugedreht, aber er hat weitergetropft und dann musste Auggie mal
20   kurz weg und ich bin im Laden gewesen … Und später … also als Auggie zurückkam … war alles überschwemmt. Die Zigarren aus Kuba waren ruiniert … Völlig durchnässt … gerade als er sie verkaufen wollte … an diese reichen Typen in Anzügen …

Schnitt. PAUL *steht mitten im Zimmer und sieht* RASHID *an, der auf dem Bett sitzt.*
25 […]
PAUL: Kein Wunder, dass er so wütend war.
RASHID: Fünftausend Dollar sind ihm durch die Lappen gegangen, hat er gesagt … Hat er immer wieder gesagt … fünftausend Dollar im Eimer … Er konnte gar nicht mehr aufhören … fünftausend Dollar, fünftausend
30   Dollar – war völlig außer sich wegen dieser fünftausend Dollar …

Schweigen. PAUL geht nachdenklich im Zimmer auf und ab. Er setzt sich auf einen Stuhl am Tisch. Denkt weiter nach.

PAUL: Du wirst jetzt Folgendes machen. Du machst deinen Rucksack auf, nimmst die Tüte mit dem Geld, zählst fünftausend Dollar ab und bringst Auggie das Geld.

RASHID *(entsetzt)*: Wie bitte? *(Pause)* Das kann doch nicht Ihr Ernst sein.

PAUL: Doch, das ist mein Ernst. Du musst mit Auggie ins Reine kommen. Wenn du das Geld schon nicht dem Kriecher[1] zurückgeben willst, dann gib es Auggie und die Sache ist erledigt. Ist wahrscheinlich sowieso das Beste. Seine Freunde zu behalten ist schließlich wichtiger, als sich um seine Feinde zu kümmern.

RASHID *(weint wieder heftig; hartnäckig)*: Nein, das mach ich nicht.

PAUL: Doch, das machst du. Wenn du Scheiße baust, musst du den Schaden auch wieder gutmachen. So ist das nun mal. Wenn du's nicht machst, schmeiß ich dich hier raus. Hast du verstanden? Wenn du Auggie nicht gibst, was du ihm schuldig bist, will ich nichts mehr mit dir zu tun haben.

RASHID: Wenn ich Auggie das Geld gebe, hab ich nichts mehr. Achthundert Dollar und einen Haufen Scheiße am Hals.

PAUL: Nur keine Sorge. Schon vergessen, dass du jetzt Freunde hast? Benimm dich anständig, dann ergibt sich alles andere von selbst.

52. Innen. Nacht. Eine Bar in Brooklyn.

AUGGIE sitzt allein an der Bar, raucht eine Zigarette und trinkt ein Bier. Er macht ein wütendes Gesicht und flucht leise vor sich hin. Wenig Betrieb in der Bar.

PAUL und RASHID treten ein und gehen auf AUGGIE zu. RASHID trägt eine braune Papiertüte unterm Arm. AUGGIE winkt sie mit einer Kopfbewegung ins Hinterzimmer. Schnitt.

Die drei nehmen an einem Tisch im Hinterzimmer Platz: langes verlegenes Schweigen.

PAUL: Es tut dem Jungen leid, Auggie.

AUGGIE *(blickt finster drein, fummelt an einer Serviette herum)*: Mir vielleicht nicht? *(Pause)* Hab drei Jahre für diese Fünftausend sparen müssen und jetzt bin ich pleite. Kann kaum noch dieses Bier bezahlen. Ganz davon abgesehen, dass mein guter Ruf zerstört ist. Mein guter Ruf, vollständig ruiniert. Und ob mir das leidtut! So eine Scheiße ist mir in meinem ganzen verdammten Leben noch nicht passiert.

PAUL: Er hat Ihnen etwas zu sagen, Auggie.

AUGGIE: Wenn er mir was zu sagen hat, warum sagt er's mir dann nicht selbst?

Ohne ein Wort zu sagen, nimmt RASHID die Tüte von seinen Knien und legt sie vor AUGGIE auf den Tisch. AUGGIE sieht die Tüte misstrauisch an.

RASHID: Das ist für Sie.

AUGGIE: Für mich? Und was soll ich mit einer Papiertüte?

RASHID: Sehen Sie mal rein.

---

[1] *Kriecher:* einer der Räuber

AUGGIE *(wirft einen Blick hinein)*: Soll das ein Witz sein?
RASHID: Nein. Das sind fünftausend Dollar.
AUGGIE *(entrüstet)*: Scheiße, ich will dein Geld nicht, Kleiner. *(Blickt noch einmal in die Tüte.)* Ist wahrscheinlich sowieso gestohlen.
RASHID: Ist doch egal, wo es herkommt. Es gehört Ihnen.
AUGGIE: Und wieso gibst du mir das Geld?
RASHID: Weil ich meinen Job wiederhaben möchte.
AUGGIE: Deinen Job? Du hast fünftausend Dollar. Was willst du dann mit so einem Scheißjob?
RASHID: Mir die Zeitschriften ansehen. Nackte Frauen so viel ich will, und das völlig umsonst.
AUGGIE: Du bist wirklich das Allerletzte, ist dir das klar?
AUGGIE schiebt die Tüte zu RASHID hin. RASHID schiebt sie umgehend wieder zu AUGGIE zurück.
PAUL: Seien Sie nicht so stur, Auggie. Er will doch nur alles wieder gutmachen.
AUGGIE *(stöhnt, schüttelt den Kopf, blickt noch einmal in die Tüte)*: Der ist verrückt.
PAUL: Nein, ist er nicht. Aber Sie.
AUGGIE *(zuckt die Schultern. Grinst plötzlich)*: Sie haben recht. War nur nicht sicher, ob Sie's wussten.
PAUL: Das sieht doch ein Blinder. Jetzt sagen Sie mal was Nettes zu ihm, damit er sich besser fühlt.
AUGGIE *(blickt noch einmal in die Tüte. Lächelt)*: Du kleiner Scheißkerl.
RASHID *(lächelt ebenfalls)*: Selber, weißes Arschloch.
PAUL *(lacht; schlägt die Hände auf den Tisch)*: Na also. Das wäre erledigt.

2. Gib in freier Nacherzählung wieder, wie Rashid sein Problem löst, warum er nicht von selbst darauf gekommen ist und mit welchen Argumenten ihn Paul überzeugt.

3. Das Gespräch zwischen Auggie und Rashid endet mit den Sätzen „Du kleiner Scheißkerl." „Selber, weißes Arschloch." Sprecht darüber,
- wie die Beziehung der beiden in dem Moment zueinander ist,
- welches Verhältnis von zwei Menschen, die so etwas zueinander sagen, man aufgrund der Sprachebene vermuten würde, wenn man den Zusammenhang nicht kennt.

Filmszene aus dem Film „Smoke" von 1994

4. Lest den Text nochmals laut mit verteilten Rollen vor. Achtet dabei darauf, dass die Stimmung der jeweiligen Figur in ihrer Sprechweise deutlich zum Ausdruck kommt.

5. Der folgende Text stammt aus einem Briefsteller[1] von 1906 und empfiehlt eine bestimmte Form des Entschuldigungsschreibens. Arbeite mit einem Partner zusammen. Verfasst ein solches „Musterschreiben" in einem zeitgemäßen Deutsch.

[1] *Briefsteller:* Anleitung zum Briefeschreiben, enthält Mustertexte

Entschuldigung einer Beleidigung

Sehr geehrter Herr!
Am heutigen Morgen ist es mein erstes Geschäft, an Sie zu schreiben und Sie wegen der großen Uebereilung um Verzeihung zu bitten, die ich mir gestern gegen Sie zu Schulden kommen ließ. Der bloße Gedanke daran ist mir so peinlich, dass ich alles darum geben möchte, den Vorfall aus meiner Erinnerung verwischen zu können. Ich komme heute noch zu Ihnen, um mir persönlich die Versicherung zu holen, dass Sie mir mein unverantwortliches Benehmen verzeihen, denn nur diese kann mich etwas beruhigen. Wahrlich, ich würde sehr unglücklich sein, durch meine Unbesonnenheit die Freundschaft eines Mannes zu verlieren, den ich stets hochachte und dem ich auch ferner zu zeigen bemüht sein werde, welchen großen Wert ich auf seine Zuneigung lege. – Genehmigen Sie deswegen den Ausdruck wahrer Hochachtung, mit dem ich zeichne als
    Ihr reumütiger

Sprachebenen (Stilebenen)
- z.B. umgangssprachlicher, standardsprachlicher, förmlicher Stil usw.
- Welche Sprachebene jeweils angemessen ist, hängt ab:
  - von der Situation: worüber man spricht, mit welcher Absicht und zu wem,
  - von der Zeit, in der man lebt,
  - von der Kultur, in der man lebt.

Sprachkritik üben – Sprache human verwenden

1. Bilde jeweils einen Satz, in dem der erste Begriff aus dem Begriffspaar vorkommt. Tausche das Wort nun gegen das zweite aus und unterhaltet euch darüber, welchen Bedeutungsunterschied ihr gefühlsmäßig feststellen könnt.
   - Fahrzeugkolonne – Blechlawine
   - Trivialliteratur – Schund
   - Mann – Typ
   - Polizist – Bulle
   - Frau – Gattin
   - Zimmer – Appartement
   - Haus – Hütte

2. „… ist von uns gegangen", „… ist sanft entschlafen" oder so ähnlich heißt es oft in Todesanzeigen. Es wird selten wörtlich gesagt, dass jemand gestorben ist. Erläutere, warum dies so ist.

3. Analysiere auch die folgenden Formulierungen.
auf einem *gewissen Örtchen* • *die Tage haben* • Das Baby hat *ein großes Geschäft gemacht*. • Vorsicht, tritt nicht in den *Haufen*! • *Machen Sie sich* zur Untersuchung mal *oben rum frei*.
Welche Dinge/Tätigkeiten werden „umschrieben"?

> **Euphemismus**: indirekte, beschönigende Umschreibung eines Sachverhalts
> **Tabu**: Vorschrift innerhalb einer Gesellschaft darüber, was nicht direkt bezeichnet werden darf (auch: was nicht getan werden darf)

4. Suche nach weiteren Euphemismen. Eine Hilfestellung kann dabei sein, wenn du an Tabu-Themen („Darüber spricht man nicht") denkst.

5. Außer solchen eher harmlosen Euphemismen gibt es aber auch „Schönrednerei", hinter der eine üble Absicht steckt. In solchen Fällen kann auch von „Unwörtern" die Rede sein. Untersuche die folgenden Formulierungen und überlege, welche Absicht hinter ihnen steckt:

Freisetzung für *Entlassung* • *Schadgut* für *Giftmüll* • *Reichskristallnacht* für *Judenpogrom am 9. November 1938* • *Diätenanpassung* für *Erhöhung der Bezüge der Abgeordneten* • *Minuswachstum* für *Rückgang*

6. Untersuche auch die folgenden Begriffe. Ermittle zunächst, was eigentlich gemeint ist. Erkläre dann, welche Bildlichkeit verwendet wird und welcher Eindruck dadurch erweckt wird/werden soll:

Rentnerschwemme • *Schülermaterial* • *ethnische Säuberung* • *Sonderbehandlung* (Nazi-Deutsch) • *notleidende Banken*

> - **„Unwörter"**: Da Sprache und Denken eng zusammenhängen,
>   - kann Sprache das Denken einer Person entlarven, z. B. ein negatives Menschenbild spiegeln,
>   - kann Sprache verwendet werden, um das Denken anderer zu manipulieren, z. B. indem schlimme Sachverhalte harmlos oder positiv erscheinen.
>
>   In beiden Fällen spricht man von „Unwörtern".
> - **Sprachkritik** betreibt, wer die negativen Ansichten und Absichten aufzeigt, die sich hinter bestimmten Sprachverwendungen verbergen.
> - **Sprachpflege** betreibt, wer sich um einen korrekten und respektvollen Sprachgebrauch bemüht.

7. Jährlich stellt die Gesellschaft für deutsche Sprache die derzeit aktuellen „Unwörter" an den Pranger, indem sie diese öffentlich analysiert. Lies Genaueres auf der Homepage „www.unwortdesjahres.org" nach. Verfolge auch die Kontroversen darum, ob die vermeintlich negative Bedeutung eines Wortes „wirklich so gemeint war". Diskutiert über die Argumentationen.

8. Untersuche, in welche Richtung bei den folgenden Beispielen das Denken durch bestimmte Formulierungen *positiv* gelenkt werden soll:
   - *Raumpflegerin* statt *Putzfrau*
   - *Förderschule* statt *Sonderschule*
   - *„Aktion Mensch"* statt *„Aktion Sorgenkind"*
   - *Freiheitskämpfer* statt *Terrorist*
   - *Freitod* statt *Selbstmord*
   - *Greifvogel* statt *Raubvogel*
   - *Wildkraut* statt *Unkraut*

9. Ihr wisst sicher längst, dass man nicht mehr *Neger* sagt. Auch die Bezeichnungen *Zigeuner* und *Eskimo* sind in Verruf geraten. Tauscht euer Wissen aus: Warum ist das so? Was sagt man stattdessen?

10.
   „4000 Studenten sind diesen Herbst neu an der Uni X"

   „4000 Studentinnen und Studenten sind diesen Herbst neu an der Uni X"

   „4000 Studierende sind diesen Herbst neu an der Uni X"

Gemeint ist jeweils derselbe Sachverhalt. Vergleicht die sprachliche Ausdrucksweise. Welche Formulierung ist am neutralsten?

„Political Correctness" (PC) / „Politisch korrekter" Sprachgebrauch:
- Formulierungen, die an die Stelle von Bezeichnungen, die als diskriminierend (herabsetzend) empfunden werden oder die bestimmte Gruppen ausgrenzen, bessere Bezeichnungen setzen.
- Die Bewegung der „PC" nahm in den USA der späten 80er Jahre ihren Anfang.
- Sie bezog sich dort vor allem auf die Achtung von Minderheiten und die Gleichberechtigung der Frau.

---

11. Diskutiert in der Klasse über politisch korrekten Sprachgebrauch. Bezieht bei eurer Diskussion auch die Aspekte mit ein, die durch Beispiele wie *liebe Mitbürgerinnen und Mitbürger, sehr geehrte Mitarbeiterinnen und Mitarbeiter* etc., *Lehrkraft* oder *Auszubildende als zahnmedizinische Fachangestellte (m/w) gesucht* veranschaulicht werden können.

Politische Rede – Verführung durch Sprache?

1. „Mit einem Hammer kann man einen Nagel in die Wand schlagen, aber auch einen Menschen töten." Erörtere, inwiefern auch politische Reden etwas Sinnvolles oder etwas Gefährliches sein können, je nachdem wer redet und was er bezwecken will. Gib Beispiele aus Vergangenheit und Gegenwart.

2. Die Fähigkeit zur Sprachkritik ist vor allem dort notwendig, wo Diktatoren Menschen zu verführen versuchen. Untersuche die folgenden Ausschnitte aus einer Rede, die Hitler 1934 vor Angehörigen der Jugendorganisationen hielt. Stelle die einzelnen Appelle zusammen, die die Rede enthält. Diskutiert diese Appelle aus heutiger Sicht in der Klasse.

[1] *Unbilden:* Unannehmlichkeiten

„Ihr müsst nun das in eure Jugend aufnehmen und lernen, was wir dereinst in ganz Deutschland sehen möchten. Wir wissen, es wird nichts im Völkerleben geschenkt. Alles muss erkämpft und erobert werden. Man wird dereinst nicht beherrschen, was man nicht vorher gelernt und sich anerzogen hat. Wir wollen ein Volk sein, und ihr, meine Jugend, sollt dieses Volk nun werden. [...]

Wir wollen, dass das Volk friedliebend, aber auch tapfer ist, und ihr müsst deshalb friedfertig sein und mutig zugleich!

Wir wollen, dass dieses Volk einst nicht verweichlicht wird, sondern dass es hart sei, dass es den Unbilden[1] des menschlichen Lebens Widerstand zu leisten vermag, und ihr müsst euch in der Jugend dafür stählen!

Ihr müsst lernen, hart zu sein, Entbehrungen auf euch zu nehmen, ohne jemals zusammenzubrechen!

Wir wollen, dass dieses Volk dereinst wieder ehrliebend wird, und ihr müsst euch schon in den jüngsten Jahren zu diesem Begriff der Ehre bekennen!

Wir wollen aber, dass ihr einst auch wieder ein stolzes Volk werdet, und ihr müsst in eurer Jugend in einem wehrhaften Stolz leben, müsst stolz sein als

² *auf das:* damit
³ *dereinst:* eines Tages

Junggenossen eines stolzen Volkes, *auf dass*² dereinst³ eurer Jugendstolz zum Stolz der Nation wird.

Alles, was wir vom Deutschland der Zukunft fordern, das, Jungen und Mädchen, verlangen wir von euch. Das müsst ihr üben, und das müsst ihr damit der Zukunft geben. Denn was immer wir auch heute schaffen und was wir tun, wir werden vergehen.

Aber in euch wird Deutschland weiterleben, und wenn von uns nichts mehr übrig sein wird, dann werdet ihr die Fahne, die wir einst aus dem Nichts herausgeholt haben, in euren Fäusten halten müssen. Und ihr müsst daher feststehen auf dem Boden eurer Ehre und ihr müsst hart sein, auf dass euch diese Fahne nie entfällt, und dann mag nach euch wieder Generation um Generation kommen, und ihr könnt von ihr dasselbe fordern und verlangen, dass sie so wird, wie ihr gewesen seid.

3. Von Hitlers Reichspropagandaminister Goebbels stammt der Ausspruch: „Propaganda hat mit Wahrheit nichts zu tun." Wir wissen aus dem weiteren Verlauf der Geschichte, dass auch in dieser Rede bewusst gelogen wurde. Zeige, an welchen Stellen dies besonders offensichtlich ist.

4. *Pathos* meint „(übertriebene) Gefühlserregung, Feierlichkeit". Zeige, dass Hitlers Rede pathetisch ist, also sich eher an die Gefühle als an den Verstand der Hörer richtet.

5. Zeige, wo Hitler die rhetorischen Mittel Anapher (gleicher Satzbeginn), Wortwiederholungen und Antithesen (Gegensatz) benutzt und wo er sich bildlich ausdrückt.

6. Stelle dir vor, ein Politiker würde diese Rede heute vor Jugendlichen halten – wie würden die Reaktionen ausfallen? Was erwarten heutige Jugendliche von Inhalt und Sprache einer politischen Rede?

> Politische Reden haben das Ziel, dass sich die Hörer der politischen Meinung des Redners anschließen. Oft richten sie sich eher an die Gefühle der Hörer als an deren Verstand. Dem dient nicht selten ein pathetischer Stil. Rhetorische Mittel sollen die Wirkung der Rede verstärken.

7. Verfasst nun selbst in Zweiergruppen jeweils zwei kurze Redetexte (ca. 5 Minuten Redezeit), die ihr vor der Klasse haltet, um eure Mitschüler davon zu überzeugen, euch als nächsten Klassensprecher zu wählen.
   - Eine Fassung appelliert an die Gefühle der Zuhörer.
   - Die zweite Fassung argumentiert mit stichhaltigen Argumenten für die eigene Wahl. Verwendet jeweils passende rhetorische Mittel.

Kommunikationsprobleme

Die Ärzte
Lasse redn

Hast du etwas getan, was sonst keiner tut?
Hast du hohe Schuhe oder gar einen Hut
Oder hast du etwa ein zu kurzes Kleid getragen
Ohne vorher deine Nachbarn um Erlaubnis zu
5   fragen?

Jetzt wirst du natürlich mit Verachtung gestraft
Bist eine Schande für die ganze Nachbarschaft
Du weißt noch nicht einmal genau, wie sie heißen
Während sie sich über dich schon ihre Mäuler
10   zerreißen

Lass die Leute reden und hör ihnen nicht zu
Die meisten Leute haben ja nichts Besseres zu tun
Lass die Leute reden, bei Tag und auch bei Nacht
Lass die Leute reden – das haben die immer schon
15   gemacht

[…]

Rasierst du täglich deinen Damenbart oder
Hast du im Garten ein paar Leichen verscharrt?
Die Nachbarn haben da so was angedeutet
20 Also wunder dich nicht, wenn bald die Kripo
    läutet.

Lass die Leute reden und hör einfach nicht
    hin
Die meisten Leute haben ja gar nichts Böses
25   im Sinn
Es ist ihr eintöniges Leben, was sie quält
Und der Tag wird interessanter, wenn man
    Märchen erzählt

Und wahrscheinlich ist ihnen das nicht mal
30   peinlich
Es fehlt ihnen jede Einsicht
Und wieder mal zeigt sich: Sie sind kleinlich
Unvermeidlich fremdenfeindlich

Hast du gehört und sag mal, wusstest du schon?
35 […]
Lass die Leute reden und lächle einfach mild
[…]
Lass die Leute reden, denn wie das immer ist:
Solang die Leute reden, machen sie nichts
40   Schlimmeres.
Und ein wenig Heuchelei kannst du dir
    durchaus leisten.
Bleib höflich und sag nichts – das ärgert sie
    am meisten.

1. Studiere folgende Kommunikationsmodelle und erläutere die Unterschiede.

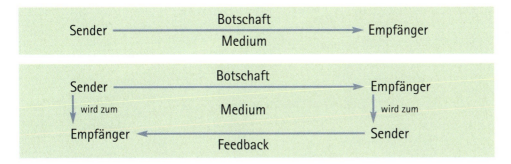

2. Diskutiere mit deinem Nachbarn, wieso die Kommunikation zwischen den Menschen in dem Song nicht funktioniert.
3. Suche die Textstellen, an denen erklärt wird, aus welchen Gründen Menschen anderen übel nachreden. Diskutiert: Stimmen sie mit eurer Lebenserfahrung überein?
4. Entnimm dem Text, welche Tipps die „Ärzte" zur Lösung des Problems geben. Liste die Tipps auf und bewerte, ob sie Abhilfe schaffen. Sammle zudem weitere Lösungsmöglichkeiten.

Spotlights

Gottfried Benn
Ein Wort

Ein Wort, ein Satz –: aus Chiffren[1] steigen
erkanntes Leben, jäher Sinn,
die Sonne steht, die Sphären[2] schweigen,
und alles ballt sich zu ihm hin.

5 Ein Wort – ein Glanz, ein Flug, ein Feuer,
ein Flammenwurf, ein Sternenstrich –
und wieder Dunkel, ungeheuer,
im leeren Raum um Welt und Ich.

[1] *Chiffre:* Ziffer, Namenszeichen, Geheimzeichen

[2] *Sphären schweigen:* vgl. *Sphärenmusik:* nach dem antiken Philosophen Pythagoras dem Ohr nicht hörbare, durch die Bewegung der Himmelskörper verursachte Töne

Aufgaben: Seite 32

[1] *Lapsus:* Versehen

Alun Lewis
Der Lapsus[1]

Um 4.13 Uhr zeigte Henry dem Bahnbeamten seine Zeitkarte und stieg in den Eisenbahnwagen ein. Höflich nickte er Miss Burge, der Kindergärtnerin, zu, die in ihrer Abteilecke saß und an dem grünen Pullover strickte, den sie vorigen Monat angefangen hatte. Und er grüßte auch die Gemeindeschwester mit ihrem runden, schwarzen, hochkrempigen Hut, die sich ihre Schwesterntasche inniglich gegen den Magen drückte. Beide lächelten sie zurück – ohne etwas zu sagen, es wurde überhaupt niemals etwas gesagt –, und er ging zu seinem Stammplatz am anderen Ende des Wagens. Er stopfte seine Pfeife und wartete auf die Abfahrt des Zuges; und dann steckte er sie wieder in die Tasche.

[2] *Weberschiffchen:* länglicher Gegenstand, auf dem der Faden gewickelt ist, den man beim Weben horizontal zu den vertikal aufgespannten Kettfäden hin- und herführt

Hin und zurück, hin und zurück wie ein Weberschiffchen[2], morgens zur Arbeit, abends nach Hause, ra-ta-ta, ra-ta-ta, im Takt des fahrenden Zuges ... Wie oft habe ich diese Fahrt in den letzten fünf Jahren schon gemacht? Wenn ich die Strecken aneinanderreihte, würde daraus ein langer Reiseweg – vielleicht bis mitten nach Tibet, die Turkestanisch-Sibirische-Bahn entlang ... mitten unter Muschiks ... Oh, lieber Gott! Henry gähnte und starrte gleichgültig auf die Reihe schlampigschmutziger Hintergärten und flatternder Wäscheleinen, an denen der Zug vorbeifuhr. Zweimal am Tag, und das fünf Jahre lang, ausgenommen nur die Feiertage, vorbei an jenem eintönigen Durcheinander der Hinterhöfe, wo die Hausfrauen die Asche des Vortages siebten, wo Kinder auf der Treppe saßen und ihr Marmeladenbrot aßen. Es war deprimierend, diese Straßen jeden Tag zu sehen, immer das gleiche, immer die gleichen Leute – wie viele von ihnen wussten wohl, dass sie zu lebenslänglich verurteilt waren?

Und dann war der Zug mit einem Ruck und Rasseln in der offenen Landschaft, die Hügel schossen wie Schwalben heran. Unterhalb der Böschung strudelte der schwarze Fluss, der von den Kohlengruben eingangs des Tales herunterkam. Und der Zug ratterte über die Brücke, die den Fluss überspannte. Henry spürte die Leere unter der Brücke unvermittelt und hohl in seiner Magengrube, wie ein Vogel, der plötzlich durch eine dumpfleere Höhle schießt. Und weiter, mit wachsendem Tempo durch den Bergeinschnitt. Was soll ich heute Abend bloß anfangen? Das fragte die müde Stimme in seinem Kopf. Kino? Oder sich etwas hinlegen und dann runter zum Billardsaal schlendern? Ich weiß nicht, was ich machen werde, ich kann mich niemals entschließen. Ich weiß schon, wie es laufen wird – ich werde an meinem Schlafzimmerfenster stehen und in die leere Straße hinunterschauen. Und schließlich werde ich gar nicht ausgehen. Ich werde – wie üblich – den Abend vertrödeln und so ungenutzt lassen wie alles andere auch. Ich sollte mich aufraffen, etwas zu tun, weiterzukommen … Eines Tages werde ich den Willen aufbringen, etwas zu unternehmen, um all diesem Leerlauf einen Sinn zu geben … etwas Bedeutendes, unbekümmert um … ich *muss* …

Was wird's wohl heute Abend zu essen geben? Mutter wird alles fertig haben, was es auch sein mag, aufgewärmt wird es bereitstehen. Und sie wird mir beim Essen gegenübersitzen, sie wird mir zusehen, wie ich es hineinschlinge. Und danach wird sie eine Tasse Tee mit mir trinken … Der Doktor sagt, dass sie gesund ist. Aber so manches Mal träume ich, sie sei tot, und dann wache ich schweißgebadet auf.

Die erste Station. Die Schülerin steigt ein und setzt sich dahin, wo sie immer sitzt, und sie nimmt ein Buch aus der Schultasche. In dieser Woche ist es ein anderes Buch. Sie ist in den letzten fünf Jahren ein ganzes Stück gewachsen. Sie war immer ein etwas klein geratenes, flachbrüstiges Persönchen, das stets seinen Kopf zum Fenster rausstreckte. Jetzt sitzt sie da, vertieft in ihr Buch, und alles, was sie tut, wirkt irgendwie anders. Sie muss ungefähr 16 sein, sie sieht kaum so alt aus mit ihrer ausgefransten Ponyfrisur und den schwarzen Strümpfen. Sie hat ein eigenartiges Gesicht; wer sie nicht länger kennt, würde sie sicherlich nicht hübsch nennen. Ein Fremder sähe nur ihre vorstehenden Zähne, ihr wenig ausgeprägtes Kinn, ihre flachen Backenknochen. Er würde ihren versteckten Charme übersehen, den Blick, den sie hat, wenn sie sich von ihrem Buch abwendet, um aus dem Fenster zu sehen. Sie zieht sich jetzt die Wollhandschuhe an; an der nächsten Station wird sie aussteigen. Wüsste ich doch, wo sie wohnt – in den Reihenhäusern mit den roten Dächern zur Rechten oder in dem Gewirr schmutziger Hintergassen zur Linken? Im Grunde spielt es keine Rolle; der Zug fährt immer schon weiter, bevor sie den Bahnsteig verlassen hat. Manchmal, wenn sie das Kapitel vor dem Halten des Zuges noch nicht zu Ende hat, geht sie mit dem aufgeschlagenen Buch den Bahnsteig entlang …

Die kleine Frau, die nur donnerstags mitfährt, schnarcht. Sie legt stets ihre Füße hoch und nickt ein. Ihr Kopf fällt nach vorn, ihre einem Gallapfel ähnliche Nase sinkt fast bis in den Einkaufskorb, und der rosa Regenschirm liegt quer auf ihrem Schoß. Ihre Schuhe müssten neu gesohlt werden. Oh, verdammt und verflucht! Immer und immer dasselbe, regelrecht entnervend. Man möchte das Fenster zerschlagen, die Notbremse ziehen, schreien … Stattdessen schluckt

Edward Hopper (1882–1967), Route 6, Eastham

man den Schrei; man spürt noch, wie er heraus-
will, wie er wild gegen den Kehlkopfdeckel
schlägt. Und man sitzt unbeweglich da, schaut
auf den braunen Hut der alten Dame, auf die
strickende Miss Burge und auf *sie*, wie sie liest.
Wirklich reizvoll war es, ihr Heranwachsen zu
beobachten, sich Gedanken über sie zu machen,
sich zu fragen, wie sie heiße und was wohl in
ihrem Kopf vorgehe, wenn sie las, sich vorzustel-
len, wie ihr das Leben mitspielen würde, und
Mitleid für sie zu empfinden, irgendwie …

Der Zug hielt mit einer Erschütterung, die alle Fenster erklirren ließ. Die roten
Dächer und die biskuitfarbenen Fassaden der neuen Häuser warteten draußen
schon treu und brav. Das Mädchen schloss sein Buch und stieg gehorsam aus.
Und dann – ganz plötzlich – stand Henry von seinem Platz auf und ging zum
Wagenausgang, vorbei an Miss Burge und der Gemeindeschwester, die ihn
anstarrten. Das Blut klopfte wie ein Stahlhammer hinter seinen Augen. Er fin-
gerte an der Wagentür herum und zog gewaltsam daran, aber er kam raus und
stand – zum ersten Mal überhaupt – auf der Asche des Bahnsteigs. Sie war ein
paar Meter vor ihm und las gerade ihr Kapitel zu Ende, sie ging langsam,
ahnungslos. Er machte einen Schritt. Der Dienstmann rief dem Schaffner zu:
„Fertig!" Der Lokomotivführer lehnte sich zum Führerstand hinaus. Henry
stand stocksteif. Er blickte auf das Mädchen, auf die Gleise, auf die gelbe
Reklame von „Duck, Son and Pinker's Pianos". Der Schaffner rief ihm zu:
„Weshalb steigen Sie denn hier aus?" Die grüne Flagge, der Pfiff der Lokomo-
tive … Henry kletterte mühsam in den Wagen zurück, der Schaffner schrie laut
hinter ihm her, und ein Eisenbahner fluchte. Er schloss die Tür mit zittriger
Hand und bewegte sich unbeholfen zu seinem Platz zurück. Miss Burge und
die Gemeindeschwester starrten zunächst ihn und dann sich gegenseitig an. Er
nahm nichts wahr. Er ließ sich bloß schwerfällig auf seinen Sitzplatz fallen, er
drückte seine Hände fest zusammen, indem er sie zwischen die Knie presste.
Nach einigen Minuten schnäuzte er die Nase und rieb sich ein paar Schmutz-
körner aus den Augen. Der Zug donnerte mit einem schrillen Pfiff in die
schwarze Mündung des Tunnels. Die alte Dame wachte davon auf. Sie öffnete
die Augen und brachte ihren Kragen in Ordnung, als ob es die natürlichste
Sache von der Welt sei, nach dem Verschließen der Augen diese auch wieder zu
öffnen.

Der Zug kam aus dem Tunnel und hielt. Die alte Dame nahm ihren Korb und
rosa Schirm, Miss Burge rollte ihr Strickzeug ein, die Schwester steckte mit der
silbernen Hutnadel ihren runden, hochkrempigen Hut fest. Henry folgte ihnen
hinaus auf den Bahnsteig und schlich sich am Schaffner vorbei – wie ein Verbrecher.

Erich Kästner

Der gordische Knoten

Wir alle kennen ihn noch aus der Geschichtsstunde, den makedonischen Alexander. Und auch die Anekdote mit dem berühmten gordischen Knoten kennen wir noch, die dem jugendlichen Eroberer nachgesagt wird. Als er in Gordium einzog und von dem kunstvoll verschlungenen Knoten hörte, den bislang kein Mensch hatte aufknüpfen können, ließ er sich stracks[1] hinführen, besah sich das berühmte Ding von allen Seiten, bedachte den Orakelspruch, der dem Auflöser des Problems großen Erfolg und weit hallenden Ruhm verhieß, zog kurz entschlossen sein Schwert und hieb den Knoten mitten durch.

Na ja. Die Soldaten Alexanders jubelten natürlich. Und man pries die Intelligenz und Originalität des jungen Königs. Das ist nicht gerade verwunderlich. Eines muss ich allerdings ganz offen sagen – meine Mutter hätte nicht dabei sein dürfen! Wenn meine Mutter daneben gestanden hätte, hätte es Ärger gegeben. Wenn ich als Junge, kein Haar weniger originell und intelligent als Alexander, beim Aufmachen eines verschnürten Kartons kurz entschlossen mein Schwert, beziehungsweise mein Taschenmesser zog, um den gordischen Bindfaden zu durchschneiden, bekam ich mütterlicherseits Ansichten zu hören, die denen des Orakels diametral[2] widersprachen und die jubelnden Truppen aus Makedonien außerordentlich verblüfft hätten. Alexander war bekanntlich ein großer Kriegsheld, und die Perser, Meder, Inder und Ägypter pflegten Tag und Nacht vor ihm zu zittern. Nun, meine Mutter hätte sich diesem Gezitter nicht angeschlossen. „Knoten schneidet man nicht durch!", hätte sie in strengem Tone gesagt. „Das gehört sich nicht, Alex! Strick kann man immer brauchen!" Und wenn Alexander der Große nicht so jung gestorben, sondern ein alter, weiser Mann geworden wäre, hätte er sich vielleicht eines Tages daran erinnert und bei sich gedacht: „Diese Frau Kästner, damals in Gordium, hatte gar nicht so unrecht. Knoten schneidet man nicht durch. Wenn man es trotzdem tut, sollten die Soldaten nicht jubeln. Und wenn die Soldaten jubeln, sollte man sich wenigstens nichts darauf einbilden!"

[1] *stracks:* geradewegs

[2] *diametral:* entgegengesetzt

Aufgaben: Seite 32

Gottfried Benn, **Ein Wort** *(Seite 27)*

1. Die Überschrift des Kapitels heißt „Spotlights". Zerlege das Wort in seine zwei Bestandteile und definiere dann genau, was mit einem Spotlight gemeint ist (im Unterschied z. B. zum Flutlicht und zum Mondschein).
2. Benn hat sein Gedicht „Ein Wort" genannt. Erkläre mithilfe der zweiten Strophe, warum das Wort für Benn auch ein „Spotlight" ist.
3. Bereite einen Gedichtvortrag (S. 48) vor, indem du dir ein Arbeitsblatt mit dem Gedicht geben lässt und dort einzeichnest, wo du Pausen machst, wo du langsam oder schnell sprechen willst. Trage nun das Gedicht vor. Dabei kannst du vom Blatt ablesen. Vergiss aber nicht, ab und zu Blickkontakt mit deiner Klasse aufzunehmen. Selbstverständlich kannst du das Gedicht auch auswendig lernen.

 Alun Lewis, **Der Lapsus** *(Seite 28)*

1. Gib in eigenen Worten wieder, was du über die Lebenssituation des jungen Mannes erfährst.
2. Markiere auf einer Kopie des Textes, an welchen Stellen die Gedanken des jungen Mannes (Innensicht) erkennbar werden. Untersuche, wie der Autor dem Leser deutlich macht, ob gerade die Außensicht oder die Innensicht dargestellt wird.
3. Die Kurzgeschichte heißt „Der Lapsus" (das Versehen). Suche im Text, wo ein Versehen geschildert wird, und erörtere, ob es sich wirklich um ein Versehen handelt.
4. Wenn es in der Erzählung nur um irgendeinen jungen Mann namens Henry ginge, den wir alle nicht kennen, würde der Text niemanden interessieren. Wenn die Kurzgeschichte jedoch ein „Spotlight" auf ein Problem wirft, das viele Menschen haben, dann wird sie möglicherweise plötzlich interessant. Wie könnte man das Problem deiner Meinung nach allgemein formulieren?
5. Zeige, dass der Text alle Merkmale der Gattung *Kurzgeschichte* erfüllt. Benutze dazu den Wissensspeicher (S. 273).

 Erich Kästner, **Der gordische Knoten** *(Seite 31)*

1. Die Anekdote, auf die sich der Autor bezieht, nämlich Alexanders Zerschlagen des gordischen Knotens, ist für Kästner ein „Spotlight", ein Schlaglicht auf eine bestimmte Art zu denken und zu handeln, die er ablehnt. Erkläre: Was ist das für eine Denk- und Handlungsweise, die er kritisiert?
2. Alexander machte in der Antike internationale Politik. Erörtere, was es heute in der Politik bedeuten könnte, einen Knoten zu zerschlagen oder ihn geduldig zu entwirren. Suche möglichst nach Beispielen.
3. Kästners Texte sind oft kritisch und komisch zugleich. Untersuche: Wodurch wirkt der Text komisch?

Inhaltsangabe eines Erzähltextes

Eine Inhaltsangabe vorbereiten

1. Manche aus deiner Klasse fahren vielleicht täglich mit öffentlichen Verkehrsmitteln wie Bus, Straßenbahn oder U-Bahn zur Schule. Erzählt: Begegnen einem immer wieder dieselben Leute, die einem eigentlich unbekannt sind? Erscheinen manche besonders unsympathisch oder sympathisch und worauf beruht der Eindruck?

2. In dem folgenden Erzähltext geht es um eine solche Situation. Lest den Text und tauscht eure Gedanken darüber aus, worin die Pointe der Handlung besteht.

Michaela Seul
Allmorgendlich

Jeden Morgen sah ich sie. Ich glaube, sie fiel mir gleich bei der ersten Fahrt auf. Ich hatte meinen Arbeitsplatz gewechselt und fuhr vom Ersten des Monats an mit dem Bus um 8.11 Uhr.

Es war Winter. Jeden Morgen trug sie den kirschroten Mantel, weiße, pelzbe-
5 setzte Stiefel, weiße Handschuhe, und ihr langes, dunkelbraunes, glattes Haar war zu einem ungewöhnlichen, aber langweiligen Knoten aufgesteckt. Jeden Morgen stieg sie um 8.15 Uhr zu und ging mit hocherhobenem Kopf auf ihren Stammplatz, vorletzte Reihe rechts, zu.

Das Wort mürrisch passte gut zu ihr. Sie war mir sofort unsympathisch. So geht
10 es mir oft: Ich sehe fremde Menschen, wechsle kein Wort mit ihnen und fühle Ablehnung und Ärger bei ihrem bloßen Anblick. Ich wusste nicht, was mich an ihr so störte, denn ich fand sie nicht schön; es war also kein Neid.

Sie stieg zu, setzte sich auf ihren seltsamerweise immer freien Platz, holte die Zeitung aus ihrer schwarzen Tasche und begann zu lesen. Jeden Morgen ab
15 Seite drei. Nach der dritten Station griff sie erneut in die Tasche und holte – ohne den Blick von der Zeitung zu wenden – zwei Brote hervor. Einmal mit Salami und einmal mit Mettwurst. Lesend aß sie. Sie schmatzte nicht und trotzdem erfüllte mich ihr essender Anblick mit Ekel.

Die Brote waren in einem Klarsichtbeutel aufbewahrt und ich fragte mich oft, ob
20 sie täglich einen neuen Beutel benutzte oder denselben mehrmals verwendete. Ich beobachtete sie ungefähr zwei Wochen, als sie mir gegenüber das erste Mal ihre mürrische Gleichgültigkeit aufgab. Sie musterte mich prüfend. Ich wich ihr nicht aus. Unsere Feindschaft war besiegelt. Am nächsten Morgen setzte ich mich auf ihren Stammplatz. Sie ließ sich nichts anmerken, begann wie immer
25 zu lesen. Die Stullen[1] packte sie allerdings erst nach der sechsten Station aus. Jeden Morgen vergrämte sie mir den Tag. Gierig starrte ich zu ihr hinüber, saugte jede ihrer mich persönlich beleidigenden, sich Tag für Tag wiederholenden Hantierungen auf, ärgerte mich, weil ich vor ihr aussteigen musste und sie in den Vorteil der Kenntnis meines Arbeitsplatzes brachte.

[1] *Stullen:* berlinerisch für belegte Brote

Erst als sie einige Tage nicht im Bus saß und mich dies beunruhigte, erkannte ich die Notwendigkeit des allmorgendlichen Übels. Ich war erleichtert, als sie wieder erschien, ärgerte mich doppelt über sie, den Haarknoten, der ungewöhnlich und trotzdem langweilig war, den kirschroten Mantel, das griesgrämige Gesicht, die Salami, die Mettwurst und die Zeitung.

Es kam so weit, dass sie mir nicht nur während der Busfahrten gegenwärtig war, ich nahm sie mit nach Hause, erzählte meinen Bekannten von ihrem unmäßigen Schmatzen, dem Körpergeruch, der großporigen Haut, dem abstoßenden Gesicht. Herrlich war es mir, mich in meine Wut hineinzusteigern; ich fand immer neue Gründe, warum ihre bloße Gegenwart mich belästigte. Wurde ich belächelt, beschrieb ich ihre knarzende Stimme, die ich nie gehört hatte, ärgerte mich, weil sie die primitivste Boulevardzeitung las und so fort.

Edward Hopper (1882–1967), Compartement C, Car 293

Man riet mir, einen Bus früher, also um 8.01 Uhr zu fahren, doch das hätte zehn Minuten weniger Schlaf bedeutet. Sie würde mich nicht um meinen wohlverdienten Schlaf bringen! Vorgestern übernachtete meine Freundin Beate bei mir. Zusammen gingen wir zum Bus.

SIE stieg wie immer um 8.15 Uhr zu und setzte sich auf ihren Platz. Beate, der ich nie von IHR erzählt hatte, lachte plötzlich, zupfte mich am Ärmel und flüsterte: „Schau mal, die mit dem roten Mantel, die jetzt das Brot isst, also ich kann mir nicht helfen, aber die erinnert mich unheimlich an dich. Wie sie isst und sitzt und wie sie schaut."

3. Bezeichne, worauf Beates Bemerkung ein „Schlaglicht" wirft bzw. was die Ich-Erzählerin möglicherweise plötzlich erkennt. Du kannst über den Text hinausgehende, eigene Überlegungen anstellen.

4. Bereite eine Inhaltsangabe der Kurzgeschichte vor, indem du den Text in Sinnabschnitte gliederst. Vergleicht eure Einteilungen und diskutiert die Unterschiede.

5. Unterstreiche in einer Kopie des Textes die Passagen, die für das Verständnis des Handlungsverlaufs und der Pointe wichtig sind. Vergleicht eure Unterstreichungen und diskutiert wiederum die Unterschiede.

Eine Inhaltsangabe schreiben

1. Die Inhaltsangabe ist nicht die bloße Wiedergabe eines Textes in einer anderen Form, sondern ein Text *über* einen Text. Deshalb muss sich notwendigerweise etwas an der sprachlichen Gestaltung ändern. Erinnere dich an das, was du in der 7. und 8. Jahrgangsstufe gelernt hast, und ergänze mündlich:
- In der Vorlage (Seuls „Allmorgendlich") steht die Hauptperson in der 1. Person Singular. In der Inhaltsangabe wird über die Hauptperson berichtet; sie steht deshalb in ...
- In der Vorlage berichtet die Ich-Erzählerin in Z. 47 ff., was aus ihrer Sicht „vorgestern" geschah. In der Inhaltsangabe wird daraus: ...
- In der Vorlage wird das, was die Freundin sagt, in direkter Rede wiedergegeben. Bei einer mündlichen Nacherzählung würde man vielleicht sagen: „Die Freundin lacht und flüstert: ‚Die Frau mit dem roten Mantel erinnert mich in ihrer ganzen Art sehr an dich!'" Bei einer schriftlichen Inhaltsangabe wird daraus: ...
- In der Vorlage steht: „Lesend aß sie. Sie schmatzte nicht und trotzdem erfüllte mich ihr essender Anblick mit Ekel." Bilde für die Inhaltsangabe ein Satzgefüge.

2. Welche Informationen in der Einleitung zur Inhaltsangabe immer vorhanden sein müssen, hast du schon in der 8. Klasse gelernt.

> „In der Kurzgeschichte ‚Allmorgendlich' von Michaela Seul wird dargestellt, wie ..."
> Textsorte   Titel   Autorin/Autor   ?

Die folgenden Beispiele sind Vorschläge, wie der Einleitungssatz fortgeführt werden könnte. Mache dir klar, wofür im Schema das ? steht. Welche der folgenden Vorschläge treffen den Inhalt der Kurzgeschichte am besten?

a) ... eine Frau mit dem Bus fährt und sich dabei Gedanken über eine fremde Frau macht, die schließlich zur Selbsterkenntnis führen.
b) ... eine junge Frau sich in die Abneigung gegen eine Unbekannte hineinsteigert.
c) ... eine Frau bei der allmorgendlichen Fahrt mit dem Bus eine Abneigung gegen eine ihr unbekannte Mitfahrerin entwickelt und am Schluss erkennen muss, dass sie selbst dieser ähnlich ist.
d) ... eine Frau, die jeden Morgen mit dem Bus zur Arbeit fährt, eine Fremde beobachtet und dabei etwas über sich selbst erfährt.
e) ... wie eine Frau von ihrer Abneigung gegen eine Unbekannte geheilt wird.
f) ... wie einer Frau von einer Freundin die Wahrheit ins Gesicht gesagt wird.
g) ... die Autorin jeden Morgen zur Arbeit fährt, immer dieselbe Frau dabei trifft und diese nicht leiden kann.

3. Vergleiche das Tempus dieser Einleitungssätze mit dem Tempus der Vorlage und formuliere erneut die Regel für das Verfassen von Inhaltsangaben, die du schon in den Klassen 7 und 8 gelernt hast.

4. Verfasse eine Inhaltsangabe der Kurzgeschichte mit Einleitungssatz.

Eine Inhaltsangabe überarbeiten

1. Setzt euch in Schreibkonferenzen zusammen und überarbeitet einige Inhaltsangaben anhand der folgenden Checkliste.

Eine Inhaltsangabe **informiert** über den Inhalt eines anderen Textes und hat nicht die Absicht zu unterhalten. Deshalb sind folgende Merkmale für sie kennzeichnend:
- Sie gibt nur das wieder, was zum Verständnis des Handlungsverlaufs notwendig ist. Ausschmückungen lässt sie weg.
- Sie baut keine Spannung auf.
- Sie ist im Sachstil geschrieben und enthält keine Bewertungen.
- Sie löst sich vom Wortlaut der Vorlage und gibt den Inhalt in eigenen Worten wieder.
- Sie fasst direkte Rede berichtend zusammen oder gibt sie in der indirekten Rede (☞ S. 265) wieder.

Sie ist ein **Text über einen anderen Text**.
- Deshalb verändert sich die Perspektive bei Personen-, Orts- und Zeitangaben. Z.B. wird aus der 1. Person die 3. Person, aus *gestern* wird *am Tag zuvor*, aus *hier* wird *dort* usw.
- Das Tempus der Inhaltsangabe ist das Präsens. Vorzeitiges steht im Perfekt.

Die Inhaltsangabe wendet sich an einen Leser, der den Text nicht kennt.
- Deshalb wird bei der ersten Erwähnung einer Person der unbestimmte Artikel verwendet. („Eine junge Frau fährt ...")
- Sätze werden möglichst zu Satzgefügen verbunden, weil durch Konjunktionen der Zusammenhang der Handlungsschritte klarer wird.

---

2. Überarbeite deine eigene Inhaltsangabe, sofern sie nicht schon in der Konferenz besprochen wurde.

Untersuchung und Interpretation eines Erzähltextes

Analyse von Textmerkmalen

1. Michaela Seul hätte viele Möglichkeiten gehabt, das Geschehen im Text (☞ S. 33 f.) darzustellen. Bei der Entstehung des Textes musste sie vor und auch während des Schreibens eine Vielzahl von Entscheidungen treffen. Einige Ihrer Wahlmöglichkeiten siehst du in der folgenden Mind-Map. Übertrage sie in dein Heft, ergänze die Möglichkeiten und füge ggf. noch weitere Äste ein.

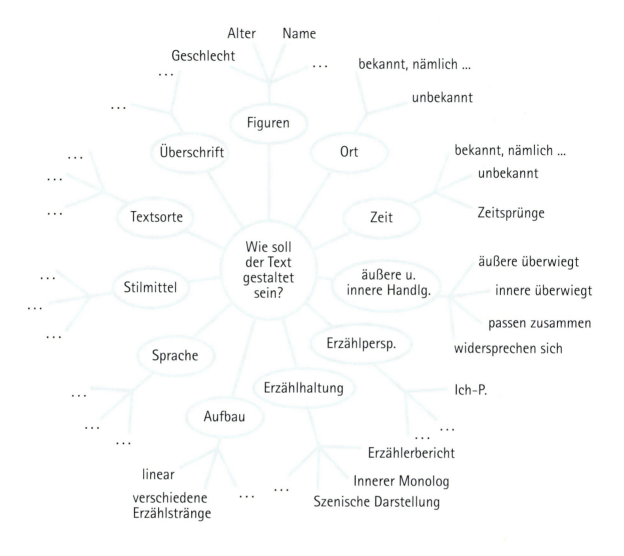

> Unter folgenden Aspekten werden Erzähltexte meist untersucht. Sie spielen auch bei der Überlegung, wie man einen Erzähltext gestalten will, eine Rolle:
> - Figuren
> - Ort
> - Zeit
> - äußere und innere Handlung
> - Erzählperspektive
> - Erzählhaltung
> - Aufbau
> - Sprache
> - Stilmittel
> - Textsorte
> - Überschrift

2. Beschreibe die Merkmale des Textes „Der gordische Knoten" (S. 31) aus dem Lesebuchteil, indem du dich an den im Merkkasten genannten Aspekten orientierst.

3. Sprecht darüber, was sich eurer Meinung nach an der Wirkung der Kurzgeschichte Seuls ändern würde, wenn
- nicht die Freundin Beate am Schluss sprechen würde, sondern die Mutter der Ich-Erzählerin;
- statt eines unbestimmten Ortes genau erklärt wäre, wo die Handlung spielt, nämlich in Paris;
- die Handlung aus der Perspektive eines auktorialen Erzählers mit Erzählerkommentar geschrieben wäre;
- die Überschrift lauten würde: „Selbsterkenntnis ist der erste Schritt zur Besserung" oder „Eine bittere Überraschung";
- die Kurzgeschichte in eurem Dialekt geschrieben wäre;
- die Handlung als Sketch im Fernsehen gebracht würde.

Textmerkmale erkennen

Die Besonderheit eines Textes wird oft dann leicht erkennbar, wenn man Gestaltungsalternativen erprobt und überlegt, was sich an der Textbedeutung, seiner Aussage und Wirkung ändern würde. Zu jedem der Untersuchungsaspekte sind solche Alternativen denkbar!

4. Im Anschluss an eine Inhaltsangabe wird von dir häufig verlangt, dass du noch weitere Aufgaben bearbeitest, in denen du den Text interpretierst, d.h. untersuchst und deutest. Der Begriff *Interpretation* enthält in der Regel zwei Bestandteile:

Interpretation	
Untersuchung (Analyse) des Textes anhand von Untersuchungsaspekten (in der Aufgabenstellung genannt)	und **Deutung** des Untersuchungsbefundes: gibt an, welche Bedeutung die bei der Analyse ermittelten Merkmale im Textzusammenhang haben und wie sie die Wirkung des Textes beeinflussen

Besprecht zusammen mit eurer Lehrkraft, wie die folgenden Aufgabenbeispiele genau zu bearbeiten wären:
- Untersuche die Gattungsmerkmale der Kurzgeschichte „Allmorgendlich" (S. 33 f.) und deute diese.
- Untersuche den Aufbau der Kurzgeschichte „Allmorgendlich" und deute diesen.
- Untersuche in der Kurzgeschichte „Allmorgendlich" das Verhältnis von innerer und äußerer Handlung und deute es.

Einen Text im historischen Zusammenhang interpretieren

1. Lest den folgenden Text und sprecht darüber, wie ihr ihn versteht. Macht euch klar, was ihr über die drei Untersuchungsaspekte *Hauptpersonen*, *Ort* und *Zeit* erfahrt.

Reiner Kunze
Nachhall

Als Michael aus den Bierstuben kam, wirkte der Platz wie leer gekippt. Unterhalb des Warenhauses sprang ein Motor an: Der Jugend-Müll wurde eben abgefahren. Und eine Scherbe schändete den Platz:
5 er. Zwischen Posten, die dastanden wie schnell gewachsene Gehölze, Polizeigrün, Immergrün.
Seine Gitarre lag nicht mehr auf dem Brunnenrand. Sie hatten seine Gitarre. Sie hatten eine Geisel.
Der Polizist sagte: „Ihre Gitarre suchen Sie? Kom-
10 men Sie mit."
Während Michael im Gang des Polizeigebäudes neben den anderen stand, das Gesicht zur Wand und die Arme erhoben, wurde der Tag ausgeschrien.
„Schuhe ausziehn! Wenn du nicht sofort die Schuhe
15 ausziehst, kriegst du eins in die Schnauze, und wo *die* Pfote hinhaut, dort wächst kein Gras mehr!"
Sie hatten auf der Brunneneinfassung gesessen: Lehrlinge, Schüler, Rentner. Viele Passanten waren stehen geblieben und hatten ihnen Beifall gespendet, vor allem den beiden Ungarn. Der eine hatte fast Funken aus den Saiten geschlagen.
20 Auf dem Ordnungsstrafbescheid über 10 Mark, mit dessen Entgegennahme Michael um drei Uhr morgens sein Instrument auslöste, stand: Störung des sozialistischen Zusammenlebens (Spielen mit Gitarre).

Berliner Alexanderplatz 1973

2. Der Text, so wie er hier vorliegt, ist unvollständig. Der Autor Reiner Kunze hat nämlich im Original die folgenden Zeilen vorangestellt:

> Hier wird nicht gespielt! Eure Zeit ist vorbei, geht nach Hause!
> *(Polizeistreife zu Jugendlichen, die am 8. August 1973, drei Tage nach Abschluss der Weltfestspiele, auf dem Alexanderplatz Gitarre spielten.)*

Stelle fest, was sich an deinem ersten Textverständnis verändert, wenn du diesen Zusatz in deine Überlegungen einbeziehst.

3. Offensichtlich wäre es gut, mehr über die Ereignisse, auf die sich der Autor bezieht, zu wissen, wenn wir den Text verstehen wollen. In einer Literaturgeschichte finden sich in einer Interpretation von „Nachhall" u. a. folgende Ausführungen:

1973 wurde in Ost-Berlin ein großes kommunistisches Jugendtreffen veranstaltet, die „Weltfestspiele". Die Polizei war angewiesen, missliebige Jugendliche aus dem eigenen Staat fernzuhalten, dagegen den Gästen aus aller Welt gegenüber großzügig zu sein.
„Nachhall", die Überschrift des Textes, bezieht sich auf die Musik bei den Weltfestspielen, die noch nachhallt, sodass die Jugendlichen weiter musizieren (mit Gitarren, Sinnbildern dekadenter[1] westlicher Musik); aber ein Nachhall anderer, schrillerer Art ist ebenfalls zu hören: die Überreaktion der Polizisten.
[...]
Der Text stammt aus dem Buch „Die wunderbaren Jahre" (1976), einer Sammlung von Kurzprosa. [...] Ein auffälliges Stilmittel sind die bedeutungsvollen Auslassungen: Die eigentliche Kritik am Staat und seinen Organen ist nicht in Worte gefasst, sondern steht zwischen den Zeilen. Der Inhalt sind Beobachtungen aus dem Alltag in der DDR, meist aus dem Leben der Jugendlichen. [...]

REINER KUNZE wurde 1933 als Arbeiterkind im Erzgebirge geboren. Sein Universitätsstudium (Philosophie und Publizistik) brach er kurz vor der Promotion wegen massiver politischer Angriffe ab und arbeitete als Hilfsschlosser in einer Maschinenfabrik. Er hielt sich längere Zeit in der Tschechoslowakei auf und heiratete eine tschechische Zahnärztin. [...] Seine Schriftstellerei wurde zunehmend erschwert; wegen der „Wunderbaren Jahre" wurde er aus dem Schriftstellerverband ausgeschlossen und erhielt Publikationsverbot. Seine Frau verlor ihre Stellung. 1977 siedelte Reiner Kunze in die Bundesrepublik Deutschland über und lebt seitdem in der Nähe von Passau.
Kunze ist vor allem Lyriker („Sensible Wege", „Zimmerlautstärke"). Sein Thema ist die Selbstbehauptung des Individuums in einer indoktrinierten[2] Massengesellschaft.

[1] *dekadent:* sittenlos

[2] *indoktrinieren:* mit Zwang ideologisch beeinflussen

Unterscheide, welche Sätze der Interpretation den historischen Zusammenhang klären, in dem der Text entstanden ist, und welche eine Textdeutung aussprechen.

4. Beschreibe in deinen eigenen Worten, welche neue – von deiner ersten Deutung abweichende – Bedeutung der Text dadurch bekommt, dass der historische Zusammenhang bekannt ist.

5. Der Literaturwissenschaftler hat sich bei seiner Interpretation nicht mit dem Text „pur" auseinandergesetzt, so wie du das meist im Deutschunterricht machst, sondern zusätzliche Informationen zu unterschiedlichsten Gesichtspunkten herangezogen.

> **Interpretation im Zusammenhang mit zusätzlichen Informationen**
>
> **Untersuchung** des Textes + Einbeziehung von zusätzlichem Wissen: → eigene **Deutung**
> - **historischer Zusammenhang** der dargestellten Ereignisse
> - **Zusammenhang** des Textes **mit anderen Texten** des Autors
> - **Biografie** des Autors
>
> Achtung: Du musst deine Deutung immer auf Textstellen beziehen. Die Einbeziehung zusätzlicher Informationen darf nicht dazu führen, dass du dich vom eigentlichen Text entfernst.

Bestimme: In welchen Zeilen des Interpretationstextes auf S. 40 geht der Wissenschaftler auf den historischen Zusammenhang ein, in welchen auf den Zusammenhang mit anderen Werken, in welchen auf die Autorenbiografie?

6. Im Lesebuchteil findest du den Text „Der gordische Knoten" von Erich Kästner (☞ S. 31). Er erschien erstmals 1946 in einer Zeitschrift. Späteren Veröffentlichungen, z. B. Werksammlungen, stellte der Autor folgende Sätze voran:

> *„Es ist kein Wunder, dass die im Dritten Reich herangewachsene Jugend, an die Kriegsheldenverehrung gewöhnt, die ‚Abrüstung' ihrer Ideale nicht ohne weiteres hinnehmen konnte und wollte. Im Folgenden versuchte ich es mit Humor, den Halbwüchsigen die militante Geschichtsschreibung in Frage zu stellen."*

Gib Kästners Gedankengang in einem Satz wieder, indem du die folgenden Wörter der Reihe nach mit eigenen Worten verbindest:
Drittes Reich → Kriegsheldenverehrung → militante Geschichtsschreibung → 1946: Abrüstung dieser Ideale → humorvolle Infragestellung

7. Erläutere, inwiefern Kästners Neubewertung von Alexanders Verhalten in seinem Text auf S. 31 dem Zweck dient, den er in seiner Vorrede ausdrückt.

8. Sprecht darüber, wie die historische Zusatzinformation, welche Kästners Vorrede gibt, euer Verständnis der Erzählung verändert hat.

Produktiver Umgang mit einem Erzähltext

Planvoll und überlegt vorgehen

Tanja Zimmermann
Eifersucht

Diese Tussi! Denkt wohl, sie wäre die Schönste, Juhu, die Dauerwelle wächst schon raus. Und diese Stiefelchen von ihr sind auch zu albern. Außerdem hat sie sowieso keine Ahnung. Von nix und wieder nix hat die 'ne Ahnung.
Immer, wenn sie ihn sieht, schmeißt sie die Haare zurück wie 'ne Filmdiva. Das sieht doch ein Blinder, was die für 'ne Show abzieht. Ja, okay, sie kann ganz gut tanzen. Besser als ich. Zugegeben. Hat auch 'ne ganz gute Stimme, schöne Augen, aber dieses ständige Getue. Die geht einem ja schon nach fünf Minuten auf die Nerven.
Und der redet mit der ... stundenlang. Extra nicht hingucken. Nee, jetzt legt er auch noch den Arm um die. Ich will hier weg! Aber aufstehen und gehen, das könnte der so passen. Damit die ihren Triumph hat.
Auf dem Klo sehe ich in den Spiegel, finde meine Augen widerlich, und auch sonst, ich könnte kotzen. Genau, ich müsste jetzt in Ohnmacht fallen, dann wird ihm das schon leidtun, sich stundenlang mit der zu unterhalten.
Als ich aus dem Klo komme, steht er da: „Sollen wir gehen?" Ich versuche es betont gleichgültig mit einem Wenn-du-willst, kann gar nicht sagen, wie froh ich bin. An der Tür frage ich, was denn mit Kirsten ist.
„O Gott, eine Nervtante, nee, vielen Dank!" ...
„Och, ich find' die ganz nett, eigentlich", murmel ich.

1. Eine produktive Aufgabenstellung zum Text „Eifersucht" könnte lauten: „Schreibe eine äußere Handlung zu dem Text. Baue Teile des inneren Monologs wörtlich oder sinngemäß ein."
Man muss keine „poetische Ader" haben, um so eine Aufgabe bearbeiten zu können, sondern wie bei allen anderen Schreibaufgaben ist planvolles Vorgehen gefragt:
Schritt 1: Macht euch im Gespräch klar, was genau von euch verlangt wird. Unterstreiche die Schlüsselwörter in der Aufgabenstellung.
Schritt 2: Der Ausgangstext besteht zwar zu einem großen Teil aus innerer Handlung, aber einige Textinformationen lassen Schlüsse auf das äußere Geschehen zu: Was erfährst du aus dem Text über die drei wichtigen Untersuchungsaspekte *Hauptpersonen, Ort, Zeit(raum)*? Mach dir Notizen am Rand, wenn du den Text als Kopie erhalten hast, wenn nicht, schreibst du es dir in dein Heft.
Schritt 3: Sammle nun Ideen für deinen eigenen Text. Geh dabei die Untersuchungsaspekte, die du auf S. 37 kennengelernt hast, durch. Sie werden nun zu Gestaltungsaspekten, denn du schreibst ja einen neuen Text. Zu manchen Aspekten wird dir mehr, zu anderen weniger einfallen und bei manchen ist es vielleicht bei dieser Aufgaben-

stellung nicht so wichtig, dass du dich festlegst. Auf jeden Fall musst du dich aber entscheiden, aus welcher Perspektive du schreiben willst.
Beispiel:

	Meine Ideen:
Hauptpersonen:	• Marlene, 16 Jahre, sportlicher, natürlicher Typ, seit einem halben Jahr befreundet mit
	• Marco, 16 Jahre, der in die Nachbarklasse geht,
	• Kirsten, 15 Jahre, modisch, attraktiv, seit 2 Monaten mit Marlene und Marco in der Theater-AG
Ort:	...
Zeit:	...
Stationen der äußeren Handlung: ...	
Erzählperspektive: ...	

Schritt 4: Verfasse nun einen Schreibplan, in dem du stichpunktartig den Aufbau deines Textes festhältst: Womit soll die Geschichte beginnen? Welche Ereignisse sollen der Reihe nach dargestellt werden?
Schritt 5: Schreibe nun deine Geschichte. Dabei ist es ganz normal, wenn du beim Schreiben neue Ideen einfließen lässt und/oder Veränderungen an deinem ursprünglichen Plan vornimmst.
Schritt 6: Setzt euch in Schreibkonferenzen zusammen, lest euch eure Texte vor und beurteilt diese: Wurde die Aufgabenstellung erfüllt? Passen die Teile des Ausgangstextes und die Teile des eigenen Textes logisch zusammen? Ist der Text stilistisch gelungen? Was ist besonders gut an dem Text und sollte unbedingt gleich bleiben?
Schritt 7: Überarbeite nun deinen Text. Überprüfe dabei auch die Sprachrichtigkeit.

Produktive Schreibaufgaben bearbeiten

I. Vorbereitungsphase
- genaues Erfassen der Aufgabenstellung
- Untersuchung des Ausgangstextes im Hinblick auf die Aufgabenstellung
- Ideensammlung für den eigenen Text mithilfe der „Gestaltungsaspekte" *Person(en), Ort, Zeit*
- Schreibplan für den eigenen Text

II. Phase der Textproduktion
- Verfassen des eigenen Textentwurfs
- Ergänzen neuer Ideen

III. Überarbeitungsphase
- Überprüfung des eigenen Textes im Hinblick auf die Aufgabenstellung
- Überarbeitung des eigenen Textes im Hinblick auf stilistische Aspekte (Beseitigung von Wortwiederholungen, von wenig aussagekräftigen Adjektiven ...)
- Überarbeitung des eigenen Textes im Hinblick auf Sprachrichtigkeit (Rechtschreibung, Zeichensetzung ...)

2. Macht euch im Gespräch klar, was die folgenden Themen von euch verlangen. Bearbeite sodann ein Thema deiner Wahl.

Thema I: Schreibe einen inneren Monolog aus der Perspektive der Mitfahrerin zu Michaela Seuls „Allmorgendlich" (S. 33 f.).

Thema II: Schreibe im Anschluss an die Lektüre von „Der Lapsus" (S. 28 ff.) einen Brief des jungen Mannes an das Mädchen.

Thema III: Schreibe im Anschluss an die Lektüre von „Der Lapsus" einen Tagebucheintrag des jungen Mädchens.

Leerstellen entdecken und füllen, Stilmittel bewusst verwenden

Bei den vorangegangenen Produktionsaufgaben musstest du immer etwas schreiben, das zwar zu dem Ausgangstext passt, aber dort nicht ausgeführt ist.

Leerstellen eines Textes:
- sind Stellen, die der Autor nicht ausgeführt hat, sondern die der Leser mit seinen eigenen Vorstellungen füllt.
- Interessante/wichtige Leerstellen: haben mit dem Handlungsverlauf zu tun und setzen daher voraus, dass man ein Verständnis der Geschichte entwickelt hat.

Aber:
Unwichtige Leerstellen dagegen sind beliebig füllbar, z.B. die Fragen, ob die Mitfahrerin in „Allmorgendlich" Kinder hat, ob die Ich-Erzählerin in „Eifersucht" ein Fahrrad besitzt, ob die Hauptperson in „Der Lapsus" unter Hühneraugen leidet ...

1. Überlegt euch, wo in den Texten auf S. 10, S. 17, S. 116, S. 134 und S. 204 interessante Leerstellen vorhanden sind.
2. Suche dir aus den Ergebnissen von Aufgabe 1 den Text aus, zu dessen Leerstelle dir am ehesten Ideen kommen, und bereite deine eigene Textproduktion vor.

Füllen einer selbst gefundenen Leerstelle

- Formuliere schriftlich genau die Aufgabe, die du dir selbst stellst. Nenne dabei die Textsorte, in der du schreiben willst (z. B. Brief, Tagebuch, Erzählung) und die Perspektive, aus der heraus dein Text geschrieben sein soll (auktoriale Perspektive?, Ich-Perspektive?, welche Figur? usw.).
- Notiere dir, welche Stellen des Ausgangstextes für deine Gestaltungsaufgabe von Bedeutung sind. Schließlich sollen ja zwischen dem Ausgangstext und deinem keine Widersprüche auftreten.
- Notiere dir erste Einfälle zu deinem Text, indem du die Liste der „Gestaltungsaspekte" (S. 37) durchgehst.

3. Überlege dir beim Verfassen des Schreibplans, beim Schreiben oder beim Überarbeiten (oder in allen drei Phasen), ob du eines oder mehrere der folgenden Stilmittel verwenden möchtest:
- Satzwiederholungen
- Ellipsen (S. 122)
- verschiedene Formen der Wort- und Satzstellung
- Anaphern (S. 123)
- Metaphern (S. 125)

4. Lest euch eure Texte in Schreibkonferenzen vor: Finden deine Zuhörer den neuen Text stimmig? Haben sie die Stilmittel erkannt? Haben sie ihnen gefallen? Überarbeite ggf. nochmals deinen Text.

Einen Text in eine andere Textsorte umschreiben

Bertolt Brecht
Der hilflose Knabe

Herr K. sprach über die Unart, erlittenes Unrecht stillschweigend in sich hineinzufressen, und erzählte folgende Geschichte: „Einen vor sich hin weinenden Jungen fragte ein Vorübergehender nach dem Grund seines Kummers. ‚Ich hatte zwei Groschen¹ für das Kino beisammen', sagte der Knabe, ‚da kam ein
5 Junge und riß mir einen aus der Hand', und er zeigte auf den Jungen, der in einiger Entfernung zu sehen war. ‚Hast du denn nicht um Hilfe geschrien?' fragte der Mann. ‚Doch', sagte der Junge und schluchzte ein wenig stärker. ‚Hat dich niemand gehört?' fragte ihn der Mann weiter, ihn liebevoll streichelnd. ‚Nein', schluchzte der Junge. ‚Kannst du denn nicht lauter schreien?' frage der
10 Mann. ‚Nein', sagte der Junge und blickte ihn mit neuer Hoffnung an, denn der Mann lächelte. ‚Dann gib auch den her', sagte er, nahm ihm den letzten Groschen aus der Hand und ging unbekümmert weiter."

¹ *Groschen:* Geldstück einer früher gültigen Währung

1. Stell dir vor, du müsstest – ausgehend von dem Erzähltext – als Journalist eine Meldung für die Zeitung verfassen. Besprecht, was für Vorwissen ihr braucht, um diese Textsorte schreiben zu können, und wie ihr den Ausgangstext verändern bzw. ergänzen müsst.

Umgestalten in eine andere Textsorte

- Mach dir die Merkmale der Textsorte, die du gestalten willst, klar.
- Suche konkrete Beispiele für die Textsorte und lies bzw. überfliege sie, um eine Art „Modell" vor Augen zu haben.
- Entnimm dem Ausgangstext die Stellen, die du brauchst, um die neue Textsorte zu schreiben.
- Erfinde etwas zum Ausgangstext hinzu, was du für die neue Textsorte brauchst.
- Achte bei allem, was du hinzuerfindest, darauf, dass es stimmig zum Ausgangstext passt.

2. Frische mithilfe des Wissensspeichers (S. 276) die Kenntnis der Definition der „Nachricht" (Meldung/Bericht) auf, sammle aus einer Zeitung aktuelle Meldungen oder schlage in deinem Deutschbuch vom letzten Jahr nach. Verfahre dann, wie im Kasten beschrieben, und verfasse zu dem Text eine kurze Zeitungsmeldung.

3. Schreibe einen satirischen Erzähltext auf der Basis der Computerspiele-Typen auf S. 84 f.

4. Die eine Hälfte der Klasse schreibt in Vierer-Gruppen ein Filmdrehbuch (Kameraeinstellung S. 238) zu Brechts Text, die andere ein Hörspiel. Orientiert euch dabei an folgenden Mustern (Heft im Querformat):

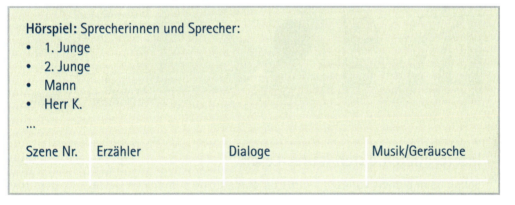

5. Tauscht anschließend eure Texte aus: Diejenigen, die sich mit dem Hörspiel beschäftigt haben, lesen die Drehbücher und beurteilen sie. Diejenigen, die die Drehbücher geschrieben haben, setzen sich mit der Qualität der Hörspielvorlagen auseinander.

6. Versucht nach Möglichkeit, die soeben erstellten Drehbücher/Hörspielskripte technisch zu realisieren.

7. Schreibt während bzw. nach der Realisierung einen Erfahrungsbericht. Die Hörspielgruppe stellt ihn anschließend der Filmgruppe vor und umgekehrt. Diskutiert dann im Plenum über aufgetretene Probleme und tauscht euch über Bewältigungsstrategien aus.

Einen Text szenisch interpretieren

Szenen aufführen

1. Viel einfacher als eine Hör- und eine Filmfassung zu erstellen, ist es natürlich, den Brecht-Text szenisch aufzuführen. Da es sich um eine Beispielgeschichte handelt, bei der „Herr K." sogar eine Art „Lehre" formuliert, solltet ihr die wesentliche Aussage deutlich herausarbeiten.

Diskutiert folgende Varianten und erprobt dann die eine oder andere:
- Pantomime mit Masken
- Schattenspiel mit großen Requisiten (Papp-Münzen) und langsamen Bewegungen
- Bänkelsang-Tafel
- „Lehre": Spruchband, Spruchtafel, Projektion? Welche „Lehre"?
- Weiterentwicklung des Textes: Führt eine weitere Figur ein, die
  - dem Mann sagt, was sie von ihm hält,
  - dem Mann das Geld durch einen Trick wieder abnimmt und dem Jungen zurückgibt.

Interpretieren durch lautes Lesen

Schon beim bloßen Vorlesen kannst du durch deine stimmliche Gestaltung dem Text ganz unterschiedliche Bedeutungen geben. Variiere
- Lautstärke,
- Betonung,
- Tempo,
- Pausen

und beurteile das Ergebnis. Viele weitere Varianten (Klangfarbe, Melodie) sind außerdem möglich, um dein Verständnis einer Figur oder der gesamten Handlung zum Ausdruck zu bringen.

2. Achtet beim Stegreifspiel vor allem auf sprachgestalterische Mittel: Lautstärke, Tempo, Pausen ... Variiert bewusst und erprobt so die Wirkung.

3. Wenn ihr einen Text szenisch interpretiert, müsst ihr ihn erst in eine Szene verwandeln. Etwas anderes ist es, wenn ihr einen Text spielt, der schon als Szene geschrieben ist. Erörtert, warum euer Spiel aber auch hier eine „Interpretation" darstellt.
4. Szenen zum Nachspielen findet ihr auf den Seiten 17 ff. und 217 ff.

Eine Rollenbiografie erarbeiten

In der 8. Klasse habt ihr euch mit dem Drama „Biedermann und die Brandstifter" auseinandergesetzt. Dabei habt ihr auch die „Rollenbiografie" kennengelernt:

Erstellen einer Rollenbiografie

ERINNERT EUCH!

Die Rollenbiografie dient dazu, sich in eine literarische Figur besser hineinversetzen zu können. Sie entsteht in folgenden Schritten:
- Erarbeitet allein, in Gruppen oder im Klassengespräch Fragen, die man an eine bestimmte Figur gerne stellen würde, wenn diese ein wirklicher Mensch wäre. Dies können Fragen nach Äußerlichkeiten, z. B. nach Alter, Kleidung oder Familienstand, aber auch solche nach Handlungsmotiven und Werten sein. Ein Schüler/eine Schülerin oder eine Gruppe stellt sich als die Figur zur Verfügung und antwortet.
- Nach der Befragung gliederst du die Ergebnisse nach folgendem Muster: Allgemeines • Äußeres (u. a. Größe, Körperbau, Kleidung, Bewegung, Stimme) • Herkunft • Beruf, Gewohnheiten • Charakter, Selbstbild, Verhältnis zu anderen Personen

1. Erarbeitet Rollenbiografien zum Dramentext „Ein Volksfeind" von Ibsen (S. 217).
2. Erarbeite eine Rollenbiografie zu einer Figur eines Erzähltextes. Besonders geeignet dafür sind die Texte „Ein netter Kerl" (S. 10 f.), „Allmorgendlich" (S. 33 f.), „Von der Hand in den Mund" (S. 56 f.) etc.

projektorientierte Aufgabe

Dramen mithilfe von Rollenbiografien interpretieren

An eurer Schule gibt es sicher auch eine Theatergruppe oder Theater-AG.
- Erkundigt euch, welches Stück diese Gruppe gerade einstudiert, und lest es.
- Erarbeitet euch in Arbeitsgruppen verschiedene Figuren aus diesem Stück mithilfe von Rollenbiografien.
- Bittet den Leiter/die Leiterin der Theater-AG darum, an einer Probe teilnehmen zu dürfen, und vergleicht die von euch erarbeiteten Figuren mit ihrer Interpretation in der Schulaufführung. Diskutiert – wenn möglich – mit dem Regisseur über die eventuell unterschiedlichen Interpretationen.

Überprüfen und Sichern

○ **Inhaltsangabe**

1. Der frisch gebackene Lehrer Kranich freut sich auf seine erste feste Anstellung an einer Schule. Aber ob er in Zeiten des Lehrerüberflusses überhaupt eine Stelle bekommen wird? Um zu erfahren, ob und wo er nach den Sommerferien anfangen darf, muss er auf den wichtigen Anruf des „Koordinators" vom Oberschulamt warten, der die Stellen verteilt. Lies den folgenden „Prolog" zum 2006 erschienenen satirischen Roman „Lehrerzimmer" von Markus Orths. Zum dargestellten Zeitpunkt war das Handy noch nicht verbreitet.

Drei Wochen lang habe ich keinen Fuß vor die Tür gesetzt, aus Angst, den Anruf zu verpassen. Ich habe allen, die mich kennen, verboten, sich bei mir zu melden. Nichts, habe ich gesagt, könne so wichtig sein, dass es nicht bis nach dem Anruf Zeit hätte. Als in der ersten Woche das Telefon schellte, früh am Morgen, stand ich unter der Dusche. Ich sprang, ohne den Duschvorhang wegzuziehen, hinaus, rutschte beinahe aus und kam gerade noch rechtzeitig zum Telefon, kurz vorm Anspringen des Anrufbeantworters. Ich verstand nur das Wort *Umfrage* und knallte den Hörer zurück auf die Gabel. Zitternd vor Aufregung, nackt und tropfend saß ich auf der Couch. Fortan verzichtete ich auf das morgendliche Duschen. Ich beauftragte einen Nachbarn, mir ein schnurloses Telefon zu besorgen. Um vier Uhr morgens, zu einem Zeitpunkt, an dem die Anrufwahrscheinlichkeit gegen null tendiert, stöpselte ich das alte Telefon aus der Buchse und das neue ein. Dann befestigte ich eine Kordel am Hörer und knüpfte ihn mir um den Hals. So, dachte ich, kann nichts mehr schief gehen. Ich ließ mir das tägliche Essen von einem Restaurantservice bringen, und mit dem Telefon um den Hals konnte ich den Lieferanten gelassen die Wohnungstür öffnen. Dann saß ich in meiner Wohnung und wartete. Den Lautstärkeregler des Fernsehers stellte ich auf die kleinste noch wahrnehmbare Stufe. Fürs Lesen fehlte mir die Muße. Ich begann zu rauchen. Regelmäßig um vier Uhr morgens kontrollierte ich mit kurzem Druck auf die Abnahmetaste, ob die Leitung noch intakt war, und erst wenn ich das Freizeichen vernommen hatte, war an Schlaf zu denken. Ich erinnerte mich oft an die Horrorgeschichten, die man sich im Kurs über die wenigen Menschen erzählt hatte, die im Anrufzeitraum *nicht erreichbar* gewesen waren: eine tollkühne Verantwortungslosigkeit sich selbst und dem eigenen Leben gegenüber. Einer, hieß es, sei sogar während des Anrufzeitraums in Urlaub gefahren; ein anderer habe zwar den Anruf entgegengenommen, jedoch an einem Samstag um zehn Uhr abends, und jener offensichtlich nicht mehr seiner Sinne mächtige Mensch habe allen Ernstes geantwortet, nicht jetzt, es sei Wochenende, da habe er anderes vor, man solle ihn gefälligst am Montag wieder anrufen. […]
Ich malte mir aus, was geschähe, würde ich den Anruf verpassen: ein

Leben unter Brücken, Nächte in einem Obdachlosenheim, Verzweiflung, Grauen, Kälte. Aber der Griff an mein vor der Brust baumelndes Telefon beruhigte mich, ich hatte mir nichts vorzuwerfen, ich war *erreichbar*, ständig, rund um die Uhr, von der einen Sekunde um vier Uhr morgens einmal abgesehen. Ich verwahrloste in diesen Wochen, verzichtete aufs Rasieren, warf mir morgens nur eine Hand voll Wasser ins Gesicht, bekam Ringe unter den Augen, weil ich viel zu wenig schlief und stattdessen durch die Wohnung tigerte. Und als nach drei Wochen endlich das Telefon schellte, war ich so erschrocken, dass ich beim ersten Läuten nichts tun konnte. Beim zweiten Läuten krampfte sich meine Hand um den Hörer, ich stellte aber fest, dass die Kordel, die mir um den Hals hing, zu kurz war, um den Hörer direkt ans Ohr zu führen, ich musste mir die Schnur erst wie eine Kette abstreifen, ehe ich die Taste drücken konnte, und das dritte Läuten verstrich, weil ich mich dabei verhedderte, dann aber hatte ich das Telefon am Ohr und krächzte: Ja? Es war meine Mutter. Ich war sprachlos. Sie erzählte mir irgendetwas, das nicht in mein Bewusstsein drang. Nach einigen Sekunden unterbrach ich sie. Ob sie wahnsinnig sei? rief ich. Wie könne sie jetzt anrufen, jetzt, um zehn Uhr zwanzig? Ob sie nicht wisse, dass zu dieser Zeit die Anrufwahrscheinlichkeit am höchsten sei? Ob sie nicht wisse, in welchem Zeitraum ich mich befände? Ich drückte sie weg. Zwanzig Sekunden waren verstrichen. Was, dachte ich, wenn der Koordinator gerade zum selben Zeitpunkt angerufen hatte wie meine Mutter? In jenen zwanzig Sekunden? Was, dachte ich, wenn er das Besetztzeichen gehört, sofort aufgelegt und den nächsten Kandidaten auf der Liste angerufen hatte? Ich verfluchte mich für meine Langsamkeit. Ich sagte mir, ich hätte die Leitung sofort kappen müssen, gleich, unmittelbar nach den ersten Worten meiner Mutter, unmittelbar nachdem sie gesagt hatte *Ich bin es*, hätte ich schon die Taste drücken und das Telefon wieder freigeben müssen, aber nein, ich hatte mich zu dieser sinnlosen Kommunikation hinreißen lassen und wertvolle Zeit verloren. Doch ich wusste nun, was zu tun war. Ich dachte, ich darf mich nicht überraschen lassen, ich muss ruhiger werden, konzentrierter. Ich schnitt mir eine neue, längere Schnur zurecht, die mir beim Abnehmen nicht so viel Mühe bereitete. Ich meditierte fortan einige Stunden am Tag, um den Anruf in der gebührenden Ruhe entgegennehmen zu können. Ich hielt, sooft es möglich war, das Telefon bereits in der rechten Hand, um beim Läuten keine unnützen Sekunden verstreichen zu lassen. Ich schrieb einen großen Zettel und legte ihn auf den Wohnzimmertisch. *Keine Anrufe beantworten*, stand da, *außer dem einen*. Und der erreichte mich am 20. August um siebzehn Uhr vierundzwanzig. Ich saß vorm Fernseher und blieb ruhig. In einer stundenlang eingeübten Prozedur nahm ich den Hörer vom Hals, meldete mich, und als ich das Wort *Oberschulamt* vernahm, rutschte ich von der Couch und fiel auf die Knie.

2. Bearbeite folgende Aufgaben zum Text. Sie helfen dir, Klarheit über den Inhalt der Geschichte zu bekommen.
- Entnimm dem Text die Stelle, die Auskunft darüber gibt, wo die Begebenheit spielt.
- Ermittle aus dem Text, wie lang der dargestellte Zeitraum dauert.
- Erkläre, wie du die Formulierung „eine tollkühne Verantwortungslosigkeit sich selbst und dem eigenen Leben gegenüber" (Z. 51 ff.) verstehst. Vergleiche deine Interpretation mit der deines Nachbarn.

3. Bewerte folgende Einleitungen von Inhaltsangaben zu diesem Text. Beachte den Inhalt und die sprachliche Korrektheit.

> In „Lehrerzimmer" von Orths – 2006 veröffentlicht – geht es um einen jungen Lehrer, der wartet.

> Der Text „Lehrerzimmer" von Markus Orths wurde 2006 veröffentlicht. Er handelt über einen frischgebackenen Lehrer, der sich mit dem Telefon rumärgert.

> Der Prolog des Romans von Markus Orths, der 2006 veröffentlicht worden ist, erzählt von einem angehenden Lehrer, der lange auf den wichtigsten Anruf seines Lebens warten muss, um zu erfahren, ob und wo er seine erste Stelle antreten kann.

4. Verfasse eine eigene Einleitung, die alle Anforderungen an den Basissatz erfüllt.

5. Finde mindestens zwei alternative Formulierungen, die in den Textzusammenhang passen, für folgende Ausdrücke:
- In der Geschichte *geht es um ...*
- Der Text *wurde ... veröffentlicht*.

6. Finde heraus, welche der folgenden Ersatzformulierungen für „Mann" nicht passen, und begründe deine Auswahl.
angehender Lehrer • Ich-Erzähler • frischgebackener Lehrer • Wartender • Autor • junger Mann • Markus Orths • Student

7. Unterteile den Text in Sinnabschnitte und finde passende Überschriften, die den Kern des jeweiligen Abschnitts erfassen. Übertrage deine Ergebnisse in Form folgender Tabelle in dein Heft.

Abschnitt	Kerninhalte
Z. 1 – 14	am Anfang der Wartezeit, erster Anruf
Z. 15 - …	
…	
…	

8. Bei einer Inhaltsangabe ist es in der Regel unnötig bzw. unüblich, Inhalte von Gesprächen wortwörtlich wiederzugeben. So könnte man das Telefongespräch zwischen dem Ich-Erzähler und seiner Mutter (Z. 100 – 106) wie folgt zusammenfassen: „Der Erzähler würgt einen Anruf seiner ahnungslosen Mutter ab." Fasse folgende „Gespräche" verkürzt zusammen.

a) Verkäufer zum Kunden, der eine Jacke kaufen möchte: „Wollen Sie eine braune, graue oder grüne Jacke?"
b) Die Sängerin zum Interviewer: „Also, ich habe schon in London und Paris gesungen, in Rom, Berlin, Brüssel und Madrid."
c) Interviewer zum Star: „Wo wurden Sie geboren? Wer waren Ihre Eltern? Welchen Beruf hatten Vater und Mutter? Haben Sie auch Geschwister?"
d) Besucher auf die Frage des Reporters, wie ihm der Museumsneubau gefalle: „Na ja, eigentlich ganz gut, aber ich bin wohl nicht ganz kompetent. Also, wohnen würde ich so nicht wollen. Können *Sie* denn etwas mit den vielen Glasfassaden anfangen?"
e) Ein anderer Besucher auf dieselbe Frage: „Ich bin total begeistert. Super! Spitze! Das Architekturbüro hat ein Meisterwerk geschaffen."
f) Schulleiterin über die Sprechanlage: „Also wie immer: Beim morgigen Sportfest fangen die 5. Klassen um 9 Uhr an, dann kommen im halbstündigen Abstand die höheren Klassen. Treffpunkt ist das Tor zum Leichtathletikplatz. Bei Regen versammeln sich Lehrer und Schüler zunächst in der großen Turnhalle."
g) Tochter antwortet auf die Frage der Mutter, wie es in der Schule war: „Es war mal wieder nichts los. In den ersten beiden Stunden haben wir im Sport Volleyball gespielt, die andere Mannschaft hat gewonnen. Frau Tobler, die Mathelehrerin, war sauer, weil wir nach dem Sport so lange getrödelt haben und zu spät zur Mathestunde kamen."
h) Der Politiker sagt zum Ausgang der Wahl: „Natürlich hatten wir uns ein besseres Ergebnis erhofft. Trotzdem konnten wir wegen der Situation in der Großen Koalition auch kein Spitzenergebnis erwarten. Wir lassen uns aber nicht beirren und werden unseren Reformkurs fortführen. Die Konservativen haben – wenn man es mit den letzten Wahlergebnissen vergleicht – noch schlechter als wir abgeschnitten."

9. Verfasse eine vollständige Inhaltsangabe des Textes auf S. 50 f.
10. Überarbeite deinen Text nach der Checkliste auf S. 36. Lest euch in Schreibkonferenzen eure Inhaltsangaben vor und verbessert euch gegenseitig.

LEBENS WÜNSCHE LEBENS WEGE

Henriette Herz (1764–1847)
Verlobung

„Ich war 15 Jahre und sollte bei der Tante nähen lernen. Wie sehr erstaunte ich nicht, als diese mir im Vertrauen sagte, ich sollte Braut werden. ‚Mit wem?', fragte ich sie, und sie nannte mir den Mann; er war angehender praktischer Arzt, ich hatte ihn einige Male bei meinem Vater und auch an seinem Fenster gesehen. Er wohnte in unserer Nähe, und ich musste an seinem Haus vorübergehen, wenn ich mir Bücher aus der Leihbibliothek holte … Ich freute mich kindisch dazu, Braut zu werden, und malte es mir recht lebhaft aus, wie ich, von meinem Bräutigam geführt, nun spazieren gehen würde, wie ich bessere Kleider und einen Friseur bekommen würde … ferner hoffte ich auf ein größeres Taschengeld, das jetzt in zwei Groschen monatlich bestand, und von den kleinen etwas feineren Gerichten, die zuweilen für meinen Vater bereitet wurden, etwas zu bekommen. Mit Ungeduld erwartete ich den Tag der Verlobung … dass mein Vater mich fragen würde, ob ich zufrieden mit seiner Wahl für mich sei. Der ersehnte Tag erschien, … mir klopfte das Herz mächtig, und ich antwortete, dass ich mit allem zufrieden sei, was er über mich beschließen würde."

Maxie Wander
Ein Blatt weißes Papier
(Tagebuch)
2. Mai 1968

Da gefällt man sich tagelang in Träumereien und ist wirklich glücklich dabei. Aber ich sollte schon wissen, dass diese weise Zufriedenheit nicht lange dauert bei mir! Heut Früh wollte Kitty eine Radiosendung mit der wunderbaren Pianistin Annerose Schmidt hören (die Kinder haben eine Woche Ferien), ich setzte mich zu ihr und schnitt die musikalischen Teile auf dem Tonband mit. Diese Frau beeindruckte mich so, dass ich wieder einmal die Notwendigkeit einer strengen Zeiteinteilung begriff, konsequentes Beiseiteschieben all dessen, was hemmt, auch wenn das eigene Talent nur sehr bescheiden ist im Vergleich zu der großen Begabung dieser gescheiten und disziplinierten Frau. Eigentlich müsste jeder Mensch die Möglichkeit bekommen, seine Talente zu nutzen, ihnen alles andere unterzuordnen. Das setzt allerdings voraus, dass uns jemand den Alltagskram abnimmt, uns entlastet. Wer bestimmt aber, wer wen bedient? Wer ist denn würdig, bedient zu werden?

[…] nichts reizt mich mehr, wirklich nichts, als endlich frei zu sein von der Hausarbeit, ein eigenes Zimmer zu haben, mit Büchern überall, Papier und Schreibmaschine, jederzeit griffbereit, und viel Ruhe, um arbeiten zu können, Papier vollschreiben ist eine wunderbare Sache, die mehr befriedigt als irgendetwas anderes.

Paul Auster
Von der Hand in den Mund

Mit Ende Zwanzig, Anfang Dreißig durchlebte ich mehrere Jahre, in denen mir alles, was ich anfing, zum Fehlschlag geriet. Meine Ehe wurde geschieden, meine Arbeit als Schriftsteller geriet ins Stocken, und meine finanzielle Lage war erdrückend. Ich rede hier nicht von einem gelegentlichen Minus oder gewissen vorübergehenden Engpässen, sondern von einem ständigen, gravierenden, geradezu erstickenden Geldmangel, der mir die Seele vergiftete und mich in immerwährender Panik hielt.

Schuld daran konnte ich nur mir selber geben. Mein Verhältnis zum Geld war schon immer schlecht gewesen, rätselhaft und voller Widersprüche, und jetzt zahlte ich den Preis für meine Weigerung, diesbezüglich einen klaren Standpunkt zu beziehen. Ich hatte immer nur schreiben wollen. [...]

Paul Auster (geb. 1947)

Ich stamme aus einer gutbürgerlichen Familie. Meine Kindheit war unbeschwert, und nie habe ich die Sorgen und Nöte erlebt, von denen die meisten Menschen auf dieser Erde geplagt werden. Ich habe niemals Hunger gelitten, ich habe nie gefroren, ich habe nie befürchten müssen, irgendetwas zu verlieren. Sicherheit war etwas Selbstverständliches, und dennoch, bei allem Glück und aller Geborgenheit, drehten sich die Gespräche bei uns zu Hause unablässig um Geld und Geldsorgen. Meine Eltern hatten die Weltwirtschaftskrise miterlebt und sich von diesen schlimmen Zeiten nie so richtig erholen können. Beide waren geprägt von der Erfahrung, nicht genug zum Leben zu haben, und beide hatten, jeder auf seine Weise, zeitlebens daran zu tragen.

Mein Vater war geizig, meine Mutter verschwenderisch. Sie gab Geld aus, er nicht. Die Erinnerung an die einmal erlebte Armut ließ ihn einfach nicht los, und mochten sich auch die Umstände geändert haben, er brachte es nie so recht fertig, darauf zu vertrauen. Sie hingegen fand an diesen neuen Umständen große Freude. Sie genoss die Rituale des Konsums, und wie so viele Amerikaner vor ihr und nach ihr pflegte sie das Einkaufen als Mittel der Selbstdarstellung und machte es manchmal geradezu zu einer Kunstform. Ein Geschäft betreten, das bedeutete, sich auf einen alchimistischen[1] Prozess einzulassen, der der Ladenkasse magische, transformative Kräfte verlieh. [...] Meine Mutter wurde es niemals müde, dieses Wunder in Szene zu setzen, und die daraus resultierenden Rechnungen boten ihr und meinem Vater immer wieder Anlass zum Streit. Sie fand, wir können uns das leisten, er nicht. Zwei Lebensstile, zwei Weltanschauungen, zwei Moralphilosophien lagen in ständigem Wettstreit miteinander, und schließlich ist ihre Ehe daran gescheitert. Geld war die Bruchstelle, es wurde zum einzigen, aber unüberwindlichen Zankapfel zwischen ihnen. Umso trauriger, dass sie beide gute Menschen waren – höflich, ehrlich, fleißig – und dass sie, abgesehen von diesem einen scharfen Interessenkonflikt, ziemlich gut miteinander auszukommen schienen. Ich konnte beim besten Willen nicht verstehen, wie ein relativ unwichtiges Thema wie dieses so viel böses Blut machen konnte.

---

[1] *alchimistisch:* hier: einen Stoff in einen anderen umwandelnd

Aber freilich ist Geld niemals nur Geld. Es ist immer auch etwas anderes, es ist immer etwas mehr, und es hat immer das letzte Wort.

45 Als kleiner Junge wurde ich mitten in diesen ideologischen Krieg hineingezogen. Wenn meine Mutter mit mir Kleider einkaufen ging, mich im Strudel ihrer Begeisterung und Großzügigkeit mit sich fortriss, ließ ich mich immer wieder überreden, die Dinge, die sie mir anbot, auch haben zu wollen – stets mehr, als ich erwartet hatte, stets mehr, als ich zu brauchen glaubte. Es war
50 unmöglich, dem zu widerstehen, unmöglich, es nicht zu genießen, wie die Verkäufer sie umschwärmten und sich von ihr kommandieren ließen, unmöglich, sich von ihrem energischen Auftreten nicht mitreißen zu lassen. Doch mengte sich stets eine starke Prise Angst in mein Glück, denn ich wusste genau, was mein Vater sagen würde, wenn er die Rechnung bekäme. Und er sagte es
55 tatsächlich immer. Der unvermeidliche Ausbruch kam jedes Mal, und fast ebenso unvermeidlich ging die Sache jedes Mal so aus, dass mein Vater erklärte, wenn ich wieder einmal etwas brauche, werde er selbst mit mir einkaufen gehen. Und als es dann wieder so weit war und ich eine neue Winterjacke oder Schuhe brauchte, fuhren mein Vater und ich eines Abends nach dem Essen zu
60 einem Discountladen, der irgendwo am Highway in der Finsternis von New Jersey lag. Ich erinnerte mich an die grellen Neonlichter, die Betonwände, die endlosen Ständer mit billiger Herrenkleidung: Es war wie in der Radioreklame jener Tage: „Bei Robert Hall, wie fabelhaft / Gibt's Sonderpreise massenhaft." Genau genommen gehört ein Vers wie dieser ebenso zu meiner Kindheit wie
65 das Treuegelöbis[2] oder das Vaterunser.

Hand aufs Herz, ich habe diese Schnäppchenjagden mit meinem Vater genauso genossen wie die von meiner Mutter inszenierten Kauforgien. Meine Loyalität[3] war zu gleichen Teilen auf meine Eltern verteilt, und die Frage, in welchem der beiden Lager ich mein Zelt aufschlagen sollte, hat sich mir nie gestellt. Die Art
70 und Weise meiner Mutter war vielleicht reizvoller, oder jedenfalls mit mehr Spaß und Aufregung verbunden; aber die Sturheit meines Vaters hatte etwas, das mich kaum weniger faszinierte, diese Aura von hart erworbener Erfahrung und Wissen, die seinen Überzeugungen zugrunde lag, dieses rechtschaffene Streben, das ihn zu einem Menschen machte, der niemals nachgab, nicht einmal auf die
75 Gefahr hin, in der Öffentlichkeit einen schlechten Eindruck zu machen. Ich fand das bewundernswert, und sosehr ich meine schöne, unendlich charmante Mutter dafür verehrte, wie sie die Welt zu beeindrucken verstand, sosehr verehrte ich auch meinen Vater, weil er sich eben dieser Welt widersetzte. Es war zum Verrücktwerden, ihn in Aktion zu sehen – einen Mann, der sich nie darum
80 zu kümmern schien, was die anderen von ihm dachten –, aber es war auch lehrreich, und auf die Dauer habe ich diesen Lektionen wohl mehr Aufmerksamkeit geschenkt, als mir damals selbst bewusst gewesen ist.

[2] *Treuegelöbnis:* feierliche Versicherung der Treue zu den Vereinigten Staaten – in den USA regelmäßig bei Schulfeiern aufgesagt

[3] *Loyalität:* Treue

Aufgaben: Seite 58

Václav Havel
Ohne Titel

```
Jeder gehe den eigenen Weg!
Jeder gehe den eigenen Weg!
Jeder gehe den eigenen Weg!
Jeder gehe den eigenen Weg!
Jeder gehe den eigenen Weg!
Jeder gehe den eigenen Weg!
Jeder gehe den eigenen Weg!
Jeder gehe den eigenen Weg!
Jeder gehe den eigenen Weg!
Jeder gehe den eigenen Weg!
Jeder gehe den eigenen Weg!
Jeder gehe den eigenen Weg!
Jeder gehe den eigenen Weg!
Jeder gehe den eigenen Weg!
Jeder gehe den eigenen Weg!
xxxxJederxgehexdenxeigenenxxxx
Jeder gehe den eigenen Weg!!
Jeder gehe den eigenen Weg!!
Jeder gehe den eigenen Weg!!
Jeder gehe den eigenen Weg!!
Jeder gehe den eigenen Weg!!
Jeder gehe den eigenen Weg!!
```

AUFGABEN

Henriette Herz, **Verlobung** *(Seite 54)*

Maxie Wander, **Ein Blatt weißes Papier** *(Seite 55)*

1. Notiere die Erwartungen von Henriette Herz an ihren Brautstand.
2. Erarbeite aus dem Tagebuchausschnitt Maxie Wanders, welche Ziele sie in ihrem Leben verfolgt. Vergleiche diese mit Henriette Herz' Lebenswünschen.
3. Informiere dich über die tatsächlichen Lebenswege von Herz und Wander.

Paul Auster, **Von der Hand in den Mund** *(Seite 56)*

1. Erläutere mit eigenen Worten, was Einkaufen für Paul Austers Mutter bedeutet, und vergleiche ihr Verhalten mit eigenen Erfahrungen.
2. Arbeite aus dem Text heraus, wie Auster zu seinen Eltern steht.
3. Informiere dich im Internet oder in einer aktuellen Literaturgeschichte über den Lebensweg des Autors.

Václav Havel, **Ohne Titel** *(Seite 58)*

1. Wie interpretierst du den Text? Gib den Sinn, den du darin erkennst, in eigenen Worten wieder.
2. Diskutiert: Würde der Titel dieses Kapitels „Lebenswünsche – Lebenswege" als Überschrift dieses visuellen Gedichts passen?

Ein Referat vorbereiten und halten

Eine Fragestellung finden

Im Deutschen Museum in München, einem naturwissenschaftlichen und technikgeschichtlichen Museum, befindet sich die folgende Tafel an einem dort ausgestellten Arbeitstisch:

1. Sucht in einem Lexikon arbeitsteilig Angaben zu den drei Wissenschaftlern, die in dem Text genannt werden, und zum Stichwort *Kernspaltung*. Teilt euch dabei so auf, dass jeder ein anderes Lexikon heranzieht. Bezieht die Schulbibliothek und die Gemeinde- bzw. Stadtbücherei in eure Suche mit ein.
2. Macht eine Kopie des Eintrags, den ihr gefunden habt. Notiert auf der Kopie, aus welchem Nachschlagewerk sie stammt (Quellen nachweisen S. 71).
Sucht anschließend nach weiteren Nachschlagewerken, die euch weiterhelfen können (z. B. Geschichtslexika, Personenlexika, Fachlexika auf CD-ROM etc.).
3. Vergleicht eure Ergebnisse. Welche Nachschlagewerke eigneten sich besonders gut, um erste Informationen zu einem Thema zu finden?
4. Mit der Tafel im Museum hat es eine besondere Bewandtnis:
Im Deutschen Museum steht der Arbeitstisch, an dem das Team Hahn-Meitner-Straßmann in Berlin am Kaiser-Wilhelm-Institut gemeinsam experimentierte. Bis zum Jahr 1990 hing eine Tafel an der Wand, die zwar den Namen Fritz Straßmanns im Zusammenhang mit der Kernspaltung nannte, Lise Meitner aber völlig unerwähnt ließ. Der Arbeitstisch stand unter einer Glasvitrine und ein Schild verkündete: „Arbeitstisch von Otto Hahn". Der Name Lise Meitners tauchte nirgends auf, nicht einmal als „Mitarbeiterin" kam sie vor. Auf Nachfrage erklärte das Deutsche Museum noch 1987: „Die ganze Betextung wurde von Otto Hahn selbst verfasst. Wahrscheinlich sah er Lise Meitners Beteiligung als mehr theoretischer Natur an." Viele Proteste – besonders von Frauen – führten schließlich dazu, dass die Texttafeln geändert wurden.
Überprüft, ob eure Lexikonartikel auf die Frage eingehen, welchen Anteil jeweils Hahn, Straßmann und Meitner an den Entdeckungen hatten und wer den Ruhm für sich beanspruchte.

5. Angenommen, im Rahmen eines Klassenprojekts sollten nun Referate ausgearbeitet werden. Jeder konnte sein Thema – in den Grenzen des Projektthemas „Wissenschaftliche Entdeckungen durch Männer und Frauen um 1900" – selbst bestimmen. Folgende „Themen" wurden formuliert:

> „Ich möchte herausfinden, warum Lise Meitner und Fritz Straßmann nicht selbst für eine angemessene öffentliche Darstellung ihrer Leistung gesorgt haben."

> „Ich interessiere mich für Otto Hahn und seine Einstellung zu Lise Meitner."

> „Ich möchte wissen, wie es anderen Naturwissenschaftlerinnen zu Beginn des letzten Jahrhunderts erging."

> „Ich frage mich, welche nicht-naturwissenschaftlichen Entdeckungen um 1900 gemacht wurden."

> „Mich interessiert, ob es noch weitere Fälle wie den Lise Meitners gab, bei denen die Leistungen von an Erfindungen beteiligten Frauen öffentlich nicht bekanntgemacht wurden."

Vergleiche diese Themenstellungen für Referate auf der Grundlage deiner Ergebnisse aus den Aufgaben 1 und 2 auf Seite 59. Wer wird mit seiner Fragestellung gut weiterarbeiten können? Wer muss seine Fragestellung noch präzisieren?

6. Stelle zusammen, nach welchen Gesichtspunkten du dir ein Thema für ein Referat wählst und wie du die genaue Fragestellung am günstigsten formulierst.

Die **Themenwahl** für ein Referat wird bestimmt vom
- Interesse des Referenten,
- angenommenen Interesse der Zuhörer,
- Schwierigkeitsgrad der Sache.

Das Thema sollte nicht zu eng und nicht zu weit gefasst sein.

Erste Informationen bieten Nachschlagewerke (z. B. Lexika, als Buch oder im Internet).

Die Recherche

Angenommen, du hast dich für das Thema „Lise Meitner und ihre Zusammenarbeit mit Otto Hahn" entschieden. Du hast folgende Informationen zu Lise Meitners Leben über eine Suchmaschine im Internet gefunden:

1878–1968 Lise Meitner Physikerin

1878
7. November: Lise Meitner wird als Tochter des Rechtsanwalts Philipp Meitner und seiner Frau Hedwig (geb. Skowran) in Wien geboren. Obwohl beide Elternteile aus jüdischen Familien stammen, lassen sie ihre Kinder protestantisch taufen.

1901
Da zu dieser Zeit Mädchen an Gymnasien noch nicht zugelassen waren, bereitet sie sich nach einem ersten Schulabschluss an einer Bürgerschule im Selbststudium auf ein externes Abitur vor. Parallel zur „Matura" legt sie 1901 ein Lehrerinnenexamen für Französisch ab.

1901–1906
Studium der Mathematik, Physik und Philosophie in Wien.

1906
Meitner promoviert über die Wärmeleitung inhomogener Körper. Sie ist die zweite Frau, die an der Universität in Wien eine Promotion ablegen kann.

1. Untersuche diese Informationen daraufhin, zu welchen Angaben du weitere Erläuterungen benötigst. Suche die fehlenden Informationen in Lexika und Nachschlagewerken.
2. Überprüfe, ob die oben abgedruckte Seite Fehler enthält. Überlege, wie du am sinnvollsten bei einer solchen Überprüfung vorgehen könntest. Informationen dazu hast du bereits in früheren Schuljahren bekommen. Zur Auffrischung der Kenntnisse lies S. 90 f. in diesem Buch.
3. Sucht Informationen zu Lise Meitner über verschiedene Suchmaschinen (Google, Wissen, Lycos usw. – oder unter www.suchmaschinen.de). Geht dabei arbeitsteilig vor und vergleicht eure Ergebnisse bzw. besprecht eure Erfahrungen und Probleme mit der Internet-Recherche.

4. Nachdem du dir zu Anfang mithilfe von Lexika und anderen Nachschlagewerken einen Überblick verschafft hast, steigst du nun tiefer ein. Dazu suchst du nach Fachbüchern zu deinem Thema (Schulbibliothek, Gemeinde- oder Stadtbücherei ...). Benutze dabei den Schlagwortkatalog der Bibliothek. Lass dir die Handhabung des Schlagwortkatalogs von einer Fachkraft oder deinem Lehrer bzw. deiner Lehrerin erklären.

Bibliotheksrecherche

- Für die Suche in der Bibliothek verwendet man – in der Regel – die Schlagwortkataloge, um geeignete Fachbücher zu finden.
- Auch Fachbücher prüft man auf ihren Informationsgehalt für die eigene Fragestellung, bevor man sie ausgiebig liest. Einen schnellen Überblick über ein Buch erhält man mithilfe seines Inhaltsverzeichnisses und auch, indem man ein Kapitel, das einem besonders geeignet erscheint, „anliest", d. h. auf den ersten Seiten jeweils 2–3 Sätze liest.
- Man kann auch von einem neueren Text zu einem Thema ausgehen und von der Bücherliste (Literaturverzeichnis) im Anhang des Textes aus nach weiteren Werken suchen.
- Als Faustregel gilt: Erst die neuen Fachbücher lesen, dann die älteren!

Tipp: Notiere aber, auch wenn du das Buch wieder zurückgibst, Autor und Titel mit Signatur. – Es kann sein, dass du ein zunächst für unwichtig gehaltenes Werk im weiteren Verlauf deiner Arbeit dann doch noch brauchst.

5. Schreibe aus einem der von dir gefundenen Artikel über Lise Meitner die Informationen heraus, die dir für dein Referat wichtig erscheinen. Beachte dabei die folgenden Hinweise zur Methode *Exzerpieren* (Herausschreiben).

Exzerpieren

Bei der Anfertigung von Exzerpten (Auszügen aus Sachtexten) solltest du folgendermaßen vorgehen:
- Lege zuerst fest, zu welchen übergeordneten Themenschwerpunkten du Informationen suchen willst und schreibe die einzelnen Schwerpunkte oben auf DIN-A4-Blätter oder große Karteikarten.
- Beschreibe die Arbeitsblätter oder Karteikarten nur einseitig. So kannst du jederzeit Ergänzungen auf der Rückseite vornehmen.
- Ziehe auf deinen Arbeitsblättern oder Karteikarten rechts oder links einen breiten Rand und vermerke hier jeweils die Quelle deiner Informationen. (S. 71 f.)
- Fasse die aufgefundenen Informationen in Stichpunkten zusammen.
- Du kannst auch Zitate übernehmen, musst diese jedoch stets als solche kennzeichnen. (S. 73)
- Lass zwischen den einzelnen Zusammenfassungen Platz für Ergänzungen.

Die Informationen ordnen: von der Stoffsammlung zur Gliederung

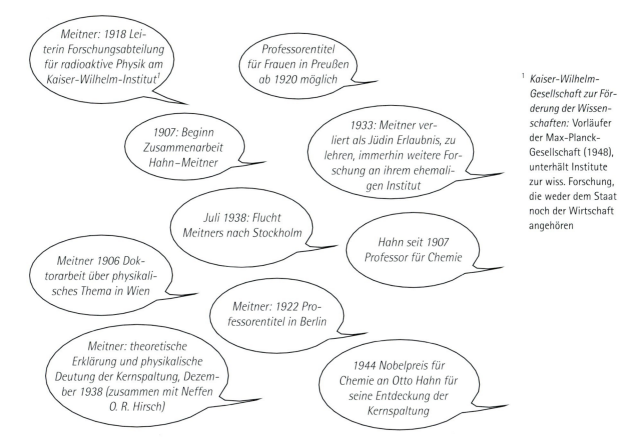

1. Entwirf mithilfe dieser Einzelinformationen – und gegebenenfalls weiterer Informationen, die du gefunden hast, – eine Gliederung für ein Referat zum Thema „Lise Meitner – Karriere einer Naturwissenschaftlerin".
Erprobe dabei **eines** der beiden folgenden Verfahren:
- Erstelle eine Mind-Map aus den Stichworten und entwirf dann anhand der Mind-Map eine Gliederung.
- Schreibe die Stichworte auf Zettel (z. B. Klebezettel in DIN A8-Größe) und erstelle die Gliederung, indem du die Zettel verschiebst.

Tauscht euch darüber aus, welches Verfahren euch besser erscheint.

2. Überlege, wie eine Gliederung angelegt sein muss, damit deine Zuhörer, d. h. deine Mitschülerinnen und Mitschüler, der Abfolge deiner Gedanken leicht folgen können.

3. Entwirf nun mithilfe derselben Stichpunkte eine Gliederung zu dem Thema „Bildungschancen von bürgerlichen Frauen um 1900 am Beispiel von Lise Meitner" und vergleiche deine Lösung mit denen der vorigen Aufgaben.
Hast du die Reihenfolge der Stichpunkte verändert oder einzelne weggelassen? Kannst du mit den Stichworten zum Thema in Aufgabe 1 auch dieses Thema behandeln? Diskutiert diese Fragen in der Klasse.

> Die **Gliederung** eines Referats richtet sich nach:
> - der Formulierung des Themas,
> - einer möglichst guten Verständlichkeit und Übersichtlichkeit für die Zuhörer.

Im Referat erzählen – beschreiben – berichten

1. Seit der Grundschule kennst du den Unterschied zwischen
a) Erzählen, b) Beschreiben und c) Berichten. Alle drei Darstellungsformen können in einem Referat vorkommen, wenn sie zur Sache und zur Situation passen. Ordne zu, bei welchen Teilen eines Referats über Lise Meitner a), b) oder c) geeignet sein können. Mehrfachzuordnungen sind zum Teil möglich:

- Der Referent erklärt die Versuchsanordnung der Physiker.
- Der Referent gibt einen Eindruck von seinem Besuch in der Physik-Abteilung des Deutschen Museums, die ihn auf die Idee zu dem Referat brachte.
- Der Referent legt dar, welche unterschiedlichen Bewertungen der Leistung Lise Meitners er in der Literatur gefunden hat.
- Der Referent sagt, wie studierende junge Frauen damals behandelt wurden.
- Der Referent führt aus, welche Folgen die Entdeckungen bis heute haben.

2. „Lise Meitner – endlich auf der Tafel im Deutschen Museum erwähnt." Erkläre, warum es sich bei dem Text zum gleichen Thema auf S. 59 (Aufgabe 4) um einen typischen Bericht handelt.

3. Gib den Wandel von der anfänglichen zur heutigen Aufschrift im typischen Erzählstil wieder.

> **Stil und Darstellungsformen des Referats**
> - Grundsätzlich will das Referat informieren. Die sachlichen Darstellungsformen des Berichts und der Beschreibung sind daher meist angemessen.
> - Das Referat will aber auch Interesse wecken und die Zuhörer in gewissem Maße unterhalten. Deshalb sind auch erzählende Teile möglich, vor allem dort, wo eigene Erlebnisse einfließen.

Einleitung und Schluss eines Referats formulieren

Beispiel 1:
Das Thema meines Referats lautet: „Lise Meitner – Karriere einer Physikerin".

Beispiel 2:
Otto Hahn bekam 1944 den Nobelpreis für die Entdeckung der Kernspaltung, der Voraussetzung für die Nutzung der Atomenergie. Erst Jahrzehnte später wurde öffentlich gewürdigt, dass auch zwei weitere Wissenschaftler, Fritz Straßmann und Lise Meitner, Anteil an dieser Entdeckung hatten.
In meinem Referat will ich am Beispiel der Karriere von Lise Meitner der Frage nachgehen, welche Rolle Frauen in der Naturwissenschaft um 1900 gespielt haben.

Beispiel 3:
Heutzutage sind ungefähr 50% aller Studierenden, aber weniger als 10% aller Professoren an deutschen Universitäten weiblich.
Welche Chancen hatten Frauen vor 100 Jahren, als ihnen in Deutschland eine höhere Schulbildung mit Abitur gerade erst ermöglicht worden war? Und wie haben sie sie genutzt? Diese Fragen möchte ich am Beispiel der Karriere von Lise Meitner, einer Physikerin, untersuchen.

Die Einleitung
- soll das Interesse der Zuhörer wecken,
- mündet in eine klare Formulierung des Referatthemas.

---

1. Vergleiche die drei Einleitungen oben miteinander. Notiere Vorzüge und Nachteile. Überlege, zu welchen Themen sie jeweils hinführen.
2. Formuliere eine Einleitung für ein Referat über das Leben von Henriette Herz oder Leben und Werk von Paul Auster.
3. Die folgenden Hinweise für die Gestaltung des Referatsschlusses hast du schon in der 8. Klasse kennengelernt. Formuliere konkrete Beispiele. Du kannst dich dabei auf die schon formulierten Einleitungen beziehen.

Der Schluss
- beantwortet deutlich und zusammenfassend die Themafrage des Referats,
- kann dazu an die Einleitung anknüpfen,
- markiert deutlich das Ende des Referats, oft durch eine feststehende Formel wie „Ich danke für eure Aufmerksamkeit".

Das Referat veranschaulichen

1. Wähle Fotos aus (beziehe auch die Bilder von S. 59 und 61 mit ein), die du zur Illustration des Referats über Meitners wissenschaftliche Karriere heranziehen würdest. Begründe deine Auswahl.
Überlege, auf welche Weise und an welcher Stelle des Referats du deinen Zuhörern das Foto präsentieren würdest. Begründe deine Entscheidung.

> Zur **Veranschaulichung** eines Referats
> - eignen sich z.B. Fotos, Skizzen (z.B. Tabellen), reale Gegenstände,
> - dienen Medien wie Tafel, Overheadprojektor, Thesenpapiere (Handouts), computergestützte Präsentationen.
>
> Auswahlkriterien sind:
> - der Informationswert,
> - die leichte Handhabbarkeit.

2. Sammelt in der Klasse Gründe, die für oder gegen einzelne Medien sprechen. Argumentiere auf der Basis von Beispielen.

3. Du willst ein Referat über einige wichtige Wissenschaftlerinnen und Wissenschaftler auf dem Gebiet der Physik halten und hast dich für Max Planck, Marie Curie, Lise Meitner, Stephen Hawking und Gert Binning entschieden. In einem Nachschlagewerk hast du folgende Kurzbiografien gefunden:

Max Planck – Der Physiker Max Planck (1858–1947) entdeckte als Erster, dass erhitzte Körper ihre Energie in kleinen Einheiten abgeben, den „Lichtquanten". Max Planck gelang es, die Wellen- und Teilcheneigenschaften des Lichts in einer einheitlichen Theorie zu beschreiben, der „Quantentheorie". Diese wurde später von Albert Einstein weiterentwickelt.

Marie Curie – Die französische Wissenschaftlerin Marie Curie (1867–1934) und ihr Mann Pierre Curie (1859–1906) waren die Entdecker der radioaktiven Elemente Radium und Polonium (1898). Für ihre Arbeit wurde Marie Curie 1903 gemeinsam mit ihrem Mann und Antoine Becquerel mit dem Nobelpreis für Physik ausgezeichnet. 1911 erhielt sie außerdem den Nobelpreis für Chemie.

Lise Meitner – Die österreichische Physikerin Lise Meitner (1878–1968) war seit 1918 Leiterin der Physikabteilung des Kaiser-Wilhelm-Instituts für Chemie und Professorin in Berlin. Seit 1907 arbeitete sie mit Otto Hahn zusammen. Aufgrund der Vorarbeiten von Lise Meitner entdeckten Otto Hahn (1879–1968) und Fritz Straßmann (1902–1980) im Jahr 1939 die Spaltung von Urankernen bei Neutronenbestrahlung. Otto Hahn erhielt dafür 1944 den Nobelpreis.

Gerd Binning – Der 1947 geborene deutsche Wissenschaftler Gerd Binning erhielt 1986 den Nobelpreis für Physik, zusammen mit H. Rohler. Die Wissenschaftler entwickelten das Rastertunnelmikroskop zur Analyse der Struktur und Beschaffenheit der Oberflächen von Atomen. Aus der Auf- und Abbewegung einer feinen Sonde erhält man am Computer ein Bild der atomaren Oberfläche.

Stephen Hawkins – Der britische Professor für theoretische Physik (geb. 1942) legte mit seiner wissenschaftlichen Arbeit eine umfassende Erklärung für Anfang und Ende des Univerums vor. Sein Buch „Eine kurze Geschichte der Zeit", 1988 erschienen, erlangte Weltruhm. Der unheilbar erkrankte Hawkins sieht seine Forschungsergebnisse als Weiterführung der Gedanken von Albert Einsteins Allgemeiner Relativitätstheorie.

Damit sich deine Mitschüler die wichtigsten Informationen gut merken können, willst du ein Schaubild entwerfen. Das könnte die Form einer Tabelle haben. Vervollständige:

Wichtige Physikerinnen und Physiker		
Name	Zeit	wissenschaftl. Leistung
Planck, Max	1858–1947	Quantentheorie
...	...	...

4. Entwirf übersichtliche Schaubilder, in denen du
- Physiker/innen des 19. und des 20./21. Jhs unterscheidest,
- Männer und Frauen unterscheidest,
- die Forscher/innen nach Ländern ordnest.

Diese Schaubilder müssen nicht notwendig Tabellenform haben. Entscheidend ist, dass man auf den ersten Blick die gewünschte Einteilung erkennen kann.

5. Entwirf zwei übersichtliche Tafelanschriften zu Marie Curie:
a) Gliedere einmal nach Jahresdaten.
b) Gliedere dann nach wichtigen Überbegriffen wie Geburtsdatum • Nationalität • wissenschaftliche Leistung • ihr Forscherteam • Auszeichnungen • Familienstand • Sterbejahr.

6. Stelle dann die beiden Wissenschaftlerinnen Curie und Meitner nach den in 5b genannten Überbegriffen nebeneinander.

7. Formuliere, welchen Vorteil es für dich hat, Informationen grafisch anzuordnen.

8. Diagramme eignen sich gut, um quantitative Entwicklungen zu veranschaulichen. Recherchiere für die letzten drei Jahre, wie viele Schüler an deiner Schule eingeschult wurden, wie viele davon Jungen und wie viele Mädchen waren, das Gleiche bezüglich der Absolventen. Stelle die Ergebnisse in der Form von Diagrammen dar.

Anfertigen von Thesenpapieren

Bei Referaten wird häufig ein Thesenpapier (Handout) verlangt, das in die Bewertung des Referats einfließt. Beachte daher folgende Tipps für seine Gestaltung.
- Entwirf das Thesenpapier nicht zu umfangreich. Berücksichtige nur die wichtigsten Informationen. Schließlich soll es das Referat unterstützen und nicht ersetzen.
- Gestalte das Thesenpapier übersichtlich und verzichte auf grafische Spielereien, da diese vom Inhalt ablenken.
- Lass genügend Raum für die Notizen der Zuhörer.
- Formuliere möglichst stichpunktartig.
- Füge nur solche Bilder ein, die einen wichtigen Beitrag zum Referatsthema leisten.

Das Referatskript erstellen und die Zeit planen

1.
- möglichst frei sprechen
- nichts vergessen
- den „roten Faden" behalten
- die Medien an den richtigen Stellen einsetzen
- immer wieder Blickkontakt zu den Zuhörern herstellen

Das klingt schwierig. Welche Form des Referatskripts hat sich bewährt, welche nicht? Tauscht eure Erfahrungen aus.

2. Angenommen, dein Referat darf 10 Minuten dauern. Male dir die folgenden Situationen aus und überlege dir, wie man sie vermeiden könnte:
- Du bist schon nach 8 Minuten fertig. Einige schöne Materialien, auf die du verzichtet hast, um die Zeit nicht zu überziehen, liegen zu Hause.
- Nach 12 Minuten fehlt noch immer das letzte Drittel des Referats. Da unterbricht dich deine Lehrkraft und du musst aufhören, weil noch anderes für die Unterrichtsstunde geplant ist.

Für das **Referatskript** haben sich **(Kartei-)Karten** in Größe DIN-A5 oder -A6 bewährt, auf die du den Verlauf deines Referats in Stichwörtern notierst.
- Nummeriere die Reihenfolge der Karten.
- Schreibe groß und lesbar. Falls du mit dem PC schreibst, verwende Schriftgröße 16, und lass zwischen den Zeilen genügend Abstand (z. B. 2-zeilig).
- Notiere möglichst in einer anderen Farbe die Stellen, an denen du etwas veranschaulichen willst.
- Ganz besonders wichtig ist es, daheim das Referat zur Probe zu halten und dabei die Zeit zu messen.

Überarbeite dann dein Skript so, dass du genau **den Zeitrahmen einhältst.**

Projektorientierte Aufgabe

Kurzreferate

Um das Referieren vor Publikum zu üben, solltet ihr über einen längeren Zeitraum im Unterricht Kurzreferate einplanen. Dies könnte auch in anderen Fächern geschehen. Besprecht dies mit den jeweiligen Lehrkräften. Die Kurzreferate sollten ca. 5 Minuten dauern und zu einem selbstgewählten Thema mit Bezug zum Fach gehalten werden. Übt dabei u. a. auch das Einhalten der Zeitvorgabe.

Das Referat vortragen

1. Wähle eine Einleitung und einen Schluss aus, die du bisher erarbeitet hast, lerne sie auswendig und trage sie mündlich vor einer Gruppe vor – von der Begrüßung im ersten Satz bis zum Dank an die Zuhörer im letzten.
Erprobt innerhalb eurer Gruppe dabei verschiedene Sprechgeschwindigkeiten und verschiedene Körperhaltungen (z. B. angelehnt – frei stehend • Hände auf dem Rücken – Hände und Arme in Bewegung • auf einem Standbein – fest auf zwei Beinen...) und haltet Vorteile und Nachteile fest.
2. Setze gezielt einige der folgenden sprechgestalterischen Mittel und Strategien ein:
   - Benutze gelegentlich Anaphern. Sie verstärken eine Aussage: „**Keiner hatte sie unterstützt. Keiner hatte sie gefördert. Keiner hatte sie beraten**. Und doch ist sie ihren Weg unbeirrt weiter gegangen."
   - Baue rhetorische Fragen ein: „Lise Meitner wurde 1878 geboren. **Was war das für eine Zeit?** Politisch gesehen ...". Sie erleichtern das Mitdenken.
   - Sprich schwierige oder besonders wichtige Wörter langsam und deutlich aus. Mach evtl. zwischen den Wortbestandteilen eine kleine Pause, damit sie verarbeitet werden können: „Lise Meitner bereitete die Entdeckung von Uran----Kernen vor."

Achtung: Typische Füllwörter sind *halt* oder *genau*. Lass dich darauf aufmerksam machen, wenn du sie benutzt, und arbeite daran, sie zu vermeiden.
3. Halte vor einer kleinen „Testgruppe" zur Probe dein Referat. Analysiere die Probleme, die auftreten, und arbeite gezielt an den Schwachstellen.

> Kriterien für den **Vortrag** des Referats:
> - Bewährt sich die Gliederung des Stoffes, sodass die Zuhörer dem Referat gedanklich gut folgen können?
> - Ist das Referat anschaulich, erfüllen die Medien ihren Zweck?
> - Kann der Referent mit den Medien gut umgehen?
> - Wird der Vortrag so gesprochen, dass man gut zuhören kann (Lautstärke, Betonung, Sprechtempo)?
> - Hält der Referent Blickkontakt zum Publikum?

4. Erinnere dich an das Verhalten deiner Zuhörer während deiner „Testvorträge" von Referaten und Referatteilen und notiere dir, welche Verhaltensweisen dir geholfen haben, das Referat sicher vorzutragen, und welche dich gestört oder behindert haben.
5. Wertet eure Erfahrungen in kleinen Gruppen aus und erstellt daraus einen kurzen „Knigge"[1] für die Zuhörer eines Referats. Hefte den Leitfaden in deinem Portfolio (Sammelmappe S. 260) ab, damit du jederzeit darauf zurückgreifen kannst.

[1] *Knigge:* Verhaltensleitfaden

Lebenswünsche und Lebenswege im Jugendbuch – eine Textsammlung erstellen

Biografische Jugendliteratur finden

Für Jugendliche geschriebene Biografien haben den Vorteil, dass sie sich darum bemühen, auch schwierige Sachverhalte gut verständlich zu erklären, so z. B. bei den folgenden Büchern.

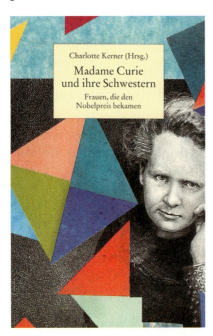 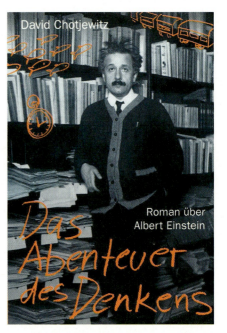

Im ersten Buch findest du Kapitel über mehrere Personen, im zweiten handelt das ganze Werk nur von einer Hauptperson.

1. Erinnere dich (S. 61 f.): In welcher Phase der Beschäftigung mit einer Person brauchst du ein Buch wie das erste, wann brauchst du so eines wie das zweite?
2. Suche weitere Jugendbuch-Titel des einen und des anderen Typs. Recherchiere:
- bei einer Internet-Buchhandlung,
- in einer örtlichen Buchhandlung,
- in der Schulbücherei,
- in der Gemeindebücherei.

Ihr solltet vorher klären, ob ihr
- alle interessanten Lebensläufe zulasst oder
- nur nach bestimmten Personengruppen sucht (z. B. nur Wissenschaftler/innen, nur Nobelpreisträger/innen, nur Frauen, nur Personen des 20. Jhs., nur Schriftsteller/innen ...).

Tragt eure Ergebnisse in einer Liste zusammen.

Quellen nachweisen

Jede und jeder aus der Klasse übernimmt eine Person und stellt sie auf ein bis zwei DIN-A4 Seiten schriftlich vor. Alle Blätter (auch *Papers* genannt) ergeben eine Textsammlung. Besprecht, welche Teile alle Seiten gleichermaßen enthalten sollten. Das Besondere an der Textsammlung ist: Du musst die Quellen nachweisen, aus denen du dein Wissen hast. Außerdem sollst du wörtliche Zitate kenntlich machen und ihre Herkunft korrekt angeben.

1. Hannes hat sich ein Buch über den berühmten Kinderarzt, Pädagogen und Schriftsteller Janusz Korczak ausgesucht und gibt es korrekt an:

> Quelle: Pelz, Monika: „Nicht ich will mich retten!". Die Lebensgeschichte des Janusz Korczak. – Weinheim, Basel, Berlin: Beltz & Gelberg Verlag 2003

Analysiere, wie die Quellenangabe aufgebaut ist.

2. Antonia möchte etwas über die Schriftstellerin Emerenz Meier beisteuern, die vor rund 100 Jahren ein ungewöhnliches Leben geführt hat. Sie hat einen Artikel gefunden, den sie korrekt angibt. Analysiere auch hier den Aufbau der Quelle.

> Göttler, Hans: Emerenz Meier – Gastwirtin, Schriftstellerin, Emigrantin. – In: Boshof, Egon u. a. (Hg.): Ostbairische Lebensbilder. Band I. Passau: Dietmar Klinger Verlag 2004, S. 113-129

3. Übe die richtige Quellenangabe an mehreren Beispielen. Überprüfe die äußere Form deiner Quellenangaben mithilfe des folgenden Merkkastens.

- **Ganze Bücher** werden als **Quelle** wie folgt angegeben:
  Autorenname (Nachname, Vorname): Titel und Untertitel des Buchs. Erscheinungsort/e: Verlag und Erscheinungsjahr
- Hat ein Buch keinen Autor, sondern einen oder mehrere **Herausgeber**, dann folgt auf den Herausgebernamen der Zusatz *(Hg.)*. Bei mehr als zwei Herausgebern genügt die Nennung des erstgenannten und der Zusatz *u. a.*
- Besteht ein Buch aus **Artikeln**, die eigene Autoren haben, und deine Quelle ist nur einer dieser Artikel und nicht das ganze Buch, so wird auch nur dieser Artikel als Quelle genannt – natürlich mit seinem Fundort:
  Name des Artikelautors (Nachname, Vorname): Titel und Untertitel des Artikels. In:

→

> Name des Buchherausgebers (Nachname, Vorname) (Hg.): Titel und Untertitel des Buchs. Erscheinungsort/e: Verlag, Erscheinungsjahr, Seitenzahl(en) des Artikels.

In allen Fällen kann der Name des Verlags auch entfallen. Bei einer Textsammlung aber, die vielleicht dazu anregt, sich das Buch zu kaufen, ist diese Information praktisch. Tipp: Wichtig ist, dass du das einmal gewählte Verfahren konsequent anwendest.

Richtig zitieren

1. Hannes gibt das meiste, was er in dem Buch über Janusz Korczak gelesen hat, in eigenen Worten und sinngemäß wieder. Eine bestimmte Stelle aber übernimmt er Wort für Wort auf sein Paper, d.h., er zitiert sie wörtlich und weist sie auch korrekt nach:

> „Janusz Korczak träumt von einer ‚Schule für das Leben'. In ihr sollen die Schüler neugierig sein und etwas erfahren wollen – leisten wollen. Zugleich sollen sie Achtung und Mitgefühl für den anderen entwickeln. Aufmerksame Beobachter sollen sie sein. Sie sollen lernen, mit-
> 5 einander und mit den Erwachsenen zu diskutieren. Frei, ohne seelische Deformierung[1] sollen sie in die Welt hinausgehen – bereit, für sich und die Gemeinschaft eine sinnvolle Arbeit zu tun." (Pelz, Monika: „Nicht ich will mich retten!". Die Lebensgeschichte des Janusz Korczak. – Weinheim, Basel, Berlin: Beltz & Gelberg Verlag 2003, S. 49)

[1] *Deformierung:* Verformung

Analysiere, was sich bei dem *Zitatnachweis* im Vergleich zur Quellenangabe verändert hat. Überlege dir den Grund dafür. Beschreibe außerdem, was mit Anführungszeichen im Zitat passiert, wenn es selbst in Anführungszeichen steht.

2. Hannes hat sein Paper fertiggestellt und erkennt: Er hat Probleme mit dem Platz und will deshalb das Zitat auf ein paar Sätze, die ihm besonders wichtig erscheinen, zusammenkürzen. Außerdem ist ihm das Paper mit den langen Zitatnachweisen mitten im Text zu unübersichtlich. Seine neue Version sieht folgendermaßen aus:

> blockTextblockTextblockTextblockTextblockTextblockTextblockText TextblockTextblockTextblockTextblockTextblockTextblockTextblock „Janusz Korczak träumt von einer ‚Schule für das Leben'. In ihr sollen die Schüler neugierig sein und etwas erfahren wollen – leisten wollen. […] Frei, ohne seelische Deformierung sollen sie in die Welt hinausgehen – bereit, für sich und die Gemeinschaft eine sinnvolle Arbeit zu tun."[1] TextblockTextblockTextblockTextblockTextblockTextblockTextblock

→ blockTextblockTextblockTextblockTextblockTextblockTextblockText
TextblockTextblockTextblockTextblockTextblockTextblockTextblock

¹ *Pelz, Monika: „Nicht ich will mich retten!". Die Lebensgeschichte des Janusz Korczak. – Weinheim, Basel, Berlin: Beltz & Gelberg Verlag 2003, S. 49*

Analysiere, was sich verändert hat. Sprecht über die Problematik von Kürzungen.
3. Hannes übernimmt mehrere wörtliche Zitate aus dem Buch von Monika Pelz. Immer die ganzen Angaben zu wiederholen, erscheint ihm unnötig und Platzverschwendung. Bei Antonia hat er ein abgekürztes Verfahren gesehen, das er gleich übernimmt:

„Janusz Korczak träumt von einer ‚Schule für das Leben'. In ihr sollen die Schüler neugierig sein und etwas erfahren wollen – leisten wollen. […] Frei, ohne seelische Deformierung sollen sie in die Welt hinausgehen – bereit, für sich und die Gemeinschaft eine sinnvolle Arbeit zu
5 tun." – *(Pelz 2003, S. 49)*

Erschließe logisch, welche zusätzliche Information auf dem Paper zu finden sein muss, damit dieses System funktioniert.
4. Hannes hat auch Informationen über Janusz Korczak im Internet gefunden, geprüft und teilweise zitiert:

www.janusz-korczak.de (16.01.2009)

Erörtert, warum das Datum, an dem die Seite eingesehen wurde, genannt sein sollte.

- **Wörtliche Zitate** stehen in doppelten Anführungszeichen „...". **Auslassungen** werden mit [...] gekennzeichnet. Doppelte Anführungszeichen werden im Zitat selbst zu **einfachen Anführungszeichen** ‚...'.
- **Die Herkunft des Zitats** wird entweder direkt nach dem Zitat oder in einer Fußnote angegeben. Dazu wird die Quelle vollständig genannt und die Seite angegeben, auf der das Zitat steht.
- Ein **verkürzter Zitatnachweis** in der Form *Autorennachname – Jahr – Seite* ist möglich, wenn an anderer Stelle die Quelle einmal vollständig angegeben und die Zuordnung eindeutig ist.
- **Zitate aus dem Internet** werden korrekt zitiert. Das Datum, an dem die Seite eingesehen wurde, wird hinzugefügt.

Überprüfen und Sichern

○ **Referate halten und korrekt zitieren**

1. Lies die zwei biografischen Texte über den Physiker und Nobelpreisträger Wolfgang Paul. Vergleiche sie und beurteile, welcher der beiden Informationstexte für die weitere Verwendung in einem Referat besser geeignet ist. Begründe dein Urteil.

Text 1:

Prof. Dr. Wolfgang Paul (1913-1993) – Physiker

Nach Abschluss des Gymnasiums in München machte er zunächst eine Ausbildung als Feinmechaniker. 1932 begann sein Studium an der Technischen Hochschule in München, das er in Berlin mit seiner Promotion[1] 1939 abschloss. 1952 wurde er Professor an der Universität in Bonn. In seiner Amtszeit wurde das erste europäische Elektronensynchrotron[2] mit starker Fokussierung gebaut. Ein wesentlich größeres folgte in der Mitte der sechziger Jahre und in den Achtzigern wurde eine noch größere Anlage, ELSA, errichtet. 1979 wurde er Präsident der Alexander von Humboldt-Stiftung. Seine weltweite Anerkennung erhielt Prof. Dr. Paul 1989 durch den Nobel-Preis für die Entwicklung der Ionenfallen-Technik[3].

Text 2:

Wolfgang Paul wurde am 10. August 1913 in Lorenzkirch, einem kleinen Dorf in Sachsen, geboren. Nach Abschluss des Gymnasiums in München – mit neun Jahren Latein und sechs Jahren Altgriechisch sowie Geschichte und Philosophie – beschloss er, Physiker zu werden. Der große theoretische Physiker Arnold Sommerfeld riet ihm, zunächst eine Ausbildung als Feinmechaniker zu machen. 1932 begann er sein Studium an der Technischen Hochschule München und führte es 1934 in Berlin fort, wo er sein Diplom und 1939 seine Promotion abschloss.

Er ging mit Hans Kopfermann nach Kiel[4] und kam mit diesem 1942 als Oberassistent an das 2. Physikalische Institut der Universität Göttingen, wo er sich 1944 habilitierte[5].

1952 wurde er als Ordentlicher Professor an die Universität Bonn berufen und dort Direktor des Physikalischen Instituts. Seine Forschungsinteressen waren die Atom- und Molekularstrahlen, die Massenspektrometrie[6] und die Strahlenbiologie. Paul gilt als Pionier der Teilchenphysik. In seiner Amtszeit als Direktor wurde in Bonn das erste europäische Elektronensynchrotron mit starker Fokussierung gebaut. In den Achtzigern wurde eine noch größere Anlage, ELSA, unmittelbar unter den Gebäuden des Physikalischen Instituts errichtet. 1981 wurde Wolfgang Paul emeritiert[7]. Er starb am 7. Dezember 1993. Während seiner Zeit in Bonn war Prof. Paul Direktor in deutschen und europäischen

---

[1] *Promotion:* Erwerb des Doktortitels
[2] *Elektronensynchronometer:* Teilchenbeschleuniger
[3] *Ionenfallen-Technik:* Verfahren zum Festhalten von Ionen, also elektrisch geladenen Atomen oder Molekülen mithilfe elektrischer und magnetischer Felder
[4] Er folgte als Mitarbeiter seinem Professor an die Universität Kiel.
[5] *sich habilitieren:* eine Arbeit für den Zugang zum Professorenamt schreiben
[6] *Massenspektrometrie:* Verfahren zum Messen von Teilchen
[7] *emeritiert werden:* in den Ruhestand versetzt werden

Teilchen- und Kernphysik-Labors an der KFA[8] Jülich, am CERN[9] und vom DESY[10] – den damals wichtigsten physikalischen Versuchseinrichtungen in Europa. Häufig wurde er als Berater der Bundesregierung herangezogen.

Ab 1979 war er zehn Jahre lang Präsident der Alexander von Humboldt-Stiftung, die die internationale Zusammenarbeit zwischen Wissenschaftlern in der ganzen Welt fördert. 1989 erhielt Paul den Nobel-Preis für die Entwicklung der Ionenfallen-Technik.

Daneben erhielt er viele Preise und Auszeichnungen, einschließlich der Ehrendoktorwürden der Universitäten Uppsala, Aachen, Poznan, Saloniki und Canterbury. Er war Vizekanzler des Ordens *Pour Le Merite*. Er erhielt das Große Verdienstkreuz mit Stern, die höchste bundesdeutsche Auszeichnung, außerdem den Robert-Wichard-Pohl-Preis der Deutschen Physikalischen Gesellschaft sowie die Goldmedaille der Akademie der Wissenschaften in Prag und die Dirac-Medaille der Universität von New South Wales. Anlässlich seines achtzigsten Geburtstags wurde er aufgrund seiner zahlreichen Leistungen in der Wissenschaftsadministration[11] und seiner Verdienste als Präsident der Alexander von Humboldt-Stiftung zum Ehrensenator der Universität Bonn gewählt.

Wolfgang Paul war Mitglied zahlreicher Akademien der Wissenschaften und Ehrenmitglied von DESY und der KFA Jülich. Er war als herausragender Wissenschaftler zu Ehrenvorlesungen an der Harvard University, dem Fermi-Institut in Chicago, der Universität Tokio und der University of Minnesota eingeladen.

[8] *RFA:* Kernforschungsanlage
[9] *CERN:* Conseil Européen pour la Recherche Nucléaire (dt. Europäischer Rat für Kernforschung): Großforschungseinrichtung in der Schweiz mit einem Teilchenbeschleuniger
[10] *DESY:* Deutsche Elektronen-Synchrotron: Forschungseinrichtung in Hamburg und bei Berlin mit einem Teilchenbeschleunigern
[11] *Wissenschaftsadministration:* Wissenschaftsverwaltung

2. Analysiere folgende erste Folien aus den computergestützten Präsentationen zweier Schüler zu Wolfgang Paul. Liste positive und negative Aspekte in Tabellenform auf.

Wolfgang Paul wurde am 10. August 1913 in Lorenzkirch, einem kleinen Dorf in Sachsen, geboren. Nach Abschluss des Gymnasiums in München – mit neun Jahren Latein und sechs Jahren Altgriechisch sowie Geschichte und Philosophie – beschloss er, Physiker zu werden. Der große theoretische Physiker Arnold Sommerfeld riet ihm, zunächst eine Ausbildung als Feinmechaniker zu machen. 1932 begann er sein Studium an der Technischen Hochschule München und führte es 1934 in Berlin fort, wo er sein Diplom und 1939 seine Promotion abschloss. Er ging mit Hans Kopfermann nach Kiel und kam mit diesem 1942 als Oberassistent an das 2. Physikalische Institut der Universität Göttingen, wo er 1944 habilitierte. 1952 wurde er als ordentlicher Professor an die Universität Bonn berufen und dort Direktor des Physikalischen Instituts. Seine Forschungsinteressen waren die Atom- und Molekülphysik, die Massenspektrometrie und die Elementarteilchenphysik. In seiner Amtszeit als Direktor wurde in Bonn das erste europäische Elektronensynchrotron mit starker Fokussierung gebaut. In den Achtzigern wurde eine noch größere Anlage, ELSA, unmittelbar unter den Gebäuden des Physikalischen Instituts errichtet.

Wolfgang Paul

Gliederung:
1. Kindheit und Jugend
2. Beruflicher Werdegang
3. Forschungsarbeit
4. Weitere Tätigkeiten und Auszeichnungen

3. Diskutiert im Plenum Probleme und Vorteile, die mit einer computergestützten Präsentation einhergehen.

4. Exzerpiere aus dem zweiten Artikel die Informationen, die zu den vier Oberpunkten (siehe rechte Folie) gehören. Die Methodentipps auf S. 62 helfen dir.

Quellen- und Zeilenangaben	Stichpunkte

5. Formuliere folgende Sätze, die auf dem Thesenpapier eines Schülers stehen, in übersichtlichere Stichpunkte im Nominalstil um.

- Wolfgang Paul gilt als Pionier auf dem Gebiet der Teilchenphysik.
- Seine weltweite Anerkennung erhielt Prof. Dr. Paul 1989 durch den Nobel-Preis für die Entwicklung der Ionenfallen-Technik.
- Er war Vizekanzler des Ordens *Pour Le Merite*.
- Prof. Paul war Direktor in drei europäischen Teilchen- und Kernphysik-Labors.
- Er erhielt das Große Verdienstkreuz mit Stern, die höchste bundesdeutsche Auszeichnung.
- In seiner Amtszeit als Direktor wurde in Bonn das erste europäische Elektronensynchrotron gebaut. In den Achtzigern wurde eine noch größere Anlage, ELSA, unmittelbar unter den Gebäuden des Physikalischen Instituts errichtet.
- Wolfgang Paul ist Namenspatron der Wolfgang-Paul-Stiftung, für die er 1991 die Hälfte seines Nobel-Preisgeldes eingebracht hat, um internationale Beziehungen in der Wissenschaft zu fördern.
- Zudem wurde ein Hörsaal an der Universität in Bonn nach ihm benannt.

6. Finde die Fehler, die auf folgendem Thesenpapier beim Zitieren gemacht wurden, und verbessere sie.
- 1989 wurde der Physiker mit den Nobel-Preis für die Entwicklung der Ionenfallen-Technik ausgezeichnet. Dies ist „ein Verfahren zum Festhalten von Ionen, also elektrisch geladenen Atomen oder Molekülen mit Hilfe elektrischer und magnetischer Felder[1]".
  [1] http://pi.physik.uni-bonn.de/wpaul/wp_bio.php (12.02.2009)
- Paul wurden die „Ehrendoktorwürden der Universitäten Uppsala, Aachen und Canterbury"[1] verliehen.
  [1] http://pi.physik.uni-bonn.de (12.02.2009)
- Wolfgang Paul hielt viele „Ehrenvorlesungen an der Harvard Universität (...) und der University of Minnesota"[1].
  [1] http://pi.physik.uni-bonn.de/wpaul/wp_bio.php (12. Februar 09)

- Die Forschungseinrichtung DESY bietet Nachwuchswissenschaftlern die Gelegenheit, „Einzelaufgaben, die sie selbstständig lösen [zu bearbeiten] und deren Ergebnisse in das komplexe Forschungsthema mit einfließen" (DESY, S. 91) 1.
    [1] Deutsches Elektronen-Synchroton Desy in der Helmholtz Gemeinschaft (Hg.): Das Supermikroskop Hera – Blick ins Innerste der Materie. Hamburg 2002, S. 91
- Man will „jener „Ursuppe" [auf die Spur kommen), aus der unser Universum wenige millionstel Sekunden nach dem Urknall bestand [...]" 1.
    [1] Deutsches Elektronen-Synchroton Desy in der Helmholtz Gemeinschaft (Hg.): Das Supermikroskop Hera – Blick ins Innerste der Materie. Hamburg 2002, S. 86

7. Vier der folgenden Quellenangaben sind in Hinblick auf das gelernte Muster (☞ S. 71) formal falsch oder unvollständig. Finde die richtige und verbessere die anderen.

- http://pi.physik.uni-bonn.de/wpaul/wp_bio.php
- Reimund W. Alheid: Speicherung und laserinduzierte Photodissoziation H2+ in einer Paul-Falle. Tectum Verlag (1997)
- In: Deutsche Physikalische Gesellschaft (Hg.): Physikalische Blätter 46, Nr. 7. Paul, Wolfgang: Elektromagnetische Käfige für geladene und neutrale Teilchen, Nobelvortrag von Wolfgang Paul. Weinheim 1990, S. 227-236
- Grehn, Joachim u.a.: Metzler Physik. Hannover: Schroedel Verlag 1998
- Das Supermikroskop Hera (Untertitel: Blick ins Innerste der Materie). Hamburg 2002 – von den Herausgebern Deutsches Elektronen-Synchroton DESY in der Helmholtz Gemeinschaft

8. Bewerte und verbessere gegebenenfalls folgende Einleitungen und Schlüsse zum Referat über den Physiker Wolfgang Paul.

Einleitung:
- Ich möchte euch heute etwas über Wolfgang Paul erzählen.
- Dieses Foto zeigt Wolfgang Paul, über dessen Leben und Forschungsarbeit in der Physik ich heute berichten möchte.
- Mein Referat zum Physiker Wolfgang Paul besteht aus folgenden Teilen: erstens Kindheit und Jugend, zweitens sein beruflicher Werdegang, drittens seine Forschungsarbeit. Im letzten Teil werde ich auf Wolfgang Pauls weitere Tätigkeiten und Auszeichnungen eingehen.
- Wolfgang Paul war eine bedeutende Persönlichkeit. Er lebte von 1913 bis 1993.

Schluss:
- Dann bin ich 'mal fertig.
- Gibt's noch Fragen?
- Wenn ihr keine Fragen mehr habt, bedanke ich mich für eure Aufmerksamkeit.
- So, das war's!

Axel Hacke
Ohne Titel

Folgendes habe ich im Internet entdeckt: Man gibt bei Google das Suchwort *Bible* ein, also das englische Wort für Bibel. Dann kommen etliche englischsprachige Seiten mit
5 dem kompletten Bibeltext. Daneben steht: „Diese Seite automatisch übersetzen." Anklicken. Darauf beginnt der Bibeltext: „Im anfangengott stellte den Himmel und die Masse her. Und die Masse war ohne Form und Lücke;
10 und Schwärzung war nach dem Gesicht vom tiefen. Und der Geist Gottes bewog nach dem Gesicht des Wassers."
Ich frage: In welche Sprache hat man die Bibel da übersetzt? Antwort: die Sprache der Maschinen. Da ein Auto-
15 mat die Bibel übersetzt hat, hat er sie in die Maschinensprache übersetzt, wohin sonst? Die Robotersprache. Wahrscheinlich ist es ja mit den Robotern weiter, als wir denken. Wahrscheinlich gibt es längst Roboter, die aussehen wie Menschen. Wahrscheinlich stehen in Amerika Hallen voller
20 Roboter, die in der Bibel lesen und in Flugplänen, weil sie zu uns kommen wollen. […]

Aufgabe: Seite 82

Ina Hönicke

Wenn das Internet zur Droge wird – im Tiefenrausch des Datenmeers

In Kalifornien opferte ein Mann seine sämtlichen Einkünfte für Online-Dienste und verzichtete dafür sogar auf einen festen Wohnsitz. Nachdem der Obdachlose beim Diebstahl von Batterien verhaftet worden war, sagte er, im Internet zu sein, wäre ihm wichtiger, als ein Dach über dem Kopf zu haben. Im Netz hätte er endlich echte Freunde gefunden.
Meldungen dieser Art häufen sich mittlerweile weltweit. Das Surfen im Internet führt immer mehr Menschen in eine Abhängigkeit. Amerikanische Psychologen haben dem neuen Krankheitsbild bereits einen Namen gegeben: „Internet Addiction Disorder" (IAD). […]
Die Psychologie-Professorin Kimberley Young von der Universität Pittsburgh hat bereits 400 Fälle von Computersucht untersucht. Sie hält das Phänomen für vergleichbar mit der Spielsucht. […]
Gleichzeitig konnte die Psychologin feststellen, dass sich eine Online-Sucht sehr schnell einstellt, in den ersten Wochen und Monaten nach dem Erstkontakt mit dem neuen Medium. Wer dagegen das Internet seit längerer Zeit nutzt, für den bestehe laut Kimberley Young nur wenig Gefahr, plötzlich in eine krankhafte Abhängigkeit zu geraten. […]
Bernard Batinic, wissenschaftlicher Mitarbeiter am Fachbereich Psychologie der Universität Gießen: „Das Problem Internet-Sucht existiert. Es gibt Menschen, die sich den Konsum des Internets nicht einteilen, beziehungsweise nicht damit aufhören können. Doch die Linie zwischen noch normal und bereits süchtig ist sehr schwer zu ziehen." […]

Aufgaben: Seite 82

Joachim Feldmann

Die Fachinformatikerin: auf Zukunft programmiert

Für Computer hat sich Cindy Stock eigentlich nie besonders interessiert. Und Ahnung vom Programmieren hatte sie schon gar nicht, als sie sich bei einem Software-Entwickler im nördlichen Ruhrgebiet um einen Ausbildungsplatz als Fachinformatikerin bewarb. „Ich habe deshalb gar nicht erst versucht, im Vorstellungsgespräch einen falschen Eindruck zu machen. Aber meinen jetzigen Chef hat auch mehr interessiert, wie es um meine Auffassungsgabe und Lernfähigkeit bestellt ist."
Acht Semester Deutsch und Geschichte hatte die 26-Jährige schon hinter sich, als sie sich entschloss, das Studium abzubrechen. Dabei wäre sie durchaus gerne Lehrerin geworden. Doch mit ihrer Fächerkombination konnte sich Cindy Stock selbst bei der momentanen Lehrerknappheit keine großen Ein-

stellungschancen ausrechnen. […] „Da habe ich mich ganz pragmatisch für einen Beruf mit Zukunft entschieden." Die Suche nach einem geeigneten Ausbildungsplatz war nicht sehr schwierig. Genau zwei Bewerbungen musste Cindy Stock verschicken, um zum Vorstellungsgespräch eingeladen zu werden. „Die suchten eben keine Computerfreaks, sondern Leute, die teamfähig sind und sich selbstständig mit Problemen auseinandersetzen können." […]
Und wie ist es mit technischen Kenntnissen? Muss man nicht wissen, wie ein Computer eigentlich funktioniert? „Man kann ja auch ein Gedicht schreiben, ohne zu wissen, was ein Jambus ist", meint Cindy Stock. „Andererseits sind solche Kenntnisse auch nicht ganz nutzlos. Wer wie ich Fachinformatikerin mit der Fachrichtung Anwendungsentwicklung werden will, sollte schon wissen, was in einem Computer vor sich geht." Schließlich stehe nicht immer jemand parat, um ein defektes Teil auszuwechseln. […]
An Selbstbewusstsein mangelt es Cindy Stock nicht. Sie hat ihre Lehrzeit auf zwei Jahre verkürzt und wird deshalb bereits im Mai die Abschlussprüfung ablegen. Eine neue Stelle muss sie auch nicht suchen, da sie von ihrem Ausbildungsbetrieb übernommen wird.
Und was wird jetzt aus der Liebe zur Literatur, die sie einst zum Germanistikstudium getrieben hatte? „Lesen entspannt ungemein und ist daher eine ideale Freizeitbeschäftigung. Aber einen anderen Beruf als Informatikerin kann ich mir für mich nicht mehr vorstellen."

Hans Magnus Enzensberger
Altes Medium

Was Sie vor Augen haben,
meine Damen und Herren,
dieses Gewimmel,
das sind Buchstaben.
Entschuldigen Sie.
Entschuldigen Sie.
Schwer zu entziffern,
ich weiß, ich weiß.
Eine Zumutung.
Sie hätten es lieber audiovisuell,
digital und in Farbe.

Aber wem es wirklich ernst ist
mit **virtual reality**,
sagen wir mal:

Füllest wieder Busch und Tal[1],
oder: Einsamer nie
als im August[2], oder auch:
Die Nacht schwingt ihre Fahn[3],
der kommt mit wenig aus.

Sechsundzwanzig
dieser schwarz-weißen Tänzer,
ganz ohne Graphik-Display
und CD-ROM,
als Hardware ein Bleistiftstummel –
das ist alles.

Entschuldigen Sie.
Entschuldigen Sie bitte.
Ich wollte Ihnen nicht zu nahe treten.
Aber Sie wissen ja, wie das ist:
Manche verlernen es nie.

Aufgaben: Seite 82

[1] Zitat aus Johann Wolfgang Goethes Gedicht „An den Mond"

[2] Zitat aus Gottfried Benns Gedicht „Einsamer nie"

[3] Zitat aus Andreas Gryphius' Gedicht „Abend"

● *Axel Hacke,* **Ohne Titel** *(Seite 79)*

1. Vergleiche die Computerübersetzung mit dem Originalanfang der deutschsprachigen Bibel.
2. Erörtert, warum Übersetzungsprogramme in der Regel zu solch unbefriedigenden Ergebnissen kommen.

1 *Ina Hönicke,* **Wenn das Internet zur Droge wird** *(Seite 80)*

Skizziere den „Krankheitsverlauf" eines Internet-Abhängigen.

2 *Joachim Feldmann,* **Die Fachinformatikerin** *(Seite 80)*

1. Zeige die Gründe auf, die dafür ausschlaggebend waren, dass sich Cindy für diesen Beruf und dieses Unternehmen entschieden hat.
2. Stelle dar, welche Eigenschaften dem Unternehmen bei der Stellenbesetzung wichtig waren.

3 *Hans Magnus Enzensberger,* **Altes Medium** *(Seite 81)*

1. Erkläre, was Enzensberger unter dem *alten Medium* versteht.
2. Der Begriff *virtual reality* ist bewusst in einer anderen Schrifttype gesetzt. Schlage in einem Wörterbuch die Bedeutung nach und erkläre dann, weshalb Enzensberger Zitate aus Gedichten von drei Schriftstellern als Beispiele für virtual reality vorbringt.
3. Lege dar, weshalb sich Enzensberger in der letzten Strophe entschuldigt und was der Satz „Manche verlernen es nie" meint.
4. Auf folgendem Foto siehst du ein sogenanntes E-Book. Diskutiert:
   - Wäre dies für Enzensberger ein altes oder ein neues Medium?
   - Würdest du gerne solche E-Books benutzen?
   - Erstelle eine Reihenfolge, inwiefern sich die folgenden Textsorten mehr oder weniger für E-Books eignen:
   Kochrezepte • „Harry-Potter"-Romane • Witze • Gedichte • Schulbuchtexte • Computerzeitschrift
5. Verfasse wahlweise eine Werbeanzeige für das neueste E-Book auf dem Markt oder schreibe ein Plädoyer für das gedruckte Buch.

Diskutieren

1. Bereitet eine Diskussion vor zu einem Thema aus dem Bereich „Einsatz von Computern". Entscheidet, mit welchem Thema ihr euch näher befassen wollt. Ergänzt folgende Themenvorschläge mit euren eigenen Ideen.

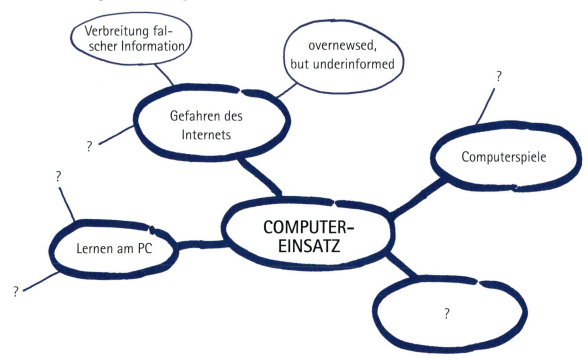

2. In einer Klasse, die zu diesem Thema einen Cluster erstellen soll, entwickelt sich noch während der Arbeit eine hitzige Diskussion über die Gefahren des Internets:

JAN: So gefährlich ist das doch alles gar nicht. Wenn man bestimmte Seiten nicht aufruft, dann kann gar nichts passieren!

PETRA: So ein Quatsch! Du merkst doch manchmal gar nicht, dass dein Rechner von außen angegriffen wird.

JAN: Na und! Was soll man schon auf meinem Rechner finden? Ich habe doch nichts zu verbergen!

STEFAN: Herr Oberschlau! Und was machst du, wenn dein Rechner nicht mehr geht, weil irgendwelche Viren dein System lahmlegen?

JAN: Halt doch du die Klappe: Du traust dich ja nicht mal in der Dunkelheit vor das Haus. Da ist klar, dass du bei jeder Gefahr, die in den Nachrichten hochgespielt wird, eine Höllenangst bekommst!

SABINE: Du bist unmöglich. Selbst keine Ahnung und dann noch die anderen runtermachen.

Zeige, an welchen Stellen deutlich wird, dass diese Jugendlichen weder sachlich noch gut informiert diskutieren.

Für die **Vorbereitung von Diskussionen** gilt:
- Sammle Argumente für deine eigene Position. Informiere dich dazu aus seriösen Quellen.
- Bereite dich auf Gegenargumente vor: Mit welchen musst du rechnen? Kannst du für sie vielleicht teilweise Verständnis aufbringen? Wie kannst du sie entkräften?
- Mache dir bei Argumenten wie Gegenargumenten bewusst: Wie sachlich sind sie? Was ist an ihnen evtl. rein persönlich bedingt?

3. Sabine hat mit ihrem Bruder Thomas manchmal Krach, weil er ihrer Meinung nach zu viel Zeit mit „doofen" Computerspielen verbringt.

Echtzeitspiele *kosten* *echt Zeit*

Folgende Übersicht könnte sie zu einem differenzierteren Urteil über verschiedene Spiele-Typen bringen. Arbeite Qualitätsunterschiede zwischen den Spiele-Typen heraus.

Genre	Inhalt
Actionspiel	Der Spieler steuert eine Spielfigur, die sich in rascher Geschwindigkeit gegen Hindernisse (Gegner, herabfallende Gegenstände, herannahende Geschosse usw.) durchsetzen muss. Eine sehr schlichte Variante sind Ballerspiele.
Rennspiel	Variante der Actionspiele, deren Motiv Rennen aller Art sind, vor allem Autorennen mit Kurven, aus denen der Spieler bei überhöhter Geschwindigkeit hinausfliegt, mit unerwarteten Hindernissen hinter Kuppen und schneidenden Gegnern.
Strategiespiel	Der Spieler ist mit einem komplexen Geschehen konfrontiert, beispielsweise einer Weltraumschlacht oder auch einem abstrakten Geschehen aus geometrischen Formen. Der Spieler greift entweder von außen in das Geschehen ein oder lenkt eine Spielfigur. Er dirigiert Elemente an einen anderen Ort, z.B. Truppen oder Raumkreuzer, veranlasst Ak- →

	tienverkäufe, prüft Ölreserven, schließt Verträge mit Partnern und lauert auf die Wirkungen seiner Entscheidungen.
Geschicklichkeitsspiel	Meistens eine grafisch einfache Variante der Actionspiele ohne filmische Effekte, bei der besonders die Auge-Hand-Koordination und Konzentration gefordert sind. Die schlichtesten Varianten sind Jump-and-Run-Spiele: Der Spieler steuert eine rennende Spielfigur, die heranfliegenden oder herabfallenden Hindernissen ausweichen muss.
Simulationsspiel	Entweder eine sehr komplexe Variante des Strategiespiels (Simulation einer Unternehmensleitung, einer Stadtplanung) oder eine illusionistische Darstellung, bei der der Spieler ein Flugzeug lenkt, ein U-Boot kommandiert o. Ä.
Sportspiel	Themengebundene Varianten der Action-, Geschicklichkeits- oder Strategiespiele.
Kampfsportspiel	Themengebundene Varianten der Geschicklichkeitsspiele, die sich freilich zu filmrealistischen Boxkämpfen oder asiatischen Kampfsportarten ausweiten können.
Adventurespiel	In ein aufwändigeres, ereignisreiches Geschehen eingebettete Variante der Actionspiele. Teilweise überwiegen die stofflichen Elemente (z. B. Erkundung der ägyptischen Pyramiden) die Folge bloßer Ausweich- oder Zugriffshandlungen.
Gesellschaftsspiel	Umsetzung der traditionellen Spiele wie Schach, Mühle, Kartenspiele.
Denkspiel	Oft ereignisarme Spiele, bei denen der Spieler Spielelemente richtig ordnen, kombinieren und in strategische Zusammenhänge einbinden muss. Oft wird gutes räumliches Vorstellungsvermögen, logisches Denken, kluges Kombinieren gefordert.
Rollenspiel	Umsetzung der klassischen Rollenspiele: Der Spieler schlüpft in eine der angebotenen Rollen und muss unter Beachtung ihrer Charaktermerkmale und Ausstattung handeln: Partner finden, Gegner ausschalten, Aufgaben lösen. Gefordert sind List und Scharfsinn, Entschlusskraft, logisches Denken, strategisches Handeln und die Fähigkeit, sich in andere Spielteilnehmer hineinzuversetzen.

4. Führt eine Diskussion zu einem der in Aufgabe 1 auf S. 83 gefundenen Themen. Beachtet dabei den Inhalt des folgenden Merkkastens. Reflektiert anschließend: Was lief gut? Was war nicht zufriedenstellend? Welche Schlüsse zieht ihr für zukünftige Diskussionen?

Die **Diskussion**
- dient dem Gedankenaustausch oder der Herbeiführung einer Entscheidung,
- funktioniert am besten im Sitzkreis.

Sie sollte bei größeren Gruppen einen **Moderator** haben, der
- die Diskussion eröffnet und schließt,
- die Sprecher mithilfe einer Rednerliste aufruft,
- die Diskussionsregeln anmahnt,
- Ergebnisse zusammenfasst,
- evtl. die Abstimmung leitet.

Die Bewertung von Diskussionsbeiträgen richtet sich nach:
- Ausdrucksvermögen:
  - Lebendigkeit in Stimme, Mimik, Gestik,
  - deutliche Artikulation (Aussprache),
  - flüssiger Vortrag,
  - angemessene Sprache.

- Gesprächsfähigkeit:
  - zuhören und ausreden lassen,
  - eingehen auf Argumente des Vorredners,
  - sachlich bleiben, nicht persönlich werden.

- Überzeugungskraft:
  - angemessenes Auftreten,
  - Begründung der eigenen Aussagen (logisch, ohne Widersprüche),
  - sinnvolle Gewichtung und Anordnung der Argumente,
  - Fachkompetenz.

---

5. Entwickelt in Vierergruppen Vorschläge für einen möglichen Bewertungsbogen zu der Qualität einer Diskussion. Beziht dabei den oben stehenden Merkkasten und die Ergebnisse eurer Beobachtungen der stattgefundenen Diskussion mit ein. Einigt euch im Anschluss in einem Klassengespräch auf einen Muster-Bewertungsbogen, der bei zukünftigen Diskussionen in der Klasse immer als eine Art Checkliste für die Qualität der Diskussion dienen soll.

Debattieren

1. Informiere dich im Internet über den Wettbewerb „Jugend debattiert". Was erfährst du über den Inhalt des folgenden Kastens hinaus?

Dreiteilige Debatte
Jede Debatte bei „Jugend debattiert" gliedert sich in drei Teile: Eröffnungsrunde – Freie Aussprache – Schlussrunde. Debattiert wird zu viert. Einen Gesprächsleiter gibt es nicht.

Soll-Fragen
Debattiert werden politische Streitfragen, die Schüler interessieren. Jede Frage ist so gestellt, dass sie nach einer konkreten Maßnahme fragt und nur mit „Ja" (= pro) oder „Nein" (= contra) beantwortet werden kann.

Freiheit der Meinungsänderung
Zwei sprechen sich für, zwei gegen das Gefragte aus. In der Schlussrunde hat jeder die Streitfrage noch einmal, jetzt im Lichte der eben geführten Aussprache zu beantworten. Dabei darf er seine Meinung ändern.

Eröffnungsrunde
In der Eröffnungsrunde hat jeder Debattant die Debattenfrage aus seiner Sicht begründet zu beantworten. Zwischenfragen sind nicht erlaubt. Pro beginnt (Redezeit jeweils 2 Minuten, d.h. Gesamtdauer 4 x 2 = 8 Minuten).

Freie Aussprache
In der Freien Aussprache wird die Debatte in freiem Wechsel fortgesetzt. Die Reihenfolge der Debattenbeiträge müssen die Debattanten unter sich aushandeln (Gesamtdauer: 12 Minuten).

Schlussrunde
In der Schlussrunde reden die Debattanten in der gleichen Reihenfolge wie in der Eröffnungsrunde. Zwischenfragen sind nicht erlaubt (Redezeit jeweils 1 Minute, d.h. Gesamtdauer 4 x 1 = 4 Minuten).

2. Bereitet eine Debatte nach den Regeln von „Jugend debattiert" zum Thema „Soll der Staat Ballerspiele verbieten?" vor.
   - Bildet zunächst Viererguppen und legt die zwei Pro- und die zwei Contra-Sprecher fest.
   - Informiert euch über das Thema und exzerpiert die wichtigsten Aspekte.
   - Entwickelt ein Argumentationsschema, nach dem ihr vorgehen könnt, insbesondere für die Eröffnungsrunde.

3. Im englischsprachigen Raum gibt es an vielen Schulen Debattierclubs. Im Jugendroman „Nennt mich nicht Ismael!" des australischen Autors Michael Gerard Bauer wird eine Gruppe in einem Wettbewerb mit folgendem Thema konfrontiert:

„Das Thema lautet: *Dass Science-Fiction- und Fantasy-Filme für die Probleme der heutigen Welt keine Bedeutung haben.*" […]

Prindabels Augen bewegten sich wild hin und her, als ob er sähe, wie die Ideen in seinem Kopf umherhopsten. „Ja ... genau ... wir können […] argumentieren, dass Science-Fiction- und Fantasy-Filme nur Fluchtmöglichkeiten sind ... versteht ihr ... dass sie uns von den *eigentlichen* Problemen nur *ablenken* ... He, Leute, das könnte Teil unseres Themas sein!" Prindabel schnappte sich einen Stift und begann fieberhaft zu schreiben. „Schaut mal ... so können wir es aufziehen ... Diese Filme haben für die Probleme der Welt überhaupt keine Bedeutung ... hier, das sind unsere drei Hauptargumente ... Erstens könnten wir sagen, dass ..."

„Ignatius. Wir vertreten die *Antithese*. Wir müssen argumentieren, *dass* Science-Fiction- und Fantasy-Filme eine Bedeutung haben."

Prindabels Stift, der wild über das Papier geflogen war, kam zum Stillstand. Dann drehte Prindable das Blatt um, schrieb in aller Ruhe etwas auf die andere Seite und hielt das Blatt hoch: „WIR SIND ERLEDIGT" stand dort in großen Lettern.

Niemand sagte etwas. Wir alle mühten uns ab, Prindabels letztes überzeugendes Argument zu widerlegen.

„Meiner Ansicht nach *haben* Science-Fiction- und Fantasy-Filme eine Bedeutung für die Probleme unserer Welt. In vielen Filmen wird nämlich gezeigt, was in Zukunft passieren könnte, wenn wir unsere gegenwärtigen Probleme nicht angehen. Wie eine Art Warnung. Wie ... habt ihr *Gattaca* gesehen? ... Da geht es um die Gefahren des Klonens und der Gentechnologie ... ebenso wie in *Jurassic Park* ... Und der *Terminator* zeigt irgendwie, welche Gefahren die Technologie- und Computergläubigkeit mit sich bringt ... Und, Ignatius ... du hast den Film *Herr der Ringe* erwähnt ... In diesem Film geht es darum, dass man sich gegen das Böse stellt, dass man über Unterschiede hinwegsieht und einander hilft. Und es geht um Krieg ... all diese Themen sind doch von Bedeutung für uns, oder? ... Und sogar *Spiderman* ... Könnte man nicht sagen, dieser Film zeigt, dass wissenschaftliche Experimente schiefgehen können und dass wir vorsichtig sein müssen beim ...?"

Bill Kingsley hielt inne, nicht weil er nichts mehr zu sagen hatte, sondern weil ihn drei Gesichter dumm anglotzten, als wäre er gerade eben aus dem Mutterschiff gestiegen.

Baut die Argumente aus, sucht weitere und debattiert!

Eine Debatte ist eine Form der mündlichen Auseinandersetzung, in der eine Streitfrage unter festen Vorgaben (z. B. zwei Befürworter gegen zwei Gegner) und mit klaren Regeln kontrovers diskutiert wird.

Schriftliches Erörtern

Erfassen des Themas, Ideen- und Stoffsammlung

1. Mach dir klar, was genau du bei folgenden Themen bearbeiten sollst:
- Schreiben am Computer: Stelle dar, welche Vorteile es hat, seine Aufsätze am Computer zu verfassen.
- Schreiben am Computer: Erörtere Möglichkeiten und Grenzen des Aufsatzschreibens am Computer.
- „Overnewsed, but underinformed": Übersetze sinngemäß und erkläre den Spruch, indem du Beispiele anführst.
- Nimm Stellung zum Spruch „Overnewsed, but underinformed".
- Erörtere den Ausspruch „Wer gut im Internet recherchieren kann, dem kann bei einem Referat nichts mehr passieren".
- Gefahren des Internets
- Vor- und Nachteile vom Schreiben mit Stift auf Papier

> Am **Anfang** jeder Erörterung steht die **genaue Analyse des Themas**. Achte v.a. auf:
> - vorkommende Schlüsselbegriffe,
> - Hinweise darauf, ob eine steigernde oder eine Pro-Contra-Erörterung vorliegt,
> - sonstige Hinweise zur Gliederung deiner Arbeit.

2. Sammle erste Ideen, wie du das Thema „Das Internet ist nicht für jedes Schulfach in deiner Jahrgangsstufe gleichermaßen nützlich" bearbeiten könntest. Zeige dies am Beispiel von drei Fächern. Unterscheide dabei:
- Argumente und Beispiele, die dir spontan einfallen,
- Ideen, welche Quellen du zur Recherche heranziehen könntest.

> Bei der **Ideensammlung** hilft dir die grafische Darstellungsform *Cluster*. Kennzeichne darin farbig die Stichworte, zu denen du noch weitere Recherchen anstellen willst.

Zum Thema „Gefahren des Internets" hat Anja bereits folgenden Cluster angelegt:

3. Da Anjas Cluster noch sehr lückenhaft ist, will sie weitere Recherchen zu diesem Thema im Internet durchführen. Die Eingabe des Erörterungsthemas ergibt folgendes Ergebnis:

```
                                                                    Anmelden
              Web   Bilder   Groups   Verzeichnis   News   Froogle   Mehr »
Google        Gefahr im Internet                    Suche    Erweiterte Suche
                                                             Einstellungen
              Suche:  ● Das Web ○ Seiten auf Deutsch ○ Seiten aus Deutschland

Web           Ergebnisse 1 - 10 von ungefähr 6.490.000 für Gefahr im Internet. (0,05 Sekunden)

News-Ergebnisse für Gefahr im Internet - Meldungen des Tages
   Internet Explorer: Zweiter inoffizieller Sicherheits-Patch - Golem.de - vor 4 Stunden gefunden
   Darauf ist bei Auktionen im Internet zu achten - Die Welt - 26. März 2006

heise online - W3C sieht Gefahr für Internet-Standards
Das World Wide Web Consortium (W3C) ist über die möglichen Auswirkungen einer
Patentklage gegen Microsoft auf die W3C-Standards besorgt.
www.heise.de/newsticker/data/uma-28.08.03-000/ - 35k - Im Cache - Ähnliche Seiten

Gefahr Internet
Gefahr Internet. Die Nachrichten am 1. April (tagesschau, 2015) waren ein großer ... Die
einzige Gefahr, die das Internet darstellt, ist die Dummheit und ...
www.wappswelt.de/world/recent/gefahr.html - 17k - Im Cache - Ähnliche Seiten

FTD - Meta-Daten: Unsichtbare Gefahr im Internet - IT+ ...
Dokumente, Exel-Tabellen oder Powerpoint-Präsentationen, die im Internet veröffentlicht
werden, verraten oft mehr, als gewollt. Die so genannten Meta-Daten ...
www.ftd.de/technik/it_telekommunikation/52747.html - Ähnliche Seiten

Berliner Morgenpost: Internet: Gefahr oder nützliche Erfindung?
Internet: Gefahr oder nützliche Erfindung? Dass das Internet viele negative Aspekte mit sich
bringt, wie zB die Fallen der 0190-Einwahl oder ...
morgenpost.berlin1.de/content/ 2003/01/13/jugend/576385.html - 31k -
Im Cache - Ähnliche Seiten

Interview: Gefahr Internet?
Erotik Sexualität Aufklaerung Hilfe Kampf. Kampf gegen Kinderpornografie und Missbrauch.
www1.anti-kinderporno.de/index.php?id=1826 - 43k - Im Cache - Ähnliche Seiten

Gefahr im Internet
Gefahr im Internet ... Siehst du, Shannon, es gibt Menschen im Internet, die nur so tun,
dass sie Kinder sind. Ich war einer von denen. ...
www.internetkaas.de/gefahr_im_internet.htm - 13k - Im Cache - Ähnliche Seiten

|▶ Gefahr im Internet □|
Gefahr im Internet. ... Gefahr im Internet Das ist eine Geschichte über ein 14-jähriges
Mädchen, aber ich finde, das betrifft durchaus auch Erwachsene, ...
www.bboard.de/foren-archiv/1/43200/ 42400/gefahr-im-internet-91539482-2554-68343.html -
```

...

6.490.000 Treffer! Mit dieser Datenwüste kann Anja nicht arbeiten. Hilf ihr, geeignete Suchstrategien zu finden. Beachtet dabei die folgenden Tipps.

Internetrecherche

Die Trefferquote lässt sich mit verschiedenen Methoden auf eine überschaubare Anzahl reduzieren.

Methode 1: Verwendung von *UND, ODER, NICHT*
Bei *UND* müssen alle Begriffe im Eintrag enthalten sein; *ODER* findet Einträge, die einen der Begriffe enthalten; *NICHT* schließt Begriffe aus.

Methode 2: Wörter hinzufügen oder ausschließen
a) Setze ein + (Pluszeichen) direkt vor (kein Leerzeichen) die Wörter, die du suchst.
b) Setze ein - (Minuszeichen) direkt vor ein Wort (kein Leerzeichen), um es auszuschließen (z. B. *+Schule -Noten* findet Webseiten, die das Wort *Schule* enthalten, nicht jedoch das Wort *Noten*).

Methode 3: Bestimmte Zeichenfolgen suchen
Setze den gesuchten Teil in Anführungszeichen (z. B. „Schulaustausch mit England"), falls nach einem bestimmten Satz oder einer bestimmten Wortfolge gesucht werden soll.

Methode 4: Platzhalter einsetzen
Falls du in deine Suche unterschiedliche Schreibweisen oder verschiedene Wortendungen einschließen möchtest, gib den ersten Teil des gesuchten Wortes ein.
Füge dann ohne Leerzeichen ein Platzhaltersymbol (meist *) hinzu (z. B. findet *Schul** die Begriffe *Schule, Schultasche,* aber auch *Schulden* etc.).

---

4. Ein weiteres Problem bei der Internetrecherche besteht darin, dass man häufig nicht weiß, von wem die gefundenen Seiten stammen. Das Internet ist ein ungeschützter Raum, in dem jeder seine – wenn auch noch so ungesicherten – „Erkenntnisse" veröffentlichen kann. Sucht Internet-Einträge zu einem gerade aktuellen Thema oder einer gerade häufig genannten Persönlichkeit und diskutiert an diesem Beispiel, wie ihr Qualitätsunterschiede erkennen könnt. Dabei hilft euch auch der nächste Kasten.

Um bei den Einträgen im Internet **Qualitätsunterschiede** feststellen zu können, solltest du in jedem Fall überprüfen,
- von wem die Informationen stammen, d. h. ob die Verfasser qualifiziert sind.
- ob die Informationen auf der Seite belegt werden, z. B. durch Angabe ihrer Herkunft.
- ob die Möglichkeit besteht, Informationen aus verschiedenen Quellen miteinander zu vergleichen.
- ob Nachrichten bewusst gekürzt oder weggelassen werden und somit eine bestimmte Meinungsrichtung gefördert wird.
- ob ersichtlich ist, dass die Seite auf einem aktuellen Stand ist, sprich: dass sie in den letzten 6 Monaten überarbeitet wurde.
- ob die Seite kostenfrei und frei von Werbung ist.

5. Sprecht darüber, welche Schwierigkeiten beim Anwenden dieser Regeln auftreten können und wie ihr mit diesen Schwierigkeiten umgeht.

Stoffordnung und Gliederung

1. Zum Thema „Das Internet ist nicht für jedes Schulfach in deiner Jahrgangsstufe gleichermaßen nützlich. Zeige dies am Beispiel von drei Fächern." haben Thomas und Mehmet z.B. einige Lehrkräfte befragt, ein paar Schulbücher durchforstet, das Internet getestet und so viel Stoff zusammengetragen. Sie haben zu folgenden Stichworten Informationen vorliegen:

- Mathematik
- Erdkunde
- Wahlkurs Informatik
- Sportunterricht
- Referendar Herr Meier: Biologie/Latein
- Deutsch-Infos
- Computer Aided Design
- Musik (1. Halbjahr)
- Literaturgeschichte
- Hausaufgabenhilfe Geschichte
- sprachliche Fächer
- Wikipedia
- Internationaler Klimabericht
- Präsentationen im Bereich Geometrie
- Lernprogramme
- hot potatoes
- Interaktivität
- Vortragsreihe der Universität Mannheim zum Wandel der Vegetationszonen im 21. Jahrhundert
- Projekt „Afrika" eines Gymnasiums in Hildesheim
- Entwicklungshilfebericht der Vereinten Nationen
- Lyrikinterpretationen im Überblick
- Beispielaufsätze und Lösungsentwürfe im Fach Deutsch
- kostenlose Software-Programme für die Berechnung von Flächen

Was für ein Chaos! Hilf Thomas und Mehmet bei der Stoffordnung. Orientiere dich dabei an folgenden Ratschlägen.

Bei der **Ordnung deiner Stoffsammlung** kommt es darauf an, die Stoffmengen übersichtlich zu gestalten und dabei eine erste Vorauswahl zu treffen:
- Trenne Punkte, die eigentlich nicht zusammengehören.
- Streiche, was nicht zum Thema gehört.
- Streiche, wozu du nicht genügend Informationen hast und wozu du dich deshalb nicht sinnvoll äußern kannst.
- Entscheide dich, wenn das Thema eine bestimmte Anzahl von Oberpunkten vorgibt, für die Gesichtspunkte, die dir am geeignetsten erscheinen. Streiche die anderen weg.
- Ordne Ober- und Unterpunkte einander zu. Markiere dazu jeweils einen Oberpunkt und die entsprechenden Unterpunkte mit einem Textmarker in der gleichen Farbe. Anschließend kannst du die Reihenfolge der Punkte im Gliederungsformat angeben, z.B. 1. (= Oberpunkt), a) (= 1. Unterpunkt), b) (= 2. Unterpunkt).

2. Die geordnete Stoffsammlung muss nun in eine sinnvolle Gliederung gebracht werden. Gestalte nach dem folgenden Schema einer steigernden Erörterung eine Gliederung zu dem in Aufgabe 1, Seite 88 genannten Thema.
3. Formuliere das Thema so um, dass du das im Kasten auf der nächsten Seite stehende Schema zur dialektischen Erörterung anwenden kannst.

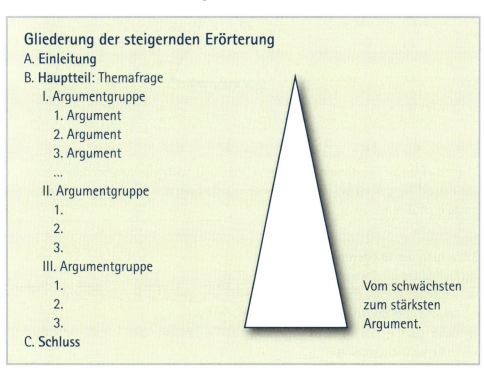

4. Formuliere nun selbst Erörterungsthemen zu folgenden Schlagwörtern: Verbot von Killerspielen • Fernsehkonsum • Fettleibigkeit durch Freizeitverhalten.
Zu jedem Schlagwort sollten jeweils 2 Themenformulierungen gefunden werden: eine für eine steigernde, eine für eine dialektische Erörterung.

5. Statt der Bezeichnungen A..., I..., 1... kannst du auch die Dezimalklassifikation 1..., 1.1..., 1.1.1..., 2... verwenden. Nummeriere die Gliederung nach dem Dezimalsystem um.

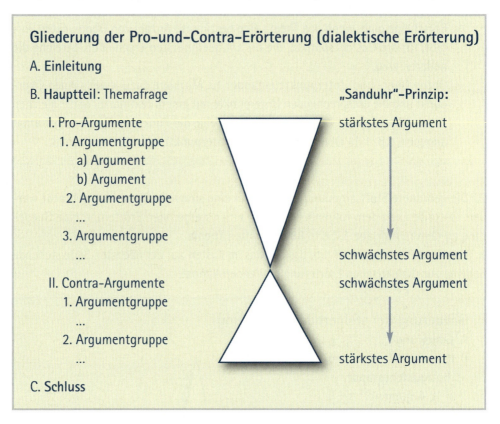

Gliederung der Pro-und-Contra-Erörterung (dialektische Erörterung)

A. Einleitung

B. Hauptteil: Themafrage   „Sanduhr"-Prinzip:

   I. Pro-Argumente   stärkstes Argument
     1. Argumentgruppe
       a) Argument
       b) Argument
     2. Argumentgruppe
      ...
     3. Argumentgruppe
      ...   schwächstes Argument

   II. Contra-Argumente   schwächstes Argument
     1. Argumentgruppe
      ...
     2. Argumentgruppe
      ...   stärkstes Argument

C. Schluss

6. Erkläre den Sinn des „Sanduhr"-Prinzips.
7. Entwickle eine Gliederung zum Thema „Vor- und Nachteile vom Schreiben mit Stift und Papier". Halte dich bei der sprachlichen Gestaltung der Gliederungspunkte an folgende Richtlinien.

Gestaltung der Gliederung
- Formuliere die Themafrage als direkte Frage.
- Verwende für die Gliederungspunkte entweder ganze Sätze („Das Internet bietet ...") oder nominale Wendungen („Angebot von ...").
- Achte darauf, dass die Sätze nicht zu lang bzw. die nominalen Wendungen nicht zu kompliziert werden.
- Gestalte die Gliederungspunkte einheitlich.

8. Eine Schülerin hat folgende Gliederungspunkte in ihrer Argumentation zum Thema „Technischer Fortschritt: Fluch oder Segen für mein persönliches Leben?" notiert. Vereinheitliche die sprachliche Form der Argumente, die sie auf der Negativseite anführt:
- Abhängigkeit vom Funktionieren der Technik
- das Leben wird durch den Einsatz von Technik immer schneller
- technisch weniger begabte Menschen haben Nachteile
- Zugang zu neuester Technik ist teuer

9. Entwickle, von dem Gliederungsschema unten und deinem Vorwissen ausgehend, eine möglichst reichhaltige Gliederung zum Thema „Vor- und Nachteile von Laptops im Unterricht". Achte dabei auf sprachliche Einheitlichkeit. Verwende also entweder nur Formulierungen in ganzen Sätzen („Der Laptop bietet ...") oder nominale Wendungen („Angebot von ...").

> A. Zeitungsbericht über Laptop-Klasse in Nachbarschule
>
> B. Was spricht gegen, was spricht für den Einsatz von Laptops im Unterricht?
>
>   I. Contra-Argumente
>   1. Technische Probleme
>   a) Anfälligkeit der Technik im Schulhaus
>   b) ...
>   2. Organisatorische Probleme
>   a) ...
>   b) ...
>   3. Finanzielle Probleme
>   a) ...
>   b) ...
>
>   II. Pro-Argumente
>   1. Aufbau von Medienkompetenz
>   a) technischer Umgang mit dem Laptop
>   b) sinnvoller Einsatz des Mediums
>   2. Erwerb von Schlüsselqualifikationen
>   a) Grundlage für zahlreiche schulische Tätigkeiten
>   b) Voraussetzung für spätere berufliche Tätigkeiten
>   3.
>   a) ...
>   b) ...
>
> C.

Die Argumentation

„Ein Laptop für jeden Schüler!"

Die Forderung klingt für viele großartig. Doch wie können Skeptiker überzeugt werden? Verschiedene Schülerinnen und Schüler haben Argumente vorgebracht, um diese Forderung zu stützen.

1. Begründe, welche der folgenden Argumentationen wohl am ehesten überzeugen dürfte.

Ein Laptop für jeden Schüler!

A) Laptops sind wichtig für jeden Schüler. Mein Freund etwa hat einen bekommen und seitdem ist er nicht mehr auf den Computer seiner Eltern angewiesen, wenn er Spiele im Netz spielen will.

B) Die geforderten Laptops würden es den Schülern auf schnelle und unkomplizierte Weise ermöglichen, nützliche Informationen zu vielen Schulfächern zu beziehen, eine wichtige Hilfe beispielsweise bei der Erstellung von Referaten oder der Vertiefung des im Unterricht Gelernten. Die Schüler würden lernen,
5 selbstständig mit dem Internet zu arbeiten. Die vielen Suchmaschinen im Internet ermöglichen es jedem, mit einem Mausklick Informationen zu erhalten.

C) Laptops für alle könnten Schülerinnen und Schüler bei ihrer Materialsuche im Netz voranbringen. Das weiß doch jeder.

D) Viele Schülerinnen und Schüler würden gerne häufiger am Computer arbeiten. Doch manche haben dazu nur in der Schule die Möglichkeit. Was aber, wenn die Türen zu den Computerräumen verschlossen sind? Nicht alle Eltern können es sich leisten, einen eigenen Computer für den Sohn oder die Tochter anzu-
5 schaffen. Die Folge ist, dass sich in der Bundesrepublik eine Zwei-Klassen-Gesellschaft entwickeln wird, in der die gut verdienenden Eltern ihren Sprösslingen die neuesten Computer-Produkte in ihr Kinderzimmer stellen können, die schlechter verdienenden aber darauf verzichten müssen. Dass dies kein Fantasiegebilde ist, zeigen die Untersuchungen, die in den letzten Jahren von Wissenschaftlern
10 durchgeführt wurden. Beinahe alle Ergebnisse deuten ihrer Tendenz nach auf eine solche Entwicklung hin.

2. Überprüfe, inwieweit in den dargestellten Argumentationen die folgenden „3Bs für eine gute Argumentation" berücksichtigt sind, und nimm, wenn nötig, Verbesserungen vor.

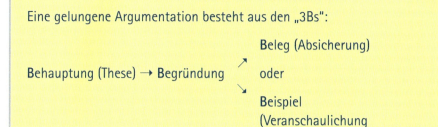

Eine gelungene Argumentation besteht aus den „3Bs":

Behauptung (These) → Begründung → Beleg (Absicherung) oder Beispiel (Veranschaulichung des Argumentes)

3. Die folgenden Behauptungen haben Schülerinnen und Schüler unterschiedlich „abgesichert". Ordne den Beispielen die jeweiligen Verfahren zu, wobei es nicht immer eindeutige Zuweisungen gibt und Mehrfachnennungen möglich sind.

Behauptung und Beleg/Beispiel		Verfahren
1. Die Möglichkeit, E-Mail zu nutzen, kann dazu anregen, Kontakte mit Menschen auf dem gesamten Erdball zu knüpfen. Dies belegen Erfahrungen, die an sogenannten Versuchsschulen gemacht wurden, an denen bereits jeder eine E-Mail-Adresse besitzt.	?	a) Hinweis auf Autorität
2. Das Internet bietet den Schülerinnen und Schülern die Möglichkeit, neuen Hobbys nachzugehen oder die bereits vorhandenen zu vertiefen. Denn über das Internet können ganz gezielt Chatrooms angewählt werden, in denen über bestimmte Themen ein Austausch stattfindet.	?	b) Bekräftigung durch überprüfbare Beweise
3. Im späteren Berufsleben wird die Beherrschung des Internets für die Suche nach Material unumgänglich sein. Dies äußerte erst vor kurzem der Ministerpräsident unseres Bundeslandes.	?	c) Bezug auf allgemeingültige Normen
4. Der Computer ermöglicht es, leicht an gewaltverherrlichende oder pornografische Materialien zu gelangen. Dies stellt eine Gefahr dar, gegen die die gesamte Gesellschaft etwas tun muss.	?	d) Hinweis auf erwartbare Folgen
5. Wenn wir gegen die Gefahr der Virenübertragung durch das Netz keine Mittel finden, dürfte dies zu einer weit verbreiteten und folgenreichen Bedrohung im 21. Jahrhundert werden.	?	e) Verweis auf logische Schlüssigkeit

4. Erläutere, beim Einsatz welcher Verfahren du weitere Informationen benötigst.
5. Sucht in kleineren Gruppen – wenn nötig auch mithilfe des Internets – nach Argumenten zum Thema „Immer mehr Menschen kommunizieren per E-Mail miteinander. Welche Vor- und welche Nachteile siehst du darin im Vergleich zur normalen Briefpost?"
6. Führe den Hauptteil einer Erörterung zu diesem Thema aus und achte konsequent auf die „3Bs".

Unterschiede zwischen mündlichem und schriftlichem Argumentieren

1. Obwohl die Erörterung manchen Schülern wie eine schriftlich geführte Diskussion vorkommt, wäre es ein Fehler, so zu schreiben, „wie man spricht". Vergleiche die folgenden Beispiele und analysiere die Unterschiede.

Mündlich:
Ohne PC ist kein Haushalt mehr vorstellbar. Jedenfalls nicht, wo ein Jugendlicher lebt. Na ja, Ausnahme gibt es vielleicht, in Afrika hat nicht jeder einen eigenen PC, er sollte natürlich einen haben! Zumindest bedienen können. Oder einen Zugang halt. Er ist ja nicht schwer zu bedienen heute, die Firmen haben selbsterklärende Systeme entwickelt, das kann jeder schaffen. Wir haben es ja auch schon im Kindergarten gelernt. Fast zumindest. Es ist von Kindheitsbeinen an gewohnt.

Schriftlich:
Ohne PC ist kein Haushalt mehr vorstellbar, jedenfalls keiner, in dem ein Jugendlicher lebt. Ausnahmen von der Regel gibt es vielleicht nicht hierzulande, bestimmt aber in den Entwicklungsländern. Es ist jedoch anzustreben, dass auch z. B. in Afrika jeder einen eigenen PC hat, ihn zumindest bedienen können sollte, wenn man ihm einen Zugang ermöglicht. Die Handhabung ist nicht mehr schwierig, denn die Firmen haben selbsterklärende Systeme entwickelt, so dass es jeder schaffen kann, einen PC zu bedienen. Das beste Beispiel dafür, wie selbstverständlich der Umgang mit dem Computer werden kann, bin ich selbst, denn meine Freunde und ich haben erste einfache Bedienungsschritte bereits im Kindergarten gelernt, so dass wir von Kindesbeinen an den PC gewöhnt sind.

2. Formuliere den folgenden Text in korrektes Schriftdeutsch um.
Mädchen und Computer, ist zwar ein Widerspruch, manche meinen das halt, andererseits gibt es keinen mehr, der nicht mailt und chattet wie wild. Klar – herumschrauben tun die Jungs lieber, irgendwie ist das supertypisch für Jungs. So glauben viele, so Vorurteile gibt es, weil es war lange Zeit so. In letzter Zeit veränderte sich einiges, man muss es nur checken. Mädchen können ganz gut 5 Computer bedienen, sie besuchen mehr die Kurse hier und so, das ist der Grund. Von daher können sie es auch ganz gut selbst. Sie haben immer mehr Selbstzufriedenheit, deshalb gehts auch besser, sie rufen nicht gleich nach Hilfe, sie beheben die Fehler selbst. Wer das nicht sieht, hat halt irgendwie Vorurteile oder erträgt es nicht, er will an einem Klischee oder so festhalten, ist ja auch 10 einfacher als umdenken.

Erörtern im Anschluss an einen Text

Nicht immer führt der Einsatz des Laptops im Unterricht zum erwünschten Ergebnis. In einem Zeitungsartikel wird dies deutlich:

Computer-Projekt gescheitert

Schüler wollen keinen Einsatz mehr

Was unter unserem ehemaligen Schulleiter als vielversprechendes und hoffnungsvolles „Notebookprojekt" begann, droht nun in Enttäuschung und Unmut zu enden.

[...]

Die Schule plante, den trockenen Schulalltag zu modernisieren, und wollte den Schülern eine Reihe neuer Möglichkeiten bieten, effizienter zu lernen. Dazu gehörte, gemeinsam Hausaufgaben am Beamer zu vergleichen, während des Unterrichts im Internet zu recherchieren oder mathematische Prozesse zu veranschaulichen.

„Mit dem Slogan ‚Laptop statt Bücher' sind wir damals auf das Projekt aufmerksam geworden, doch diese langfristige Zielsetzung wurde nie erreicht", erzählt Bea Dieckmann, Klassensprecherin einer 10. Laptop-Klasse. „Im Gegenteil! Der Einsatz der Laptops hat sich immer weiter reduziert, bis wir die Geräte gar nicht mehr eingesetzt haben. ‚Eine völlig neue Art des Lernens' hat man uns versprochen – mittlerweile sind wir zum Overheadprojektor zurückgekehrt."

Es fehle den Lehrern oft an Willen, die Geräte auch zu benutzen, sagt die Schülerin. „Meine Klasse dotiert[1] sieben Einsätze während des gesamten laufenden Schuljahres – bei 37 Euro monatlicher Leasingrate für einen nicht verwendeten Laptop!" Die Klagen über den geringen Einsatz sind dem stellvertretenden Schulleiter bekannt: „Die subjektive Wahrnehmung von Häufigkeit und auch die Nutzung selbst variieren stark zwischen den einzelnen Klassen. Siebenmal innerhalb eines Schuljahres ist aber eindeutig zu wenig", räumt er ein.

Warum die meisten Lehrer lieber zum Buch griffen als zum Computer, habe viele Gründe. So sei der Aufwand für eine Laptop-Stunde relativ groß. „Bis die Geräte und die entsprechenden Programme hochgefahren sind, vergehen oft bis zu zehn Minuten. Häufig sind auch mehrere Notebooks vergessen oder nicht einsatzfähig", erzählt der stellvertretende Schulleiter. „Hinzu kommt dann noch das hohe Ablenkungspotenzial. Das erschwert natürlich die Arbeit. Viele Kollegen setzen den Laptop deshalb nur dort ein, wo sie einen Mehrwert sehen." Ein von den Schülern initiierter Kollektivausstieg ist missglückt: Eltern und Lehrer wollten das Projekt nicht aufgeben. Mit Fragebögen und Elternabenden haben diese sich schließlich auf ein Konzept geeinigt, bei dem die Notebooks häufiger eingesetzt werden. „Wirkungslos", kommentiert das Bea Dieckmann.

„Inzwischen haben wir keine Lust mehr auf Laptops! Das Internet wurde uns gesperrt, Hausaufgaben nur noch mit parallelem Ausdruck akzeptiert und dann sogar Mitnahmepflicht für die Notebooks verordnet, obwohl wir sie nicht benutzt haben", berichtet die Schülerin weiter. Neue Laptop-Klassen wird es an unserer Schule nicht mehr geben; das haben Schüler, Eltern und Lehrer auf der letzten Gesamtkonferenz beschlossen. Stattdessen wünscht sich der stellvertretende Schulleiter jetzt verpflichtenden EDV-Unterricht für die neuen siebten Klassen. „Zu dieser Erkenntnis sind wir letztlich durch das Notebookprojekt gelangt."

[1] *dotiert:* eine bestimmte Summe Geld geben

1. Notiere die Probleme, die in der Laptop-Klasse aufgetreten sind.

2. Ergänze diese Gründe möglichst noch durch eigene Überlegungen oder Erfahrungen, sodass ihr eine umfangreiche Stoffsammlung zu folgendem Thema „Welche Probleme sind zu bedenken, wenn eine Laptop-Klasse eingerichtet werden soll?" erhaltet.
3. Eine Schule in Bergisch Gladbach möchte das Projekt „Laptop-Klasse" an ihrer Schule einführen. Zur Überraschung der Schulleitung wird diese Idee durch die Eltern jedoch eher kritisch aufgenommen. Die Mutter eines Schülers schreibt einen Leserbrief:

Die Idee einer Laptop-Klasse ist eine Unverschämtheit!

Die Bedeutung von Computern und Lernentwicklung wird häufig überschätzt, auch an der Schule meines Sohnes. Meiner Meinung genügt es vollkommen, Computer an zentralen Orten,
5 wie etwa der Bibliothek, für alle zugänglich zu machen, um dort recherchieren zu können. Ich weiß von vielen Eltern, dass sie einen Laptop nicht finanzieren könnten. Da haben Schulleitung und Elternbeirat mal wieder nicht nachge-
10 dacht. Das kommt ja häufiger vor! Es entsteht Druck gerade für weniger Wohlhabende, mithalten zu können, um nicht offensichtlich außen vor zu stehen. Unhaltbar wäre, wenn Schüler ohne eigenen Laptop die Schul-Laptops nur
15 zeitweise benutzen könnten, während die mit eigenem Laptop diese dauernd benutzen können. Alleine die Ausgaben für Bücher, Hefte oder Klassenfahrten waren in diesem Schuljahr schon unglaublich hoch! Die Schere zwischen jenen,
20 die sich gute Bildung leisten können, und den anderen geht immer weiter auf. Jedes sechste Kind in Deutschland lebt in Armut. Es gibt nicht mal Geld für genügend Kreide, über einen Laptop zu reden ist daher aus meiner Sicht
25 lächerlich. Alleine darüber nachzudenken, halte ich für eine Unverschämtheit der Schulleitung und einiger überehrgeiziger Eltern, die meinen, ihr Kind würde dadurch eine Art Garantieschein für einen späteren guten Job bekommen!
Elke Schmidt
Hauptstraße 16
23751 Bergisch Gladbach

Auch in einem Leserbrief sollten die Argumente sinnvoll strukturiert und schlüssig aufgebaut sein. Zudem spiegelt ein Leserbrief zwar die eigene Meinung wider, dennoch sollte er sachlich gestaltet sein. Dies ist Frau Schmidt allerdings nicht gelungen. Schreibe den Leserbrief um, sodass die Argumente nachvollziehbar sind. Überlege auch, ob eine andere Reihenfolge der Argumente vielleicht sinnvoller wäre.
4. In Aufgabe 2 hast du bereits Probleme notiert, die in einer Laptop-Klasse auftreten können. Ergänze diese Liste durch die Schwierigkeiten, die die Verfasserin des Leserbriefs sieht. Überlege und notiere dir zu jedem der Einwände gegen Laptop-Klassen Vorschläge, wie man die Probleme in den Griff bekommen oder verhindern könnte.
5. Erstelle eine Gliederung zu dem Thema „Erörtere, welche Probleme in Laptop-Klassen auftreten könnten, und entwickle Lösungsvorschläge". Vergleicht eure Gliederungen. Sprecht über die Unterschiede und begründet eure Fassungen.
6. Schreibe nun die Erörterung. Beziehe dich bei der Darstellung der möglichen Probleme auf den jeweiligen Text: z.B. „Die Schülermutter fürchtet, dass sich nur Wohlhabende den Kauf eines Laptops für den Unterricht leisten können. Das Problem der hohen Anschaffungskosten müsste aber lösbar sein, indem z.B. die Schule mit einem Computergeschäft Rabatte aushandelt oder nach Sponsoren sucht."

> **Erörterung im Anschluss an einen Text:**
> - Zuerst wird die Argumentation des Sachtextes untersucht:
>   - Welche Argumente bringt er vor?
>   - Wie sind sie zu bewerten?
> - Dann werden die Argumente in die eigene Argumentation eingebunden:
>   - Welchen Aspekten ist zuzustimmen?
>   - Welche Aspekte sind abzulehnen und warum?
>   - Welche Argumente fehlen in dem Sachtext?

Überleitungen

Die Klasse 9a hat auch zum Thema „Vor- und Nachteile der Internet-Nutzung" Argumente gesammelt. Bei der schriftlichen Ausarbeitung sollten die Schüler vor allem auf passende Überleitungen achten, von denen im Folgenden einige aufgelistet sind:

a) Das Internet informiert aber nicht nur über alle denkbaren Bereiche, sondern ermöglicht auch das Versenden von Post per E-Mail.
b) Ferner dient das Internet heute dazu, …
c) Bei den heutigen Nutzerinnen und Nutzern noch beliebter als das, was im World Wide Web angeboten wird, ist der E-Mail-Verkehr.
d) Gerade in den letzten Jahren hat aber auch das sogenannte Chatten im Internet insbesondere bei Jugendlichen an Beliebtheit gewonnen.
e) Newsgroups, Chatrooms und E-Mail werden, wenn man einmal die wirtschaftliche Seite des Internets betrachtet, von den Angeboten im WWW und ihrer Bedeutung für den sogenannten E-Commerce weit übertroffen.
f) Nicht übersehen werden darf, dass es bei der Nutzung des Internets derzeit eine Zwei- oder Drei-Klassen-Gesellschaft in der Welt gibt. Da sind die Industrieländer, allen voran die USA, die …
g) Zu diesen Argumenten kommt ein weiteres, das an die eingangs erwähnten Suchterscheinungen sogenannter Internet-Junkies anknüpft.
h) Wenn man die bisher zusammengetragenen Gesichtspunkte abschließend betrachtet, liegt folgendes Urteil nahe.
i) Unter diesen Umständen lohnt es sich, einmal genauer zu betrachten, wer eigentlich heutzutage das Internet nutzt, welche Dienste besonders beliebt sind und wem das Internet besonderen Nutzen bringt.

1. Erläutere, welche Funktion Überleitungen haben und weshalb sie in einer Erörterung von so großer Bedeutung sind.
2. Untersuche die Überleitungen auf „Gelenkwörter" (S. 147) hin.
3. Sammelt nun in der Klasse weitere Gelenkwörter, die unterschiedliche Arten von Verbindungen (steigernd, entgegenstellend, einschränkend, aneinanderreihend etc.) schaffen.

Einleitung und Schluss

1. Es gibt mehrere Möglichkeiten, einen Einleitungsgedanken zu gestalten. Ordne den folgenden Beispielen zum Thema „Gefahren des Internets" den jeweils entsprechenden Typ zu.

Einleitung		Typ
1. „Das Internet – gar nicht nett!" Mit dieser Aussage überschrieb unsere Heimatzeitung vor knapp zwei Wochen einen Artikel über die Gefahren des Internets.	?	a) kurzer historischer Rückblick
2. In jedem dritten Kinderzimmer steht inzwischen ein Computer mit Internetanschluss. Zu diesem Ergebnis kommt eine Studie des Kinderschutzbundes. Diese Entwicklung wird nicht nur positiv gesehen, denn nach den Aussagen der Kinder- und Jugendforscher verbergen sich verschiedenste Gefahren im Internet.	?	b) Erläuterung des Themabegriffs
3. Es ist ein uralter Menschheitstraum, sich schnell über weite Entfernungen hinweg zu verständigen und von überallher Informationen zu beziehen. Das Internet macht dies möglich. Doch das hat seinen Preis, denn das neue Medium birgt auch Gefahren.	?	c) aktuelle Statistik
4. Das Internet ist in aller Munde. Doch worüber sprechen die Menschen eigentlich, wenn sie vom „Internet" reden? Unter Internet versteht man ein System, das mithilfe von elektronischer Vernetzung Informationsaustausch ermöglicht.	?	d) Zitat oder Sprichwort

2. Verfasse nun zu den folgenden Themen jeweils eine eigene Einleitung. Achte dabei vor allem auf die Gestaltung des Einleitungsgedankens:
- „Jeder Schüler sollte einen Laptop im Unterricht zur Verfügung haben." Stimmst du diesem Ziel des Bildungsministeriums zu?
- Erörtere: Lernen wird dank der vielfältigen Informationsmöglichkeiten immer leichter.

3. Auch für die Gestaltung des Schlusses einer Erörterung gibt es verschiedene Möglichkeiten. Wähle aus den folgenden Vorschlägen drei aus und formuliere Schlüsse zu einer Erörterung des Themas „E-Mail-Kommunikation – eine der größten Erfindungen der Menschheit?". Möglichkeiten des Schlusses sind:
- Ausblick in die Zukunft
- Einordnung des Problems in größere Zusammenhänge
- Rückgriff auf den Gedanken der Einleitung
- Folgen, die sich ergeben
- Vorschläge, Wünsche, Forderungen, Appelle

Einleitung und Schluss bilden den Rahmen einer Erörterung:
- Die **Einleitung** führt zum Thema hin und weckt Interesse. Sie endet mit der Themafrage. Sie enthält noch keine Argumente des Hauptteils.
- Der **Schluss** rundet die Erörterung ab und markiert ein deutliches Ende. Er enthält keine neuen wichtigen Gesichtspunkte, die eigentlich in den Hauptteil gehören würden. Er kann aber über das Thema hinausweisen.

Überarbeitung

1. Sammle mit deinem Nachbarn pro Spalte drei bis vier typische Fehler, die bei den einzelnen Arbeitsschritten gemacht werden können.

Arbeitsschritte	Erfassen des Themas/Stoffsammlung und -ordnung	Gliederung	Argumentation	Einleitung und Schluss
Fehlerquellen	?	?	?	?

2. Überschreibe nicht einfach alte Entwürfe mit dem PC, sondern drucke jede Fassung aus und sammele sie in einem Portfolio. Analysiere deine individuelle Arbeitsweise:
- Werden deine Arbeiten im Laufe der Zeit schmaler oder umfangreicher?
- Überarbeitest du mehr die Sprache oder den Inhalt?
- Was fällt dir bis zum Schluss besonders schwer und was gelingt dir besser?

Sprich mit deiner Lehrkraft über deine ganz persönliche Lernbilanz!

Texte überarbeiten

Wenn es dir schwer fällt, Schwächen deines Textes zu entdecken, helfen dir vielleicht folgende „Tricks". Probier sie mal aus:
- Lies dir deinen eigenen Text laut vor.
- Warte mit der Überarbeitung bis zum nächsten Tag.
- Tausche mit deinem Banknachbarn die Texte und kommentiert sie gegenseitig. Vermerkt am Rand, wo etwas unverständlich ist oder falsch zu sein scheint.

Wenn dein Text nach der Überarbeitung unübersichtlich ist, probiere Folgendes:
- Schreibe mit PC. Dann kannst du sauber korrigieren.
- Schreibe immer mit Rand und genügend Abstand zwischen den Zeilen.
- Benutze für die Durchstreichungen das Lineal, für die Einfügungen die Zeichen < >.
- Verbessere bewusst deine Handschrift.

Wort und Stil – mehr als die Suche nach dem „schlagenden Argument"

Wortbedeutung und Bedeutungswandel: Es kommt auch auf Feinheiten an

1. a) Erkläre jeweils die unterschiedliche Bedeutung der unterstrichenen Wörter:
   - Nach dem Absturz konnte der Pilot das Flugzeug fast unverletzt verlassen.
   - Der Rechner meines Bruders stürzt ständig ab.
   - Mein Onkel ist bei der letzten Familienfeier ziemlich abgestürzt.

   b) Vergleiche die Bedeutung der Wörter im zweiten und dritten Satz mit der des ersten. Beschreibe, wie sie sich verändert hat.

Überblick über die unterschiedlichen Arten von Bedeutungswandel:
Neben der Aussprache und Schreibweise von Wörtern verändert sich auch die Bedeutung im Laufe der Zeit. Eine neue Bedeutung tritt oft zunächst in einer bestimmten Sprechergruppe auf und verbreitet sich allmählich. Die alte Bedeutung wird oft verdrängt, sie kann aber auch parallel weiter existieren.

- **Bedeutungsverengung**:
  Der Bedeutungsumfang eines Wortes verkleinert sich.
  Z. B. *Hochzeit* früher: kirchliches oder weltliches Fest, Freude. Heute: Eheschließung
- **Bedeutungserweiterung**:
  Der Bedeutungsumfang eines Wortes vergrößert sich.
  Z. B. *Horn* früher: Tierhorn. Heute: Tierhorn, Blasinstrument, Trinkgefäß.
- **Bedeutungsverschiebung oder –übertragung**
  Die eigentliche Bedeutung des Wortes ist übertragen worden, wird z. B. metaphorisch gebraucht. *Flaschenhals*: Körperteil *Hals* wird auf einen bestimmten Teil einer Flasche übertragen.
- **Bedeutungsverbesserung**:
  Z. B. *Mordskerl*: umgangssprachlich ein Mann, der „richtig toll" ist. *Mord* ist bis heute negativ besetzt, und *Kerl* kann sowohl positiv („ein toller Kerl") als auch negativ sein. Nur in der Zusammensetzung *Mordskerl* erfahren die beiden Wörter eine Bedeutungsverbesserung.
- **Bedeutungsverschlechterung**:
  z. B. *wîb* früher: Frau. Heute: *Weib* ≈ verächtliche Bezeichnung für eine weibliche Person

2. Man unterscheidet qualitativen und quantitativen Bedeutungswandel. Ordne die Typen des Bedeutungswandels aus dem Merkkasten diesen zwei Gruppen zu.

3. Finde bei folgenden Wörtern heraus, wie sich ihre Bedeutung bis heute verändert hat. Übertrage dazu folgende Tabelle in dein Heft.

	ursprüngliche Bedeutung	heutige Bedeutung	Art der Bedeutungsveränderung
ahd. *Marahscalc*	Pferdeknecht	Marschall	?
mhd. *Vrouwe*	Dame	Frau	?
mhd. *Alwære*	ganz, wahr, freundlich, gütig	albern	?
mhd. *Muos*	Speise	Mus	?

4. Schlage folgende drei Wörter in einem etymologischen Wörterbuch nach und bezeichne die Art des Bedeutungswandels.

Mähre   **Arbeit**   **gemein**

5. Umschreibe die ursprüngliche Bedeutung der folgenden Wörter und bilde Sätze, in denen die Wörter in übertragener Bedeutung verwendet werden.

Theater   **Auflauf**   **Kopf**

6. Blättere in Wörterbüchern (deutsch- und fremdsprachigen) und suche Beispiele für Wörter, die ganz unterschiedliche Bedeutungen haben, obwohl sich die Wörter ähneln. Diese Bedeutungen werden in den Wörterbüchern oft durch Beispielsätze verdeutlicht.

7. Unter der Überschrift „Ein Hoch auf Ernstwolfgang" berichtete die Süddeutsche Zeitung darüber, dass die Namen der Hochs und Tiefs im Wetterbericht seit 2002 „gekauft" werden können. Wer also meint, einem Menschen damit eine Freude machen zu können, kann ein Hoch oder Tief nach ihm benennen lassen.
Aber: „Nicht alle Namen eignen sich für die Wetterkarte. Ein eingetragener Vorname muss es sein und auf keinen Fall negativ konnotiert [...]. Ein Hoch mit dem Namen ‚Adolf' [...] ist chancenlos."
Erkläre, warum Svens schwedischer Cousin Adolf nicht zum Namengeber in der Wetterkarte des deutschen Fernsehens werden könnte, und verwende dabei den Begriff *konnotiert*.

> Die Bedeutung eines Wortes ergibt sich oft erst aus dem Zusammenhang, in dem es steht. Diesen Zusammenhang nennt man Kontext. Außerdem unterscheidet man:
> - **Denotation** eines Begriffs: seine Grundbedeutung (von lat. *denotare* = bezeichnen)
> - **Konnotation** eines Begriffs: seine Nebenbedeutung, zusätzliche, assoziative Bedeutung (enthält den Wortbestandteil lat. *con* = mit)

8. Entscheide bei folgenden Begriffen, ob sie konnotative Bedeutungsmerkmale enthalten und benenne sie gegebenenfalls. Achtung! Bedenke, dass manche Wörter verschiedene Bedeutungen haben können.
Wohnung • Beruf • Karosse • Pferd • Klamotten • Geld • Hütte • Auto • Kies • Gaul • Gemahl • Cousin • Gattin • Zimmer • Job

9. Mit Konnotationen wird vor allem in der Werbesprache gearbeitet. Untersuche die Konnotationen von Autonamen oder Parfumnamen.

Fach- und Gruppensprache: Auch eine Frage des Stils!

1. Stelle Vermutungen darüber an, warum die Jugendlichen so abweisend gegenüber ihrem Lehrer reagieren. Wie würdest du diesen Lehrer finden?

2. Im „Wörterbuch der Szenesprachen" finden sich folgende Begriffe. Diskutiert, warum sich eine solche Computersprache entwickelt hat.

- **brennen:** Daten, die von einem Computer auf ein CD-Format übertragen werden, werden zum Speichern gebrannt. Einige → User nutzen dafür auch die Begriffe *Rösten* oder *Toasten*. Der fröhliche Ruf „Die brenn' ich mir!" wurde zum meistgehassten Satz der Musikindustrie, denn deren CD-Produktionen werden durch Brennen illegal vervielfältigt und unter das Volk gebracht.
- **Browser:** [zu engl. to browse = schmökern, überfliegen; Synonym für: Übersichtsprogramm] Ein Web-Browser ist ein Programm, das den Zugriff und die Darstellung von Seiten des → world wide web ermöglicht. In erster Linie sind Web-Browser dafür gedacht, Dokumente und Bilder aus dem → Internet herunterzuladen und anzuzeigen.
- **Bug:** [engl. für: Wanze, Käfer] Wenn sich in den ersten Computermaschinen, die raumfüllende Ausmaße annehmen konnten, ein kleiner Käfer zwischen Röhren, Leitungen und Kabeln häuslich einrichtete, reagierte das sensible System oft mit Kurzschluss oder totalem Zusammenbruch. Inzwischen haben sich die Computer verkleinert, die Krabbeltiere sind als Fehlerquelle ausgeschaltet, und doch ist die Bezeichnung geblieben: Bug ist der Fehler im System, ein Defekt im Programm, der durch sogenanntes „Debuggen" behoben werden kann. Das Programm, das „buggy" ist, wird durch eine spezielle Software entwanzt.
- **Byte:** Die Leistungsfähigkeit eines Datenträgers wird in Bytes gemessen. Acht → Bits sind ein Byte, was als Kunstwort aus „bits eight" (= acht Bits) entstanden ist. Man unterscheidet auch Megabytes, Gigabytes und Terabytes, die für den menschlichen Verstand allerdings mega-, giga- und teraschwierig nachzuvollziehen sind.

3. Gerade die Computersprache ist einem ständigen und vor allem raschen Wandel unterzogen. So wurde zum Beispiel im Laufe der letzten Jahre auch der Begriff *Laptop* immer häufiger durch den Begriff *Notebook* ersetzt. Die Erklärung dafür ist ganz einfach: „Irgendwann bekam ein findiger Marketing-Experte heraus, dass der Begriff *Notebook* – zu deutsch *Notizbuch* – beim Käufer das Gefühl erweckt, der entsprechende Computer sei besonders klein."
Verschiedene Wörter „gehen verloren", andere Begriffe entstehen neu. Sammle weitere Gründe, weshalb es zu diesem Wandel kommt.

4. Im deutschen Sprachgebiet werden englische Begriffe, vor allem wenn sie moderne Technologie betreffen, rasch aufgenommen. Befragt eine Französisch-Lehrkraft an eurer Schule, wie das in französischsprachigen Ländern ist.

5. In einem Wörterbuch wird die Sprache des Internets als Fachsprache bezeichnet. Diskutiert auf der Basis des folgenden Textes und eurer eigenen Kenntnisse über die Sprache des Internets, ob euch der Begriff Gruppensprache passender erscheint.

Man merkt – Interneteuphorie, Internetfieber sind ausgebrochen. Kaum ein Wortfeld hat daher so viel Neues und so viele Anglizismen in die Alltagssprache gebracht wie die Wörter rund ums Netz.
Da sind zunächst die zahlreichen Komposita mit Internet- als Bestimmungswort (von *Internetadresse* bis *Internetzeitalter*), die wir im letzten Jahr registriert haben. Unterschiedliche Bezeichnungen gibt es für diejenigen, die das Internet benutzen: *Internetter, Internetist, Internetnutzer* oder *-user, Netzbewohner, Netzreisender, Netz-* oder *Datensurfer* oder auch *Onliner*. Interessant ist die – englisch auszusprechende – Bildung *netizen* aus *net (Netz)* und *citizen (Bürger)* für den Netzbürger, da inzwischen auch die Variante der *Netize* (am Wortende ausgesprochen wie *Novize*) mit dem Plural die *Netizen* existiert. [...]

Fachsprache: Sprache, die sich im Wortschatz durch Fachausdrücke von der Gemeinsprache unterscheidet. Ihr Sinn besteht darin, die Kommunikation innerhalb eines Fachgebietes zu erleichtern und sich ganz präzise auszudrücken.
Gruppensprache: Sondersprache einer bestimmten Gruppe innerhalb einer Sprachgemeinschaft (z. B. Jugendsprache), die zum besseren Verständnis nicht notwendig ist, sondern der Abgrenzung von anderen Gruppen dient.

6. Erkläre, weshalb im Rahmen einer Erörterung zwar auf Gruppensprache, aber nicht auf Fachsprache verzichtet werden sollte.
7. Auf einer Internetseite werden Märchen in Jugendsprache veröffentlicht. Erläutere anhand des folgenden Textes, dass es sich hier um (eine inzwischen überholte Variante der) Jugendsprache handelt, und beschreibe, wie der Text auf dich wirkt.

Frau Holle und die soziale Kiste

Muss wohl schon ne ganze Weile her sein, da stand sone Alte ganz schön aufm Schlauch, weil deren Macker übern Jordan gegangen war. Damals war ja wohl noch absolut Null mit Witwenrenten und diesen ganzen sozialen Kisten, dafür hatte se aber von ihrem Abgedankten so zwei halbreife Lustprodukte am Bein. Die eine potthässlich, dass es nur so knallt. So ne richtige Horrorbraut ...

8. Kläre unbekannte Begriffe und beschreibe die Besonderheiten des Textes.
9. Erkläre, weshalb viele Menschen diesen Text als „stilistisch schlecht" beurteilen, und überlege davon ausgehend, was unter „sprachlich gutem Stil" verstanden werden könnte.
10. Handelt es sich im Frau-Holle-Text nur um einen „anderen Stil"? Bewerte die grammatische Richtigkeit.

Man kann mehrere **Sprachebenen** unterscheiden, z. B.
- Fachsprache,
- Gruppensprache,
- Dialekt/Regionalsprache.

Das sind Sonderformen der **Standardsprache**, die bestimmte Funktionen haben, z. B.
- präzise Verständigung (bei der Fachsprache),
- Abgrenzung von anderen (bei einigen Gruppensprachen),
- Gefühl regionaler Zugehörigkeit und differenziertere Ausdrucksmöglichkeit (beim Dialekt) (☞ S. 131).

Diese Sondersprachen können Zeichen eines bestimmten **Stils** sein. Man kann sowohl beim Schreiben wie beim Sprechen zwischen verschiedenen Stilen wählen. So kann z. B. auch die Umgangssprache eine Stilvariante sein. Welcher Stil angemessen ist, hängt davon ab, zu wem man worüber spricht, wann und wo man lebt.

11. Sprachforscher haben Merkmale von Jugendsprache herausgefunden, die der Journalist Nikolaus Nützel unter der Überschrift „Wenn Digger endkrass dissen" zusammengefasst hat. Finde weitere Beispiele für die Merkmale.
- Jugendliche haben eigene Wörter beim Grüßen: z. B. *hey*
- Jugendliche kleben Silben an Wörter, wie es Erwachsene nicht tun würden: z. B. *Ich bin endsauer.*
- Jugendliche verwenden noch mehr Begriffe aus dem Englischen, als es Erwachsenen ohnehin schon tun: z. B. *cruisen, chillen, scratchen*
- Jugendliche lassen Wörter aus: z. B. *Ich geh nach Karstadt? Kommst du?*
- Jugendliche benutzen gern Füllwörter: z. B. *irgendwie*

Kenntnisse in der Muttersprache: Hilfe oder Hindernis beim Erlernen einer Fremdsprache?

1. Ähnlich aussehende, aber doch Unterschiedliches bedeutende Wörter aus verschiedenen Sprachen nennt man „Falsche Freunde". Finde bei den folgenden Beispielen heraus, was die folgenden englischen Wörter im Unterschied zu den deutschen bedeuten.
- eventually
- undertaker
- meaning
- actually
- bureau
- card
- notice
- announce
- dose
- engaged

2. Im Gegensatz zu „Falschen Freunden" gibt es aber auch Wörter, die in unterschiedlichen Sprachen ähnlich sind. Finde zusammen mit deinem Nachbarn solche Paare. Beispiel: dt. *Akzent* – engl. *accent*

3. Entscheide bei den folgenden vier Abbildungen, ob es sich um echte oder falsche Freunde handelt.

4. a) Bestimme die unterstrichenen Satzglieder und Wortarten in folgenden Sätzen.
b) Übersetze anschließend die ganzen Sätze ins Englische.
c) Beschreibe die Unterschiede.
- Er fährt <u>vorsichtig</u> mit dem Rad.
- Ich schwimme <u>oft</u>.
- Ich werde dir die Geschichte <u>morgen</u> erzählen.
- Wir haben uns gestern <u>zufällig</u> in einem Geschäft getroffen.

5. Bist du auch der Meinung, dass die Kontrolle von Rechtschreib- und Grammatikfehlern das Korrekturprogramm des PCs übernimmt? Dann tippe folgende Rechtschreib- und Grammatikvarianten mithilfe eines Textverarbeitungsprogramms ab.
- Schalte dazu die Rechtschreib- und Grammatikprüfung ein.
- Entscheide mit einem Wörterbuch, welche Schreibung korrekt ist, wenn du dir nicht sicher bist oder wenn der Computer anderer Meinung ist als du. Manchmal sind mehrere Schreibvarianten richtig.
- Finde zudem heraus, bei welchen Wörtern bzw. ob der PC richtig lag.
- Besprich mit deinem Nachbarn, welche Probleme sich ergeben können.
- Musikcd – Musik-Cd – Music-Cd – Musik-CD
- Shopping-Center – Shopping Center – Shoppingcenter
- ein deutschfranzösisches Wörterbuch – ein deutsch-französisches Wörterbuch – ein deutsches französisches Wörterbuch – ein Deutsch-Französisch-Wörterbuch
- fetttriefend– Fett triefend – fett triefend – vor Fett triefend – vor fett triefend
- Sie wendete sich ihm zu. – Sie wandte sich ihm zu. – Sie wendete das Omelett. – Sie wandte das Omelett.
- Er liebte es zu lesen. – Er liebte es zu Lesen. – Er liebte das lesen. – Er liebte das Lesen. - Er liebte Lesen - Er liebte lesen.

Aufgepasst: Fangfrage!
- Herr Faßbender ißt gern Spaghetti. – Herr Faßbender isst gern Spaghetti.

Fehleranalyse mit Textverarbeitungsprogrammen
Aktivierung der Rechtschreib- und Grammatiküberprüfung (je nach Programm unterschiedlich):
- Markierung der Orthografie-Fehler rot und der Grammatik-Fehler grün
  Aber Achtung:
  - Richtig Geschriebenes wird manchmal als falsch markiert.
  - Falsch Geschriebenes wird manchmal nicht markiert.
- **Warum?**
  Die Fehleranalyse greift auf ein begrenztes Wörterbuch zurück, mit dem es den getippten Text vergleicht, sie ist nicht allumfassend. Ist ein Wort in der Datenbank nicht enthalten, wird es als falsch markiert, auch wenn es richtig ist. Zudem kann es sein, dass durch einen Tippfehler ein anderes sinnvolles Wort entsteht (z. B. *dein* statt *sein*).
  Solche Fehler, die umso wahrscheinlicher werden, je mehr Wörter die Rechtschreib- und Grammatikprüfung erkennt, bemerkt ein Computer aber nicht, weil er den Sinn eines Textes nicht überprüfen kann.
- **Ausweg:**
  Zur Sicherheit im Wörterbuch nachschlagen!

Überprüfen und Sichern

○ **Schriftlich erörtern im Anschluss an einen Text**

1. Das Foto zeigt ein sog. E-Book, wie sie 2008 auf der Buchmesse häufig zu sehen waren und dort heftig diskutiert wurden. Beschreibe die Unterschiede zum herkömmlichen Buch. Informiere dich ggf. im Internet über die Funktionsweise solcher E-Books.
2. Lies den folgenden Zeitungsartikel.

Felicitas von Lovenberg
Das Buch ist unverbesserlich

14. Oktober 2008 Wird dies tatsächlich die letzte Buchmesse klassischer Prägung, wie manche befürchten? Man konnte in der Vergangenheit schon häufig den Eindruck gewinnen, Gutenberg[1] habe zugleich
5 mit dem Buchdruck jene Skeptiker erfunden, die dem Verlagswesen immer wieder einmal den Untergang prophezeien – bisher stets zu früh. Nicht nur, weil es unser Grundbedürfnis nach dem Austausch von Erfahrungen und Erkenntnis stillt, ist das Geschäft mit den
10 Büchern so solide und krisenfest, sondern weil es auf einem perfekten Produkt beruht: Das unscheinbare, über Jahrhunderte alltäglich gewordene Buch ist sozusagen ein evolutionärer[2] Endpunkt in der Entwicklung kultureller Vermittlungstechnik.
15 Diese Gewissheit droht nun ein kleines Gerät namens E-Book zu erschüttern. Und ausnahmsweise sind alle betroffen: Verleger und Autoren, Agenten und Lektoren, Grossisten[3] und der stationäre Buchhandel. Denn selbst in der Branche, die den Wert guter Ideen in die
20 Welt trägt, zählt nur Wachstum. Darum ist ein Jahr wie dieses, ohne „Harry Potter", ohne ein neues Buch von Dan Brown, dem Autor des „Da Vinci Code", also ohne Selbstläufer im Weihnachtsgeschäft, schon heikel genug. Dann waren da noch Fußball-EM und Olym-
25 pia, große, in die Fernsehsessel bannende Sportereignisse, wie sie den Buchverkauf zuverlässig ins Straucheln bringen. Und jetzt droht der Branche mit der immer weiter reichenden Digitalisierung von Inhalten, mit den neuen E-Books und dem zunehmend
30 dominanten Online-Buchhandel womöglich das Schicksal, das der Musikindustrie das Geschäft mit Tonträgern verhagelt hat: der kostenlose Tauschhandel im Internet. Hinzu kommt die Befürchtung, dass die Leser angesichts der drohenden Wirtschaftskrise anfan-
35 gen könnten, an der falschen Stelle zu sparen.

Stirbt der Verleger aus?

Die Frankfurter Buchmesse, die in diesem Jahr ihr sechzigstes Jubiläum feiert, hat mit einer großen Online-Meinungsumfrage unter ihren Kunden die
40 künftigen Auswirkungen der Digitalisierung zu ermitteln versucht. Bereits in zehn Jahren, so die Prognose, werde der Verkauf digitaler Inhalte den von traditionellen Büchern überholt haben; vierzehn Prozent der Befragten sehen den Verlegerberuf vom Aussterben
45 bedroht, weil das E-Book als neuer, schneller und kostengünstigerer Vertriebsweg ihn bald überflüssig machen könnte.
Statt in dieser Situation in die Defensive zu gehen und zu versuchen, den Status quo[4] so lang wie möglich zu
50 bewahren, sollten die Verlage souverän und selbstbewusst auf die Konkurrenz aus dem Netz reagieren. Denn wenn jetzt auch in der Buchbranche die Blase platzt, besteht die Chance, sich auf die eigentlichen, die ursprünglichen Werte zu besinnen: auf Qualität,
55 auf das Buch als haptisches[5] Erlebnis und Wissensspeicher, auf den Verleger als Anreger, Entdecker, Mentor[6], Bewahrer.

Branche auf Pump

Denn auch die Buchbranche lebt auf Pump. Seit
60 Anfang der neunziger Jahre sind die Vorschüsse, die für erhoffte Bestseller und vielversprechende Debüts[7] bezahlt werden, immer weiter gestiegen. [... es] werden mittlerweile Garantiehonorare aufgerufen und auch bezahlt, die die Verlage in Schieflage bringen
65 müssen, wenn das Buch nicht reißenden Absatz findet. Die Verlierer indes sind nicht nur die Verlage, die dann darauf hoffen müssen, den Spekulationsverlust mit anderen Titeln wettzumachen, sondern auch die bescheideneren Autoren. [...]
70 Sollte das Geschäftsmodell Buch weiter aufgebläht werden, weil Autoren mittlerweile darauf bestehen, dass zu jedem neuen Titel mindestens das Hörbuch, wenn nicht gar eine Hörspielfassung, Filmrechte und Fernsehauftritte vermarktet werden müssten, droht der Branche
75 möglicherweise eine [...] grundlegende Desillusionierung[8] [...]. Die Verlage sollten dem Buch, diesem verlässlich[en] Gegenstand, trauen. Es braucht kein Ladekabel, kann nicht abstürzen, und sein Betriebssystem veraltet nicht. Denn die Technik bringt einen zwar von
80 A nach B, die Phantasie jedoch überallhin.

---

[1] *Johannes Gutenberg (1400–1468):* Erfinder des mechanischen Buchdrucks

[2] *evolutionär:* entwicklungsgeschichtlich

[3] *Grossist:* Großhändler

[4] *Status quo:* gegenwärtiger Zustand

[5] *haptisch:* den Tastsinn betreffend

[6] *Mentor:* Förderer, erfahrener Berater

[7] *Debüt:* erstes öffentliches Auftreten

[8] *Desillusionierung:* Enttäuschung, Ernüchterung

3. Überprüfe, welchen Standpunkt die Autorin des Textes zum E-Book vertritt, und notiere alle Argumente, die sie in dem Zeitungsartikel verwendet.
4. Sammle Argumente, die sich gegen die Position des Zeitungsartikels wenden.
5. Fertige zu folgendem Thema eine Gliederung an.
„Erörtere, ob sich das E-Book gegenüber der herkömmlichen Form des Printmediums Buch durchsetzen und dieses eventuell in näherer Zukunft ablösen wird."
6. Erarbeite, was in folgenden Ausschnitten aus Schüleraufsätzen besser gemacht werden muss.

> Einleitungen:
> Lange schon sind die Zeiten vorbei, als Gutenberg den Buckdruck erfand – ein Verfahren, das heute kaum noch einer kennt. Und schon steht der nächste Schritt in Richtung Technisierung bevor – das E-Book.

> Die ganze Welt wird im Laufe der Zeit ständig modernisiert und erneuert. Diese Veränderungen, vor allem im technischen Bereich, kosten oftmals vielen Arbeitern den Arbeitsplatz, da Roboter schneller und qualitativ besser sind. Eine solche Digitalisierung kann man jetzt auch in der Bücherbranche entdecken, da das E-Book die Rolle des „normalen" Buches einnehmen wird.
> Ist eine solche Veränderung überhaupt nötig?

> Hauptteil:
> Der wohl gewichtigste Nachteil der elektronischen Form eines Buches ist die damit verbundene Kapitalisierung der Buchbranche.

> Bei einem E-Book sind viele Zusatzfunktionen nutzbar, die die Arbeit mit Texten erleichtern. Dazu gehört z.B., dass man sehr viele Texte auf diesem elektronischen Medium speichern kann. So spart man viel Platz und muss keine schweren Bücher schleppen.

> Schluss:
> Viel mehr, denke ich, sollte man Werbung für Bücher machen, auch Hörspielfassungen, Filme oder Fernsehauftritte. Insbesondere Fernsehauftritte von Autoren in bekannten und beliebten Sendungen wären eine Lösung, wie z.B. bei „TV Total" oder „Wetten, dass ...?", die über 100 000 Zuschauer haben. So könnte der Bücherboom wieder richtig aufblühen und gegen das E-Book ankämpfen. Denn dieses E-Book haben wir über hunderte von Jahren nicht gebraucht, wieso denn jetzt, es gibt doch eh Kinos, Computer und vieles mehr. Und ist es nicht am schönsten, am Abend vor dem Kamin oder draußen beim Sonnenuntergang zu sitzen und ein spannendes oder romantisches Buch durchzublättern?

7. Verbessere die sprachlichen Fehler:
- Trotz den schönen Gewohnheiten des Buches lautet die Prognose, ...
- Es kann sein, dass das elektronische Buch öfter geupdated werden muss.
- Vor dem Kauf eines E-Books, sollte man sich jedoch fragen, worin seine Vor- und Nachteile liegen?
- Die bestmöglichste Lösung ist ...
- Meine persöhnliche Meinung ist ...
- Des weiteren möchte ich im folgenden anführen ...

*Albrecht Dürer,
Blaurackenflügel
(um 1512)*

Tierbilder
Sprachbilder

Hilde Domin
Das Gefieder der Sprache

Das Gefieder der Sprache streicheln
Worte sind Vögel
mit ihnen
davonfliegen

Joseph von Eichendorff

Anklänge 1

Aufgaben: Seite 120

Vöglein in den sonn'gen Tagen!
Lüfte blau, die mich verführen!
Könnt' ich bunte Flügel rühren,
über Berg und Wald sie schlagen!

5 Ach! Es spricht des Frühlings Schöne.
Und die Vögel alle singen:
Sind die Farben denn nicht Töne,
Und die Töne bunte Schwingen?

Vöglein, ja ich lass' das Zagen!
10 Winde sanft die Segel rühren,
Und ich lasse mich entführen,
Ach! Wohin? mag ich nicht fragen.

Joseph von Eichendorff
(1788–1857)

E.T.A. Hoffmann

Lebensansichten des Katers Murr

Aufgaben: Seite 120

Mit der Sicherheit und Ruhe, die dem wahren Genie angeboren, übergebe ich der Welt meine Biografie, damit sie lerne, wie man sich zum großen Kater bildet, meine Vortrefflichkeit im ganzen Umfange erkenne, mich liebe, schätze, ehre, bewundere und ein wenig anbete.

Sollte jemand verwegen genug sein, gegen den gediegenen Wert des außerordentlichen Buchs einige Zweifel erheben zu wollen, so mag er bedenken, dass er es mit einem Kater zu tun hat, der Geist, Verstand besitzt und scharfe Krallen.

[1] *Homme de lettres très renommé:* sehr bedeutender Literat

Berlin, Im Mai (18..)   Murr (Homme de lettres très renommé)[1]

[…] Der Professor schlug das Manuskript zusammen, sah dem Meister ernst ins Auge und sprach dann: „Diese Blätter brachte mir vor einigen Tagen mein Pudel Ponto, der, wie Euch bekannt sein wird, mit Eurem Kater Murr in freundschaftlichen Verhältnissen lebt. Zwar trug er das Manuskript zwischen den Zähnen, wie er nun einmal alles zu tragen gewohnt ist, indessen legte er es mir 5 doch ganz unversehrt in den Schoß und gab mir dabei deutlich zu verstehen, dass er es von keinem andern habe als von seinem Freunde Murr. Als ich nun einen Blick hineinwarf, fiel mir gleich die ganz besondere, eigentümliche Handschrift auf, als ich aber einiges gelesen, stieg in mir, selbst weiß ich nicht, auf welche unbegreifliche Art, der seltsame Gedanke auf, Murr könnte das alles selbst 10 gemacht haben. So sehr mir die Vernunft, ja, eine gewisse Lebenserfahrung, der wir alle nicht entgehen können und die am Ende nun wieder weiter nichts ist als die Vernunft, so sehr mir also eben diese Vernunft sagt, dass jener Gedanke unsinnig, da Kater weder zu schreiben noch Verse zu machen imstande, so konnte ich ihn doch durchaus nicht loswerden. Ich beschloss, Euern Kater zu beobachten, und stieg, da ich von meinem Ponto wusste, dass Murr viel auf Eurem Boden hausiere, auf meinen Boden, nahm einige Dachziegel herab, sodass ich mir die freie Aussicht in Eure Dachluken verschaffte. Was gewahre ich! – Hört es und erstaunt! – In dem einsamsten Winkel des Bodens sitzt Euer Kater! – sitzt aufgerichtet vor einem kleinen Tisch, auf dem Schreibzeug und Papier befindlich, sitzt und reibt sich bald mit der Pfote Stirn und Nacken, fährt sich übers Gesicht, tunkt bald die Feder ein, schreibt, hört wieder auf, schreibt von neuem, überliest das Geschriebene, knurrt (ich konnte es hören), knurrt und spinnt vor lauter Wohlbehagen. – Und um ihn her liegen verschiedene Bücher, die, nach ihrem Einband, aus Eurer Bibliothek entnommen."

„Das wäre ja der Teufel", rief der Meister, „nun so will ich dann gleich nachsehen, ob mir Bücher fehlen."

Damit stand er auf und trat an den Bücherschrank. Sowie er mich erblickte, prallte er drei Schritte zurück und blickte mich an voll Erstaunen. Aber der Professor rief: „Seht Ihr wohl, Meister! Ihr denkt, der Kleine sitzt harmlos in der Kammer, in die Ihr ihn eingesperrt, und er hat sich hineingeschlichen in den Bücherschrank, um zu studieren, oder noch wahrscheinlicher, um uns zu belauschen. Nun hat er alles gehört, was wir gesprochen, und kann seine Maßregeln darnach nehmen."

„Kater", begann der Meister, indem er fortwährend den Blick voll Erstaunen auf mir ruhen ließ, „Kater, wenn ich wüsste, dass du, deine ehrliche natürliche Natur ganz und gar verleugnend, dich wirklich darauf verlegtest, solche vertrackte [sic] Verse zu machen, wie sie der Professor vorgelesen, wenn ich glauben könnte, dass du wirklich den Wissenschaften nachstelltest, statt den Mäusen, ich glaube, ich könnte mir die Ohren wund zwicken, oder gar –"

Mich überfiel eine schreckliche Angst, ich kniff die Augen zu und tat, als schliefe ich fest.

„Aber nein, nein", fuhr der Meister fort, „schaut nur einmal her, Professor, wie mein ehrlicher Kater so sorglos schläft, und sagt selbst, ob er in seinem gutmütigen Antlitz etwas trägt, das auf solche geheime wunderbare Schelmereien, wie Ihr sie ihm schuld gebt, gedeutet werden könnte – Murr! – Murr! –"

Paula Modersohn-Becker,
Katze in einem Kinderarm (um 1903)

So rief der Meister mich an, und ich unterließ nicht, wie gewöhnlich mit meinem Krr – Krr – zu antworten, die Augen aufzuschlagen, mich zu erheben und einen hohen, sehr anmutigen Katzenbuckel zu machen.

Der Professor warf mir, voller Zorn, mein Manuskript an den Kopf, ich tat aber, (die mir angeborene Schlauheit gab es mir ein) als wollte er mit mir spielen, und zerrte, springend und tänzelnd, die Papiere hin und her, sodass die Stücke umherflogen.

„Nun", sprach der Meister, „nun ist es ausgemacht, dass Ihr ganz unrecht habt, Professor, und dass Euch Ponto etwas vorlog. Seht nur hin, wie Murr die Gedichte bearbeitet, welcher Dichter würde sein Manuskript handhaben auf die Weise?"

„Ich habe Euch gewarnt, Meister, tut nun, was Ihr wollt", erwiderte der Professor und verließ das Zimmer.

Nun glaubte ich, der Sturm sei vorüber, wie sehr war ich im Irrtum! – Meister Abraham hatte sich, mir zum großen Verdruss, gegen meine wissenschaftliche Bildung erklärt, und dem unerachtet er so getan, als glaube er den Worten des Professors gar nicht, so wurde ich doch bald gewahr, dass er mir auf allen Gängen nachspürte, mir den Gebrauch seiner Bibliothek dadurch abschnitt, dass er den Schrank sorgfältig verschloss, und es durchaus nicht mehr leiden wollte, dass ich mich, wie sonst, auf seinen Schreibtisch unter die Papiere legte. […]

Aufgaben: Seite 120

Christian Morgenstern
Das Vermächtnis

[1] *Same:* hier: Nachkomme

Es war um die Zeit, da der Affe zum Menschen wurde. Und am Vorabend seiner Menschwerdung versammelte der Affe noch einmal alle Tiere der Erde um sich, um von ihnen Abschied zu nehmen.

„Morgen will ich Mensch werden", sprach er wehmütig zu ihnen, „und ihr werdet mich alle verlassen und meiden und ein Kampf wird entstehen zwischen meinem Samen[1] und eurem Samen."

„Jawohl, ein Kampf!", brüllte der Löwe.

„Du wirst mehr werden als wir!", brummte das Nashorn, „das wirst du büßen müssen!"

„Das wirst du büßen müssen!", wiederholte giftig der Floh.

„Lassen wir das!", sagte mit einem Anflug unbeschreiblicher Müdigkeit der Affe, „und feiern wir heute noch ein Fest des Friedens und der Freude miteinander."

„So sei es!", riefen die Tiere und drängten sich gutmütig und wohlwollend um den scheidenden Bruder und fragten ihn, ob sie ihm nicht noch etwas Liebes tun oder mitgeben könnten.

Da ward dem Affen noch trübseliger zumute und er setzte sich unter eine Palme und fing jämmerlich an zu schluchzen.

Ein tiefes Mitleid ging durch die weichen Tierherzen.

„Wir wollen den Armen trösten!", begann endlich das Schaf und schritt allen voran auf den Weinenden zu.

Lange sah das Schaf dem Affen tief in die Augen und sagte das Gleiche zu ihm.

25 Und herzu traten der Ochs, der Esel, das Schwein, der Pfau, die Gans, der Tiger, der Wolf, die Hyäne und viele andere Tiere und jedes sah den Affen lange an und sprach feierlich zu ihm: „Trage mein Bild stets in deiner Seele, so wird es sein, als ob ich mit dir weiterlebte."

Die letzten, die herantraten, waren der Löwe, der Adler und die Schlange.

30 Der Affe konnte vor Abgespanntheit kaum mehr aus den Augen schauen, und als die Schlange sich verabschiedete, sank er sofort in Schlaf. Aber wirre und schreckliche Träume ängstigten ihn, und gegen Morgengrauen erhob er sich im Halbschlummer von seinem Lager und tastete sich zur nahen Quelle. Mit Augen, deren Schleier klares Bewusstsein noch nicht zu zerreißen vermochte,

35 blickte er in den Wasserspiegel, der, leicht bewegt, sein Bild wiedergab.

Wie sah er aus! Da schwamm auf zitternden Wellen das Bild des einfältigen Schafes – oder – nein! es war das hässliche Kamel, das mit arroganten[2] Zügen aus den Wogen ihn anstarrte –, mit einem Male schien es der blutrünstige Tiger, als den er sich auf den Fluten sah, – und kaum, dass er genauer hinge-

40 späht, war es ein Pfau, der ihm sein eitles Rad entgegenschlug.

Endlich brach ein Sonnenstrahl durch die Bäume, und der Affe erwachte aus seinem traumhaften Zustande. Verwundert rieb er sich die Augen und wollte sogleich den nächsten Baumriesen empor, als sein Blick von ungefähr in die Quelle fiel.

45 Da erkannte er, dass er über Nacht Mensch geworden war. Und Adam zog aus, bis dass er Eva fand, und verbreitete sein Geschlecht[3] über die ganze Erde.

Das Vermächtnis aber, das die Tiere ihrem scheidenden Kollegen mitgegeben haben, wirkt heute noch ungeschwächt unter seinen Nachkommen fort.

[2] *arrogant:* hochnäsig

[3] *Geschlecht:* hier: Gattung, Familie

Hilde Domin, **Das Gefieder der Sprache** *(Seite 115)*

1. Hilde Domin vergleicht Worte mit Vögeln. Erläutere, wie man mit ihnen „davonfliegen" könnte.
2. Finde einen anderen Vergleich und schreibe einen eigenen Text.

 Joseph von Eichendorff, **Anklänge 1** *(Seite 116)*

1. Beschreibe die Sinneseindrücke, die in diesem Text versammelt sind.
2. In diesem Gedicht wird das lyrische Ich zunächst „verführt" (Z. 2), dann „entführt" (Z. 11). Untersuche die Haltung des lyrischen Ichs zur Natur, um diesen Vorgang und diese Entwicklung zu erläutern.

 E.T.A. Hoffmann, **Lebensansichten des Katers Murr** *(Seite 116)*

1. Im Auszug aus der Vorrede zum Roman zeichnet Kater Murr ein Selbstporträt. Diskutiert, inwiefern der Kater sich „kätzisch" oder menschlich gibt.
2. Charakterisiere das Verhalten des Katers im vorliegenden Textausschnitt. Du solltest dafür insbesondere passende Adjektive finden.
3. Untersuche, wie der Meister auf die Aussagen des Professors und das Verhalten des Katers reagiert, und kommentiere diese Reaktion.
4. Informiere dich in einer Literaturgeschichte oder einem Romanführer über den Fortgang des Romans. Beide findest du in der Schulbibliothek.

Christian Morgenstern, **Das Vermächtnis** *(Seite 118)*

1. Die Tiere treten mit „typischen" Merkmalen oder Verhaltensweisen auf, die für bestimmte menschliche Charaktereigenschaften stehen. Ergänze diese Charaktereigenschaften für die Tiere, die nicht genauer erläutert werden (z.B. Hyäne, Schlange ...).
2. „Trage mein Bild stets in deinem Herzen ...", sagen die Tiere zum Affen. Erkläre diesen Satz aus dem Kontext.
3. Beschreibe das Menschenbild, das in diesem Text deutlich wird.

Über Sprache nachdenken

Sprache schafft Übersicht: Stell dir vor, du wärst der Erste, der ein Fachbuch über Tiere schreiben soll. Du müsstest die Riesenmenge an einzelnen Tieren zu Gruppen ordnen. Man spricht von *klassifizieren*, weil du gleichsam „Klassen" bildest.

- Finde den jeweiligen Gegenbegriff und zähle Tiere auf, die zu dem jeweiligen Oberbegriff gehören: Haustier – ?, Schädling – ?, Kleintier – ?, Säugetier – ?. Beschreibe die Probleme, die dabei auftauchen.
- Suche in einem Naturbestimmungsbuch (z.B. Wanderführer – eure Erdkunde-Lehrkraft kann euch helfen) nach den Seiten, die sich mit Tieren befassen. Nach welchen Gesichtspunkten werden hier die Tiere geordnet?
- Vergleiche damit die Klassifikation von Tieren in einem zoologischen Lehrwerk (eure Biologie-Lehrkraft kann euch helfen).

Analyse von Gedichten

Gedichte untersuchen – auch im Vergleich

Hilde Domin
Möwe zu dritt

Diese drei **Möwen**:
die in der Luft
Brust an Brust
mit der Wasser**möwe**
5 weiß und silber,
silber und weiß,
und die Schatten**möwe**,

grau,
immer **grau**,
10 ihnen folgend.
Solange Sonne ist
und der **Fluss**
sanft dahin**fl**ießt
unter dem Wind.

Volker Köpp, Möwe

Conrad Ferdinand Meyer
Möwenflug

Möwen sah um einen Felsen kreisen
Ich in unermüdlich gleichen Gleisen,
Auf gespannter Schwinge schweben bleibend,
Eine schimmernd weiße Bahn beschreibend,
5 Und zugleich in grünem Meeresspiegel
Sah ich um dieselben Felsenspitzen
Eine helle Jagd gestreckter Flügel
Unermüdlich durch die Tiefe blitzen.
Und der Spiegel hatte solche Klarheit,
10 Dass sich anders nicht die Flügel hoben
Tief im Meer als hoch in Lüften oben,
Dass sich völlig glichen Trug und Wahrheit.

Allgemach[1] beschlich es mich wie Grauen,
Schein und Wesen so verwandt zu schauen,
15 Und ich frage mich, am Strand verharrend,
Ins gespenstische Geflatter starrend:
Und du selber? Bist du echt beflügelt?
Oder nur gemalt und abgespiegelt?
Gaukelst[2] du im Kreis mit Fabeldingen[3]?
20 Oder hast du Blut in deinen Schwingen?

[1] *allgemach:* allmählich

[2] *gaukeln:* spielerisch etw. vortäuschen
[3] *Fabeldinge:* unwirkliche Dinge

C. F. Meyer und H. Domin beschreiben im Abstand von ca. 100 Jahren ein ähnliches Naturbild. Sie behandeln ihren Gegenstand sehr unterschiedlich und uns erscheinen möglicherweise zunächst beide Gedichte schwer verständlich.
Als erstes soll das Gedicht von Domin untersucht werden, bevor ihr in einem zweiten Schritt beide Texte vergleicht.

1. Beschreibe den Satzbau und die Einteilung der Zeilen von Domins Gedicht.
2. Lies das Gedicht laut vor und setze beim Vorlesen eine kleine Pause am Ende jeder Zeile. Beschreibe die Wirkung dieser kleinen Pause.

- **Zeilenstil:** Satz- und Versende fallen zusammen.
- **Hakenstil:** Die Zeilen enden mit einem **Zeilensprung (Enjambement)**, bei dem der Satz über die Zeile hinausreicht.

3. Im Text sind einige Stellen fettgedruckt und zwei unterstrichen. Beschreibe die Textstellen und erläutere ihre Bedeutung.
4. Das Gedicht besteht aus zwei Sätzen. Beide sind unvollständig. Ergänze die Sätze und kläre, welche Wirkung ihre Unvollständigkeit hat.

Ellipse:
- unvollständiger Satz
- häufig ein sprachliches Merkmal von Gedichten

5. Domins Gedicht erzeugt in wenigen Worten eine Stimmung. Beschreibe, welchen Eindruck das Gedicht bei dir hinterlässt. Versuche anschließend, diesen Eindruck bei einem auswendigen Vortrag des Gedichtes zum Ausdruck zu bringen.
6. Beschreibe den äußeren Aufbau der beiden Texte von H. Domin und C. F. Meyer (Strophen, Reim, Versmaß).
7. Gib an, welchen Inhalt/welches Thema die einzelnen Strophen des Gedichts von Meyer haben. Beschreibe Ähnlichkeiten und Unterschiede der Bilder beider Gedichte.
8. Das Gedicht von C. F. Meyer scheint eine kompliziertere Sprache zu haben als das Gedicht von H. Domin. Untersuche den Satzbau und erkläre, wodurch dieser Eindruck erzeugt wird.
9. Erkläre die Bedeutung der Begriffe „Trug und Wahrheit" (C. F. Meyer, Z. 12) für das vom lyrischen Ich in der ersten Strophe bezeichnete Bild und für das gesamte Gedicht.
10. Erläutere die Aussage der zweiten Strophe des Gedichts von C. F. Meyer.
11. Entscheide, welches Gedicht dir besser gefällt, und begründe, warum du es vorziehst.

Ein Gedicht untersuchen

- Beschreibung des **Inhalts**, z.B.:
  - Gedankengang in den einzelnen Strophen
  - auffällige Motive und Bilder (Metaphern, Personifikationen)
- Untersuchung auffallender Merkmale von Form und Sprache:
  - Lautebene: z. B. Gleichklänge, Alliterationen
  - Wortebene: z. B. Wiederholungen, Gegenüberstellungen, Steigerungen, Anaphern
  - Satzebene: z. B. Ellipsen
  - Versebene: z. B. Reimschema, Zeilen- oder Hakenstil, Versmaß
  - Strophenebene: z. B. Länge, Anzahl
- Interpretation, wie die äußere Form zum Inhalt des Gedichts „passt" und so die **Aussage** des Textes beeinflusst
- Darstellung der **Wirkung** des Gedichts

12. Lest im Anschluss an eine Stilllesephase das Gedicht mehrmals laut in der Klasse vor.

Walter Helmut Fritz
Der Wal

Dieser graue, schwarze,
glänzende Kessel
mit seinem Dampfstrahl,
welches Experiment des Lebens,
5 sagst du, diese Walze,
dieser Felsen in Bewegung
und dann dieser Tanz,
den er mit andern zusammen
aufführt, ehe er wieder wandert,
10 mit seinen Augen
– blau – von Email[1],
seinem Gehirn, größer
als das aller anderen Wesen,
seinem Gesang, ohne Stimmband,
15 seinem Lachen, seinem Gebrüll.
Du kennst seine Arglosigkeit
gegenüber den Menschen,
die ihn besinnungslos jagen.
Dem Wasser verdankt er alles.
20 Diese Hinfälligkeit,
wenn er strandet und erstickt,
weil seine Kräfte nicht reichen,
den Brustkorb zu dehnen.

[1] *Email:* glänzender Schmelzüberzug über Gegenständen

Paul Bril (1554–1626), Jona und der Wal

13. Schreibe die Bilder (Metaphern), die W. H. Fritz im ersten Satz des Gedichts zur Beschreibung des Wals benutzt, heraus. Bestimme, aus welchen Bereichen oder Wortfeldern sie stammen, und erläutere, was sie über den Wal aussagen.
14. Erweitere die Tabelle, indem du diesen Aussagen die Eigenschaften gegenüberstellst, die im zweiten Teil des Gedichts (ab Z. 16) genannt werden.

Bilder/Metapher (Teil 1)	Aussage	Eigenschaft (Teil 2)
„Dieser graue, schwarze, glänzende Kessel"	...	„Arglosigkeit"

15. Vergleiche die Bilder mit den Eigenschaften.
16. Untersuche den Text auf weitere Gegensätze und charakterisiere den Wal entsprechend der Aussage des Gedichts, allerdings ohne die Metaphern zu verwenden.
17. In dem Gedicht wird eine Person angesprochen. Lernt das Gedicht „Der Wal" auswendig und tragt es in Zweiergruppen vor. Aus der Aufteilung der Zeilen oder Sätze sollte deutlich werden, dass in diesem Gedicht etwas erklärt wird.
18. Verfasse einen ähnlichen Text über ein anderes Tier. Achte besonders auf die Vergleiche und Gegensätze, die du benutzen kannst.
19. Lest auch das folgende Gedicht mehrmals laut vor.

Ute Riedl
Vogel Herz

Kürzlich erst
entdeckte ich
den Vogel Herz
hoch auf dem Baum
5 von bunten Blättern
ganz verdeckt
und langsam fragend
scheu kam er herab
in seinem leichten
10 Federkleid die letzten Blätter
fortgeschüttelt und verstand
die Sprache die ich sprach
nicht ganz doch ich
bin jetzt bereit
15 die seine zu erlernen.

20. Der „Vogel Herz" ist rätselhaft. Ergänze in deinem Heft weitere Fragen, die sich dir stellen.
21. Untersuche, was tierisch und was menschlich am Vogel Herz ist.
22. Beschreibe das Verhältnis des lyrischen Ichs zum Vogel Herz.
23. Erläutere, wovon der Text handelt: von der Natur, den Menschen, von Liebe, von Sprache? Begründe dein Urteil.
24. Versuche eine Deutung: Was bedeutet der Vogel Herz für dich?

Metapher:
- ein bildlicher Ausdruck für etwas
- ein „abgekürzter Vergleich", da die Metapher kein „wie" enthält, z.B.
  - Vergleich: „Achill kämpfte mutig wie ein Löwe"
  - Metapher: „Achill war im Kampf ein Löwe"
- vor allem in moderner Lyrik oft rätselhaft, nicht endgültig aufzulösen: verblüfft den Leser und gibt seiner Fantasie Raum

Hermann Hesse
Blauer Schmetterling

Flügelt ein kleiner blauer
Falter vom Wind geweht,
Ein perlmutterner Schauer,
Glitzert, flimmert, vergeht.
5 So mit Augenblicksblinken,
So im Vorüberwehn
Sah ich das Glück mir winken,
Glitzern, flimmern, vergehn.

25. Untersuche das Gedicht:
- Beschreibe die hier vorliegende Bildlichkeit.
- Untersuche parallele Konstruktionen in den Versen und im Satzbau.
- Finde die Neologismen (Wortneuschöpfungen).
- Ermittle durch lautes Lesen die Lautmalerei.

Zeige zusammenfassend, wie die Form des Gedichts mit dem Inhalt harmoniert.

26. Suche Tiere, deren Bewegungen als Bild für folgende menschliche Empfindungen stehen könnten, und schreibe einen poetischen Text, der sich nicht reimen muss, mit explizitem Vergleich oder Metaphern:
- Angst
- Friedenssehnsucht
- Neid
- Veränderungswunsch
- wohlige Faulheit

Gedichte interpretieren und zusätzliche Informationen einbeziehen

1. Fülle (auf einer Kopie) die Lücken im folgenden Gedicht. Diskutiere mit einem Partner für jeden einzelnen Fall, wie die Wortwahl die Aussage verändert, und entscheide dich jeweils für eines der drei angebotenen Substantive.

Johann Wolfgang Goethe
Willkommen und Abschied

Es schlug mein ____?____, geschwind zu Pferde!	Herz • Puls • Stündlein
Es war getan fast eh gedacht.	
Der ____?____ wiegte schon die Erde,	Abend • Himmel • Morgen
Und an den Bergen hing die Nacht;	
5 Schon stand im ____?____ die Eiche,	Dämmerlicht • Dunst • Nebelkleid
Ein aufgetürmter Riese, da,	
Wo ____?____ aus dem Gesträuche	Ahnungen • Finsternis • Raubgetier
Mit hundert schwarzen Augen sah.	
Der ____?____ von einem Wolkenhügel	Baum • Greif • Mond
10 Sah kläglich aus dem Duft hervor,	
Die ____?____ schwangen leise Flügel,	Engel • Eulen • Winde
Umsausten schauerlich mein Ohr;	
Die Nacht schuf tausend ____?____,	Ängste • Träume • Ungeheuer
Doch frisch und fröhlich war mein Mut:	
15 In meinen Adern welches Feuer!	
In meinem Herzen welche ____?____!	Glut • Qual • Treue
Dich sah ich, und die milde ____?____	Brandung • Freude • Süße
Floss von dem süßen Blick auf mich;	
Ganz war mein Herz an deiner Seite	
20 Und jeder ____?____ für dich.	Atemzug • Brief • Rosenstrauß
Ein rosenfarbnes ____?____	Frühlingswetter • Kleid • Wolkenm...
Umgab das liebliche Gesicht,	
Und ____?____ für mich – ihr Götter!	Freundlichkeit • Mitleid • Zärtlichk...
Ich hofft' es, ich verdient' es nicht!	
25 Doch ach, schon mit der ____?____	Eifersucht • Morgensonne • Wonne
Verengt der ____?____ mir das Herz:	Abschied • Liebste • Magen
In deinen Küssen welche Wonne!	
In deinem Auge welcher ____?____!	Mut • Schmerz • Trug
Ich ging, du standst und sahst zur Erden	
30 Und sahst mir nach mit nassem ____?____:	Auge • Blick • Mantel
Und doch, welch Glück, geliebt zu werden!	
Und lieben, Götter, welch ein Glück!	

2. Beurteile, welche der folgenden Aussagen deine Erfahrungen aus dem vorigen Arbeitsauftrag am treffendsten beschreibt:
- „Goethe kann's doch besser!"
- „Die Wortwahl eines Dichters entzieht sich der Vorhersagbarkeit."
- „In einem Gedicht kann es nur e i n e stimmige Formulierung geben."
- „Goethes Gedankengänge bleiben mir unverständlich."

3. Beschreibe die äußere Handlung des Gedichts und die Konstellation, die ihr zugrunde liegt. Wie stellst du dir das lyrische Ich vor?

4. Beschreibe die Gefühle, die das lyrische Ich zum Ausdruck bringt, und stelle einen Zusammenhang zur verwendeten sprachlichen Gestaltung her.

5. Lies das folgende Gedicht. Diskutiert in einer Kleingruppe, welche der drei folgenden Begriffe euch für die Analyse am passendsten erscheint: lyrisches Ich • lyrisches Du • Dialogsituation.
Begründe deine Entscheidung und erläutere, welche Konsequenzen sich daraus für eine Interpretation des Gedichts ergeben.

Bertolt Brecht
Die Liebenden

Sieh jene Kraniche in großem Bogen!
Die Wolken, welche ihnen beigegeben
Zogen mit ihnen schon, als sie entflogen
Aus einem Leben in ein andres Leben
5 In gleicher Höhe und mit gleicher Eile
Scheinen sie alle beide nur daneben.
Daß so der Kranich mit der Wolke teile
Den schönen Himmel, den sie kurz befliegen
Daß also keines länger hier verweile
10 Und keines andres sehe als das Wiegen
Des andern in dem Wind, den beide spüren
Die jetzt im Fluge beieinander liegen
So mag der Wind sie in das Nichts entführen
Wenn sie nur nicht vergehen und sich bleiben
15 Solange kann sie beide nichts berühren
Solange kann man sie von jedem Ort vertreiben
Wo Regen drohen oder Schüsse schallen.
So unter Sonn und Monds wenig verschiedenen Scheiben
Fliegen sie hin, einander ganz verfallen.
20 Wohin ihr? Nirgendhin. Von wem davon? Von allen.
Ihr fragt, wie lange sind sie schon beisammen?
Seit kurzem. Und wann werden sie sich trennen? Bald.
So scheint die Liebe Liebenden ein Halt.

6. Das Wort *beide* wird an drei Stellen verwendet: Z. 6, 11, 15. Lege durch wiederholte Lektüre des Kontexts fest, worauf sich das Wort bezieht, und vergewissere dich in der gleichen Kleingruppe, ob ihr euch darüber einig seid.

7. Analysiere die Lautgestaltung (Vokale, Umlaute, Alliterationen) und das Verhältnis von Satz- und Verseinheiten (Enjambements?) in Hinblick auf die Bewegung von Kranichen und Wolken.

8. Bringe die Begriffe *Kraniche, Wolken, Himmel, Wind* in Beziehung zueinander und stelle die Konstellation grafisch dar.

9. Spiele alle Möglichkeiten der Betonung des letzten Verses durch und überlege mit einem Partner, inwieweit sich dabei aus der identischen Wortfolge unterschiedliche Aussagen ergeben.

10. Gehe der Bedeutung des Verbs *scheinen* (Z. 6, 23) auf den Grund. Entscheide dich dann für eine der möglichen Betonungen des letzten Verses.

11. Beschäftige dich mit den folgenden vier Texten unter dem Gesichtspunkt, ob sie Informationen zu Brechts Leben und Werk enthalten, die für die Interpretation des Gedichts „Die Liebenden" von Bedeutung sein könnten. Notiere die entsprechenden Stellen in Stichpunkten.

Jochen Vogt
Bertolt Brecht

Bertolt Brecht, eigentlich Eugen Bertholt Brecht, geboren am 10.2.1898 als erster Sohn von Berthold Friedrich und Sofie Brecht, geb. Brezing; der Vater war kaufmännischer Leiter einer Papierfabrik in Augsburg. Seit 1908 Besuch des dortigen Realgymnasiums, erste
5 Schreibversuche, lyrisch und dramatisch, seit 1913: Jugendfreundschaft mit dem späteren Bühnenbildner Caspar Neher. Nach dem Notabitur 1917 Immatrikulation an der Philosophischen Fakultät der Münchner Universität (die ihn 1921 exmatrikuliert); Ende 1918 Sanitätssoldat, Verbindungen zum Augsburger Arbeiter- und Soldatenrat und zur USPD.
10 Brechts Freundin Paula Banholzer bringt 1919 den gemeinsamen Sohn Frank zur Welt (gefallen 1943 als deutscher Soldat in Russland). Ab 1920 mehrfacher, seit 1924 dauernder Aufenthalt in Berlin, wo Brecht wie schon in München (Karl Valentin, Lion Feuchtwanger, Frank Wedekind) enge Beziehungen zur literarischen Szene und zum Theater
15 aufnimmt (Freundschaft und Zusammenarbeit mit Arnolt Bronnen, dem Kritiker Herbert Jhering, dem Verleger Wieland Herzfelde). Dramaturgische Mitarbeit an den Münchner Kammerspielen und dem Deutschen Theater in Berlin. 1922 erste Aufführung („Trommeln in der Nacht", München) und erste Buchpublikation („Baal", Kiepenheu-
20 er Verlag); Heirat mit der Schauspielerin Marianne Zoff, 1923 wird die

Tochter Hanne geboren. 1923 lernt Brecht seine spätere Frau, die Schauspielerin Helene Weigel kennen, 1924 Geburt des gemeinsamen Sohnes Stefan; 1927 Scheidung von Marianne Zoff; 1929 Heirat mit Helene Weigel, 1930 Geburt der Tochter Barbara. Seit 1924 arbeitet Brecht ständig mit Elisabeth Hauptmann zusammen, ab 1926 kommt er in verstärkten Kontakt zu marxistischen Theoretikern und sozialistisch engagierten Künstlern; Diskussionen und gemeinsame Projekte u. a. mit Fritz Sternberg, Karl Korsch, Walter Benjamin, Sergej Tretjakov, Erwin Piscator, Hanns Eisler, Ernst Ottwalt, Slatan Dudow. 1927 erscheint die erste Gedichtsammlung („Hauspostille"), 1928 wird die „Dreigroschenoper" (Musik: Kurt Weill) zum größten Theatererfolg der Weimarer Republik. 1932 Reise nach Moskau zur Premiere des Films „Kuhle Wampe"; Freundschaft und ständige Zusammenarbeit mit Margarete Steffin.

Klaus Völker
Bertolt Brecht: Eine Biographie, S. 124 f.

Nach der Darmstädter Aufführung von „Mann ist Mann" beschaffte sich Brecht auch marxistische[1] Literatur. Erst jetzt bekam er Antwort auf seine Fragen. Wenig später schrieb er an Elisabeth Hauptmann: „Ich stecke acht Schuh tief im ‚Kapital'[2]. Ich muß das jetzt genau wissen." Die Lektüre von Marx machte ein generelles Umstellen seiner Arbeit notwendig. Denn Brecht erkannte, dass der Marxismus eine wissenschaftliche Methode war, mit der er die Gegenstände, die ihn als Dramatiker interessierten, analysieren und auf die Bühne bringen konnte: „Die totale Umstellung des Theaters darf natürlich nicht einer artistischen[3] Laune folgen, sie muß einfach der totalen geistigen Umstellung unserer Zeit entsprechen." Die Forderung, neues Theater zu machen, bedeutet gleichzeitig, eine neue Gesellschaftsordnung zu verlangen. […] Anfang 1927 begegnete Brecht dem Soziologen[4] Fritz Sternberg. […] Sternberg half dem Dramatiker bei der Vertiefung des marxistischen Studiums. [… Er] erläuterte, dass der Niedergang des Dramas kein historischer Zufall sei, sondern ganz im Gegenteil eine historische Notwendigkeit, eine Folge der Ablösung des Individuums durch Kollektivwesen. Das bürgerliche Drama sei immer gleichförmiger geworden und drehe sich inzwischen nur noch um die Mann-Frau-Beziehung. Auch das Drama über den Outsider der Gesellschaft (Strindberg, Wedekind) habe sich erschöpft. Im Ausgang des kapitalistischen Zeitalters werde

[1] *marxistisch:* die Theorie von Karl Marx betreffend
[2] *Kapital:* Buch von Karl Marx, in dem die Wirtschaftsform des Kapitalismus kritisiert wird.
[3] *artistisch:* künstlerischen
[4] *Soziologe:* Gesellschaftswissenschaftler

wieder das Kollektive bestimmend, während das Individuum als Individualität, Unteilbares und Unvertauschbares immer mehr verschwinde. Dem habe das zeitgenössische Drama Rechnung zu tragen.

[1] *Terzine:* bestimmte Strophenform
[2] *GBA:* Große kommentierte Berliner und Frankfurter Ausgabe der Werke Brechts in 30 Bänden

Kugli / Opitz (Hg.)
Brecht-Lexikon, S. 239

Terzinen[1] über die Liebe (GBA[2] 14, 15) ist zuerst unter dem Titel *Die Liebenden* 1928 entstanden (vgl. ebd., 472 f.). Das Typoskript war nicht in Strophen gegliedert und umfasst die Zeilen 2–22. Der Erstdruck erfolgte im Rahmen der Oper *Aufstieg und Fall der Stadt Mahagonny*. Der
5 in der GBA abgedruckte Text stammt aus *Blätter der Reinhardt-Bühnen*, Deutsches Theater, Kurfürstendamm, Spielzeit 1931/32. Unter dem Titel *Die Liebenden* wird der frühere Text auch 1951 in B.s *Hundert Gedichte* aufgenommen. Die Entstehung hängt zunächst nicht mit der *Mahagonny*-Oper zusammen. Erst auf eine Kritik von Emil Hertzka, der
10 ein Gegengewicht zur „Wildwest-Realistik" forderte (vgl. GBA 14, 473), fasste B. das Gedicht in Terzinen und ergänzte es um drei Verse am Schluss. Diese Fassung wurde in die Bordellszene zwischen Jenny und Paul eingebaut und als Duett nach dem Liebesakt gesungen (vgl. GBA 2, 364 f.). Die beiden Fassungen sind beinahe identisch.

[1] *konstatieren:* feststellen

Jan Knopf
Gedichte 1924–1933, S. 119

Die Gedichte geben nicht B.s Meinung oder gar Weltanschauung wieder, sondern konstatieren[1] Sachverhalte. Die Nüchternheit, die Sachlichkeit, die Kälte sind nicht in die Lyrik übertragene „Befindlichkeiten" des Autors, sondern stammen aus der Wirklichkeit selber. Nicht
5 B. rottet die Natur aus, die gesellschaftlich-technischen Entwicklungen haben sie ausgerottet; nicht B. schafft das „bürgerliche Individuum" ab, die neuen Verhältnisse haben sie abgeschafft (was die betroffenen Menschen aber nicht wahrhaben wollten).

12. Beurteile jeweils, für welchen Teil eines Interpretationsaufsatzes sich die einzelnen Informationen am besten eignen: für Einleitung, Hauptteil, Schluss?
13. Verwende die bisher erarbeiteten Ergebnisse für eine schriftliche Interpretation des Brecht-Gedichts, in der du auf Inhalt, Form und Sprache eingehst und relevante Zusatzinformationen einbeziehst.

> Informationen zum Werk, zur Entstehungszeit oder zur Biografie des Autors können ebenso wie dessen eigene Äußerungen oder die Aussagen anderer Interpreten zu einem besseren Verständnis eines Textes beitragen und dürfen für eine Interpretation herangezogen bzw. zitiert werden.
> Literarische Texte, also auch Gedichte, lassen sich in der Regel aber auch ohne Kenntnisse von Leben und Werk des Autors, allein auf der Basis des vorliegenden Textes, interpretieren. Die Besonderheiten eines Gedichts werden deutlich erkennbar, wenn man sich Alternativen für einzelne Wörter und Wendungen überlegt. Durch diesen „Trick" wird einem schnell bewusst, welche Wirkung der Autor gerade mit seiner Entscheidung erzielt.

Dialekt-Gedichte

Kurt Sigel
Anpassen

Mit dem Worm
den ich merr aus de Nas gezooche habb
kann ich gut schwätze
werklich merr hawwe
5 e aanzisch gemeinsam Schprach
womeechlisch
bin ich midde inner
Verwannelung
Baa un Händ falle merr ab
10 mei Hern duhd schrumpfe
dachdäächlisch duh ich mehr blind werrn
ich kann nor aans:
blind drufflos fresse
un krieche

Anpassen

Mit dem Wurm
den ich mir aus der Nase zog
lässt sich gut palavern[1]
tatsächlich – wir haben
5 eine gemeinsame Sprache
womöglich
bin ich mitten in der
Metamorphose[2]
Beine und Hände fallen mir ab
10 meine Hirnmasse schrumpft
tagtäglich erblinde ich mehr
ich kenne nur eins:
blindlings fressen und
kriechen

[1] *palavern:* oberflächlich reden, plaudern

[2] *Metamorphose:* Verwandlung

1. Diese „zweisprachigen" Gedichte entsprechen sich nicht genau, der Verfasser der „Übersetzung" hat einiges geändert. Zeige, welche Abweichungen zwischen den beiden Fassungen (Versionen) bestehen.
2. Beschreibe die unterschiedliche Wirkung der beiden Versionen.
3. Die Texte handeln von einer Metamorphose (Z. 8). Beschreibe diese Verwandlung und deute die wurmähnlichen Züge des lyrischen Ichs. Beachte dabei die Überschrift.

Kurt Sigel schreibt über seine Texte im hessischen Dialekt:

[…] Nach drei hochdeutschen Gedichtbänden stieß ich an eine Barriere. Auch die lyrische Sprache der Zeitgenossen erschien mir ausgelotet und verbraucht. An diesem Punkt begann ich, in Mundart zu schreiben. Jetzt konnte ich mein Maul spazieren gehen lassen – frech, schief und rotzig, wie es mir schon als Schuljunge Spaß gemacht hatte. […]
Mitunter entstehen die gleichen Texte in Hochsprache und Mundart „simultan[1]". Andere versuche ich, im Nachhinein umzusetzen oder in die Hochsprache zu übertragen. Das ist gewiss ein Abenteuer, aber es reizt mich, diejenigen zu widerlegen, die behaupten, das sei nicht möglich oder allenfalls nur dann, wenn man große Verluste in Kauf nimmt: zum Beispiel den der Spontaneität, der Unmittelbarkeit. Verloren geht auf alle Fälle der Geruch, meinetwegen der Stall- und Dunggeruch, und die spezifische Sprachmelodie. Die Hochsprache hat nie Geruch besessen, sie hat, um es bildhafter auszudrücken, nie gestunken. Dafür ist sie heute an eine Grenze gelangt, an der sie immer abstrakter wird. Zugleich scheint sie verbraucht, abgegriffen, mit Kulturchiffren[2] und technisch-bürokratischen Formeln durchsetzt […] Was also liegt näher für einen „zweisprachigen" Autor […], sozusagen eine sprachliche Bluttransfusion zu versuchen. […]
Zuweilen geschieht es, dass der hochsprachliche Text zuerst entsteht. Dann treibt mich die Neugier zu erfahren, ob er im ganz anderen Medium des Dialekts bestehen könnte. Jetzt erst erweist sich, dass Worte, die Bedeutungsträger sind, voll mit abstrakten Vorstellungen, sich nicht übertragen lassen. Es gibt dafür keinen adäquaten[3] Ausdruck in der Dialektsprache. Ich muss dann umschreiben oder neue Bilder, Worte oder ähnliche Formulierungen erfinden. Nur in den seltensten Fällen bleiben die Worte unangetastet in ihrer grammatikalischen und typografischen[4] Stellung, verändert nur durch die phonetische Schreibweise[5]. Gelegentlich entsteht ein völlig neues Sprachgebilde mit anderen Vokabeln, neuen Zeilenbrechungen und stark veränderter Sprach- und Lesegeschwindigkeit. […]

[1] *simultan:* gleichzeitig

[2] *Kulturchiffren:* eine Chiffre ist ein symbolartiges Zeichen; unter Kulturchiffren könnte man also Begriffe verstehen, die in Reden und Schriften von Kulturschaffenden immer wieder auftauchen (in diesem Gedicht z. B. Metamorphose)

[3] *adäquat:* angemessen

[4] *typografisch:* die Typografie (den Schriftsatz) betreffend

[5] *phonetische Schreibweise:* Lautschrift

4. Arbeite die einzelnen Thesen heraus und überprüfe sie anhand von Sigels Gedichten.

5. Der von Sigel verwendete Begriff *Hochsprache* wird neuerdings durch den Begriff *Standardsprache* ersetzt. Überlege, welche unterschiedlichen Bewertungen diese beiden Begriffe vermitteln.

6. Lies das folgende Gedicht erst einmal laut und versuche, es dann zu übersetzen. Dabei helfen dir einige Gesetzmäßigkeiten der sog. Lautverschiebung:

langes i > ei oder au

langes u > au

Tipp: *Fösten* meint den *Dachfirst*.

Klaus Groth
Fledermaus

Rund um unsen Huse
Dar flüggt de Fleddermuse,
Se is so grau so grise,
Se flüggt so gau so lise,
5 Lisen æwer de Fösten hin,
Dar kikt se mal an'n Schösteen rin.

7. Das Gedicht, ein Kinderreim, erschien 1858 in einem Buch namens „Voer de Goern" („Für die Kinder"). Sein Autor, Klaus Groth, hat aber auch für Erwachsene geschrieben. Er wollte das Niederdeutsche, das in seiner Heimat damals noch von vielen gesprochen wurde, zu einer Literatursprache ausbauen. Diskutiert:
- Ist Mundart eurer Meinung nach eher etwas für Kinder oder können sich auch Erwachsene ihrer bedienen?
- Welche literarischen Gattungen eignen sich eurer Ansicht nach besonders gut für den Dialekt, welche weniger?

8. Dialekte und andere regionale sprachliche Besonderheiten gibt es auch in anderen Sprachen. Rechts findest du einen Ausschnitt aus einem amerikanischen Bilderbuch, in dem die Geschichte vom Weihnachtsmann in die Gegend des Mississippi verlegt wird. Aus den Rentieren sind dort Alligatoren geworden und auch die Sprache der Verse spiegelt die veränderte Umgebung. Versuche zu übersetzen! Vielleicht fallen dir auch Besonderheiten auf, die die deutschen Dialekte ebenfalls kennzeichnen.

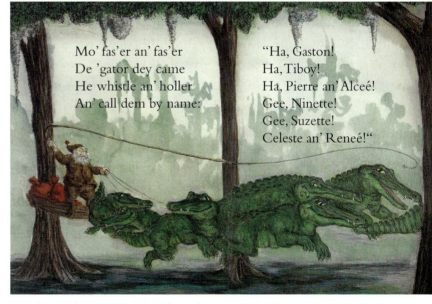

Aus dem Buch „Cajun Night Before Christmas"

PROJEKT

Bilder versprachlichen – Sprache verbildlichen
Ein fächerübergreifendes Projekt der Fächer Deutsch und Kunst

*Frida Kahlo,
Der verletzte Hirsch (1946)*

Christa Wolf
Verwundet

Die Jagd ist eröffnet. Eine Hirschin hat sich, durch Dickicht womöglich, verfolgt von gefiederten Pfeilern, auf eine Lichtung geflüchtet, die von starken, kahlen, sehr alten, sonnenbeschienenen, teils morschen Baumstämmen gebildet wird. Wir sehen „Das Tier" in gestrecktem Lauf, allerdings eingekreist; auch zum Meer hin, im Bildhintergrund, scheint ihm der Ausweg durch Blitze versperrt, und im Vordergrund deutet ein querliegender Zweig an, daß auch diese Richtung ihm nicht offen steht – die Richtung auf den vielleicht teilnahmsvollen, jedoch unbeteiligten Betrachter zu. Das Tier, androgyn[1] offensichtlich, männliches Geweih, Hoden, blickt uns an mit dem Gesicht einer Frau, das weder Angst noch Selbstmitleid zeigt, gelassen eher, herausfordernd sogar behält sie uns im Auge. „Klein" will uns dieser „kleine Hirsch" eigentlich nicht vorkommen, ein schönes, stattliches Tier ist der Malerin da gelungen, die Hetzjagd lohnt sich. Diese Hirschin ist, vielleicht endlich, allein, wir sehen nicht, wer die Pfeile auf sie abgeschossen hat. Es sind neun, einer steckt in der Kehle, aus der das meiste Blut quillt. Daran sollte es ihr doch gelingen zu sterben – ganz abgesehen von den anderen Wunden, deren eine von einem Blattschuß kommt. Bleibt sie denn ungerührt? Leidet sie überhaupt? Ihr Gesicht: ernst, nicht schmerzverzerrt. [...]

[1] *androgyn:* männlich und weiblich zugleich

1. Untersuche, in welcher Reihenfolge die Einzelheiten des Bildes beschrieben werden. Zeige, wo die Autorin von der Beschreibung zur Deutung übergeht.

2. Lege dar, ob du selbst das Bild von Frida Kahlo anders siehst, ob dir andere Einzelheiten wichtig sind oder ob du es anders deutest.

Rose Ausländer
Im Chagall-Dorf

Schiefe Giebel
hängen am
Horizont

Der Brunnen schlummert
5 beleuchtet von
Katzenaugen

Die Bäuerin
melkt die Ziege
im Traumstall

10 Blau
der Kirschbaum am Dach
wo der bärtige Greis
geigt

Die Braut
15 schaut ins Blumenaug
schwebt auf dem Schleier
über der Nachtsteppe

Im Chagall-Dorf
weidet die Kuh
20 auf der Mondwiese
goldene Wölfe
beschützen die Lämmer

Marc Chagall, Ich und das Dorf (1911)

3. Suche alle Stellen im Gedicht heraus, die dir widersprüchlich oder auf eine andere Art seltsam vorkommen. Versuche, einige der Bilder zu deuten.
4. Untersuche die Zusammenhänge zwischen den Strophen.
5. Beschreibe, wie das Gedicht auf dich wirkt. Bringe diese Stimmung bei einem lauten Gedichtvortrag zum Ausdruck.
6. Chagall hat unrealistische Farben gewählt und einige Bildelemente verkehrt herum platziert. Beschreibe die Wirkung, die er damit erzeugt.
7. Genau wie das Bild von Chagall weist auch das Gedicht von Rose Ausländer scheinbar unverbundene Elemente auf, die wie eine Collage von Erinnerungsfetzen wirken. Notiere dir stichwortartig eigene Erinnerungsstücke, z. B. an einen Ort, an dem du vor Jahren deine Ferien verbracht hast, oder an das Haus deiner Großeltern und verarbeite sie entweder zu einem Gedicht oder einem Bild.

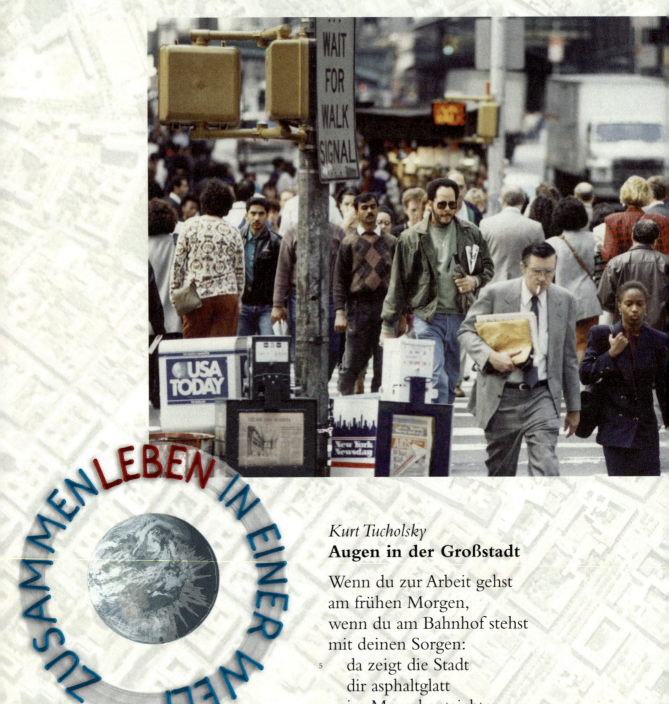

ZUSAMMENLEBEN IN EINER WELT

Kurt Tucholsky
Augen in der Großstadt

Wenn du zur Arbeit gehst
am frühen Morgen,
wenn du am Bahnhof stehst
mit deinen Sorgen:
5   da zeigt die Stadt
    dir asphaltglatt
    im Menschentrichter
    Millionen Gesichter:
Zwei fremde Augen, ein kurzer Blick,
10 die Braue, Pupillen, die Lider –
Was war das? vielleicht dein Lebensglück ...
vorbei, verweht, nie wieder.

    Du gehst dein Leben lang
auf tausend Straßen;
₁₅ du siehst auf deinem Gang,
die dich vergaßen.
    Ein Auge winkt,
    die Seele klingt;
    du hast's gefunden,
₂₀   nur für Sekunden …
Zwei fremde Augen, ein kurzer Blick,
die Braue, Pupillen, die Lider –
Was war das? kein Mensch dreht die Zeit zurück …
Vorbei, verweht, nie wieder.

₂₅ Du musst auf deinem Gang
durch Städte wandern;
siehst einen Pulsschlag lang
den fremden Andern.
    Es kann ein Feind sein,
₃₀   es kann ein Freund sein,
    es kann im Kampfe dein
    Genosse sein.
Er sieht hinüber
und zieht vorüber …
₃₅ Zwei fremde Augen, ein kurzer Blick,
die Braue, Pupillen, die Lider.
Was war das?
    Von der großen Menschheit ein Stück!
Vorbei, verweht, nie wieder.

Aufgaben: Seite 143

Kaminer (geb. 1967 in Moskau)

[1] *Wilmersdorf:* Stadtteil Berlins

[2] *Anthropologie:* Wissenschaft vom Menschen

Wladimir Kaminer
Geschäftstarnungen

Einmal verschlug mich das Schicksal nach Wilmersdorf[1]. Ich wollte meinem Freund Ilia Kitup, dem Dichter aus Moskau, die typischen Ecken Berlins zeigen.

Es war schon Mitternacht, wir hatten Hunger und landeten in einem türkischen Imbiss. Die beiden Verkäufer hatten augenscheinlich nichts zu tun und tranken in Ruhe ihren Tee. Die Musik aus dem Lautsprecher kam meinem Freund bekannt vor. Er erkannte die Stimme einer berühmten bulgarischen Sängerin und sang ein paar Strophen mit.

„Hören die Türken immer nachts bulgarische Musik?" Ich wandte mich mit dieser Frage an Kitup, der in Moskau Anthropologie[2] studierte und sich in Fragen volkstümlicher Sitten gut auskennt. Er kam mit den beiden Imbissverkäufern ins Gespräch.

„Das sind keine Türken, das sind Bulgaren, die nur so tun, als wären sie Türken", erklärte mir Kitup, der auch ein wenig bulgarisches Blut in seinen Adern hat. „Das ist wahrscheinlich ihre Geschäftstarnung." „Aber wieso tun sie das?", fragte ich. „Berlin ist zu vielfältig. Man muss die Lage nicht unnötig verkomplizieren. Der Konsument ist daran gewöhnt, dass er in einem türkischen Imbiss von Türken bedient wird, auch wenn sie in Wirklichkeit Bulgaren sind", erklärten uns die Verkäufer.

Gleich am nächsten Tag ging ich in ein bulgarisches Restaurant, das ich vor kurzem entdeckt hatte. Ich bildete mir ein, die Bulgaren dort wären in Wirklichkeit Türken. Doch dieses Mal waren die Bulgaren echt.

Dafür entpuppten sich die Italiener aus dem italienischen Restaurant nebenan als Griechen. Nachdem sie den Laden übernommen hatten, waren sie zur Volkshochschule gegangen, um dort Italienisch zu lernen, erzählten sie mir. Der Gast erwartet in einem italienischen Restaurant, dass mit ihm wenigstens ein bisschen Italienisch gesprochen wird. Wenig später ging ich zu einem „Griechen", mein Gefühl hatte mich nicht betrogen. Die Angestellten erwiesen sich als Araber.

Berlin ist eine geheimnisvolle Stadt. Nichts ist hier so, wie es zunächst scheint. In der Sushi-Bar auf der Oranienburger Straße stand ein Mädchen aus Burjatien[3] hinter dem Tresen. Von ihr erfuhr ich, dass die meisten Sushi-Bars in Berlin in jüdischen Händen sind und nicht aus Japan, sondern aus Amerika kommen. Was nicht ungewöhnlich für die Gastronomie-Branche wäre. So wie man ja auch die billigsten Karottenkonserven [...] als handgeschnitzte Gascogne[4]-Möhrchen anbietet: Nichts ist hier echt, jeder ist er selbst und gleichzeitig ein anderer.

Ich ließ aber nicht locker und untersuchte die Lage weiter. Von Tag zu Tag erfuhr ich mehr. Die Chinesen aus dem Imbiss gegenüber von meinem Haus sind Vietnamesen. Der Inder aus der Rykestraße ist in Wirklichkeit ein überzeugter Tunesier aus Karthago. Und der Chef der afroamerikanischen Kneipe

[3] *Burjatien:* im südlichen Sibirien gelegene Teilrepublik des russischen Staatenbündnisses

[4] *Gascogne:* Landschaft in Südwestfrankreich

mit lauter Voodoo[1]-Zeug an den Wänden – ein Belgier. Selbst das letzte Bollwerk der Authentizität[2], Zigarettenverkäufer aus Vietnam, sind nicht viel mehr
45 als ein durch Fernsehserien und Polizeieinsätze entstandenes Klischee[3]. Trotzdem wird es von den Beteiligten bedient, obwohl jeder Polizist weiß, dass die sogenannten Vietnamesen mehrheitlich aus der Inneren Mongolei kommen.

Ich war von den Ergebnissen meiner Untersuchungen sehr überrascht und
50 lief eifrig weiter durch die Stadt, auf der Suche nach der letzten unverfälschten Wahrheit. Vor allem beschäftigte mich die Frage, wer die sogenannten Deutschen sind, die diese typisch ein-
55 heimischen Läden mit Eisbein und Sauerkraut betreiben. Die kleinen gemütlichen Kneipen, die oft „Bei Olly" oder „Bei Scholly" oder ähnlich heißen, und wo das Bier immer nur
60 die Hälfte kostet. Doch dort stieß ich

auf eine Mauer des Schweigens. Mein Gefühl sagt mir, dass ich etwas Großem auf der Spur bin. Allein komme ich jedoch nicht weiter. Wenn jemand wirklich weiß, was sich hinter den schönen Fassaden einer „Deutschen" Kneipe verbirgt, der melde sich. Ich bin für jeden Tipp dankbar.

[1] *Voodoo:* aus Westafrika stammender magisch-religiöser Geheimkult auf Haiti

[2] *Authentizität:* Echtheit

[3] *Klischee:* eingefahrene Vorstellung

Sylke Tempel
Kulturelle Vielfalt – ein Zeichen von Freiheit

Mit der Globalisierung wuchsen auch die Ströme von Einwanderern, die ihre ganz eigenen Anschauungen, Werte und Traditio-
5 nen mitbringen. Sicher bleibt das Aufeinandertreffen verschiedener Vorstellungen nicht ohne Konflikte. Vor allem in Europa glauben einige, es drohe eine „Überfremdung" ihrer Gesellschaften. Kinder und Enkel von Einwanderern wiederum beschweren sich, dass sie immer noch nicht akzeptiert
10 würden, oder sie befürchten, dass sie ihre eigene Kultur über Bord werfen müssen, um in der neuen Heimat endlich völlig integriert werden zu können. […] Wie unterschiedlich die einzelnen westlichen Gesellschaften auch auf Konflikte zwischen verschiedenen Kulturen reagieren – allen ist als Grundlage der revolutionäre Gedanke der Allgemeinen Menschenrechte gemein: dass das Indivi-
15 duum die Freiheit besitzen muss, im Rahmen bestehender Gesetze seine eigene Identität zu finden. […]
Immer mehr Menschen gehören einer ganzen Reihe von Gruppierungen an. Wir besitzen vielleicht nicht nur eine Staatsangehörigkeit, sondern zwei. Wir

Aufgaben: Seite 143

[1] *ethnisch:* einem Volk zugehörig

können uns als Bürger eines Landes definieren und gleichzeitig als Angehörige einer bestimmten Religionsgemeinschaft, ethnischen[1] Gruppe oder sexuellen Orientierung. Wie wir unsere Identitäten zusammensetzen wollen, wo die Grenzen gesteckt sind, müssen Gesetze und vor allem friedlich und offen geführte Debatten entscheiden. Und die sind nur in Demokratien möglich. Nicht die oberflächliche Welt des Konsums zerstört Kulturen, sondern Diktaturen. Der sowjetische Diktator Stalin ließ z. B. nach der Besetzung der baltischen Staaten deren Sprachen – Litauisch, Lettisch und Estnisch – verbieten. Als Einheitssprache wurde Russisch verordnet. [...]

Aufgaben: Seite 143

3 Desmond Tutu
Warum gibt es Krieg?

Erzbischof Desmond Tutu bekam 1984 den Friedensnobelpreis für seinen Einsatz zur Beendigung der Politik der Rassentrennung in Südafrika. Im vorliegenden Text, der im Original viel länger ist, versucht er, Kindern und Jugendlichen die Frage zu beantworten „Warum gibt es Krieg?".

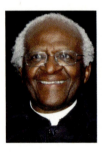

[1] *Spezies:* Gattung

Warum beginnt ein Krieg? Obwohl die Völker der Welt in einem riesigen Dorf, der Welt, leben, ist die traurige Wahrheit, dass die Völker in diesem Dorf voreinander Angst haben. Wir essen die gleichen Cornflakes, wir benutzen die gleichen Computer, wir sehen die gleichen miesen Filme; wir gehören der gleichen menschlichen Spezies[1] an, ob es uns gefällt oder nicht. Trotz dieser Gemeinsamkeiten haben wir Angst voreinander – vielleicht, weil wir verschiedene Hautfarben haben, vielleicht, weil wir unterschiedliche Sprachen sprechen, vielleicht, weil wir die Existenz Gottes verschieden feiern. [...]

Der Mensch fürchtet den Menschen, aber außer dieser menschlichen Grundangst gibt es viele, viele Gründe, warum Kriege beginnen. Manchmal hat es damit zu tun, dass ein sehr mächtiges Land ein kleines Land tyrannisieren will. Das ist genauso wie auf dem Pausenhof in der Schule, wo es einen gibt, der groß ist und ein Tyrann und der den anderen sagen will, was sie zu tun haben. Ich bin sicher, ihr kennt dieses Verhalten – vielleicht habt ihr es sogar schon einmal selbst erlebt. Aber hoffentlich seid ihr nicht die Tyrannen! [...]

[2] *ethnisch:* volkseigentümlich

Krieg kann sogar innerhalb eines Landes beginnen – die Menschen streiten sich, weil sie zu verschiedenen ethnischen[2] Gruppen oder verschiedenen Stämmen gehören, und manchmal streiten sie sich so stark, dass sie das Gefühl haben, kämpfen zu müssen: Das nennen wir dann einen Bürgerkrieg oder einen Stammeskrieg oder einen ethnischen Krieg. Wenn man in die Geschichte schaut, dann sieht man, dass praktisch jedes Land schon einmal einen Bürgerkrieg erlebt hat, die USA eingeschlossen. [...]

Manchmal beginnt ein Krieg, weil die Regierung in einem Land sehr ungerecht herrscht. Diese Art von Regierung behandelt das Volk sehr schlecht, wir nennen das dann Unterdrückung. So war das zum Beispiel in meinem Land,

Südafrika, wo eine kleine Gruppe, eine Minderheit, die Weißen, 1948 an die Macht kamen, und Jahre über Jahre benutzten sie diese Macht, um die Mehrheit des Volkes, die alle schwarz waren, zu unterdrücken und schlecht zu behandeln. […]

30 Die Schwarzen versuchten, das System friedlich zu verändern. Aber es half nichts, und schließlich entschieden sich einige Schwarze, den Weg des bewaffneten Widerstandes zu gehen, wie das genannt wurde – es war nur ein anderes Wort für Krieg. Glücklicherweise endete dieser Zustand in den frühen neunziger Jahren, als sich beide Seiten entschlossen, sich am Verhandlungstisch zu
35 treffen und zu reden – sie entschieden, dass es die beste Lösung für unser Land wäre, wenn es eine Demokratie würde, wenn wir frei wären, wenn wir ein Land bekämen, in dem jeder, unabhängig von seiner Hautfarbe, frei wäre, in dem seine menschliche Würde respektiert würde und er sich beteiligen könnte an dem Prozess, das Land zu regieren.
40 Ich habe mich nie an diesem Krieg beteiligt, den wir den bewaffneten Widerstand nannten – aber in den Tagen der Apartheid[3] war es das Urteil der Weltgemeinschaft, dass in Südafrika der Kampf gerechtfertigt war für jene Menschen, die versucht hatten, das Apartheidsystem zu verändern und friedlich zu stürzen. Die Weltmeinung war, dass es gerechtfertigt gewesen sei, diesen Kampf
45 zu führen und sogar einen Krieg gegen die Vertreter der Apartheid zu beginnen – aber selbst in solch einem Fall muss man sich ständig fragen, ob das Verhalten der Menschen, die einen gerechten Krieg führen, mit ihren Zielen übereinstimmt. Nur weil man einen gerechten Krieg führt, darf man sich trotzdem nicht so verhalten, wie es einem gerade gefällt. Man muss sich an die Verabre-
50 dungen halten, in denen die Weltgemeinschaft geregelt hat, wie Kriege geführt werden müssen. […]
Manchmal sehe ich diese Kriegsspiele, die man am Computer oder am Fernseher spielen kann. Man kann eine ganze Armee sein oder ein Soldat oder gleich ein Kampfpilot, und man kann gegen einen Feind kämpfen, und man
55 kann seine Waffen wählen, und man kann den Gegner besiegen, begleitet von vielen Explosionen, und manchmal, habe ich gesehen, sogar mit sehr viel Blut. Aber das Blut und der Rauch sind immer nur auf dem Bildschirm, und man kann ganz leicht abschalten, wenn man zufrieden ist und den Feind vernichtet hat mit den klugen Kriegsmanövern und den intelligenten Waffen. Leider
60 funktioniert das in der wirklichen Welt ganz anders. Krieg ist nie ein einfaches Spiel. Es ist sehr traurig, dass sogar in den Tagen der hochtechnologischen Waffen diese intelligenten Bomben, die dazu gemacht sind, ihre Ziele genau zu treffen, ab und zu in die Irre gehen und die eigenen Soldaten töten oder unschuldige Menschen verletzen – auch Kinder. […]
65 Manche Leute finden Krieg womöglich sogar reizvoll, schließlich haben wir alle wohl schon einmal gedacht, dass wir doch unsere Ansichten anderen aufzwingen können, wenn wir nur mächtig genug sind. Kinder kennen das aus

[3] *Apartheid:* politisches System der Rassentrennung

dem Pausenhof in der Schule, wo es die gibt, die andere zu tyrannisieren versuchen. Es ist ein Wesenszug der menschlichen Natur, dass wir manchmal aggressiv sein wollen, dass wir Aggression gut finden – es gibt da immer noch diese Versuchung, diese Idee, diesen Gedanken, dass wir unsere Probleme ganz gut mit Gewalt lösen können.
Aber wisst ihr, in Südafrika haben wir gelernt, dass es einen besseren Weg gibt, mit unseren Meinungsverschiedenheiten umzugehen, dass es einen besseren Weg gibt, Konflikte zu regeln. Wir haben es mit Kämpfen versucht. Und wir haben gesehen, dass uns das nirgendwohin gebracht hat. Also haben wir uns entschieden, das Kämpfen sein zu lassen und uns mit unseren Feinden an einen Tisch zu setzen und zu reden: Nehmt das auf, was eure Feinde gesagt haben, findet Lösungen, mit denen beide Seiten leben können, und versteht am Ende, dass ein Feind in Wirklichkeit ein Freund ist, der noch nichts davon weiß!

Kurt Tucholsky, **Augen in der Großstadt** *(Seite 136)*

1. Arbeite aus dem Text heraus: Wie sieht Tucholsky das Zusammenleben in einer Großstadt? Teilt ihr seine Meinung?
2. Erstelle eine Bildcollage, die die Intention des Gedichts verdeutlicht (z. B. mit Ausschnitten aus Zeitungen, Zeitschriften, eigenen Zeichnungen und Textstellen aus dem Gedicht).
3. Experimentiert mit verschiedenen Arten, das Gedicht laut zu lesen: als Rap • als trauriges Gedicht eines einsamen Menschen • als zorniger, aufrüttelnder Appell.

1 *Wladimir Kaminer,* **Geschäftstarnungen** *(Seite 138)*

1. Erzählt: Kennt ihr das Phänomen aus eigener Erfahrung?
2. Der Autor fragt, „wer die sogenannten Deutschen sind" (Z. 53 f.). Seid ihr in der Lage, ihm zu helfen? Erörtert die Problematik.

2 *Sylke Tempel,* **Kulturelle Vielfalt – ein Zeichen von Freiheit** *(Seite 139)*

Die Autorin stellt einen Zusammenhang her zwischen kultureller Vielfalt und politischer Ordnung. Suche die Kernstellen heraus und gib sie mit eigenen Worten wieder.

3 *Desmond Tutu,* **Warum gibt es Krieg?** *(Seite 140)*

1. Arbeite heraus, welche Themen im Verlauf des Textes von Bischof Tutu angesprochen werden. Formuliere Fragen, auf die die Textstellen Antwort geben.
2. In Sylke Tempels Text (Nr. 2) wird die Bedeutung der Demokratie für ein Zusammenleben der Kulturen betont. Gib in eigenen Worten wieder, inwiefern Tutus Text ein konkretes Beispiel für diese Behauptung liefert.
3. Für die meisten von euch ist Krieg etwas Fremdes, das ihr nur aus dem Fernsehen kennt. Zeige, an welchen Stellen Tutu eine Beziehung zu der dir bekannten Lebenswelt herstellt. Diskutiert die Zusammenhänge, die der Autor sieht.

PROJEKT

Friedensnobelpreise

Verschafft euch einen Überblick über die Trägerinnen und Träger der Friedensnobelpreise: Wer bekam ihn wann und wofür? Ihr könnt auch den Alternativen Friedensnobelpreis einbeziehen. Trefft nun aus dieser Liste eine Auswahl von Persönlichkeiten, deren Leistung euch besonders beeindruckt und/oder wichtig erscheint. Stellt Informationen zu diesen Preisträgern in einer Ausstellung zusammen. Dokumentiert auch, wie Jugendliche heute diese Leistungen beurteilen. Interviewt dazu Mitschüler.

Sachtexte verstehen

Die Struktur eines Sachtextes erkennen und skizzieren

1998 erschien in Frankreich ein Buch, das sofort auf Platz 1 der Bestsellerlisten kletterte und von dem innerhalb der ersten vier Monate 230 000 Exemplare verkauft wurden. Ein Krimi, ein Enthüllungsroman, eine Fantasy-Story? Nein – das Buch, das heute viele französische Schüler deines Alters kennen, ist ein Sachbuch und noch dazu eines, das ursprünglich für ein Kind geschrieben war: „Papa, was ist ein Fremder?" (frz.: „Le racisme expliqué à ma fille"). Anlässlich einer Demonstration hatte der Schriftsteller Tahar Ben Jelloun, der aus Marokko stammt und seit 1971 in Paris lebt, seiner 10-jährigen Tochter viele Fragen zum Thema „Fremdheit und Rassismus" beantworten müssen. Daraus entstand das Buch, das sich auch an Jugendliche und Erwachsene wendet.

1. Der Text hat keine Kapiteleinteilung, keine Fettdrucke etc., wie ihr es aus anderen Sachbüchern gewohnt seid. Angenommen, du willst dir erst einmal eine Vorstellung davon verschaffen, worum es in dem Text geht: Überfliege den folgenden Ausschnitt im Hinblick auf äußere Gliederungssignale und überlege, wie du möglichst schnell einen Überblick über die behandelten Themen bekommst, ohne den Text gleich gründlich lesen zu müssen. Schreibe die Themen stichwortartig auf. Vergleicht eure Ergebnisse.

Tahar Ben Jelloun
Papa, was ist ein Fremder?

Was genau ist ein Fremder?
Der Wortstamm <fremd> bedeutet sowohl <von weit her> als auch <nicht dazugehörig>. Ein Fremder kommt also aus der Ferne, aus einem anderen Land, manchmal auch nur aus einer anderen Stadt oder einem anderen Dorf. Und ein Fremder ist kein Angehöriger der Familie, des Klans oder des Stammes. Wenn heute jemand sagt, dass ihm etwas <fremd> sei, dann meint er damit, dass es sehr anders ist als das, was man jeden Tag sieht, dass es demnach irgendwie ungewöhnlich ist, aus der Reihe fällt. Das Wort <seltsam> kann manchmal etwas Ähnliches ausdrücken.

Bin ich eine Fremde, wenn ich zu meiner Freundin in die Normandie fahre?

Für die Leute aus der Gegend dort ganz bestimmt, denn du kommst von weiter weg, aus Paris, und du bist zudem eine Marokkanerin. Weißt du noch, als wir nach Senegal geflogen sind? Für die Senegalesen waren wir Fremde.

Aber die Senegalesen hatten keine Angst vor mir und ich auch nicht vor ihnen!

Das stimmt, denn deine Mutter und ich hatten dir erklärt, dass du vor Fremden keine Angst zu haben brauchst, ganz egal, ob sie reich oder arm, groß oder klein, weiß oder schwarz sind. Vergiss das nicht! Jeder von uns ist ein Fremder oder ein Ausländer für jemand anderen, denn Menschen aus einer anderen Kultur oder Gegend empfinden uns immer als fremd, als seltsam.

Hör mal Papa, ich habe immer noch nicht verstanden, warum es so gut wie überall Fremden- und Ausländerfeindlichkeit gibt.

In den sehr alten sogenannten primitiven Gesellschaften verhielten sich die Menschen fast wie Tiere. Eine Katze steckt zuerst ihr Gelände ab. Wenn eine andere Katze oder ein anderes Tier ihr die Nahrung stehlen will oder ihren Jungen zu nahe kommt, verteidigt die Katze ihr Territorium und ihre Jungen mit allen Kräften. Der Mensch ist auch so. Er will sein Haus, seinen Boden, seine Besitztümer haben und kämpft, um sie zu behalten. Das ist normal; auch jedes Tier kämpft und verteidigt sich, wenn es angegriffen wird. Der Fremdenfeind aber glaubt, dass jeder Fremde ihm seinen Besitz wegnehmen will. Er denkt gar nicht darüber nach, ob das stimmt, sondern ist einfach immer argwöhnisch gegenüber Fremden. Dieser Argwohn geht so weit, dass manche Leute einen Fremden angreifen, ohne dass der ihnen irgendetwas getan hat oder etwas wegnehmen wollte.

Und so verhalten sich Menschen auch heute noch überall, in allen Gesellschaften?

Dieses Verhalten ist uralt und auch heute noch ziemlich verbreitet und alltäglich, aber deshalb ist es noch lange nicht richtig! Was uns Menschen von den Tieren unterscheidet, ist doch, dass wir nicht nur von der Natur, sondern auch von der Kultur geprägt sind. Wir reagieren nicht nur unüberlegt und instinktiv, sondern wir können auch nachdenken und dann vernünftig handeln. Dieses überlegte Verhalten lernen wir von unseren Eltern, in der Schule oder durch eigenes Nachdenken, und in diesem vernünftigen Verhalten drücken sich bestimmte Werte aus, wie zum Beispiel die Achtung vor dem anderen. Das ist die <Kultur> im Gegensatz zur <Natur>. Weil wir nicht alleine auf der Welt sind, brauchen wir die Kultur. Sie lehrt uns, friedlich mit anderen Völkern zusammenzuleben und dass andere Traditionen und andere Lebensweisen genauso viel wert sind wie unsere eigenen.

Mit Kultur meinst du also Erziehung. Aber vorher hast du doch gesagt, dass auch der Rassismus anerzogen ist …

Ja, zweifellos wird niemand als Rassist geboren, man wird erst dazu gemacht. Es gibt eben leider nicht nur eine gute Erziehung, sondern auch eine schlechte Erziehung. Das hängt ganz von den Vorbildern ab, denen du in deinem Leben begegnest.

Dann ist ja jedes wilde Tier besser als der zivilisierte und erzogene Mensch!
Nun ja, das Tier hat keine vorgefassten Gefühle oder Meinungen über andere Tiere. Der Mensch hat im Gegensatz dazu Vorurteile. Er urteilt über andere, ohne sie zu kennen. Er glaubt, im Voraus wissen zu können, wie ein Fremder sich verhalten wird und wie viel er wert ist. Oft täuscht er sich und glaubt falsche Dinge über den anderen, die ihm dann Angst einjagen. Um diese Angst zu bekämpfen, führt der Mensch manchmal sogar Krieg. Denn weißt du, wenn ich sage, dass der Rassist oder der Ausländerfeind Angst vor dem Fremden hat, heißt das noch lange nicht, dass er vor Angst zittert. Im Gegenteil, er fühlt sich von dem Fremden bedroht und greift ihn an. Die Angst macht ihn aggressiv.
Also ist die Angst vor dem Fremden die Ursache für den Krieg?
Manchmal ja. Meist geht es im Krieg jedoch darum, den anderen ihren Besitz wegzunehmen. Einige benutzen den Rassismus oder die Religion, um die Menschen dazu zu bringen, einander zu hassen und zu bekämpfen. Dabei kennen sich diese Menschen gar nicht. Um das zu erreichen, schüren diese Kriegstreiber die Angst vor dem Fremden, die Angst davor, dass er uns unser Haus, unsere Arbeit, unsere Frauen wegnimmt. Und die Unwissenheit der Menschen nährt diese Angst noch: Ich weiß nicht, wer dieser Fremde ist, und er weiß auch nicht, wer ich bin. Nimm zum Beispiel unsere Nachbarn hier in Paris. Sie haben uns lange misstraut, bis wir sie eines Abends zum Kuskusessen[1] eingeladen haben. Da haben sie gemerkt, dass wir leben wie sie. Seitdem sind wir in ihren Augen nicht mehr gefährlich, auch wenn wir aus einem anderen Land, aus Marokko, stammen. Durch unsere Einladung haben wir ihr Misstrauen verjagt. Wir haben miteinander geredet und uns etwas besser kennengelernt. Wir haben zusammen gelacht. Das heißt, wir fühlten uns wohl miteinander, während wir uns vorher im Treppenhaus kaum gegrüßt haben.
Also müssen wir uns gegenseitig einladen, um unsere Angst und unser Misstrauen zu verlieren!
Das ist eine gute Idee. Sich kennenlernen, miteinander reden, zusammen lachen, gute, aber auch schlechte Augenblicke miteinander teilen, zeigen, dass wir oft gleiche Sorgen haben, das könnte den Rassismus und die Ausländerfeindlichkeit zurückdrängen. Auch Reisen sind eine gute Gelegenheit, um andere Völker und Kulturen besser kennenzulernen. Schon der französische Schriftsteller und Philosoph Montaigne riet seinen Landsleuten im sechzehnten Jahrhundert zu reisen und die Unterschiede zu beobachten. Für ihn war Reisen das beste Mittel, um <unser Denken am anderen zu reiben und zu feilen>. Denn wenn wir uns mit anderen befassen, lernen wir auch uns selbst besser kennen.

[1] *Kuskus:* nordafrikanisches Gericht

TAHAR BEN JELLOUN
Papa, was ist ein Fremder?
Gespräch mit meiner Tochter

2. Der Text enthält eine Fülle von verschiedenen Gedanken – Informationen und Argumenten – ist aber unübersichtlich. Lass ihn dir nochmals als Kopie geben, lies ihn gründlich und notiere am Rand stichwortartig die Themen, um die es in den Abschnitten geht, und – wenn möglich – deren Untergliederung.

3. Schon in der 5. Jahrgangsstufe ist dir der Begriff *Textskizze* begegnet. Er bezeichnet ein Exzerpt, bei dem der Gedankengang des Textes unter anderem mit grafischen Mitteln (z. B. Symbolen) wiedergegeben wird, sodass du dir diese anschauliche Kurzform gut einprägen kannst. Auch viele Tafelbilder sind solche Skizzen. Symbole eignen sich vor allem für „Gelenkstellen", also Gliederungswörtchen im Text. Im folgenden Speicher findest du für Sachtexte typische „Gelenkstellen".

- *einerseits – andererseits* und andere Formen für eine abwägende Betrachtung zweier Seiten eines Phänomens
- *anders jedoch bei, aber* und andere Formen der Gegenüberstellung von Verschiedenem
- *im Widerspruch dazu, dem halten Gegner entgegen* und andere Formen des Widerspruchs
- *das Gegenteil davon* und andere Formen der Gegenüberstellung echter Gegensätze
- *ähnlich verhält es sich mit* und andere Ausdrücke für ungefähre Gleichheit
- *daraus folgt, also, wenn – dann* und andere Ausdrücke für Konsequenzen
- *danach, sodann, zuvor jedoch, gleichzeitig, währenddessen* und andere Ausdrücke für zeitliche Verhältnisse
- *zum einen – zum anderen, ferner, außerdem* und andere Formen der Aufzählung
- *sowohl – als auch, nicht nur – sondern auch* und andere Ausdrücke für gemeinsames Auftreten zweier Merkmale
- *dazu zählen* und andere Ankündigungen von Aufzählungen
- *zusammenfassend kann man sagen* und andere Formen der Zusammenfassung
- *Fazit:, Das Ergebnis ist* und andere Formen der Ergebnisfeststellung
- *dem entspricht, genauso bei* und andere Formen der Feststellung von Gleichartigkeit
- *verschiedene Arten von, mehrere Gesichtspunkte* und andere Bezeichnungen für eine Vielzahl von Teilaspekten
- *denn* und andere Ausdrücke für Begründungen

Untersuche Tahar Ben Jellouns Text auf solche Gelenkstellen hin. Markiere die Stellen und notiere am Rand deren logische Bedeutung.

4. Überlege dir, welche „Textgelenkstellen" mit den folgenden grafischen Mitteln dargestellt werden können. Mehrfachzuordnungen sind möglich. Beispiel: Bei „Aufzählungen" sind geeignete grafische Mittel: Spiegelstriche, Nummerierung.

- Pfeil: →
- zweiseitiger Pfeil: ↔
- Versus-Zeichen: vs.
- Astgabel: ⋏
- Cluster: ⊙
- geschweifte Klammer senkrecht: }
- geschweifte Klammer waagrecht: ⌣
- Welle: ≈
- Ist-Zeichen: =
- Spiegelstriche:
  –
  –
  –
- Nummerierung: 1., 2., 3., a, b, c ...

5. Gib die Hauptlinien der Argumentation des Textes von Tahar Ben Jelloun Schritt für Schritt in mehreren kleinen Skizzen wieder. Es gibt nicht nur *eine* richtige Lösung! Verarbeite für die Skizzen deine Stichpunkte zum Inhalt (s. Aufg. 2) und verwende für die Gelenkstellen die oben angeführten grafischen Zeichen. Besprecht, an welchen Stellen euch das leicht und an welchen es schwer fällt, und überlegt, warum.

Die Struktur eines Sachtextes erfassen

Erstes Lesen:
- **Äußere Gliederungsmerkmale** (z.B. Überschriften, Hervorhebungen etc.) als Hinweise auf Inhalt und Aufbau des Textes beachten
- Ziel: erster Überblick über den Text

Zweiter Lesedurchgang:
- **Themen** des Textes am Rand herausschreiben oder im Text markieren
- **Gelenkstellen** beachten
- Ziel: Analyse von Inhalt und Aufbau   →

Dritter Lesedurchgang:
- **Textskizze** mit dem Argumentationsverlauf anfertigen
- Ziel: gründliches Verständnis von Inhalt und Aufbau

6. Die Anfertigung von Textskizzen kannst du an vielen Sachtexten üben, die du in Schulbüchern anderer Fächer findest, z. B. in Geschichte, Biologie, Erdkunde ... Da solche Skizzen dazu dienen, sich den Inhalt einzuprägen, kannst du gleich bei der nächsten Hausaufgabe oder bei der Vorbereitung eines Referats (☞ S. 59 ff.) damit anfangen.

7. Du hast auf zwei verschiedene Arten den Text gelesen: erst überfliegend, dann nochmals gründlich. Dabei war es dein Ziel, Inhalt und Gedankengang des *gesamten* Textes zu erfassen. Manchmal durchsuchst du aber einen Text nur auf ganz bestimmte Informationen hin, z. B. wenn du für ein Referat recherchierst. Sieh nach, was dir Tahar Ben Jellouns Text zum Thema „Unterschiede zwischen Tier und Mensch" bietet.

8. Erläutert auf Grund eurer Erfahrung: Warum ist auch bei diesem auswählenden (selektiven) Lesen die Abfolge „erst überfliegend, dann gründlich" sinnvoll?

Lesestrategien

- Überfliegendes versus gründliches Lesen:

Das erste dient dem Überblick und der Orientierung, das zweite dem wirklichen Verständnis.

- Lesen des Gesamttextes versus selektives (auswählendes) Lesen:

Das erste dient dem Erfassen der ganzen Argumentation, das zweite sucht nach ganz bestimmten Informationen.

Vorwissen abrufen, Erwartungen formulieren, Verständnisfragen klären

1. Nicht jeder Text ist so leicht verständlich wie der von Tahar Ben Jelloun. Da hilft es oft, sich erst einmal klarzumachen, was man schon über ein Thema weiß, um das Neue einordnen zu können. Im folgenden Sachtext „Kriege der Zukunft" geht es um die wahrscheinlichen Schauplätze zukünftiger bewaffneter Auseinandersetzungen. Bevor ihr den Text lest:

a) Sammelt, welche Kriege aus der Gegenwart und jüngeren Vergangenheit euch einfallen. Denkt an die schrecklichen Bilder, die ihr im Fernsehen in den Nachrichten seht.

b) Markiert die Krisen- und Kriegsgebiete auf einer Weltkarte (Wandkarte).

c) Macht euch klar,
- was ihr nicht wisst, aber was vermutlich zu dem genannten Thema gehören wird.
- was ihr gerne zu dem Thema wissen wollt. Notiert alles in Frageform an der Tafel.

2. Lest nun den folgenden Text und stellt fest, an welche Länder ihr schon selbst gedacht habt und an welche nicht. Markiert auf eurer Weltkarte auch die Länder, die der Autor zusätzlich nennt. Macht euch klar, welche eurer Fragen weiterhin offen geblieben sind.

Andreas Eschbach
Kriege der Zukunft

Was für Kriege, muss man leider immer noch fragen, wird uns die Zukunft bescheren?
In Mitteleuropa, einer Region, die jahrhundertelang Schauplatz der blutigsten Auseinandersetzungen der Geschichte war, sind Kriege heute im wahrsten Sinne des Wortes undenkbar: Würde heute beispielsweise jemand der Bundeswehr den Befehl erteilen, Dänemark zu besetzen, wäre das einzige Resultat vermutlich, dass sich dieser Jemand kurz darauf einem verständnisvoll dreinblickenden Psychiater gegenübersähe. Obwohl die europäischen Nationen sich praktisch ständig über irgendwelchen durchaus ernsten Interessenskonflikten in den Haaren liegen, haben sich andere Verfahrensweisen, damit umzugehen, einigermaßen verlässlich etabliert: Noch nie waren wir dem uralten Menschheitstraum von wirklichem Frieden so nahe wie heute im mittleren Europa.
In Ost- und vor allem in Südosteuropa ist die Lage bei weitem noch nicht so stabil. Der Balkan dürfte noch auf Jahrzehnte oder gar Jahrhunderte hinaus Krisenherd bleiben, und die an Russland angrenzenden Staaten können sich angesichts der undurchsichtigen Entwicklung der militärisch immer noch potenten Großmacht auch nicht so recht entspannen.
Ein neuer Weltkrieg droht trotzdem nicht, soweit man im Moment sehen kann. Zwar gibt es amerikanische Ideologen, die das, was momentan als „Krieg gegen den Terror" läuft, als Weltkrieg bezeichnen, doch das ist nur eine schlimme Verkennung der Dimensionen. Zu einem großflächigen Krieg zwischen arabischen Staaten und dem Westen wird es vermutlich nicht einmal im schlimmsten Fall kommen; dazu sind Erstere militärisch bei weitem nicht stark genug. [...] China wird bisweilen als der künftige „große Gegner" der USA gesehen, doch bis dahin wird noch viel Wasser den Jangtse hinunterfließen. Zwar reden chinesische Militärs mit einer Selbstverständlichkeit über die Möglichkeit eines Krieges mit den USA, die westliche Diplomaten entsetzt, doch die chinesische Wirtschaft würde heute ohne den Absatzmarkt USA zusammenbrechen, und das wird auch noch lange so bleiben.
Die meisten Kriege finden heute nicht zwischen, sondern innerhalb von Ländern statt: Tschetschenien, Palästina, Somalia oder Kolumbien sind Beispiele dafür. Es sind Partisanenkriege, Bürgerkriege, Kämpfe ethnischer Gruppen um

Vorherrschaft und dergleichen. In vielen Fällen wirkt der schon erwähnte Teufelskreis von Krieg, der Not hervorruft, die wiederum Krieg gebiert, und so weiter. Mit militärischen Mitteln sind die zugrundeliegenden Konflikte praktisch auch nicht lösbar, was die Auseinandersetzungen bedrückend ausweglos wirken lässt. Allenfalls die Erschöpfung von Mensch und Material mag sie zum Erliegen bringen – doch erst ein Umdenken wird sie beenden. Das beeindruckendste Beispiel, was ein solches Umdenken bewirken kann, dürfte Südafrika sein, das auch vormacht, wie man den Prozess des Umdenkens fortentwickelt: Selten hat ein Land seine Vergangenheit so vernünftig aufgearbeitet wie Südafrika mit seinen „Wahrheitskommissionen".

3. Ziel ist es, dass einzelne Schüler an die Weltkarte nach vorne kommen und die Regionen in Hinblick auf zukünftige Kriegsgefahr erläutern. Dazu musst du den Text von Eschbach ganz genau verstanden haben. Markiere alle Fachbegriffe und Inhalte, die dir unklar sind. Besprecht, auf welchem Weg du sie klären kannst. Kläre sie.
4. Wenn dir die Schlusspassage über Südafrika unklar ist: Lies den Text von Desmond Tutu im Lesebuchteil (S. 140).
5. Tritt nun an die Karte und erläutere die Krisengebiete so einfach mit eigenen Worten, dass dich ein 5.-Klässler verstehen könnte. Denke an Tahar Ben Jellouns Vorbild!

Einen Sachtext verstehen

- Vorwissen abrufen
- Fragen an den Text stellen und/oder Erwartungen formulieren
- Unverstandenes sofort klären (Textzusammenhang; Wörterbuch; Zusatzmaterial, z. B. Atlas; andere Personen fragen)
- nach der Durcharbeitung den Text mit eigenen Worten wiedergeben

6. Wirklich alles verstanden und behalten? Teste deine Kenntnis von Andreas Eschbachs „Kriege der Zukunft", ohne den Text nochmals zu lesen:
a) Lückentext:
- Eschbach behauptet, dass in ❓ , eine Region, die jahrhundertelang Schauplatz blutigster Auseinandersetzungen war, heute Kriege undenkbar sind.
- In Ost- und Südosteuropa ist die Lage nicht so stabil. ❓ dürfte weiterhin Krisenherd bleiben und die an ❓ angrenzenden Staaten können sich angesichts der undurchsichtigen Entwicklung der ehemaligen Großmacht nicht so recht entspannen.
- Obwohl die USA den „Krieg gegen den Terror" führt, wird es nicht zu einem großflächigen Krieg zwischen den ❓ und dem Westen kommen.
- Als zukünftiger großer Gegner der USA wird bisweilen ❓ angesehen.

b) Richtig oder falsch?
- Der momentane „Krieg gegen den Terror" ist nach Eschbach kein neuer Weltkrieg. (r/f)
- China droht den USA mit Krieg. (r/f)
- Eschbach hält einen amerikanisch-chinesischen Krieg für unwahrscheinlich, weil die amerikanische Wirtschaft ohne den Absatzmarkt China zusammenbrechen würde. (r/f)

c) Multiple choice (es können mehrere Antworten richtig sein, aber zumindest eine falsche ist immer dabei):
- Die meisten Kriege finden derzeit nicht zwischen, sondern innerhalb von Ländern statt, z.B. Tschetschenien / Palästina / Schweden / Südafrika.
- Diese Konflikte sind laut Eschbach nachhaltig nur lösbar: durch eine Erschöpfung von Mensch und Material / durch Eingreifen der UN / durch Umdenken, was die Ursachen angeht / durch vernünftige Aufarbeitung der Vergangenheit.

7. Wer wird „Textverständnis-Champion"? Zwei Zweier-Teams stehen sich gegenüber. Die vier Schüler einigen sich zunächst auf einen längeren Sachtext (auch aus Schulbüchern anderer Fächer). Jedes Zweierteam entwirft nun Verständnisfragen nach den Aufgabentypen a–c. Überlegt und diskutiert dabei innerhalb eures Teams: Sind eure Fragen überhaupt beantwortbar oder unsinnig / unfair? Beziehen sie sich auf wesentliche Aussagen? Wenn beide Teams die gleiche Anzahl an Aufgaben entworfen hat, spielen sie gegeneinander.

Sachtexte vergleichend auswerten

1. Im folgenden Text geht es ebenfalls um Kriege der Zukunft. Lies den Text, unterstreiche in einer Kopie die Stellen, an denen Klärungsbedarf besteht, und kläre diese.

Eirik Newth
Krieg und Frieden in der Zukunft

Kriege zwischen Großmächten, wie der Erste und der Zweite Weltkrieg, werden in Zukunft seltener sein. […]
Solange es Atomwaffen gibt, wird es keine Kriege mehr wie den Ersten und Zweiten Weltkrieg geben. Auch wenn wir alle Atomwaffen verbieten, wissen Wissenschaftler, wie sie hergestellt werden können. Ein Land mit fähigen Wissenschaftlern, ausgebauter Industrie und ein paar Tonnen der entsprechenden Rohstoffe kann Atomwaffen produzieren.
Allmählich sehen wir aber, wie die Kriege der Zukunft aussehen könnten. Sie spielen sich nicht zwischen zwei reichen Großmächten in Europa ab, sondern zwischen einzelnen widerstreitenden Volksgruppen, die um ihre Vormacht kämpfen. Beispiele kennen wir aus Ost-Timor in Südostasien, aus Ruanda in Afrika und bei uns in Europa aus Nordirland oder Ex-Jugoslawien. Bei vielen

dieser Kriege geht es oft um religiöse, sprachliche oder kulturelle Unterschiede. Wenn die Bevölkerung weiterhin wächst und die Natur in großen Teilen der Erde zerstört wird, wird das Überleben immer schwieriger. Dann werden noch mehr Kriege ausbrechen, weil die Menschen um die Ressourcen in einer Region kämpfen werden; zum Beispiel um Wasser.

Ein englisches Sprichwort besagt: „Leere Hände machen dem Teufel die Arbeit." Es sagt etwas über eine wichtige Kriegsursache aus. Wenn junge Menschen jahrelang arbeitslos sind, ist es nicht schwer, sie aufzuhetzen und für einen Krieg zu gewinnen. Jemand, der nicht an die Zukunft glaubt, hat auch nicht das Gefühl, etwas zu verlieren.

In den reicheren Ländern glauben viele, dass fortschrittlichere Waffentechnik künftig für kürzere und vernichtendere Kriege sorgen wird. Schon jetzt verfügen die Großmächte über „Superwaffen". Die Waffen der Zukunft werden noch viel leistungsfähiger sein als die heutigen. […] Neue Erfindungen werden in Kriegen ausprobiert und eingesetzt werden können, unter anderem leistungsfähigere Computer, Roboter, Nanomaschinen und Superbakterien, die mithilfe von Gentechnologie und Replikatoren hergestellt werden.

Die beste Methode, zukünftige Kriege zu verhindern, besteht darin, die Bevölkerungsexplosion zu bremsen und eine nachhaltige Entwicklung zu mehr Wohlstand durchzusetzen. Auch müssen wir uns mehr als jetzt darauf konzentrieren, Konflikte zu lösen. Friedensvermittler zu sein, also jemand, der zwischen zwei Kriegsparteien steht und sie dazu bewegen will, sich einig zu werden, ist der schwierigste Beruf der Welt. Trotzdem haben Friedensvermittler in den letzten Jahrzehnten viel erreicht. Im Nahen Osten wie in Nordirland haben sie verfeindete Parteien an den Verhandlungstisch gebracht. Auch wenn die Friedensarbeit schwere Zeiten erlebt, lässt sich hoffen, dass die Kriege der Zukunft gleich nach ihrem Beginn beendet werden können oder vielleicht gar nicht erst entstehen, weil wir bei der Suche nach Lösungen immer mehr Fortschritte machen.

2. Zähle auf, welche Informationen des Textes euch schon bekannt waren und welche neu hinzugekommen sind. Markiere die neu genannten Regionen auf der Karte. Formuliere in eigenen Worten, inwiefern die Texte (S. 156 und S. 157) beim gleichen Thema unterschiedliche Schwerpunkte setzen.

3. Stelle ein Kurzreferat zum Thema „Kriege der Zukunft" aus den Informationen beider Sachtexte zusammen. Dabei helfen dir Textskizzen, wie du sie in diesem Kapitel (S. 148) schon geübt hast.

4. Informationen und Thesen zum Thema Krieg liefern dir drei Sachtexte in diesem Kapitel: „Papa, was ist ein Fremder?" (S. 144), „Kriege der Zukunft" (S. 150) und „Krieg und Frieden in der Zukunft" (S. 152). Lies sie noch einmal nacheinander. Lass das, was du aus ihnen erfahren hast, in ein Referat mit dem Thema „Zukünftige Kriege – Ursachen, Schauplätze, Lösungen" einfließen. Greife dazu auf deine Textskizzen u. Ä. zurück.

Eine Sachtextanalyse schreiben

Sachtexte zusammenfassen

Seit der 7. Klasse fasst du schon Texte zusammen. Am Beispiel von Erzähltexten wird dies in diesem Buch im Kapitel *Spotlights* wiederholt (☞ S. 33 ff.). Das meiste davon gilt auch für Sachtexte. Wie man sie exzerpiert, hast du eben erfahren. In den folgenden Übungen kannst du nochmals einiges trainieren, was manchmal Schwierigkeiten bereitet.

1. Übungen zum Basissatz

a) Besprecht, was bei den folgenden Basissätzen nicht so gut gelungen ist. Versetze dich dabei auch in die Rolle eines Lesers, der den Originaltext nicht kennt. Überlege, welches Informationsbedürfnis der Leser hat und welche falschen Vorstellungen bei ihm entstehen könnten.

- Tahar Ben Jelloun interviewt seine Tochter zum Thema „Papa, was ist ein Fremder?".
- In einem Sachtext von Tahar Ben Jelloun reden Vater und Tochter miteinander.
- In dem Sachtext „Papa, was ist ein Fremder?" lernt man viel über das Leben.
- In dem Sachtext „Kriege der Zukunft" schreibt Andreas Eschbach über Kriege der Zukunft, wie der Titel schon sagt.
- In „Kriege der Zukunft" geht es um die in den nächsten Jahrzehnten wahrscheinlichen bewaffneten Konflikte.
- Andreas Eschbach beschreibt in seinem Text „Kriege der Zukunft" die Sicherheitslage in Mitteleuropa.

b) Schau im Wissensspeicher dieses Buches nach, welche Bestandteile zu einem Basissatz (☞ S. 261) gehören, und formuliere solche Sätze korrekt zu den Texten 2 und 3 des Lesebuchteils.

2. Übung zur Erfassung des Wesentlichen

Überlege, was an den folgenden Formulierungen falsch ist bzw. in einer Inhaltsangabe unangemessen wäre.

- zu Tahar Ben Jelloun Z. 21 ff.: „Menschen sind wie Tiere. Sie greifen Fremde an, um ihren Besitz zu verteidigen."
- zu Tahar Ben Jelloun Z. 53 ff.: „Ein Ausländerfeind hat entweder Angst vor einem Fremden oder er ist ihm gegenüber aggressiv."
- zu Tahar Ben Jelloun Z. 70 ff.: „Unsere Nachbarn sind jetzt unsere Freunde, weil ihnen unser Kuskus geschmeckt hat."
- zu Eschbach Z. 5 ff.: „Einen Krieg in Europa kann nur ein psychisch Kranker wollen."
- zu Eschbach Z. 26 ff.: „Westliche Diplomaten seien entsetzt über die Kriegsdrohungen Chinas."
- zu Eschbach Z. 30 ff.: „Die meisten Kriege finden heute in folgenden Ländern statt: Tschetschenien, Palästina, Somalia, Kolumbien."
- zu Eschbach Z. 24 ff.: „Ob China jemals ein gleichwertiger Gegner der USA sein wird, ist so ungewiss wie das Hochwasser des Jangtse."

3. Übungen zur Sprache

a) Forme mindestens acht Sätze aus den Texten „Kriege der Zukunft" (S. 150) und „Krieg und Frieden in der Zukunft" (S. 152) in die indirekte Rede um, indem du je eine der folgenden Redeeinleitungen voranstellst. Dabei musst du natürlich passende Sätze auswählen. „Der Autor stellt fest, dass ...", „Nach Ansicht des Autors ...", „Der Autor folgert daraus, dass ...", „Der Autor formuliert die Frage, ..."

b) Enthalten Sachtexte nur Sachliches? Du kannst in den drei Texten „Warum gibt es Krieg?" (S. 140), „Kriege der Zukunft" (S. 150) und „Krieg und Frieden in der Zukunft" (S. 152) Formulierungen finden, die nicht sachlich sind. Suche sie. Sie sollten so nicht in deinem Zusammenfassungstext vorkommen. Besprecht generell, warum die Autoren gelegentlich bewusst von einem rein sachlichen Stil abweichen.

Textzusammenfassungen wollen jemanden über den Inhalt eines Textes informieren.
Was? (Inhalt):
- verkürzter Inhalt
- W-Fragen beantworten
- Zusammenhänge verdeutlichen

Wie? (Aufbau und Darstellungstechnik):
- Basissatz: Autor, Textsorte, Titel, Thema
- verkürzen und zusammenfassen
- Zusammenhänge verdeutlichen (Hypotaxen)
- sachlich: keine Spannung, keine persönlichen Wertungen
- direkte Rede zusammenfassen oder in indirekte Rede verwandeln

Sprache:
- Präsens, Vorzeitiges im Perfekt
- sachlich, standardsprachlich
- indirekte Rede: Konjunktiv I, Ersatzform Konjunktiv II oder würde-Umschreibung

---

4. Zur Übung der Zusammenfassung eines Sachtextes eignen sich u. a. die Texte auf S. 80, 99, 112 und 174.

Sachtexte vergleichend untersuchen

1. Zwei Texte können das gleiche Thema haben und doch recht unterschiedlich sein – das habt ihr schon beim Thema „Kriege der Zukunft" gesehen. Lest – überfliegend – die beiden folgenden Sachbuchausschnitte zum Thema „Globalisierung" und äußert spontan erste Eindrücke, z.B. zu folgenden Fragen: Welcher Text sprach euch eher an? Welcher erschien euch schwieriger, welcher leichter (und warum)? Enthalten die Texte eurer Meinung nach annähernd das Gleiche oder sehr Unterschiedliches? Was fällt euch an der Art auf, wie die Autoren ihre Texte aufgebaut haben?

Eirik Newth
Globalisierung

Der Vorratsschrank in meiner Küche sagt viel über unsere Welt aus. In ihm stehen Reis aus Indien, Kaffee aus Brasilien, Kakaopulver aus Afrika, Kichererbsen aus dem Nahen Osten, Knäckebrot aus Schweden, Maismehl aus den USA, Haferflocken aus Norwegen, Zucker aus Dänemark, Nudeln aus Italien und Olivenöl aus Spanien. Gehe ich ins Wohnzimmer, ist die Vielfalt nicht geringer. Dort gibt es ein Fernsehgerät von einer niederländischen Firma, eine japanische Stereoanlage und einen amerikanischen Computer. Stelle ich den Fernseher an, sind die Chancen groß, dass ich Bilder aus weit entfernten fremden Ländern sehen kann, beispielsweise aus Peru, Kenia oder Korea.
Ich kann aber auch nach draußen gehen und der Welt auf den Straßen meiner norwegischen Heimatstadt begegnen. Die liegt so weit nördlich, dass wir einen langen eiskalten Winter haben, aber trotzdem leben Menschen aller Hautfarben hier. [...]
Für mich ist diese Situation völlig normal, aber gelegentlich denke ich daran, wie es vor fünfzig Jahren war. Damals gab es kaum jemanden in Norwegen, der je einen dunkelhäutigen Menschen zu Gesicht bekommen hat. Fernsehen gab es nicht und Kaffee und Tee gehörten zu den exotischsten Waren, die in wenigen Läden angeboten wurden. Zwischen dieser und meiner Zeit hat es eine der wichtigsten Entwicklungen unserer Geschichte gegeben: die Globalisierung.
Das Wort *Globalisierung* kommt von *Globus*, was wiederum *Erdball* bedeutet. Von Globalisierung spricht man bei Ereignissen, die alle Menschen auf dem Erdball betreffen und die Länder und Menschen miteinander verbinden. Es gibt viele Arten von Globalisierung. Politiker reden häufig von einer Globalisierung des Handels. Und der ist die Ursache für meinen interessanten Küchenschrank.
Anfang des 20. Jahrhunderts war es schwierig, Waren in ein anderes Land zu exportieren. Viele Produkte waren im Ausland viel zu teuer, weil sie mit hohen Zöllen belegt wurden. Es war üblich, Fleisch, Gemüse und Obst aus dem Ausland zu verbieten, weil diese Waren mit den Produkten der heimischen Bauern konkurrierten. Heute gibt es jedoch „Freihandelsabkommen", die von den meisten Ländern unterzeichnet wurden. Sie erleichtern den An- und Verkauf von Waren und versorgen uns mit einem riesigen Angebot aus aller Welt.
Auch die Wirtschaft wird globaler. Riesige Geldsummen werden heute über Landesgrenzen hinweg verschoben. Computer haben es möglich gemacht, dass innerhalb von Sekunden Millionenbeträge von Taiwan nach Deutschland überwiesen werden können. Es ist nicht ungewöhnlich, dass Menschen in einem Betrieb arbeiten, dessen Zentrale sich im Ausland befindet. Das heißt, es ist gar nicht mehr so wichtig, wo eine Firma ihre Zentrale hat. Zum Beispiel haben japanische Autofirmen viele Fabriken in Europa und den USA und amerikanische Computerfirmen lassen das Innenleben ihrer Computer in Asien herstellen.

⁴⁰ Diese Seite der Globalisierung wird allerdings nicht so gern gesehen. Wenn es so einfach ist, irgendwo auf der Welt Arbeitsplätze zu schaffen, können sie leicht in Länder verlagert werden, wo die Löhne niedrig sind. Es ist verständlich, dass das den gut bezahlten Arbeitern in Europa nicht gefällt. Aber die Globalisierung führt dazu, dass die großen Konzerne sehr viel Macht haben. Sie haben
⁴⁵ hunderttausende Angestellte auf der ganzen Welt und verbuchen Einnahmen wie ein kleiner Staat. Indem solche Firmen drohen, Arbeitsplätze und Geld in andere Länder zu verlagern, beeinflussen sie die Politik eines Landes.

Andreas Eschbach
Globalisierung

Im Grunde ist auch das, was wir Globalisierung nennen, Teil eines seit Jahrhunderten vor sich gehenden Bewusstseinswandels. Wir werden mehr und mehr vertraut mit der Vielgestaltigkeit der Welt, gewöhnen uns daran, dass es Menschen gibt, die anders aussehen als wir, anders sprechen als wir, andere
⁵ Gewohnheiten und andere Traditionen haben – und die trotzdem *irgendwie* so sind wie wir auch. Das Wesen dieses Bewusstseinswandels ist, dass wir lernen zu sehen, was unter der bunten, fremdartigen Oberfläche ist, dass nämlich jeder Mensch weiß, was Freude ist, dass er Angst kennt und Schmerz und Sorge, dass jeder sich nach Anerkennung sehnt und nach Liebe und dass das bei allen
¹⁰ Menschen das Gleiche ist.
Wir sind heute allerdings noch weit davon entfernt, dass alle Menschen „gleich" wären. Rassismus, Diskriminierung und Ausländerfeindlichkeit werden noch lange Zeit Begriffe in unserem Wortschatz bleiben. Doch leben wir heute immerhin in weit höherem Maße „global vernetzt" als je zuvor. Kaum
¹⁵ jemand, der nicht Freunde, Bekannte oder Kollegen in anderen Ländern oder Kontinenten hat oder gar familiäre Verbindungen dorthin. Mit Englisch hat sich eine weltweit funktionierende Verständigungssprache durchgesetzt. Gar nicht zu reden davon, wie alltäglich Lebensmittel, Musikstücke oder Nachrichten aus aller Welt geworden sind.
²⁰ Das geht auch denen nicht anders, die sich selbst als *Globalisierungsgegner* bezeichnen. Allein die Tatsache, dass auch sie sich global vernetzen und international abgestimmt handeln, zeigt, dass sie nicht gegen *Globalisierung* in dem oben genannten Sinn sind. Tatsächlich definieren Organisationen wie ATTAC diesen Begriff anders, nämlich als Entwicklung dahingehend, dass multinatio-
²⁵ nale Konzerne die ganze Welt buchstäblich *in Besitz nehmen* und die Menschen gleich mit. Ihr Protest richtet sich also gegen Missstände und Ungerechtigkeiten, die sich in dem Prozess der zunehmenden weltweiten Vernetzung ergeben, und deren gibt es nicht wenige.

> **Sachtexte vergleichen**
>
> Gleiches Thema – unterschiedliche Sachtexte:
> Inhalt:
> - Sie können unterschiedliche Aspekte eines Themas behandeln.
> - Sie können verschiedene Erklärungen für ein Phänomen geben.
>
> Aufbau:
> - Sie können ihre Gedanken in unterschiedlicher Reihenfolge anordnen.
> - Sie können die Aspekte eines Themas unterschiedlich ausführlich behandeln.
>
> Sprache:
> - Sie können mehr fachsprachlich oder mehr allgemeinsprachlich geschrieben sein.
> - Sie können überwiegend kurze oder lange Sätze haben.
>
> Stil:
> - Der Stil kann mehr persönlich (z. B. Ich-Form, Ansprache an den Leser) oder mehr wissenschaftlich-neutral sein.
> - Der Stil kann eher konkret (viele Beispiele) oder eher abstrakt (wenig Beispiele) sein.
>
> Das alles kann man untersuchen, denn die Entscheidungen des Autors in diesen Punkten sagen etwas über seine Absichten aus.

2. Stell dir vor, du müsstest einen Sachtext über deine Schule schreiben, und zwar
   - einen dreiseitigen Text zur Information der neuen 5.-Klässler, den du den Schülern beim Infoabend vorträgst,
   - einen Flyer zur Information von deren Eltern (wird von den Eltern im Sekretariat abgeholt),
   - einen für kommende Austauschschüler an der englischen Partnerschule (3. Lernjahr Deutsch; wird per E-Mail geschickt).

   Diskutiert, was aufgrund der unterschiedlichen Anforderungen bezüglich Inhalt, Aufbau, Sprache und Stil jeweils anders sein muss, und begründet, warum.

3. Untersuche den Aufbau des Textes von Eirik Newth genauer. Schreibe die folgenden Begriffe auf einer Kopie in passender Weise neben Abschnitte des Textes. Manchmal kannst du einen auch mehrfach verwenden. Zum Schluss hast du einen Überblick über die Reihenfolge der Gedanken (Aufbau):

   Bezug zur alltäglichen Lebenswelt • Beispiele • Vorteile • Folgen • Vergleich Früher/Heute • Nachteile • geschichtlicher Rückblick • Erklärung • Begriffsdefinition

4. Sprache und Stil eines Textes hängen eng miteinander zusammen, sollen deshalb auch hier zusammen untersucht werden. Untersuche Sprache und Stil des Textes „Globalisierung" von Eschbach (☞ S. 157). Dabei helfen dir die folgenden Untersuchungsgesichtspunkte und der Blick auf den Newth-Text: Was ist bei Eschbach deutlich anders?

   Sprechhaltung (Ich-Form oder ...) • Wortschatz • Satzbau • Anschaulichkeit

Informationen in Diagrammen und Schaubildern verstehen, beschreiben und selbst formulieren

1. Eines der größten globalen Probleme ist das Klima. Verfasse einen Text, in dem du die wichtigsten Informationen aus den folgenden Diagrammen mit eigenen Worten wiedergibst.

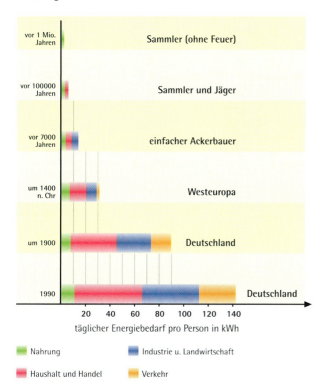

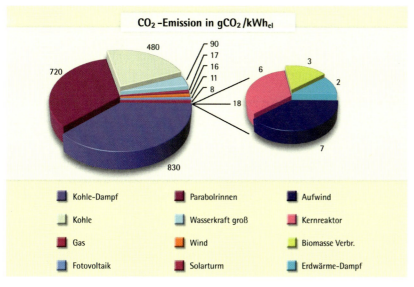

2. Vergleicht anschließend eure Texte in der Klasse. Stellt fest, ob die Diagramme von allen gleich interpretiert wurden. Tauscht euch über die Schwierigkeiten aus, die bei der Versprachlichung von grafischen Darstellungen auftreten.

3.

GLOBALER TEMPERATURANSTIEG

TREIBHAUSEFFEKT
Kohlendioxid und andere Gase in der Atmosphäre verhalten sich wie das Glas eines Treibhauses. Sie lassen Sonnenstrahlen durch, halten aber Wärme zurück, die sonst in das Weltall abgestrahlt würde.

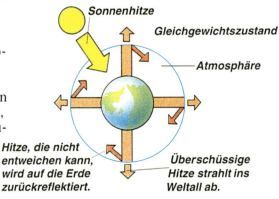

ERDERWÄRMUNG
Das Verbrennen fossiler Brennstoffe (Kohle, Öl, Holz) lässt den Kohlendioxidgehalt in der Erdatmosphäre ansteigen, was zu einer zusätzlichen Erwärmung der Erde führt.

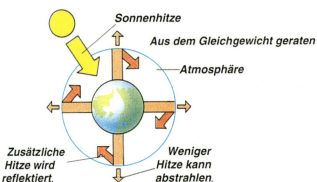

Beschreibe, inwiefern die obere Grafik einen „Gleichgewichtszustand" zeigt, während in der unteren etwas „aus dem Gleichgewicht geraten" ist. Achte dabei auf die Dicke der Pfeile. Benutze die Fachbegriffe!

4. Veranschauliche das aktuelle Wahlverhalten der 9.-Klässler anhand folgenden Textes in Form eines Säulen- und eines Tortendiagramms.

Bei der Wahl der freiwilligen Kurse zeigten sich die Schüler der drei neunten Klassen experimentierfreudig. Die neuen Angebote „Chinesisch" und „Meditation" kamen mit jeweils 10 Teilnehmern auf Anhieb zustande. Aber natürlich blieben die Computerkurse „Fortgeschrittene I" und „Fortgeschrittene II" mit jeweils 25 Teilnehmern Spitzenreiter. „Italienisch" konnte sich von 9 auf 15 Teilnehmer steigern, „Jazztanz" ging aus noch ungeklärten Gründen von 18 auf 10 Teilnehmer zurück. Eine kleine, aber feine Gruppe bilden nach wie vor die erfolgreichen Schachspieler (5), die sich mit den 10.-Klässlern zusammengetan haben. Mit insgesamt 100 Teilnehmern ist das zusätzliche Engagement der Schüler erfreulich, könnte aber noch gesteigert werden.

Besondere Sachtexte verstehen und verfassen
Schriftlich appellieren

1. In der „einen Welt" ist auch jeder dafür verantwortlich, seinen Beitrag zum Schutz der Umwelt zu leisten. Ein wichtiges Thema ist dabei der Klimaschutz: Wie kann also jeder Einzelne dazu beitragen, dass die Klimakatastrophe nicht weiter fortschreitet? Entnimm dem Interview auf S. 172 einige Vorschläge und ergänze sie durch eigene Ideen und Kenntnisse. Tragt die Ergebnisse in einer Stoffsammlung an der Tafel zusammen.
2. Teilt die Klasse in Gruppen, schreibt dann jedoch in Einzelarbeit einen halbseitigen Aufruf zu mehr klimafreundlichem Verhalten an …
   - Gruppe 1: … gleichaltrige Mitschüler (z.B. auf Plakaten).
   - Gruppe 2: … 5.-Klässler (z.B. in der Schülerzeitung).
   - Gruppe 3: … die Bewohner in der Nachbarschaft eurer Schule (z.B. als Wurfsendung).
   - Gruppe 4: … die Eltern eurer Mitschüler (z.B. als Flugblatt für den Infostand beim Tag der Offenen Tür).
3. Vergleicht die Ergebnisse im Hinblick darauf,
   - welche Teile aus der Stoffsammlung verwendet wurden,
   - welche Anrede benutzt wurde,
   - welche Sprache verwendet wurde.
4. Die Klasse 9a hat ein kleines Theaterstück geschrieben und einstudiert, das den Titel „Ahnungslose Klimakiller" trägt und in mehreren Szenen zeigt, wie Leute ohne bösen Willen, aber auch ohne nachzudenken, die Umwelt schädigen. Zu den drei Aufführungen sollen die Schüler der Mittelstufenklassen eingeladen werden. Für den Aushang gibt es zwei Entwürfe. Beurteile – begründe – deren Stärken und Schwächen. Schreibe eine möglichst gute dritte Lösung.

Aushang 1:

> Hi Fans!
> Die 9a zeigt euch mal, was ein megacooles Theaterstück ist:
> „Ahnungslose Klimakiller"
> – selbst geschrieben, selbst aufgeführt –
> Kommt, sonst verpasst ihr was.
> Kostet keinen Eintritt und ist fast so gut wie Fernsehen.
> Wir sind die Größten ;-)
> Wann? Montag, Dienstag und Donnerstag!!!!

Aushang 2:

Die 9a lädt ein zu ihrem Theaterstück „Ahnungslose Klimakiller".
Es geht darum, wie einzelne Menschen durch ihr Verhalten das Klima schädigen, ohne es zu wissen. Man kann also viel lernen, auch für sein eigenes Leben. Wir haben das Stück mit Frau Kruse zusammen geschrieben – von Weihnachten bis Ostern! Das Proben zog sich dann nochmals ziemlich hin, aber nun sind wir soweit und freuen uns auf euren Besuch.

Die Aufführungen finden am Montag, den 3. Juni, am Dienstag, den 4. Juni, und am Donnerstag, den 6. Juni statt, und zwar um 17 Uhr in der großen Turnhalle. Der Eintritt ist frei. Da die Plätze nicht nummeriert sind, solltet ihr frühzeitig da sein. Die Aufführung dauert ungefähr 70 Minuten. Auch eure Geschwister und Eltern sind willkommen. Die ganze Klasse wirkt mit! Regie hat Frau Kruse geführt.

5. Tragt zusammen: Was unterscheidet einen guten Aufruf von einem schlechten?
6. Ein bedeutender Sprachwissenschaftler, Karl Bühler, hat einmal drei Funktionen der Sprache unterschieden: Darstellungsfunktion, Appellfunktion, Ausdrucksfunktion. Vergleiche sie mit den „4 Dimensionen/Ohren"-Modell (S. 260). Welche Dimension fehlt bei Bühler?
7. Ordne den folgenden Sätzen jeweils die richtige bühlersche Funktion zu:
Ich freue mich. • Das ist mein neues Fahrrad. • Es ist nicht wirklich neu, sondern meine Eltern haben es gebraucht gekauft. • Aber man merkt das fast nicht. • Ich bin gespannt, wie es sich beim Ausflug am nächsten Wochenende bewährt. • Sieh doch mal, wieviele Gänge es hat. • Probier ruhig mal aus, wie leicht es fährt.
8. Untersuche die beiden missglückten Theateranzeigen auf die drei Funktionen hin.

Von den **drei Funktionen der Sprache** nach Karl Bühler,
- Darstellungsfunktion,
- Appellfunktion,
- Ausdrucksfunktion,

ist die Appellfunktion diejenige, die bei einem anderen etwas erreichen will. Deshalb muss ein appellativer Text so sein, dass er den Adressaten erreicht. Dazu gehören z.B.:
- gute Lesbarkeit (Schriftgröße, Gliederung des Textes),
- Vollständigkeit der für den Adressaten wichtigen Informationen,
- sympathische Darstellung des Textverfassers.

Mit Gebrauchsanweisungen umgehen

1. Schreibe die folgende Gebrauchsanweisung für das Navigationsgerät „Bravinavi" neu. Gliedere so, dass sie übersichtlich und verständlich wird.

Ihre erste Fahrt

Es ist wichtig, dass Sie Ihre Reisen immer vor Fahrtbeginn planen, denn eine Planung während der Fahrt wäre gefährlich. Tippen Sie auf den Touchscreen, um das Hauptmenü aufzurufen. Sodann tippen Sie auf „Navigieren zu ..." und beginnen Sie dann den Namen der Stadt, in die Sie fahren möchten, einzuge-
5 ben. Sobald der ganze Name erscheint, tippen Sie ihn an. Tippen Sie dann auf „Straße" und verfahren Sie genauso. Tippen Sie schließlich auf „Hausnummer" und wählen Sie die gewünschte Zahl aus. Bei der Planung Ihrer ersten Reise bittet Sie Ihr Bravinavi, ein Land auszuwählen. Ihre Auswahl wird gespeichert und bei der Planung neuer Routen verwendet. Sie können die Einstellung
10 jederzeit ändern, indem Sie das Flaggensymbol für das derzeit gewählte Land antippen. Sobald Sie die richtige Hausnummer eingegeben haben, tippen Sie auf „Fertig". Statt die Daten per Hand einzugeben, können Sie Ihrem Bravinavi auch die Angaben vorsprechen. Nähere Informationen finden Sie im Kapitel „Gesprochene Adresse" auf S. 12 des Benutzerhandbuchs.

2. Schlechtes Deutsch? Du hast immer wieder gelernt, dass Wortwiederholungen zu vermeiden sind. Warum halten sich Gebrauchsanweisungen nicht an diese Stilregel?
3. Gebrauchsanweisung lesen oder nicht lesen und einfach ausprobieren? Erzählt eure Erfahrungen und formuliert Regeln, wann das eine, wann das andere besser ist.
4. Bringt verschiedene Bedienungsanleitungen neueren Datums mit, z. B. für digitale Fotoapparate o. Ä., und untersucht, wie diese aufgebaut sind.

Verträge und Gesetze verstehen

1. Lies den folgenden Teil aus einem Mietvertrag und beantworte dann die anschließenden Fragen.

Bagatellschäden

Die Kosten der kleinen Instandhaltungen, die während der Mietdauer erforderlich werden, sind vom Mieter zu übernehmen, soweit die Schäden nicht vom Vermieter zu vertreten sind. Die kleinen Instandhaltungen umfassen nur das Beheben kleiner Schäden bis zu einem Betrag von EUR 50,- im Einzelfall an
5 Teilen der Wohnung, die dem direkten Zugriff des Mieters ausgesetzt sind, wie z. B. Hähne und Schalter für Wasser, Gas und Elektrizität, Jalousien, Markisen, WC- und Badezimmereinrichtungen, Verschlussvorrichtungen für Fenster, Türen und Fensterläden, Heiz-, Koch- und Kühleinrichtungen, Spiegel, Verglasungen, Beleuchtungskörper usw. Die Verpflichtung besteht nur bis zu einer
10 jährlichen Gesamtsumme aller Einzelreparaturen von bis zu 8% der Jahresmiete.

a) Muss Familie Schmidt selbst zahlen, wenn im Treppenhaus des von ihnen gemieteten Hauses die Glühbirne für EUR 3,80 ausgewechselt werden muss?

b) Familie Schmidt wohnt in einer Mietwohnung in einem Mehrparteienhaus. Muss Familie Schmidt selbst zahlen, wenn im Treppenhaus auf ihrem Stockwerk die Glühbirne für EUR 3,80 ausgewechselt werden muss?

c) Warum ist es sinnvoll, dass Familie Schmidt alle Rechnungen gut aufhebt?

d) Muss Familie Schmidt selbst zahlen, wenn sie ihre Waschmaschine anschließen lässt?

2. Lange Aufzählungen produzieren „Bandwurmsätze" und machen so Texte unübersichtlich. Begründe, warum sie dennoch in vielen Verträgen vorkommen.

3. Miriam ist vierzehneinhalb Jahre alt und möchte in den Sommerferien etwas Geld verdienen. Die Mutter ihrer Freundin bietet ihr einen Ferienjob in ihrem Cafe an. Das hat täglich außer montags von 10 Uhr bis 21 Uhr geöffnet. Miriam will sich schon einmal vorab informieren, wie ihre Arbeitszeit rechtlich geregelt ist. Sie sucht im Internet und findet folgenden Paragraphen:

Gesetz zum Schutze der arbeitenden Jugend

(Jugendarbeitsschutzgesetz–JArbSchG)
Vom 12. April 1976 (BGBl. I S. 965)
zuletzt geändert durch Art. 230 der Verordnung vom 31. Oktober 2006 (BGBl. I S. 2407)

[...]

DRITTER ABSCHNITT.
Beschäftigung Jugendlicher

Erster Titel.
Arbeitszeit und Freizeit

§ 8 Dauer der Arbeitszeit

(1) Jugendliche dürfen nicht mehr als acht Stunden täglich und nicht mehr als 40 Stunden wöchentlich beschäftigt werden.

(2) Wenn in Verbindung mit Feiertagen an Werktagen nicht gearbeitet wird, damit die Beschäftigten eine längere zusammenhängende Freizeit haben, so darf die ausfallende Arbeitszeit auf die Werktage von fünf zusammenhängenden, die Ausfalltage einschließenden Wochen nur dergestalt verteilt werden, daß die Wochenarbeitszeit im Durchschnitt dieser fünf Wochen 40 Stunden nicht überschreitet. Die tägliche Arbeitszeit darf hierbei achteinhalb Stunden nicht überschreiten.

→

(2 a) Wenn an einzelnen Werktagen die Arbeitszeit auf weniger als acht Stunden verkürzt ist, können Jugendliche an den übrigen Werktagen derselben Woche achteinhalb Stunden beschäftigt werden.

(3) In der Landwirtschaft dürfen Jugendliche über 16 Jahre während der Erntezeit nicht mehr als neun Stunden täglich und nicht mehr als 85 Stunden in der Doppelwoche beschäftigt werden.

4. Nun hat Miriam eine Reihe weiterer Fragen. Beantworte sie, indem du das komplette Gesetz im Internet suchst und auswertest.
a) Ist Miriam eine Jugendliche im Sinne des Gesetzes?
b) Miriam beendet im Sommer die 9. Klasse und ist dann 15 Jahre alt. Inwiefern ist das von Bedeutung?
c) Wie lange darf Miriam abends arbeiten?
d) Darf Miriam am Wochenende arbeiten?
e) Darf Miriam an Feiertagen arbeiten?
f) Welche Pausen stehen Miriam zu?
g) Sagt das Gesetz auch etwas über die Freizeit, die Miriam zusteht? Wenn ja, was?

Texte, die Rechtsverhältnisse regeln, erscheinen manchen Menschen als schwer verständliches „Juristen-Chinesisch", aber wer z. B. in einem Vertrag etwas unterschreibt, akzeptiert das „Kleingedruckte". Deshalb ist es wichtig, ihn genau zu lesen.
Auch **Gesetzestexte** sollte der Bürger genau verstehen, denn es gilt die Regel „Unwissenheit schützt vor Strafe nicht". Die Sprache von Rechtstexten muss möglichst eindeutig sein, damit die Anwendung von Verträgen, Gesetzen und sonstigen Vorschriften möglichst genau festgelegt ist und im Streitfall klar entschieden werden kann. Die formale und sprachliche Gestaltung von Gesetzen hat den Vorzug, dass sie sehr systematisch und übersichtlich ist.

○ Über Sprache nachdenken

Kniffliges rund um Gesetz und Recht
Erkläre die folgenden Wendungen und Begriffe, in denen das Wort *Gesetz* vorkommt. In einigen Fällen musst du recherchieren.
Das Auge des Gesetzes wacht • nach den Gesetzen der Logik • drakonische Gesetze • ein ehernes Gesetz • „Gesetz ist mächtig, mächtiger ist die Not" (aus Goethes „Faust II") • gesetzt den Fall, es wäre so • Naturrecht • Naturgesetz • ungeschriebenes Gesetz • Unrecht in Gesetzesform • nach Gesetz und Recht • Rechtsstaat • Rechtsweg • Rechteck • Rechtsordnung • Gesetzlichkeit • Gesetzmäßigkeit

Überprüfen und Sichern

○ **Sachtexte verstehen**

1. Fertige in deinem Heft eine Mind-Map an, die alles, was du bereits zum Thema „Wassermangel in vielen Ländern der Welt" weißt, enthält. Beim Sammeln helfen dir die W-Fragen (wo? warum? welche Folgen? welche Lösungen?). Tragt im Anschluss euer Wissen an der Tafel zusammen. Formuliert Fragen, die ihr noch zu dem Thema habt.
2. Lies den folgenden Bericht aufmerksam durch. Macht euch klar,
   - welche eurer Fragen der Text beantwortet,
   - welche nicht
   - und welche Informationen er über eure Fragen hinaus gibt.

Wege aus der Krise – die globale Wasserpolitik

Ein Merkmal der aktuellen Wasserkrise ist es, dass es sich um eine enge Verquickung[1] lokaler, nationaler, internationaler und globaler Probleme handelt. Lösungsansätze müssen daher in jeder Ebene erarbeitet werden und greifen.

Der Beginn einer globalen Wasserpolitik fällt in das Jahr 1977. In diesem Jahr fand die *Mar del Plata World Conference on Water Resources* der UNO statt. Die Konferenz rief die 1980er Jahre zur *„International Drinking Water Supply and Sanitation Decade"* aus mit dem Ziel, bis Ende dieses Zeitraums eine hundertprozentige Versorgung der Menschheit mit Trinkwasser und sanitären Einrichtungen zu erreichen. Zwar konnten in diesem Zeitraum tatsächlich beachtliche relative Erfolge in den Entwicklungsländern erzielt werden, doch die absolute Zahl der Menschen ohne ausreichende Wasserversorgung blieb wegen des Bevölkerungswachstums und der Verstädterung konstant. […]

Heute ist man davon überzeugt, die Probleme nur durch ein integriertes Wassermanagement in den Griff bekommen zu können. Dabei müssen sämtliche wasserrelevanten Sektoren koordiniert werden. Ein Managementsystem umfasst am besten ein komplettes Wassereinzugs- bzw. Flusssystem. Zu berücksichtigen sind dabei vor allem folgende Punkte:

1. Organisation einer angemessenen und gerechten Aufteilung der entnommenen Wassermenge. Dabei müssen die wachsende Nachfrage und die zum Teil inkompatiblen Nutzungsansprüche der konkurrierenden Sektoren Haushalte, Industrie und Landwirtschaft berücksichtigt werden.
2. Aufteilung von Wassermengen und Schadstoffeinleitungen zwischen Ober- und Unterlauf[2] von Flüssen innerhalb einzelner Länder wie auch zwischen mehreren Anrainerstaaten eines Flusslaufs.
3. Aufteilung des vorhandenen Wassers zwischen einer Verwendung für Haushalte, Industrie und Landwirtschaft und einem Verbleib in aquatischen und terrestrischen Ökosystemen, um deren Bestand zu sichern.

Was versteht man unter „Nachhaltiger Entwicklung"?

[Eine] nachhaltige Entwicklung [befriedigt] „die Bedürfnisse der Gegenwart, ohne zu riskieren, dass

---

[1] *Verquickung:* Verbindung

[2] *Ober- und Unterlauf:* Flusslauf in der Nähe der Quelle (Oberlauf) bzw. Mündung (Unterlauf)

künftige Generationen ihre eigenen Bedürfnisse nicht befriedigen können" (Hauff 1987, S. 47).

[...]

Positiv zu bewerten ist, dass zwischen einzelnen Staaten bereits intensiv Fluss- und Gewässermanagement betrieben wird. Weltweit gibt es über 260 grenzüberschreitende Flüsse bzw. Wassereinzugsgebiete, davon haben 19 fünf oder mehr Anrainerstaaten. In den letzten 50 Jahren wurden über 150 Abkommen zwischen Staaten an grenzüberschreitenden Gewässern getroffen, um Nutzungskonflikte zu regeln. Die Verträge beziehen sich häufig auf Fragen der Schifffahrt, aber auch auf Wassermengenregelungen und Wasserqualitätsprobleme.

Flüsse und Seen mit acht oder mehr Anrainerstaaten

Fluss bzw. Wassereinzugsgebiet	Zahl der Anrainerstaaten
Donau	19
Kongo	13
Nil	11
Niger	11
Amazonas	9
Rhein	9
Sambesi	9
Tschadsee	8
Aralsee	8

UNDP, Bericht über die menschliche Entwicklung 2006, S. 260

Auf dem Zweiten Weltwasserforum in Den Haag im Jahr 2000 wurde das Ziel formuliert, die Zahl der Menschen ohne Zugang zu sauberem Trinkwasser und ohne Zugang zu sanitären Einrichtungen bis 2015 jeweils zu halbieren und bis 2025 auf null zu senken. [...] Schätzungen gehen von einem jährlichen Investitionsbedarf von rund 180 Milliarden US-Dollar aus, um diese Ziele zu erreichen. Jährlich müssten ca. 100 Millionen Menschen zusätzlich mit einem Wasseranschluss und 125 Millionen Menschen mit Sanitäranschlüssen versorgt werden. [...]

Ausgewählte Wege zur Sicherstellung der Wasserversorgung

Die Ausrufung der Jahre 2005 bis 2015 zur Dekade des Wassers und die Festlegung der Millenniumsziele sind nur ein erster wichtiger Schritt zur Lösung der internationalen Wasserkrise. Den Proklamationen[3] müssen natürlich Taten folgen. [...] Um die Versorgung mit Wasser sicherzustellen bzw. zu verbessern, gibt es mehrere Wege:

Um das Angebot an sauberem Trinkwasser zu erhöhen, bieten sich beispielsweise die Aufbereitung und Wiedernutzung von Abwasser, die Vermeidung von Wasserverschmutzung, das Auffangen und Speichern von Regenwasser (etwa in Zisternen) oder die Entsalzung von Meer- und Brackwasser[4] an. Letztere ist allerdings zum Teil mit hohen Kosten verbunden [...]. Eine weitere Strategie ist die Verringerung des Wasserbedarfs. Gerade bei der Bewässerung in der Landwirtschaft ist ein großes Einsparpotential vorhanden, indem ineffiziente Bewässerungsgewohnheiten bzw. -systeme beispielsweise durch sparsame Tröpfchenbewässerung ersetzt werden. Auch die Sanierung der Wasserleitungssysteme in Städten hält ein enormes Einsparpotential bereit, versickern doch zum Teil bis zu 75 Prozent des durchgeleiteten Wassers

[3] *Proklamation:* Aufruf

[4] *Brackwasser:* Fluss- oder Meerwasser mit einer Mischung aus Salz- und Süßwasser

Wasserverluste durch Leckagen und andere Ursachen		
Land	Versorgungsgebiet	Anteil der Fehlmenge am abgegebenen Gesamtvolumen
Dänemark	Kopenhagen	3 %
Frankreich	Paris	30 %
Kenia	Nairobi	40 %
Südafrika	Johannesburg	42 %
Jordanien	Landesweit	48 %
Albanien	Landesweit	bis zu 75 %

ungenutzt im Boden und erreichen den Verbraucher gar nicht.
Gerade in vielen Großstädten in der „Dritten Welt" ist erst der Auf- oder Ausbau von Trinkwassernetzen erforderlich, vor allem um die sogenannten informellen Siedlungen wie Slums und Favelas mit sauberem Trinkwasser zu versorgen.
Es gibt also noch große und zahlreiche Aufgaben zu erledigen, um die gesteckten Ziele zu erreichen.

3. Kläre folgende Ausdrücke und Wendungen aus dem Textzusammenhang und mithilfe deines Fremdsprachenwissens. Schlage erst dann in einem Lexikon oder einem Fremdwörterbuch nach.
• integriertes Wassermanagement (Z. 28 f.) • wasserrelevante Sektoren koordiniert (Z. 31 f.) • inkompatible Nutzungsansprüche (Z. 41 f.) • aquatische und terrestrische Ökosysteme (Z. 54 ff.) • Dekade des Wassers (Z. 100) • Millenniumsziele (Z. 101) • Einsparpotential (Z. 122 f.) • Leckage (Titel der zweiten Tabelle) • informelle Siedlungen wie Slums und Favelas (Z. 138 f.)
4. Verfasse einen Basissatz (☞ S. 261) zu dem Sachtext.
5. Notiere vier Fragen zum Text. Tausche sie mit deinem Nachbarn aus und notiere die Antworten. Kontrolliert eure Antworten gegenseitig.
6. Unterteile den Text in Sinnabschnitte und fasse diese in knappen Stichpunkten zusammen. Notiere deine Ergebnisse in Form einer Tabelle:

Zeilenangaben	Stichpunkte
Z. 1 – 5	Merkmale der Wasserkrise
Z. 6 - …	…

7. Verfasse einen kurzen Text, in dem du die wichtigsten Informationen aus der ersten Tabelle im Text (nach Z. 80) mit eigenen Worten wiedergibst.
8. Entscheide und begründe mithilfe des Textes, ob die beiden folgenden Schlussfolgerungen zur ersten Tabelle richtig oder falsch sind.

Schlussfolgerung	richtig	falsch
Für die Gewässer mit mehr Anrainerstaaten ergeben sich größere Probleme beim Wassermanagement.	?	?
Die Gewässer, die in Europa liegen, haben mehr Nutzungskonflikte.	?	?

9. Entscheide, ob die folgenden Aussagen zur zweiten Tabelle im Text (nach Z. 131) richtig, falsch oder nicht in ihr enthalten sind.

	richtig	falsch	nicht enthalten
In nichteuropäischen Ländern gibt es niedrigere Wasserverluste.			
Albanien verliert mehr als doppelt so viel Wasser wie Nairobi.			
Johannesburgs Leckagen haben sich in den letzten zehn Jahren verdreifacht.			
Kenia weist eine Fehlmenge von 40 % auf.			
Jordanien verliert landesweit 8 % mehr als Johannesburg – gemessen am jeweils eigenen Gesamtwasservolumen.			
In Kopenhagen erreicht die meisten Menschen sauberes Trinkwasser.			
Während Jordanien und Albanien landesweit betrachtet werden, beziehen sich die Daten der anderen Länder auf einzelne Städte.			

10. Verfasse eine Inhaltsangabe (☞ S. 261) des Sachtextes. Gib dabei auch die Hauptaussagen der Tabellen an geeigneter Stelle wieder.

11. Verbessere folgende Sätze im Hinblick auf Ausdruck, Grammatik, Rechtschreibung und Zeichensetzung.

- Das das Wassermanagment funktioniert muss noch Einiges in die Tat umgesetzt werden.
- Der Text handelt über Wasserknappheit und dessen Folgen.
- Ein Management-System sollte bestenfalls ein ganzes Wassereinzugssystem betreffen, wozu folgendes beachtet werden muß.
- Die UNO setzte sich die Verbesserung der Wasserversorgung vor über 30 Jahren zum Ziel. Heute verfolgt die UNO umfassendere Vorstellungen wie z. B. die Sicherstellung einer nachhaltigen Entwicklung der Wassernutzung.
- Meiner Einschätzung nach sind die genannten Ziele völlig unerfüllbar.
- Wegen dem erhöhten Wasserverbrauch ist eine Wassermengenregelung und andere Bestimmungen nötig um Nutzungskonflikte zu vermeiden.

Gutes Klima

Hans Magnus Enzensberger
Das Ende der Eulen

ich spreche von euerm nicht,
ich spreche vom ende der eulen.
ich spreche von butt und wal
in ihrem dunkeln haus,
5 dem siebenfältigen meer,
von den gletschern,
sie werden kalben zu früh,
rab und taube, gefiederten zeugen
von allem was lebt in den lüften
10 und wäldern, und den flechten im kies,
vom weglosen selbst, und vom grauen moor
und den leeren gebirgen.

auf radarschirmen leuchtend
zum letzten mal, ausgewertet
15 auf meldetischen, von antennen
tödlich befingert floridas sümpfe
und das sibirische eis, tier
und schilf und schiefer erwürgt
von warnketten, umzingelt
20 vom letzten manöver, arglos
unter schwebenden feuerglocken,
im ticken des ernstfalls.

wir sind schon vergessen.
sorgt euch nicht um die waisen,
25 aus dem sinn schlagt euch
die mündelsichern[1] gefühle,
den ruhm, die rostfreien psalmen.
ich spreche nicht mehr von euch,
planern der spurlosen tat,
30 und von mir nicht, und keinem.
ich spreche von dem was nicht spricht,
von den sprachlosen zeugen,
von ottern und robben,
von den alten eulen der erde.

[1] *mündelsichern:* Xxx

Wer im Treibhaus sitzt ...

Aufgaben: Seite 175

Interview mit Stephan Kohler

Wege aus dem Energie-Irrsinn

Stephan Kohler ist Geschäftsführer der Deutschen Energie-Agentur (Dena), die auf Initiative der zuständigen Bundesminister gegründet wurde. Die Dena soll für schonenden Umgang mit Energie sorgen. (Ein ZEIT-Gespräch.)

DIE ZEIT: Herr Kohler, wie werden Sie am liebsten angeredet: als oberster Energiesparkommissar oder als Klimaschützer?
STEPHAN KOHLER: Kommissar klingt nach Verbrechensbekämpfung, nach Gesetz und Verfolgung. Nein, darum geht es nicht. Wir sind Dienstleister, Marketingmenschen für Energieeffizienz[1]. Wir wollen 80 Millionen Deutsche dazu bringen, sich energieeffizient zu verhalten.
DIE ZEIT: Also, Energie zu sparen und dadurch das Klima zu schützen.
KOHLER: Aber ohne es als Verzicht, Verlust, eben als Sparen zu empfinden. Die meisten Menschen verbinden mit Sparen etwas Negatives: frieren, sich einschränken, Rückschritt. Dabei ist das Gegenteil richtig: Energiesparen ist Fortschritt. Uns geht es um ökologische Innovationen …
DIE ZEIT: Nach dem Motto: weniger verbrauchen und trotzdem besser leben?
KOHLER: Genau. So verstandene Energieeffizienz wollen wir zum Markenartikel machen. Wir müssen es schaffen, jedem einzelnen Menschen klarzumachen, dass er durch sein persönliches Verhalten dazu beitragen kann, dass der Klimawandel nicht so gravierend wird.
DIE ZEIT: Jeder einzelne Deutsche verbraucht jährlich, statistisch betrachtet, das Energieäquivalent[2] von rund 4500 Litern Rohöl. Wie viel davon ist zu viel?
KOHLER: Technisch lassen sich 50 Prozent unseres gegenwärtigen Primärenergieverbrauchs wegsparen – ohne Verzicht. Wirtschaftlich lassen sich bei den gegenwärtigen Preisen rund 30 Prozent vermeiden.
DIE ZEIT: Die Deutschen könnten rund ein Drittel weniger Energie verbrauchen, ohne dass es ihnen schlechter geht oder sie gar ärmer werden?
KOHLER: Genau so ist es.
DIE ZEIT: Energieeffizienz entlastet das Klima und den Geldbeutel. Wo ist das Problem?
KOHLER: Ich gebe Ihnen ein Beispiel: Heizungspumpen[3], die das warme Wasser durch das Haus transportieren.
DIE ZEIT: Kein sehr aufregendes Produkt.
KOHLER: Richtig, und da fängt das Problem schon an. Obwohl die Heizungspumpe in Einfamilienhäusern oft der größte Stromverbraucher ist, weiß ungefähr jeder dritte Hausbesitzer nicht einmal, dass seine Heizung überhaupt Strom verbraucht. Heute gibt es drehzahlgeregelte Pumpen, die 60 bis 70 Prozent weniger Strom verbrauchen. Die sind zwar etwas teurer, 120 bis 200 €; aber die Mehrkosten amortisieren[4] sich schon nach rund zwei Jahren wegen der niedrigeren Stromrechnung. Danach verdient der Hausbesitzer mit der

---

[1] *Energieeffizienz:* möglichst wirksamer und sinnvoller Einsatz von Energie

[2] *Äquivalent:* Entsprechung

[3] Mit Heizungspumpen wird in der Regel ständig warmes Wasser in den Leitungen bewegt, auch wenn gerade keines benötigt wird.

[4] *amortisieren:* eigentlich: abtöten, im übertragenen Sinn: eine Schuld allmählich abtragen

neuen Pumpe Geld. […] Die Konsumenten müssen nur ein effizientes statt ein ineffizientes Gerät kaufen. […]

DIE ZEIT: Sie sprechen gar nicht über das liebste Kind der Deutschen: das Auto.

KOHLER: Ein schwieriges Problem. Auto, Mobilität und Individualverkehr haben ein extrem gutes Image. Dagegen ist schwer anzukämpfen.

DIE ZEIT: Haben Sie schon kapituliert?

KOHLER: Keineswegs. Wir werden für bessere Technik kämpfen, aber auch dafür, dass Autos intelligenter genutzt werden.

DIE ZEIT: Also weniger.

KOHLER: Ich warne allerdings vor Illusionen. Selbst wenn die Bahn ihre Transportleistung verdoppeln würde, könnte sie gerade mal den jährlichen Zuwachs im Straßenverkehr – vor allem Freizeitverkehr – auffangen. Deshalb müssen wir zweierlei schaffen: den Autofahrern ihr Prestigegehabe …

DIE ZEIT: Kavalierstarts zum Beispiel …

KOHLER: … abgewöhnen, und wir müssen gemeinsam mit der Autoindustrie für effizientere Fahrzeuge sorgen. […]

Die Menschen verhalten sich nicht so, wie es in den Lehrbüchern steht. Sie rechnen eben in vielen Fällen nicht. In manchen Lebensbereichen gibt es nicht einmal funktionierende Märkte. Denken Sie an Mietwohnungen: Als Mieter haben Sie gar keine Möglichkeit, Ihre Wohnung wärmetechnisch zu sanieren. Als Vermieter haben Sie keinen Anreiz dafür, weil Sie Ihre Bude auch so vermietet kriegen. Es ist doch nicht verständlich, warum jeder die PS-Zahl und den Verbrauch seines Autos kennt, nicht aber den Energieverbrauch seiner Wohnung oder seines Hauses. […]

Gesprächsführung: Gunhild Freese, Fritz Vorholtz

Ausbauszenarien *gehen davon aus, dass künftig Energieeffizienz und erneuerbare Energie kräftig gefördert werden, auch um die vereinbarten Klimaschutzziele zu erfüllen. Diese Studien gehen übereinstimmend davon aus, dass in Deutschland erst einmal alle Möglichkeiten ausgeschöpft werden müssen,* **Energie rationeller** *zu erzeugen. Außerdem soll die Energieerzeugung aus* **erneuerbaren** *Quellen bis zum Jahr 2010 mindestens* **verdoppelt** *werden. Daran sollen Biomasse, Windkraft und solare Wärmeerzeugung den größten Anteil haben. Trotz großen Wachstums ist Solarstrom 2010 immer noch unbedeutend. Langfristig soll sich das jedoch ändern: Selbst die Studie des Mineralölkonzerns Shell schätzt für das Jahr 2050 den weltweiten Anteil von Solarstrom auf mehrere Milliarden Tonnen Steinkohleeinheiten.*

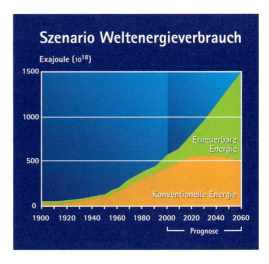

Rainer Burchardt
Hochwasser

Vor uns die Sintflut. Machen wir uns nichts vor. Das war erst der Anfang. Auch wenn die ersten Entwarnungen und Entspannungsanzeichen hoffnungsvoll stimmen, erneut hat sich die Natur grausam und massiv zu Wort gemeldet. Wer nicht spätestens jetzt ein Menetekel[1] an der Wand erkannt hat, der hat nichts begriffen oder will nicht begreifen. Das katastrophale Hochwasser an Elbe, Moldau und Donau, nebst Nebengewässern, ist mehr als nur eine Naturgewalt, ein Naturschauspiel oder ein Haushaltsunfall bei Mutter Erde. […] Der Globus wehrt sich. Fast möchte man sagen, hat aber auch lange gedauert. Denn mit Schlagworten wie Treibhauseffekt, Ozonloch oder Emissionszunahme[2] ist das Weltgewissen bislang nicht zu wecken gewesen. Wer also nicht kapieren will, muss fühlen. Dresden, Passau und Prag sind die vorläufigen Adressen, an die Mutter Natur mehr als nur den drohenden Zeigefinger gerichtet hat. […] Man könnte lachen, wenn dies alles nicht so traurig und vor allem für Hunderte von Familien existenzbedrohend wäre, von den vielen Toten ganz zu schweigen. Das einzige, was angesichts dieser schlimmen Auswirkungen von jahrzehntelangen Eingriffen der Menschen in die Natur durch Flussbegradigungen, Flurbereinigungen, Ressourcenverschwendungen, CO_2-Ausstoß und, und, und … helfen könnte, das wäre eine große Koalition der umweltpolitischen Vernunft und Fürsorge. Dass dies keine nationale Aufgabe allein sein kann, liegt auf der Hand, denn Luftverschmutzung, Umweltzerstörung, Hochwasser oder Flächenbrände machen nicht halt vor Landesgrenzen. […] Wir alle wohnen auf demselben Planeten, die Entfernungen, so groß sie auch erscheinen mögen, sind letztlich nur virtuell. Das Ozonloch über der Antarktis betrifft uns alle, die Erderwärmung um vorläufig ein Grad kann nur von Ignoranten[3] als eine zu vernachlässigende Größe angesehen werden. Und völlig fehl am Platze wäre ein Fatalismus[4], der eben klag- und tatenlos die sogenannten Naturgewalten hinnimmt. Wird schon alles nicht so schlimm werden. […]

[…] Nein – wenn jetzt nicht jeder Einzelne begreift und danach handelt, dass die Erde als sensibles Öko-System unsere Existenz sichert und deshalb unsere Lebens- und Überlebensgrundlage ist, dann gilt wirklich: Vor uns die Sintflut, und sie wird auch noch nach uns sein.

Thema der Woche/Kommentar vom 17.08.02 im DeutschlandRadio Kultur

---

Aufgaben: Seite 175

[1] *Menetekel:* geheimnisvolles Anzeichen eines drohenden Unheils

[2] *Emissionen:* hier: Ausstoß von gasförmigen Abfallprodukten bei Verbrennungsvorgängen

[3] *Ignorant:* tadelnswert unwissender Mensch

[4] *Fatalismus:* Haltung, bei der das Schicksal als unabänderlich hingenommen wird

Hans Magnus Enzensberger, **Das Ende der Eulen** *(Seite 170)* und
Horst Haitzinger, **Wer im Treibhaus sitzt …** *(Seite 171)*

1. Schreibe alle natürlichen Lebewesen und Dinge aus dem Gedicht heraus und finde so spontan wie möglich jeweils ein Attribut dazu (z.B. Robbe – elegant im Wasser). Vergleicht anschließend die Ergebnisse in der Klasse und diskutiert darüber, ob sich hinter Enzensbergers Auswahl ein „roter Faden" erkennen lässt. Bezieht in euer Gespräch auch die literarischen Fachbegriffe *Symbol*, *Metapher* und *Leitmotiv* mit ein.
2. Die mittlere Strophe unterscheidet sich inhaltlich und stilistisch von den beiden sie umgebenden Strophen. Entwirf eine Tabelle und schreibe die Unterschiede bezüglich Satzbau und Wortwahl (Substantive, Personalpronomen, Partizipien) heraus. Überlege, welche Intention der Autor mit diesen Unterschieden verfolgen könnte.
3. Klärt zunächst in einem Gespräch, wofür die Figuren in der Karikatur jeweils stehen.
4. Überlegt, auf welches Sprichwort die Bildunterschrift anspielt, und erklärt den Sinnzusammenhang zwischen Bild und Sprichwort.

Interview – Wege aus dem Energie-Irrsinn *(Seite 172)*

1. Arbeite den Inhalt des gekürzten Interviews heraus, indem du dir eine Textskizze anlegst (S. 147).
2. Kläre mithilfe eines Lexikons die Begriffe *konventionelle Energie* und *erneuerbare Energie*. Betrachte die Grafik „Szenario Weltenergieverbrauch" und lies den Text daneben. Gib die wesentlichen Aussagen in eigenen Worten wieder.

Rainer Burchardt, **Hochwasser** *(Seite 174)*

1. Findet mithilfe des Internets heraus, auf welche Katastrophe der Kommentator des *DeutschlandRadios Kultur* hinweist. Tragt dazu wichtige Informationen zusammen, die euch einen Überblick über das Ausmaß der Katastrophe geben.
2. Kürze diesen Artikel schriftlich auf seine Kernaussagen zusammen.

○ Über Sprache nachdenken

Klima und Wetterphänomene liegen im Erfahrungsbereich eines jeden Menschen. Deshalb kann man mit ihnen besonders gut etwas bildlich ausdrücken: „Klassenklima" – Man weiß sofort, was gemeint ist!
Manchmal muss man aber auch etwas nachdenken, um die exakte Bedeutung der bildlichen Wendung herauszufinden. Umschreibe möglichst genau:
eine *wetterwendische* Person • Da war ihm die Stimmung *verhagelt*. • Mit *umwölkter Stirn* las sie die Handyrechnung. • Die USA und Russland erlebten eine neue *Eiszeit*. • Das kleine Mädchen war ein richtiger *Wirbelwind*. • Ein *Geldregen* war nicht zu erwarten, aber einen kleinen Zuschuss würde man bekommen. • Der Hund begrüßte sein Herrchen *stürmisch*. • Sie wollen auch einen *Platz an der Sonne* haben. • Er hängt *sein Fähnlein nach dem Wind*. • Sie *fiel aus allen Wolken*. • Er dreht sich *wie eine Wetterfahne*.

Protokollieren

Das Verlaufsprotokoll

1. Wenn in einem Parlament, z.B. dem Deutschen Bundestag, die Abgeordneten der verschiedenen Parteien ihre unterschiedlichen Ansichten eines politischen Problems diskutieren, dann schreiben Parlamentsstenografen alles Wort für Wort mit: Es handelt sich dabei um die klassische Form eines Wortprotokolls.

Wenn die Schülerversammlung beschließt, wer beim Schulfest wofür zuständig ist, dann wird schriftlich nur das Ergebnis festgehalten: Es handelt sich dabei um die klassische Form eines Ergebnisprotokolls.

Begründe, warum es nicht sinnvoll wäre, wenn jeweils das Andere gemacht würde:
- im Parlament nur festgehalten würde, dass man geteilter Meinung war,
- bei der Schülerdiskussion aufgeschrieben würde, was jeder an dem Abend gesagt hat.

2. Für Protokolle der Unterrichtsstunden gilt die Faustregel:
- Ein Schüler/eine Schülerin, der/die in der Stunde nicht anwesend war, sollte auf der Basis des Protokolls den Stoff nachlernen können.
- Eine andere Lehrkraft, die in der Stunde nicht anwesend war, sollte auf der Basis des Protokolls die Stunde in den Grundzügen nochmals halten können (natürlich ohne die Garantie zu haben, dass jeder Schüler genau dasselbe sagt).

Wie haben Sie die Stunde zum Klimawandel aufgebaut?

Was habt ihr in Erdkunde gelernt?

Erkläre, warum hier weder von einem reinen Wort-, noch von einem reinen Ergebnisprotokoll die Rede sein kann, sondern eine Mischform vorliegt.

Wortprotokoll: Mitschrift alles Gesagten
Ergebnisprotokoll: Zusammenfassung der Beschlüsse/Ergebnisse
Verlaufsprotokoll: z.B. Stundenprotokoll. Der Verlauf einer Veranstaltung wird beschrieben, aber nicht wortwörtlich. Es wird vielmehr in der richtigen zeitlichen Reihenfolge zusammenfassend festgehalten, was erarbeitet wurde und wie es erarbeitet wurde.

Aufmerksam zuhören und das Wichtigste notieren

1. Hört euch im Unterricht 5 Minuten aus einer längeren Sendung an, in der mehrere Menschen über ein Thema sprechen (Mitschnitt einer Talkshow, Rundfunk-Interview, Schulfunk-Podcast o. Ä.). Notiere, was dir in Erinnerung geblieben ist. Vergleicht eure Aufzeichnungen.

2. Höre nun nochmals den Mitschnitt an und ergänze deine Aufzeichnungen. Schreibe sie neu und sinnvoll strukturiert auf ein großes Blatt.

3. Höre nun die nächsten 5 Minuten der Sendung und ergänze deine Aufzeichnungen. Das Verfahren könnt ihr noch mehrmals wiederholen. Mach dir klar, wie und warum es dir immer leichter fällt, als Zuhörer die Beiträge zu erfassen.

4. Ob in der Schule, an deinem Praktikumsplatz oder später einmal an der Universität: Dort und an vielen anderen Orten und in unterschiedlichen Situationen musst du Informationen beim Zuhören aufnehmen und richtig verstehen. Das gelingt nicht immer leicht, manchmal auch gar nicht. Ordne den folgenden „Störungen" eine oder mehrere Möglichkeiten aus den „Lösungen" zu:

Störungen:
A) Die Lehrkraft spricht so leise, dass du sie nur teilweise verstehst.
B) Du wirst immer wieder durch etwas abgelenkt, was du siehst.
C) Der Redner spricht schnell.
D) Du begreifst etwas nicht. Von da an kannst du dem Redner nicht mehr folgen.
E) Es fällt dir schwer, in den Stoff „hineinzukommen". Bis du gemerkt hast, worum es eigentlich geht, hast du schon vieles „überhört".

Lösungen:
1. Räume deine Arbeitsplatte weitgehend leer.
2. Schau auf die Mundbewegungen, Gestik und Mimik des Redners.
3. Bitte höflich, dass der Redner lauter spricht.
4. Setz dich weiter nach vorne.
5. Setz dich allein.
6. Komm nicht in der letzten Minute zum Unterricht, sondern erscheine rechtzeitig und lies dir die Einträge aus der letzten Stunde nochmals durch.
7. Bitte höflich, dass der Redner langsamer spricht.
8. Mach beim Ohrenarzt einen Test. Viele angeborene oder erworbene Hörstörungen bleiben unbemerkt und sind lebenslang ein Handicap.
9. Frage gleich nach, wenn du etwas nicht verstanden hast.
10. Stelle das Handy komplett aus.

5. In einer 9. Klasse wurde die Karikatur, die am Anfang des Lesebuchteils (S. 171) abgebildet ist, besprochen. Über diese Besprechung sollten die Schüler ein Protokoll anfertigen. Unter anderem wurden über das Unterrichtsgespräch die beiden folgenden Mitschriften angefertigt. Beurteile die Mitschriften.

Mitschrift 1:

Treibhaus, wie Sprichwort Glash. selbst zerstören Fr. Meier: Warum Treibh., Lena: Treibh. Atmosph. erwärmt s. immer mehr, weil zu viel CO^2 Paul: USA am schlimmsten, dann Eu., dann Jap. Entw.länd. Zusch. auch Experten nur Zusch., viele St. Boden höchste Zeit, Sabine: Eu. eher zurückhaltend, USA u. J. bedrohl. Paul: aber Eu. auch großen St., Lena: wenn einer wirft alles kaputt, andere St. auffangen, Franz: St. kleiner machen, Nico: jeder denkt nur an sich, Schuld immer andere Sabine: nur eine Welt, Fr. Meier: Sprichw. gut umgesetzt? Lena: passt voll, Fr. Meier: Vereinbarung Kyoto, Kohlend. reduz. genaue Vorgaben, letzte Möglichk.

Mitschrift 2:

Treibhaus → Glashaus	Sprichwort, langsame Selbstzerstörung
Frau → Europa Kl. Mann Mitte → Japan?	Warum Frau? → antike Sage
Welt → Treibhaus	Größe der Steine
Mann mit Hut → USA	Boden voll
Farbiger → Afrika	
im Hintergrund → Experte	Vereinbarung
Stein → Treibhausgase höchste Zeit, Kyoto,	

6. Danach äußern sich die Schüler über ihre Erfahrungen während des Mitschreibens:
Lena: „Ich kann unmöglich im Unterricht mitreden und gleichzeitig mitschreiben."
Anja: „Ich notiere mir Stichwörter und stelle einen Überblick her. Dazu braucht man zwar viel Platz, aber es ist übersichtlicher."
Klaus: „ Ich schreibe möglichst genau mit, damit ich das Wichtigste nachlesen kann. Ich muss dann die Mitschrift noch einmal überarbeiten."
Nico: „Mir reicht es eigentlich völlig, wenn ich nur die wichtigsten Abschnitte des Gesprächs notiere. Zusammen mit dem Bild fällt mir dann schon wieder ein, was wir besprochen haben."
Wer könnte Mitschrift 1 verfasst haben, wer Mitschrift 2?

7. Besprecht, welche der folgenden Symbole beim Mitschreiben zusätzlich sinnvoll eingesetzt werden könnten. Übertrage diese dann ins Heft und schreibe die mögliche Bedeutung dazu. Ergänze diese Liste mit eigenen, bereits bewährten Symbolen.

8. Besonders häufig werden in der Schule Protokolle über Unterrichtsstunden angefertigt. Überlegt euch Abkürzungen für die folgenden, dabei häufig vorkommenden Wörter:
der Schüler/die Schülerin • Stillarbeit • Lehrkraft • Gruppenarbeit • Heft • Partnerarbeit • Arbeitsblatt • Rechenschaftsablage • Tafel • Zusammenfassung • Folie • Hausaufgabe • Abbildung • Übung • Buch • Definition • Seite • Lehrer-Schüler-Gespräch • Schüler-Schüler-Gespräch

Mitschreiben

Wenn du für ein Protokoll oder zu anderen Zwecken mitschreiben musst,
- notiere nur Stichpunkte,
- lasse Hilfsverben, Artikel und Konjunktionen weg,
- verwende Abkürzungen und Symbole,
- beginne für jeden neuen Gedanken eine neue Zeile.

Die äußere Form des Protokolls

1. Du hast schon in der 8. Klasse Protokolle geschrieben und dabei die nebenstehende Form kennengelernt. Natürlich sind auch Abweichungen von diesem Schema möglich, aber ihr solltet euch auf jeden Fall in der Klasse mit eurer Lehrkraft auf eine einheitliche Form einigen. Erinnert euch: Was wird in die Lücken eingesetzt?

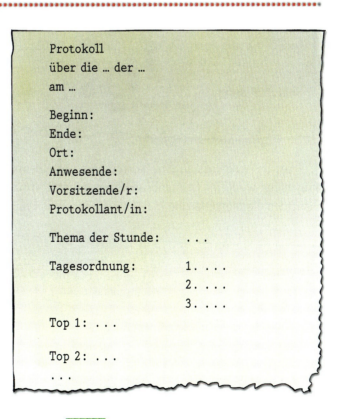

2. Verbessere das folgende Protokoll. Der Hauptteil wurde bei dieser Übung absichtlich ausgespart. Wenn du eine Erinnerungshilfe zur Verbesserung brauchst, kannst du im Wissensspeicher (S. 263) nachschauen.

```
                        Protokoll
                  über die Erdkundestunde
                    am letzten Dienstag

Ort: Klassenzimmer
Zeit: 1. Stunde
Leiterin: die neue Referendarin
Anwesend: alle, Hausmeister (brachte den neuen OHP)
Abwesend: Harry in den ersten 10 Minuten (kam zu spät)

Tagesordnung: Fortsetzung der Stunde vom letzten Freitag
1. Folie mit Weltklima
2. Abfrage
3. Arbeitsblatt
4. Was wir gegen die Erderwärmung tun können
    a. insbesondere als Schüler
5. Verabschiedung

[Hauptteil]


Goethe-Gymnasium, am 26.10.2009 um 15 Uhr


Schriftführerin: ...............    Leiterin: ........................
       (Susi Gromann, Schülerin)         (Frau Dr. Sand, Schulleiterin)
```

3. Tragt im Anschluss an eure Korrekturen auf einem Plakat, das im Klassenzimmer aufgehängt wird, eine Musterlösung für das Protokoll ein. Beschriftet mit einer 2. Farbe zusätzlich die Musterlösung mit Hinweisen zum korrekten Protokollieren, z. B.:

```
                        Protokoll
                  über die Erdkundestunde
                 am Dienstag, den 7.4.2009
                  ─────────────────

 genaue
 Datumsangabe ──
```

Die Sprache des Protokolls

1. Bestimme die Zeitstufe (Vergangenheit, Gegenwart, Zukunft) der unterstrichenen Verben in den folgenden Sätzen. Bestimme ferner den Modus. Dabei kann dir der nachfolgende Merkkasten helfen.

- Wegen der Klimaerwärmung <u>sei</u> der Wasserpegel von 44 Gletscherseen im Himalaja so stark <u>angestiegen</u>, dass alle Dämme <u>zu brechen drohten</u>, <u>warnt</u> der Direktor des Umweltprogramms der Vereinten Nationen.
- Jedes Jahr <u>würden</u> die Gletscher in Bhutan um rund 40 Meter, in Nepal sogar um bis zu 100 Meter <u>schrumpfen</u>, so <u>stellt</u> ein Experte vor Ort <u>fest</u>.
- So <u>habe sich</u> allein das Volumen des Tsho-Rolpa-Sees in Nepal seit Ende der fünfziger Jahre <u>versechsfacht</u>, <u>erklärt</u> ein Regionaldirektor der UN.
- Bewohner der gefährdeten Gebiete <u>appellierten</u> seit Jahren mit dem Slogan „Rettet unsere Existenzgrundlage!" an die zuständigen Politiker, <u>berichtet</u> ein Journalist.

Modi des Verbs:
- Indikativ
- Imperativ
- Konjunktiv

Modus in der **indirekten Rede**:
- Konjunktiv I (vom Präsensstamm)
- Ersatzform Konjunktiv II (vom Präteritumstamm)
- Ersatzform „würde" + Infinitiv

2. Obwohl der Protokollant Teil des Geschehens ist, das protokolliert wird, muss er so schreiben, dass später jeder Leser des Protokolls ganz genau weiß, was gemeint ist. Also: Aus „ich" wird „der Schüler ...", aus „wir" wird „die Klasse 9b", aus „bis morgen" wird „bis zum 5.3.2007", aus „unser Klassenzimmer" wird „Raum 103" usw. Verbessere den folgenden Text. Es haben sich auch einige Modusfehler eingeschlichen.

> Am Ende der Stunde stellt uns die Lehrkraft die Hausaufgabe. Sie sagt, es ist wichtig, dass wir bei den Sätzen auf den richtigen Modus achten. Sie verlangt von uns, dass wir die Hausaufgabe bis morgen erledigen. Außerdem ist es wichtig, dass wir das, was wir im letzten Jahr zum Konjunktiv
> 5 gelernt haben, noch einmal wiederholen. Meine Banknachbarin soll dazu ein paar Schulgrammatiken von nebenan holen.

3. *Sagt … sagt … sagt …*: Wortwiederholungen sind auch im Protokoll nicht schön. Dennoch passt nicht jeder Begriff aus dem folgenden Wortfeld. Sondere aus dem Wortspeicher aus, was nicht zum Stil des Protokolls passt, und ergänze weitere geeignete Wörter. Das gelingt dir noch besser, wenn du die vorliegenden Wörter zunächst in einem Cluster ordnest.

Er/Sie erläutert • führt aus • platzt mit der Meinung heraus • erklärt • zeigt auf • meint irgendwie • weist nach • säuselt zuckersüß • will damit vermutlich sagen • veranschaulicht • fragt • brüllt rein • antwortet • erwidert • fasst zusammen • muss passen • weiß es wieder mal besser • überrascht uns mit der These • behauptet • zerbricht sich den Kopf • vermutet • analysiert • zählt auf • entgegnet • widerspricht • flüstert • rät wild herum • plappert nach • sagt unpassenderweise • ergänzt

4. Der folgende Text stammt aus einem Buch, in dem der Nobelpreisträger Mario Molina Schülern naturwissenschaftliche Zusammenhänge erklärt. Stell dir vor, Molina wäre zu Gast an eurer Schule gewesen und hätte diesen Text referiert, den du in einem Protokoll in indirekter Rede wiedergeben musst: „Prof. Molina stellt dar, dass das Ozon nicht nur für den blauen Himmel der Abenddämmerung sorge …".

→ Vervollständige den Text und achte dabei auf abwechslungsreiche Wörter aus dem Wortfeld *sagen*.

→ Pass auf: An manchen Stellen musst du das Tempus wechseln.

Ozon sorgt nicht nur für den blauen Himmel der Abenddämmerung. Außer den roten und gelben Anteilen des Sonnenlichts schluckt es noch eine besondere Art von Strahlen, die du nicht sehen kannst: das ultraviolette oder UV-Licht. Sicherlich hast du schon gehört, wie gefährlich das UV-Licht für alle Lebewesen ist, auch für dich. Wenn es zu lange auf deine bloße Haut scheint, 5
bekommst du einen Sonnenbrand. Es ist für das gesamte Leben auf unserem Planeten ungeheuer wichtig, dass die Ozonschicht überall dick genug ist und möglichst viele UV-Strahlen abfangen kann.
Leider ist diese lebenswichtige Schutzschicht schon an vielen Stellen dünner geworden und es hat sich ein großes Loch über dem Südpol gebildet. Schuld 10
am Ozonloch sind bestimmte Stoffe, die das Ozon zerstören. Dazu gehören die sogenannten Treibgase, die in Spraydosen zum Versprühen von Haarspray oder Deo verwendet wurden. Eine Sorte von Stoffen, die besonders schädlich für die Ozonschicht ist, haben meine Kollegen und ich gründlich untersucht und dabei herausgefunden, wie sie das Ozon zerstört. Seitdem wird diese Sorte 15
„Ozonkiller" in vielen Ländern nicht mehr verwendet. Das gibt mir Hoffnung, dass sich die Ozonschicht wieder erholt und ihre wichtige Aufgabe auch in Zukunft erfüllen kann: das Leben auf unserer Erde vor den tödlichen UV-Strahlen zu schützen. Übrigens haben die Lebewesen selbst die Ozonschicht der Erde geschaffen: Bakterien, Algen und andere Pflanzen haben die Photo- 20

synthese¹ erfunden, die du noch […] genauer erklärt bekommen wirst. Was du hier nur wissen musst: Durch die Photosynthese wurde die Atmosphäre mit Sauerstoffteilchen angefüllt. Dabei ist auch Ozon entstanden, denn Ozon ist eine Form von Sauerstoff.

[1] *Photosynthese:* chemischer Prozess, bei dem in Pflanzen Kohlendioxid und Wasser in Zucker und Sauerstoff umgewandelt wird

> **Zeitenfolge im Protokoll**
>
> Das protokollierte Geschehen steht im **Präsens**, dazu Vorzeitiges im **Perfekt**:
> *Nachdem die Expertin alle Fragen **beantwortet hat**, **zeigt** sie an der Karte die Klimazonen.*
> Wenn das Protokoll etwas vermerkt, das zum Zeitpunkt des protokollierten Geschehens bereits der Vergangenheit angehört, dann steht dies im **Präteritum**, Vorzeitiges im **Plusquamperfekt**:
> *Der Naturwissenschaftler Molina ist Gast der Schule. Vor 10 Jahren **gelang** es ihm und seinem Team, den Hauptgrund für die Ozonschädigung herauszufinden, nach welchem die Expertinnen und Experten lange ohne Erfolg **geforscht hatten**.*

5. In den vergangenen zwei Schuljahren hast du gelernt, wie du einen Gedankengang verkürzt wiedergibst und dabei dennoch die Sinnzusammenhänge verdeutlichst:
- durch Konjunktionen: *indem, obwohl, während, um … zu, weil …*
- durch Adverbialbestimmungen: *Trotz der Zunahme der Emmissionen …*

Unterstreiche im folgenden Text alle Wörter, die Sinnzusammenhänge signalisieren.

Warum ist es im Winter so kalt?

Könnt ihr flache Steine auf dem Wasser hüpfen lassen? Der Trick dabei ist, dass der Stein ganz flach auf die Wasseroberfläche trifft. Ist der Winkel zu steil, dann prallt der Stein nicht am Wasser ab, sondern plumpst hinein. Was das mit der Kälte im Winter zu tun hat? Eine ganze Menge. Denn so, wie wir den Stein
5 werfen, so wirft die Sonne ihre Strahlen. Die Sonnenstrahlen sausen ungeheuer schnell durch das Weltall, einige davon in Richtung Erde. Sie durchdringen die Atmosphäre und kommen bei uns auf der Erdoberfläche an. Hier lassen es die Sonnenstrahlen aber nicht nur hell, sondern auch warm werden; an manchen Sommertagen sogar richtig heiß. Nun scheint ja auch an Wintertagen die
10 Sonne, es bleibt aber trotzdem kalt. Hier sind wir wieder bei den Steinen. Es kommt darauf an, wie flach oder steil die Strahlen auf die Erdoberfläche treffen. Im Sommer knallen die Sonnenstrahlen beinahe senkrecht auf die Nordhalbkugel. So entfalten sie ihre ganze Energie und heizen alles auf. Im Winter hingegen treffen die Sonnenstrahlen dort flach auf und geben deshalb nur wenig
15 Energie ab.

Aus dem gleichen Grund ist es jeden Tag morgens und abends kälter als am Mittag. Denn mittags steht die Sonne höher am Himmel und die Strahlen kommen steiler auf der Erde an als morgens und abends, wenn die Sonne knapp über dem Horizont steht. Und je steiler die Sonnenstrahlen einfallen, desto wärmer wird es.

[20]

6. Stell dir vor, ein Experte oder eine Expertin hätte dies in dem Unterricht, den du protokollieren sollst, vorgetragen. Gib den Gedankengang knapp und sachlich wieder. Die unterstrichenen Wörter helfen dir dabei, dass die Sinnzusammenhänge nicht verlorengehen.

Die **Sprache** des Protokolls
- Sie ist sachlich, aber möglichst abwechslungsreich im Ausdruck.
- Redewiedergabe erfolgt mit indirekter Rede oder sinngemäß.
- Alle Angaben zu Personen, Ort und Zeit werden so formuliert, dass sie auch außerhalb der Situation unmissverständlich sind (statt *heute* steht das genaue Datum, statt *wir* steht *die Klasse 9b* usw.).
- Die Zeit des Protokolls ist das Präsens. Vorzeitiges steht im Perfekt. Für Vergangenes gilt die Zeitenfolge Präteritum – Plusquamperfekt.
- Konjunktionen und sonstige sprachliche Mittel der Satzverknüpfung verdeutlichen den Zusammenhang der Gedankengänge, sodass jeder auch nachträglich versteht, worum es ging.

Das Protokoll überarbeiten

1. Die Überarbeitung deines Protokollentwurfs gelingt dir am besten, wenn du dich fragst, ob jemand, der in der Stunde nicht anwesend war, wirklich verstehen würde,
- worum es dort ging: WAS?
- wie ihr vorgegangen seid: WIE?
- und was dabei herauskam: ERGEBNIS?

In bestimmten Fächern, z. B. Religion/Ethik, ist eure Klasse sicher geteilt. Protokolliere deinen Unterricht und gib deine Niederschrift jemandem aus der anderen Gruppe zu lesen. Befrage deinen „Lesepartner" daraufhin, ob er alles verstanden hat. Falls es Unklarheiten gibt, versucht die Gründe dafür herauszufinden und gemeinsam das Problem zu lösen.

2. Schreibe dir mithilfe der Merkkästen aus diesem Kapitel eine „Checkliste Protokoll". Mit ihrer Hilfe gehst du deine Protokolle nochmals durch. Und nicht vergessen: Rechtschreibung und Grammatik müssen stimmen!

Rechtschreibung, Zeichensetzung und Grammatik eigener Texte überarbeiten

Ob du ein Protokoll schreibst oder einen beliebigen anderen Text verfasst: Immer solltest du deinen Entwurf überarbeiten und dabei Rechtschreib- und Grammatikfehler beseitigen sowie den Stil verbessern. Hier findest du ein paar Übungen zu typischen Fehlerquellen. Du solltest dir zuerst die Regeln, die anzuwenden sind und die du früher bereits gelernt hast, selbst in Erinnerung rufen. Schlage nur im Notfall im Anhang nach.

Groß- und Kleinschreibung

1. Im folgenden Quiz sind die Fragen in Großbuchstaben geschrieben. Schreibe sie in korrekter Groß- und Kleinschreibung ab. Danach kannst du auch noch testen, wie gut dein Fachwissen rund ums Thema Klima ist. Deine Lehrkraft kennt die richtige Lösung.

I. WARUM IST DAS ENTSTEHEN EINES HURRIKANS IN EUROPA NICHT MÖGLICH?
- Weil es keine großflächige Warmwasserschicht gibt.
- Weil das Meer vor der europäischen Küste nicht tief genug ist.
- Weil vor der Küste Europas ständig ablandiger Wind herrscht, der die Hurrikane auf den Ozean hinaus treibt.

II. WELCHER WISSENSCHAFTLER KONSTRUIERTE EIN GERÄT ZUM MESSEN DES LUFTDRUCKES?
- Konrad Röntgen
- Evangelista Torricelli
- Albert Einstein

III. WO WURDE 1997 EINE ART „KLIMAVERTRAG" UNTERZEICHNET, DER DIE VERRINGERUNG DES AUSSTOßES VON TREIBHAUSGASEN ZUM INHALT HAT, SO DASS ES ZU KEINER WEITEREN VOM MENSCHEN VERURSACHTEN ERWÄRMUNG DES ERDKLIMAS KOMMT?
- in Kyoto
- in Hongkong
- in Shanghai

IV. EINE DER DRAMATISCHSTEN FOLGEN DES TREIBHAUSEFFEKTS IST DAS ANSTEIGEN DES MEERESSPIEGELS. UM WIE VIELE ZENTIMETER STIEG ER IN DEN LETZTEN ZEHN JAHREN AN?
- 3 Zentimeter
- 5 Zentimeter
- 10 Zentimeter

Zusammen- und Getrenntschreibung

1. Der „Tag der Erde" findet seit 1999 am 22. April alljährlich in über 175 Ländern statt und soll die Menschen dazu anregen, die Art ihres Konsumverhaltens zu überdenken. Entscheide in den folgenden Sätzen über den Tag der Erde, welche der unterstrichenen Wörter zusammen und welche getrennt geschrieben werden. Manchmal ist beides möglich. Begründe jeweils deine Entscheidung mit einer Regel. Schlage im Regelteil eines Wörterbuches nach, wenn du dir nicht sicher bist.
- Um auf die Problematik des Klimawandels und die nötige Verminderung des Treibhausgasausstoßes weltweit *hinzuweisen/hin zu weisen*, entstand im Jahr 1970 als spontane Studentenbewegung in den USA der Earth Day.
- Man glaubte damals *schwarzsehen/schwarz sehen* und in eine *angsterfüllte/angst erfüllte/Angst erfüllte* Zukunft blicken zu müssen, wenn nichts unternommen würde.
- Dass viele Menschen heute sich weniger in Bezug auf die Umwelt *zuschulden/zu Schulden* kommen lassen, ist *höchsterfreulich/höchst erfreulich*.
- Dazu gehört es in vielen Bereich *Maß zu halten/maßzuhalten*.
- So kann man *anstelle/an Stelle* eines Autos andere Verkehrsmittel benutzen, z. B. *radfahren/Rad fahren*.
- Das mag einem manchmal *schwer fallen/schwerfallen*, dennoch kann nur so etwas *vorwärts gehen/vorwärtsgehen*.

Fach- und Fremdwörter

1. Verbessere die Schreibung der unten aufgelistete Fach- und Fremdwörter. Schlage zudem die Bedeutung der dir unbekannten Wörter in einem Fremdwörterbuch nach.

- Kondensationnivaeux
- Temperatuhramplithude
- difuse Strahlung
- Throposfäre
- Termik
- Strahlungsintensitet
- Micro-Klima
- Jet-stream
- Metherologi

Dass oder das?

1. *Das* Problem, *das* du schilderst, ist doch gar nicht so schwierig. *Dass* du *das* nicht verstehst, *das* hätte ich nicht gedacht.

Du kennst die Regel, für die Schreibung von *das* oder *dass* schon aus früheren Jahrgängen. Rufe sie dir wieder ins Gedächtnis, indem du alle vorkommenden *dass/das* entweder mit *dieses (jenes)* oder *welches* zu ersetzen versuchst. Erinnere dich, was es für die Schreibung bedeutet, wenn der Ersatz funktioniert bzw. wenn er nicht funktioniert. Formuliere die Regel.

2. Die folgenden Sätze stammen aus dem Zeitungsartikel „Wie wird man eigentlich Klimaforscher". Entscheide, ob *das* oder *dass* richtig verwendet wurden. Verbessere, wo es nötig ist. Führe Gründe für deine Entscheidung an.

- Früher studierte man gezielt Meteorologie oder Geophysik, viele Geographie oder Ozeanographie. *Dass* bedeutete, *dass* man schon mittendrin war in der Klimaforschung.
- Heute gilt *das* auch – Meteorologie zum Beispiel gibt es noch an zwölf deutschen Universitäten.
- Aber viele Wege führen inzwischen in die Klimatologie. Wer etwa als Biologe oder Mikrobiologe sein Handwerk versteht, hat heute die besten Chancen, *das* er es in der Klimaforschung zu etwas bringt.
- *Das* heißt aber auch, *das* es den Königsweg zur Klimatologie nicht gibt.
- Am Ende eines Studiums, *das* sich auf ein Fach konzentrierte, findet man sich im Kreise von Quereinsteigern wieder.
- Bei der Klimaforschung ist *dass* Vorgehen stets exemplarisch.
- Viele Prozesse werden vermessen und in Beziehung mit anderen Größen gebracht. *Das* Ziel besteht darin, *dass* Ganze in einen logischen Zusammenhang zu bringen.

Laut-Buchstaben-Zuordnung

1. Schon oft gelernt, doch im „Eifer des Gefechts" immer mal wieder falsch gemacht: *d* oder *t*?, *nst*, *ndst* oder *tst*?, *lich* oder *lig*?
Formuliere zu folgenden Beispielen die Strategie, die dir hilft, die richtige Schreibweise herauszufinden:
Strategie 1: *entscheidend/t?* → *entscheidende Minuten, feurig/ch?* → *feurige Musik*
Strategie 2: *end/tgültig?* → *Ende*, dagegen: *entsetzlich; jugend/tlich?* → *Jugend*, dagegen: *ordentlich*
Strategie 3: *entlegen?ste Orte* → *entlegene Orte*, *bedeuten?ste Künstler* → *bedeutende Künstler*

2. Setze mithilfe der Strategien die richtigen Buchstaben ein. Bei den Superlativen fehlt auch manchmal kein Buchstabe.
unzähli_ • menschli_ • spannen_ste • offen_ste • En_schädigung • En_gegnung

En_ergebnis • En_deckung • hoffen_lich • empfin_lich • eili_ • arti_ • gänzli_ • erfahren_ste • beeindrucken_ste • schonen_ste • En_geld • En_hüllung • En_spurt • wesen_lich • schän_lich • windi_

Substantivierungen

1. Was bedeutet die Endung *-ieren* in den Worten *pürieren* oder *pulverisieren*? Mache dir klar, was dementsprechend *substantivieren* oder *nominalisieren* meint.
2. Erkläre jeweils die Großschreibung in den zweiten Sätzen.
   - Ich hatte schöne Ferien. Das Schöne an den Ferien ist, dass man ausschlafen kann.
   - Es ist Übungssache, Sachtexte genau zu lesen. Das genaue Lesen von Sachtexten ist Übungssache.

Formuliere eine Regel, wie man substantivierte Wörter erkennen kann.

3. *Rote Rosen mag meine Schwester, aber die gelben sind ihr noch lieber.*

Erkläre, warum hier *gelbe* nicht substantiviert ist, also kleingeschrieben wird, obwohl ein Artikel vor dem Adjektiv steht.

4. Entscheide: Groß- oder Kleinschreibung?

Ich werde (w/W)arten. • Das lange (w/W)arten macht mich nervös. • Ich bin vom (w/W)arten schon ganz müde. • Er hatte keine Zeit mehr zum (n/N)achdenken, denn es begann schon zu (b/B)litzen. • Alles (a/A)rbeiten war umsonst gewesen, denn die Schnecken hatten nichts (e/E)ssbares übrig gelassen. • Der Ferienjob war nicht gerade (a/A)nstrengend, zumal nichts (a/A)ufregendes in der Firma passierte. • Durch (ü/Ü)ben wirst du eines Tages (g/G)roßes leisten können. • Ständig dachte er an die (n/N)ächste Klassenarbeit, denn die (l/L)etzte war nicht gut ausgefallen. • Soll ich die (b/B)lauen, die (r/R)oten oder die (g/G)rünen Strümpfe kaufen? • Viele Touristen waren im Ort, darunter etliche (e/E)nglische. • Das (e/E)nglische hat viele Wörter aus dem (l/L)ateinischen übernommen.

Zeichensetzung in Satzgefügen

1. Lass dir von deiner Lehrkraft eine Kopie des folgenden Textes geben. Setze die fehlenden Kommas.

Dirk Asendorpf
Viel Energie auf hoher See

Klettergeschirr anlegen Sturzhelm aufsetzen die 100 Meter lange Sprossenleiter im Stahlturm hinaufklettern zwischen Getriebe und Generator durch die heiße Gondel kriechen und dann die Dachluke öffnen: Steif bläst der Nordwest ins Gesicht. Vorne drehen sich 60 Meter lange Rotorblätter dahinter sieht man nur das Meer. Noch steht in Deutschland kein Windrad ganz weit 5 draußen in der See doch die Prototypen der größten Anlagen sind dicht an die Nordseeküste vorgerückt einige sogar ein paar Meter ins Wasser. Nach über zehn Jahren der Planung von Offshore-Windparks wird im Sommer nun der erste gebaut.

Windräder einer Offshore-Anlage

10 Alpha Ventus heißt das Testfeld das außer Sichtweite 45 Kilometer vor Borkum entsteht und von Oktober an so viel Strom produzieren soll wie 100 000 Menschen zu Hause verbrauchen. Erzeugt wird er von einem Dutzend Fünf-Megawatt-Windrädern
15 jedes so hoch wie der Kölner Dom und 1000 Tonnen schwer. Bis zu 20 Millionen Kilowattstunden erhofft man von jedem Windrad pro Jahr fast doppelt so viel wie von besten Standorten auf Bergen oder an der Küste.
20 An Land sind die attraktiven Windstandorte längst vergeben daher sollen einige Anlagen auch in der Ostsee entstehen. Flautetage sind selten das ist positiv. Riskant können Winterorkane werden. Böen mit 164 km/h weit mehr als Windstärke 12 hat man in der Silvesternacht 2006 gemessen. Die höchsten
25 Wellen erzeugte ein Sturm zwei Monate vorher so dass sie die Hälfte aller Kabelkanäle bis auf 15 Meter Höhe über dem Meeresspiegel zerschlugen.
Um sich gegen solche Wucht zu wappnen stehen die Offshore-Windräder auf gewaltigen drei- oder vierbeinigen Stahlkonstruktionen und werden zusätzlich mit 25 Meter langen Stahlpfählen im Meeresgrund verankert. Die Belastung
30 aller beweglichen Teile von Offshore-Windparks ist größer als an Land und wenn etwas kaputtgeht ist die Reparatur kompliziert. Dennoch bauen viele Unternehmen an die Zukunft der Windkraft so dass sich wirtschaftsschwache Regionen die ehemals vom Schiffsbau profitierten nun neue Hoffnungen machen können.

Kommas bei Einschüben

1. Einschübe werden vom übrigen Satz vorn und hinten mit Kommas abgetrennt. Analysiere, was in den folgenden Beispielen eingeschoben wird.
- Im nächsten Jahr, sofern es die Eltern erlauben, will Jennifer ihre Cousine in England besuchen.
- Jennifer, auf England gespannt, bittet ihre Eltern um Erlaubnis.
- Ihre Eltern, ohne lang zu zögern, stimmen zu.
- Jennifer, die schwach in Englisch ist, hat nämlich ein gutes Argument.
- Im nächsten Jahr, ihrem letzten Schuljahr, bräuchte sie eine gute Englischnote.

2. Setze im folgenden Text die Kommas.

Ein verschwenderischer junger Mann der seinen elterlichen Besitz durchgebracht hatte besaß nur noch einen Mantel. Der Jüngling als er nun früh im Jahr eine Schwalbe singend zurückkehren sah dachte es sei schon Sommer und in der Vorstellung er brauche den Mantel nicht mehr verkaufte er ihn. Der Winter aber noch lange nicht vorbei kam zurück. Die Kälte kroch dem Jüngling arg in die Glieder was niemand verwundern wird und setzte auch der armen Schwalbe zu die klein wie sie war im eisigen Wind starb. Der junge Mann der die Schwalbe tot liegen sah aber sagte: Geschieht dir recht wo du mich doch ruiniert hast. Ein besonnener Mann der vorbeikam bemerkte nur trocken: Eine Schwalbe auch wenn sie noch so schön zwitschert macht noch keinen Sommer.

Nach Äsop

Doppelpunkt

1. Die häufigste Verwendung des Doppelpunkts machen die meisten Menschen auf Grund ihres Sprachgefühls richtig: In der Regel steht er dort, wo etwas angekündigt wird. Untersuche in folgenden Sätzen, was jeweils angekündigt wird.
- Eva organisiert den Klassenausflug und sagt zu ihren Mitschülern: „Für die mehrtägige Wanderung benötigen wir eine gute Ausrüstung."
- Sie denkt: „Hoffentlich vergesse ich nur nichts Wichtiges!"
- Im Wanderführer stand: „Unüberlegte Vorbereitung hat schon manche in lebensgefährliche Situationen gebracht."
- „Auf jeden Fall brauchen wir Folgendes: feste Schuhe, Regenschutz, Landkarten."

2. Im folgenden Beispiel wird nicht etwas angekündigt. Die Regel muss also anders lauten.
- Der Wald, die Felder, die Seen: All dies gehörte früher einer einzigen Familie.
- Du meckerst an allem herum, hast keinen vernünftigen eigenen Vorschlag, verbreitest schlechte Stimmung: Wenn du so weitermachst, dann lassen wir dich zu Hause, Tom!

3. Erkläre in den Beispielsätzen Groß- und Kleinschreibung nach dem Doppelpunkt mithilfe des folgenden Merkkastens. Beachte vor allem das zweite Beispiel.
- Nicht vergessen: Lade dein Handy vorher auf!
- Ganz wichtig: Getränke.
- Und für den Fall, dass es kalt werden sollte: ein Pullover!

Doppelpunkt steht vor angekündigten
- wörtlichen Reden,
- Gedanken,
- wörtlich zitierten Textstellen,
- Aufzählungen, Angaben, Erläuterungen.

→

> Außerdem steht er vor Sätzen,
> - die das vorher Gesagte zusammenfassen,
> - die eine Schlussfolgerung ziehen.
>
> Als Faustregel für die Groß- und Kleinschreibung gilt: Nach Doppelpunkt
> - werden ganze Sätze großgeschrieben,
> - unvollständige Sätze kleingeschrieben.

4. Entscheide über die richtige (Groß- oder Klein-)Schreibung. Setze ferner Anführungszeichen, wo sie nötig sind.
- Die Definition von Klimawandel lautet: U/unter Klimawandel versteht man die natürliche Veränderung des Klimas auf der Erde über einen längeren Zeitraum. Damit umfasst er die bisherige Klimageschichte, also den Ablauf von Wetterereignissen über einen Betrachtungszeitraum von wenigen Jahrzehnten bis hin zu Jahrmillionen.
- Dagegen bezieht sich der Begriff globale Erwärmung, der oft synonym für Klimawandel verwendet wird, eigentlich auf etwas anderes: N/nämlich auf die durch Menschen verursachte gegenwärtige Klimaveränderung.
- Die Wissenschaft der Erforschung der Klimageschichte ist die Paläoklimatologie: D/diese versucht anhand von Daten über klimatische Verhältnisse in der Vergangenheit zu klären, wie die klimatische Zukunft der Erde aussehen könnte.
- Der Professor für Physische Geographie Rüdiger Glaser stellte in seiner „Klimageschichte Mitteleuropas" Folgendes fest: D/die Ausarbeitungen haben deutlich gemacht, dass Klimakatastrophen in Mitteleuropa ein ständiger Begleiter waren. Dies gilt für alle angesprochenen Varianten wie Gewitter, Stürme und Hochwasser.
- Gemäß den Daten der Klimaarchive ergibt sich folgendes Resultat: I/in den zurückliegenden 30 Jahren nahm die globale Durchschnittstemperatur nach Bodenmessungen um ca. 0,17 C pro Jahrzehnt zu.
- Die Prognose lautet: K/kein Rückgang der Erwärmung für mindestens 1000 Jahre, selbst wenn heute alle Treibhausgasemissionen vollständig gestoppt würden.

Zeichensetzung bei Zitaten

1. Finde geeignete Zitate aus dem Text „Viel Energie auf hoher See" von S. 188 f. und verknüpfe sie mit den folgenden Sätzen. Achte auf die korrekte Zitierweise.
Beispiel:
Bei der Arbeit in Offshore-Windparks ist eine sichere Arbeitsausrüstung ein absolutes Muss: Ohne … geht hier nichts.
Lösung: Bei der Arbeit in Offshore-Windparks ist eine sichere Arbeitsausrüstung ein absolutes Muss: Ohne „Klettergeschirr [und] Sturzhelm" (Z. 1) geht hier nichts.

- Der erwartete Energiegewinn soll sehr hoch sein: …
- Ein weiterer Grund für die Errichtung von Windrädern im Meer ist folgender: … So hat man zusätzlichen Platz für die Windparks gewonnen.
- Probleme bei Offshore-Windparks können beispielsweise … hervorrufen.
- Schutz bieten unter anderem die … oder die Verankerungen …

2. Zitiere die angegebenen Textstellen und verknüpfe sie mit den restlichen Sätzen. Passe die zu zitierenden Sätze – wenn nötig – an. Achte auf die Zeichensetzung bei Zitaten.
- Der Windpark „Borkum-West" ist ein Härtetest für die Branche, weil dort …
  <u>zu zitierende Textstelle:</u> Die Nordsee ist hier bis zu 30 Meter tief, was die Bauarbeiten extrem kompliziert macht.
- Deutschland hat bis 2030 anspruchsvolle Ziele in Bezug auf die Energiegewinnung mit Offshore-Anlagen: Die Windenergie soll dann …
  <u>zu zitierende Textstelle:</u> Bis 2030 will sie den Anteil der Windenergie an der gesamten Stromerzeugung von derzeit 4,3 Prozent auf 25 Prozent steigern.
- Unter den erneuerbaren Energien ist die Windkraft in Deutschland die etablierteste. Mit ihren 26,5 Milliarden Kilowattstunden im Jahr …
  <u>zu zitierende Textstelle:</u> Das reicht, um 7,6 Millionen Haushalte ein Jahr lang zu versorgen.
- Dass sich …, ist Weltrekord und entspricht einem Drittel der weltweit installierten Leistung.
  <u>zu zitierende Textstelle:</u> Zwischen Nordseeküste und Alpenrand drehen sich bereits 18 000 Windräder.

Bindestrich, Ergänzungsstrich, Gedankenstrich

1. Der Bindestrich heißt so, weil er etwas verbindet. Das wird dadurch deutlich, dass er ganz nah an die Wörter heranrückt. Also:
- *deutsch-englisches Wörterbuch*, nicht **deutsch - englisches Wörterbuch*
- *Magen-Darm-Katarrh*, nicht **Magen - Darm - Katarrh*

Fehler werden vor allem dann gemacht, wenn mit dem Computer geschrieben wird. Suche mindestens fünf weitere Beispiele und schreibe sie korrekt am Computer auf.

2. Erkläre, warum in den folgenden Fällen der kleine horizontale Strich Ergänzungsstrich heißt und warum auch er ganz dicht an dem dazugehörenden Wort stehen muss:
- *Ein- und Ausgang*, nicht **Ein - und Ausgang*
- *Balkon-, Garten-* und *Campingmöbel*
- *Kernkraftbefürworter und -kritiker*
- *Textilgroß- und -einzelhandel*

3. Suche mindestens fünf weitere Beispiele und schreibe sie korrekt mit dem Computer auf.

4. Erkläre, warum es sich im folgenden Beispiel nicht um Bindestriche oder Ergänzungsstriche handeln kann.
- Dieses Bild – du kennst es sicher – konnte er zu seinen Lebzeiten gar nicht verkaufen.
- Er glaubte sich in Sicherheit – ein verhängnisvoller Irrtum.

5. Lies das erste Beispiel aus Aufgabe 4 und die folgenden Sätze laut und beobachte, wie sich dein Sprachfluss verändert:
- Ohne geeignete Ausrüstung – soviel ist sicher – hätten wir den Berg nicht besteigen können.
- Meine Freundin – sonst eher unsportlich – war begeistert bei der Sache.
- Sie will – wenn das Wetter es zulässt – nächstes Jahr die Tour nochmals mit ihren Eltern machen.
- Das war einer der besten Wandertage überhaupt – ohne Zweifel!
- Großartig – ein voller Erfolg, der uns als Klasse zusammengeschweißt hat.

Der Bindestrich
- wird in Zusammensetzungen verwendet,
- wird unmittelbar an das Wort herangerückt.

Der Ergänzungsstrich
- steht für ein Wortbestandteil,
- wird unmittelbar an das Wort herangerückt.

Der Gedankenstrich
- wird häufig dort gemacht, wo in der gesprochenen Sprache eine deutliche Pause gemacht wird,
- steht frei zwischen den Wörtern (hat vor und nach sich eine Freitaste),
- ist meist durch andere Zeichen ersetzbar:
    - der einfache Gedankenstrich durch Doppelpunkt:
    Großartig: ein voller Erfolg, der uns als Klasse zusammengeschweißt hat.
    - der doppelte Gedankenstrich durch eine Klammer oder Kommas:
    Meine Freundin (sonst eher unsportlich) war begeistert bei der Sache
    Meine Freundin, sonst eher unsportlich, war begeistert bei der Sache.
    Achtung: Nicht das zweite Komma vergessen!
    (→ Kommas bei Einschüben S. 271)

---

6. Lass dir eine Kopie der folgenden Sätze geben und trage in die markierten Lücken Gedanken- oder Bindestriche, Doppelpunkte, Klammern oder Kommas ein. Manchmal kann es nur **eine** richtige Lösung geben, oftmals sind jedoch auch mehrere Möglichkeiten zulässig. Vergleiche dein Ergebnis mit dem deines Nachbarn.

Die Naturgewalt Erdbeben

- Schon immer war der Mensch Naturgewalten ausgesetzt ❉ seien es Tsunamis ❉ Erdbeben ❉ Vulkanausbrüche oder Wirbelstürme ❉ um nur einige Beispiele zu nennen.
- Vulkaneruptionen ❉ Erdbeben und Tsunamis entstehen durch Vorgänge in der Erdkruste ❉ die der Mensch nicht beeinflussen kann.
- Vom Mittelmeer bis nach Norwegen ist Europa von einer großen Bruchzone durchzogen ❉ die vor etwa 50 Millionen Jahren als „Rift Valley" den Kontinent beinahe gespalten hatte.
- Einige der noch heute stattfindenden Erdbeben erreichen eine Stärke zwischen 5 und 6 auf der Richter ❉ Skala.
- Neben einer großen ❉ nach ihren Endpunkten westlich von Marseille und am Mjösa-See im Gebiet von Oslo ❉ Norwegen ❉ als Mittelmeer-Mjösa-Zone bezeichneten Störungslinie wird Europa wie ein Schollenmosaik von einer Vielzahl von Brüchen durchzogen, ❉ in deren Bereich Erdbeben auftreten können.
- Das letzte schwere Erdbeben auf der Alb fand am Morgen des 3. September 1978 um 6.08 Uhr statt und hatte ❉ obwohl es keine Menschenleben forderte ❉ ein großes Ausmaß ❉ 800 beschädigte Häuser und ein Radius von über 300 km ❉.
- So prangt auf der Titelseite einer Tageszeitung am Tag nach der Naturkatastrophe ❉ „Schaden in Millionenhöhe ❉ Schwerstes Erdbeben in Baden-Württemberg seit 35 Jahren ❉ Mindestens 25 Verletzte." Weiter schreibt das Blatt ❉ „Die Millionenschäden waren auch viele Stunden nach dem ersten und gleichzeitig schwersten Erdstoß um 6.08 Uhr noch unübersehbar."
- Im April 1992 kam es im deutsch ❉ niederländischen Grenzgebiet bei Roermond zu seismischen Erschütterungen.
- Ursache für die großen Grabenbildungen ❉ etwa beim Oberrheingraben ❉ ist eine Dehnung der eurasischen Kontinentalplatte ❉ die vor mehr als 200 Millionen Jahren anfing sich herauszubilden.
- Nachfolgende Stauchungen der Platte ❉ durch die Kollision mit der afrikanischen Kontinentalplatte hervorgerufen ❉ führten zu einer Vielzahl von weiteren Bruchzonen ❉ so dass im Bereich dieser Strukturen die Erdkruste in zahlreiche große und kleine Gesteinsschollen zerbrochen ist.
- Durch die Plattenbewegungen entstehen immer wieder Spannungen entlang der Trennfugen dieser Bruchschollen ❉ die sich in gewissen Abständen in zumeist kleineren Erdbeben entladen.
- Da die hier beschriebenen Erdbeben fernab von den Grenzen der Lithosphärenplatten ❉ den eigentlichen, klassischen Erdbebengebieten ❉ inmitten einer Kontinentalplatte stattfinden ❉ werden sie als Intraplattenbeben bezeichnet.

Übereinstimmung von Subjekt und Prädikat (Kongruenz)

1. Richtig oder falsch?
- Es kommen der Mann und seine Frau.
- Es kommen der Mann oder seine Frau.
- Die Menge ungelöster Zukunftsprobleme beschäftigt unsere Politiker.
- Was die Zukunft angeht, sind schon eine riesige Menge von Büchern geschrieben worden.

Formuliere Regeln für die richtige Übereinstimmung (Kongruenz) von Subjekt und Prädikat.

2. Setze des Prädikat richtig ein.
- In den Büchern (wird/werden) eine ganze Reihe hochaktueller Themen behandelt.
- Mit Bergen von Geröll (wird/werden) ein Heer von Hilfskräften noch lang zu tun haben.
- Die Regierungschefin und ihre Mitarbeiterin (traf/trafen) pünktlich am Flughafen ein.
- Die Regierungschefin mit ihrer Mitarbeiterin (traf/trafen) pünktlich am Flughafen ein.
- (Wird/werden) ein Politiker aus dem Norden oder einer aus dem Süden das Land regieren?
- Nicht die verkehrstechnische, sondern die ökologische Katastrophe (müssen/muss) uns besorgt machen.

Wort- und Satzstellung variieren

1. Lies die folgenden Umformulierungen laut: Beurteile anschließend, ob sich die Wirkung oder die Bedeutung verändert. Entscheide auch, ob der Satz womöglich grammatisch falsch ist.

a) Der anerkannte wissenschaftliche Erkenntnisstand des Weltklimarates mit seinem Sitz in Genf hat sich als Grundlage für politische Entscheidungen global durchgesetzt.
b) Durchgesetzt hat sich als Grundlage für politische Entscheidungen der global anerkannte wissenschaftliche Erkenntnisstand des Weltklimarates mit seinem Sitz in Genf.
c) Der global anerkannte wissenschaftliche Erkenntnisstand des Weltklimarates mit seinem Sitz in Genf hat sich als Grundlage für politische Entscheidungen durchgesetzt.
d) Mit seinem Sitz in Genf hat sich als Grundlage für politische Entscheidungen der global anerkannte wissenschaftliche Erkenntnisstand des Weltklimarates durchgesetzt.
e) Als Grundlage für politische Entscheidungen hat sich der Weltklimarat mit seinem Sitz in Genf mit seinem global anerkannten wissenschaftlichen Erkenntnisstand durchgesetzt.

2. Der Weltklimarat wurde 2007, gemeinsam mit dem ehemaligen US-Vizepräsidenten Al Gore, mit dem Friedensnobelpreis ausgezeichnet. Beurteile die folgenden Umstellungen und Umformulierungen.
a) Die hohe Auszeichnung der Organisation führt zu viel Einfluss.
b) Durch die hohe Auszeichnung der Organisation hat sie viel Einfluss.
c) Der Weltklimarat hat – als Folge der hohen Auszeichnung – viel Einfluss.
d) Die hohe Auszeichnung hat Folgen und der Weltklimarat gewinnt immer viel Einfluss.

3. Du hast sicher gemerkt, dass sich mit Umstellungen oft der Sinn verändert. Andererseits verhindert ein abwechslungsreicher Satzbau, dass dein Text sprachlich eintönig klingt. Such dir einen Sachtext aus diesem Buch und probiere – zusammen mit einem Mitschüler – Satzvariationen aus. Achtet darauf, dass der Sinn erhalten bleibt.

Und sonst?

1. Du musst lernen, an deinen „Schwachstellen" selbstständig zu arbeiten: Schreibe einen der nächsten Übungsaufsätze mit dem Computer und aktiviere das Rechtschreibprogramm. Analysiere: Welche Fehler waren Tippfehler, welche zeigen, dass du eine Rechtschreibregel noch nicht beherrschst? Notiere die letzteren auf einem Blatt, das den Titel „Mein Rechtschreibprofil" trägt, und zwar unter „Befund". Schreibe die richtige Lösung in die rechte Spalte.

Mein Rechtschreibprofil	
Befund: falsch geschrieben:	richtig geschrieben:
...	...

2. Lass dir auch von der Lehrkraft deinen Übungstext korrigieren. Trage die Fehlerschreibungen, die deine Lehrkraft noch entdeckt hat, ebenfalls auf dem Blatt ein.

3. Analysiere nun den Befund: Welche Rechtschreibregeln machen dir noch Schwierigkeiten? Schlage im Regelteil eines Wörterbuches nach, was du beachten musst, damit du diese Fehler vermeidest. Übe mithilfe deines „Befundmaterials".

Selbstständige Korrektur und Vermeidung von Rechtschreibfehlern:
- Korrekturprogramm am Computer aktivieren
- im Regel- und Lexikonteil eines Wörterbuchs nachschlagen
- Rechtschreibstrategien anwenden:
  - ableiten
  - Wortverwandtschaft suchen
  - grammatisches Wissen anwenden

O Protokoll

1. Erstelle zu folgendem Ausschnitt aus einer Geographiestunde eine Mitschrift. Verwende dazu Symbole und Abkürzungen.

LEHRER: Unter dem Titel „Klimawandel und Tourismus – Wohin geht die Reise?" wurde von Deutsche Bank Research, einer Gesellschaft, die ökonomische, gesellschaftspolitische und Finanzmarkttrends analysiert, eine Studie veröffentlicht, die sich mit den unterschiedlichen Auswirkungen des Klimawandels auf die Tourismus-Branche beschäftigt. Sie haben herausgefunden, dass sich die Nachfrage nach Reisen und Urlaub nicht grundlegend ändern wird. Aber durch klimatische Änderungen werden sich erhebliche regionale und saisonale Verschiebungen in der Nachfrage ergeben.
SOPHIE: Heißt das, dass alle immer noch genauso oft in Urlaub fahren und sich nur die Ziele oder Zeiten ändern?
LEHRER: Das ist richtig. Nennt mir Gründe, warum sich Touristen entscheiden könnten, woanders oder zu einer anderen Zeit in den Urlaub zu fahren!
WALTER: Also, wir fahren schon seit Jahren im August nach Griechenland. Aber letztes Jahr war es da echt heiß! Früher ist das noch nicht so gewesen. Außerdem konnte man nicht immer duschen oder sich waschen, wenn man wollte, weil es wegen der Trockenheit zu wenig Wasser gab und deshalb zu bestimmten Tageszeiten gespart werden musste. Das war natürlich nicht so toll.
LEHRER: Was werdet ihr dann nächstes Jahr machen?
WALTER: Entweder fahren wir schon früher nach Griechenland oder wir müssen uns für den Sommer etwas anderes suchen, was mir leid täte. Mein Vater redet schon von einem „kühlen" Land als nächstem Ferienziel, denn er war wegen der Hitze immer so erledigt. Sein geliebtes Tennis könnte er sonst nur noch in einer klimatisierten Halle spielen.
LEHRER: Walter hat wirklich etwas Interessantes festgestellt. Die Deutsche Bank Research hat in ihrer Studie ähnliche Ergebnisse veröffentlicht:
„So dürften etwa in Mitteleuropa die Sommer durchschnittlich trockener werden (bei gleichwohl höherer Wahrscheinlichkeit für kurzfristige Starkregenfälle), während feuchtere Wintermonate erwartet werden. Dabei sollen die Niederschläge im Winter häufiger als Regen und seltener als Schnee fallen. Der asiatische Monsun dürfte sich verstärken, während sich die Trockenheit in der übrigen Jahreszeit verschlimmern wird. Diese Phänomene werden schon bis 2030 zu beobachten sein, wenngleich die Ausprägungen in den Jahrzehnten danach stärker sein werden. In der längeren Frist ist mit einem merklichen Anstieg des Meeresspiegels zu rechnen. Schon kurzfristig sind in vielen Küstenregionen der Erde höhere Schäden durch Sturmfluten wahrscheinlich."

2. Setze fünf der obigen Aussagen aus Aufgabe 1 in die indirekte Rede. Achte auf den richtigen Modusgebrauch. Verwende zudem abwechslungsreiche einleitende Verben.

3. Überarbeite die Formulierungen der Tagesordnungspunkte, indem du Nominalisierungen verwendest.

Protokoll über die Deutschstunde der Klasse 9c am 14.12.2009
Beginn: 8.00 Uhr
Ende: 8.45 Uhr
Ort: Johannes von Gutenberg-Gymnasium, Raum U8
Anwesend: alle Schüler und Schülerinnen der Klasse 9c
Abwesend: Rene Huber
Vorsitzende/r: Gerold Kaiser (Geographielehrer)
Protokollant/in: Maria Meier
Thema der Stunde: Auswirkungen des Klimawandels auf den Tourismus

Tagesordnung:
1. Der Lehrer stellt Anita Hahne Fragen zur letzten Stunde über „Tourismus im Mittelmeerraum".
2. Herr Kaiser bringt den Schülern das neue Themengebiet „Auswirkungen des Klimawandels auf den Tourismus" nahe, indem er eine Tabelle mit Übernachtungszahlen zeigt.
3. Die Schüler sammeln Ursachen für die Veränderungen im Tourismus.
4. Dann bespricht die Klasse Folgen, die sich daraus ergeben.
5. Die Klasse vergleicht ihre Erkenntnisse mit denen der Studie von Deutsche Bank Research.
6. Die Lehrkraft gibt den Schülern als Hausaufgabe auf, die Ergebnisse der Stunde auf einem Plakat zusammenzufassen.

4. Bestimme in folgenden Sätzen aus einem Protokoll das Tempus. Entscheide, ob das richtige verwendet wurde, und korrigiere es, wenn nötig.

Der Lehrer fragt Anita Hahne, wann die größten Tourismusströme sich auf den Weg zum Mittelmeer machen. Anita konnte die Frage beantworten. Sie sagt, dass besonders im Sommer viele Urlauber Sonne und Strand genießen wollen. Zudem hat sie betont, dass das schon immer so gewesen wäre. Forschern gelang es, anhand von Übernachtungszahlen herauszufinden, dass Malta und Zypern besonders von ausländischen Gästen profitieren. Dazu haben sie zuvor die Daten von insgesamt 29 Ländern ausgewertet.

5. Hier haben sich falsche Pronomen und Ortsangaben eingeschlichen. Verbessere sie.

Herr Kaiser, unser Lehrer, fragt uns nach Ursachen für die Veränderungen. Die Klasse sammelt nach einem kurzen Unterrichtsgespräch und einigen Vorinformationen der Lehrkraft in Partnerarbeit jeweils mindestens drei Beispiele, die wir dann auch aufschreiben. Er lässt uns dazu den Atlas verwenden, in dem sich eine thematische Karte über die Klimaentwicklung in Südeuropa befindet. Die Atlanten werden im Raum neben unserem Klassenzimmer aufbewahrt. Wir sollen danach Folgen mit Hilfe weiterer Karten, die z. B. die Touristenströme zu bestimmten Jahreszeiten zeigen, erarbeiten.

6. Der Schriftführer des folgenden Protokolls hat beim Tagesordnungspunkt 5 zu viele Details und teils auch unsachliche Inhalte ausgeführt. Kürze den Inhalt auf das Wesentliche, indem du Überflüssiges streichst. Lass dir von deiner Lehrkraft dazu eine Kopie des Textes geben. Verbessere außerdem fehlerhafte Formulierungen, indem du eine verbesserte Textfassung in dein Heft schreibst.

~~Der Lehrer lässt zwei Schüler einige~~ Arbeitsblätter ~~mit Grafiken aus der oben genannten Studie austeilen. Die beiden trödeln und es dauert lange, bis auch die letzte Reihe versorgt ist~~. Danach erläutert Herr Kaiser, was die Klasse genau zu tun hat. Zunächst teilt er sie in Gruppen ein, indem er allen Kärtchen von unterschiedlicher Farbe austeilt. Alle mit gleicher Farbe bilden ein Team. Die Aufgabe besteht darin, die vorherigen Ergebnisse mit denen der DB Research-Studie zu vergleichen. In der „gelben" Gruppe war das gar nicht so einfach, weil Bernhard immer störte! Er hat Lisa immer ihr Heft weggenommen, so dass sie nichts notieren konnte.
Nach zehn Minuten Gruppenarbeit fragt die Lehrkraft die Teams nach ihren Vergleichsergebnissen. Diese werden an der Tafel notiert und alle Schüler übertragen sie ins Heft. Wir haben praktisch das gleiche herausgefunden, wie vorher, und nur ein paar zusätzliche Informationen zu einzelnen Ländern. So wird z. B. laut Team 1 der Tourismus in Portugal weiter nach Norden ausweichen, weil es im S zu heiß ist, oder Kroatien könnte – wie Team 2 sagt – von ursprünglichen Griechenlandurlaubern profitieren, wenn diese wegen hoher Temperaturen auf das nördlichere Land ausweichen. Team 3 stellte fest, dass Touristen, die eigentlich immer in tiefer gelegenen Skigebieten der Alpen oder den dt. Mittelgebirgen ihren Skiurlaub verbringen, von Oktober bis März wegen häufigerem Schneemangel auf hoch gelegene oder Gletscher-Skigebiete ausweichen werden, weil bis 2030 die Schneefallgrenze in den Alpen um 300 Meter ansteigen wird. Team 4 ist ein Komplettausfall. Der Lehrer muss alles sagen, nämlich dass viele Touris an die Küsten fahren, aber auch etliche die Städte (meist nicht im Sommer!) besuchen, so dass sich hier wenige Veränderungen ergeben werden (=„diversifizierte Tourismusstruktur").
Im Anschluss bombardieren die Jugendlichen ihren Lehrer noch mit vielen Fragen, beispielsweise ob man Frankreich nicht als Vorbild für andere Länder nehmen könnte.

Verbesserungsvorschlag

Der Lehrer teilt die Schüler in Gruppen ein, die jeweils ein Arbeitsblatt zu einem bestimmten Urlaubsziel bekommen. Die Materialien auf dem Blatt sollen sie …

Adalbert Stifter
Vorrede zu „Bunte Steine"

„Die Kraft, welche die Milch im Töpfchen der armen Frau emporschwellen und übergehen macht, ist es auch, die die Lava in dem feuerspeienden Berg emportreibt, und
5 auf den Flächen der Berge hinabgleiten lässt."

Karikatur von Robert Gernhardt „Das Tier, das in einer Träne ertrinkt"

Das Tier, das in einer Träne ertrinkt.

Gert Ledig
Vergeltung

In seinem Roman erzählt der Autor vom Grauen eines alliierten Luftangriffs auf eine deutsche Stadt im Juli 1944 eingegrenzt auf die Dauer einer Stunde.

Mitteleuropäische Zeit: 14.10

Gott mit uns.

Aber mit den anderen war er auch. In der siebzigsten Minute des Angriffs lösten die Zielgeräte der dritten Welle vierzig Luftminen aus.

Steine schossen zum Himmel wie Raketen. Die Holzkreuze auf dem Friedhof waren bereits verbrannt. Im zertrümmerten Wartesaal des Bahnhofes krochen blutende Kinder über Steintreppen. Bomben rissen in einer Kirche Christus vom Kreuz, im Keller des Entbindungsheimes den Säuglingen die weiche Haut vom Kopf, irgendwo einer Frau die gefalteten Hände auseinander und im Freigehege des Tierparks Affen von den Bäumen, in die sie sich geflüchtet hatten.

Das Bildnis einer Madonna wurde aus dem Rahmen gefetzt, die Handschrift eines Heiligen verweht und das Bein eines Lebendigen angesengt.

Der Fortschritt vernichtete Vergangenheit und Zukunft. Innerhalb einer Stunde verloren Kinder ihre Mütter und Maria Erika Weinert das Leben.

Sie erhielt dafür keinen Orden. Jemand fand das unrecht. Dafür bekam eine Mutter, die ihren für immer verschwundenen Sohn suchte, in dieser Stunde ihr Kreuz.

Sie suchte ihren Sohn zehn Jahre, dann starb sie.

Ein Geistlicher besuchte eine Woche später die Familie Strenehen auf ihrer Tankstelle zwischen Dallas und Fort Worth. Der Mann behauptete: „Was Gott gibt und nimmt, geschieht zu seinem Wohlgefallen." Übrigens werde sich alles zum Besten wenden. Wer vermisst ist, sei noch nicht getötet.

Nach dieser Stunde wurden etwa dreihundert Menschen vermisst. Davon fand man zwölf.

Sam Ohm fanden sie noch am Nachmittag. Von ihm behaupteten sie, seine Haut sei verkohlt. Jemand sah die rosa Flächen im Inneren seiner Hände und bezeichnete ihn als Nigger. Ein Junge mit Pickeln am Kinn stellte ihm sofort seinen Fuß auf den Kopf.

Ein Offizier meldete einer Frau: Ihr Sohn ist in Ausübung seiner Pflicht als Held gefallen.

Drei Tage später schrieb der Tote: Nein, wir liegen nicht in der Stadt, Mutter. Muss ich das immer wiederholen?

Eine Stunde genügte, und das Grauen triumphierte. Später wollten einige das vergessen. Die anderen wollten es nicht mehr wissen. Angeblich hatten sie es nicht ändern können.

Nach der siebzigsten Minute wurde weiter gebombt. Die Vergeltung verrichtete ihre Arbeit.

Sie war unaufhaltsam.

Nur das Jüngste Gericht. Das war sie nicht.

Johann Peter Hebel
Unglück der Stadt Leiden

Diese Stadt heißt schon seit undenklichen Zeiten *Leiden*, und hat noch nie gewusst, warum, bis am 12. Jän. des Jahrs 1807. Sie liegt am Rhein in dem Königreich Holland, und hatte vor diesem Tag elftausend Häuser, welche von 40000 Menschen bewohnt waren, und war nach Amsterdam wohl die größte Stadt im ganzen Königreich. Man stand an diesem Morgen noch auf, wie alle Tage; der eine betete sein: „Das walt[1] Gott", der andere ließ es sein, und niemand dachte daran, wie es am Abend aussehen wird, obgleich ein Schiff mit siebenzig Fässern voll Pulver in der Stadt war. Man aß zu Mittag, und ließ sich's schmecken, wie alle Tage, obgleich das Schiff noch immer da war. Aber als nachmittags der Zeiger auf dem großen Turm auf halb fünf stand – fleißige Leute saßen daheim und arbeiteten, fromme Mütter wiegten ihre Kleinen. Kaufleute gingen ihren Geschäften nach, Kinder waren beisammen in der Abendschule, müßige Leute hatten Langeweile und saßen im Wirtshaus beim Kartenspiel und Weinkrug, ein Bekümmerter sorgte für den andern Morgen, was er essen, was er trinken, womit er sich kleiden werde, und ein Dieb steckte vielleicht gerade einen falschen Schlüssel in eine fremde Türe, und plötzlich geschah ein Knall. Das Schiff mit seinen 70 Fässern Pulver bekam Feuer, sprang in die Luft, und in einem Augenblick, (ihr könnt's nicht so geschwind lesen, als es geschah) in einem Augenblick waren ganze lange Gassen voll Häuser mit allem, was darin wohnte und lebte, zerschmettert und in einen Steinhaufen zusammengestürzt oder entsetzlich beschädigt. Viele hundert Menschen wurden lebendig und tot unter diesen Trümmern begraben oder schwer verwundet. Drei Schulhäuser gingen mit allen Kindern, die darin waren, zugrunde, Menschen und Tiere, welche in der Nähe des Unglücks auf der Straße waren, wurden von der Gewalt des Pulvers in die Luft geschleudert und kamen in einem kläglichen Zustand wieder auf die Erde. Zum Unglück brach auch noch eine Feuersbrunst aus, die bald an allen Orten wütete, und konnte fast nimmer gelöscht werden, weil viele Vorratshäuser voll Öl und Tran mitergriffen wurden. Achthundert der schönsten Häuser stürzten ein oder mussten niedergerissen werden. Da sah man auch, wie es am Abend leicht anders werden kann, als es am frühen Morgen war, nicht nur mit einem schwachen Menschen, sondern auch mit einer großen und volkreichen Stadt. Der König von Holland setzte sogleich ein namhaftes Geschenk auf jeden Menschen, der noch lebendig gerettet werden konnte. Auch die Toten, die aus dem Schutt hervorgegraben wurden, wurden auf das Rathaus gebracht, damit sie von den Ihrigen zu einem ehrlichen Begräbnis konnten abgeholt werden. Viele Hülfe wurde geleistet. Obgleich Krieg zwischen England und Holland war, so kamen doch von London ganze Schiffe voll Hülfsmittel und große Geldsummen für die Unglücklichen, und das ist schön – denn der Krieg soll nie ins Herz der Menschen kommen. Es ist schlimm genug, wenn er außen vor allen Toren und vor allen Seehäfen donnert.

[1] *walten:* herrschen, gebieten

Ray Bradbury
Die letzte Nacht der Welt

Aufgaben: Seite 208

*Ray Bradbury,
geb. 1920 in Illinois*

„Was würdest du tun, wenn du wüsstest, dass heute die letzte Nacht der Welt anbricht?"
„Was ich tun würde? Meinst du das im Ernst?"
„Ja, absolut."
„Ich weiß nicht. Ich habe nie darüber nachgedacht."

Er goss Kaffee ein. Im Hintergrund spielten die beiden Mädchen im Licht der grünen Sturmlaternen mit Bauklötzen auf dem Teppich des Wohnzimmers. Der angenehme, reine Duft des frisch aufgebrühten Kaffees lag in der Abendluft.
„Es wäre gut, wenn du dir jetzt einmal darüber Gedanken machtest", sagte er.
„Das kannst du nicht ernst meinen!"
Er nickte.
„Ein Krieg?"
Er schüttelte den Kopf.
„Nicht die Wasserstoff- oder die Atombombe?"
„Nein."
„Oder ein Krieg mit biologischen Waffen?"
„Nichts dergleichen", antwortete er, während er langsam seinen Kaffee umrührte. „Ich möchte es ganz einfach so formulieren: Ein Buch wird geschlossen."
„Ich glaube, das verstehe ich nicht."
„Auch ich verstehe es nicht ganz; es ist mehr ein Gefühl. Manchmal schreckt es mich, ein andermal wieder gar nicht, und der Gedanke lässt mich völlig ruhig." Er blickte zu den Mädchen hinein, deren blonde Haare im Lampenlicht schimmerten. „Ich habe dir bisher nichts gesagt. Zum ersten Mal kam er vor vier Nächten."
„Wer?"
„Der Traum. Ich träumte, dass alles zu Ende gehen würde, und eine Stimme bestätigte es; keine Stimme, an die ich mich erinnern kann, aber es war jedenfalls eine Stimme, und sie sagte, dass jegliches Leben hier auf der Erde enden würde. Am nächsten Tag dachte ich kaum noch daran, aber am Nachmittag sah ich im Büro, wie Stan Willis aus dem Fenster starrte, und ich sagte, ich gäb' was drum, Stan, wenn ich wüsste, was du denkst, und er antwortete, er hätte letzte Nacht einen Traum gehabt, und noch bevor er mir seinen Traum erzählte, kannte ich ihn. Genauso gut hätte ich ihm seinen Traum erzählen können, aber er erzählte ihn mir, und ich hörte zu."
„Und es war derselbe Traum?"
„Derselbe. Ich sagte es Stan, und er schien davon nicht einmal überrascht zu sein. Im Gegenteil, er atmete sichtlich auf. Danach begannen wir, das ganze Büro durchzukämmen. Das war nicht etwa geplant. Wir hatten uns nicht dazu verabredet, wir gingen einfach los, jeder für sich, und überall hatten die Leute die Blicke auf ihre Hände oder Schreibtische gesenkt oder sahen aus dem Fens-

ter. Ich sprach mit einigen. Stan ebenfalls."

„Und sie hatten alle geträumt?"

45 „Alle. Denselben Traum – ohne jeden Unterschied."

„Und du glaubst daran?"

„Ja. Ich bin mir nie einer Sache sicherer gewesen."

„Und wann wird sie enden? Die Welt, meine ich."

„Für uns irgendwann in dieser Nacht, und während die Nacht weiter um die
50 Welt geht, wird alles andere mitgehen. Im Ganzen wird es vierundzwanzig
Stunden dauern, bis alles zu Ende ist."

Sie saßen eine Weile, ohne ihren Kaffee anzurühren.

Dann hoben sie langsam die Tassen und tranken, sich dabei in die Augen sehend.

55 „Haben wir das verdient?", fragte sie.

„Darum dreht es sich ja gar nicht; die Dinge sind einfach nicht so gelaufen, wie sie hätten sollen. Übrigens stelle ich fest, dass du nicht einmal an dieser Sache zu zweifeln scheinst. Warum nicht?"

„Ich glaube, ich habe meine Gründe dafür", erwiderte sie.

60 „Dieselben wie alle in meinem Büro?"

Sie nickte langsam. „Ich wollte eigentlich nichts sagen. Ich träumte es letzte Nacht. Und die Frauen in unserem Häuserblock redeten heute untereinander darüber. Sie haben es auch geträumt. Ich dachte, es sei nur ein zufälliges Zusammentreffen." Sie nahm die Abendzeitung in die Hand. „In der Zeitung
65 steht nichts davon."

„Warum auch, es weiß ja jeder."

Er lehnte sich in seinen Sessel zurück und sah sie an.

„Fürchtest du dich?"

„Nein. Früher habe ich das immer geglaubt, aber jetzt habe ich keine Angst."

70 „Wo bleibt dieser sogenannte Selbsterhaltungstrieb, über den so viel geredet wird?"

„Ich weiß nicht. Man regt sich nicht besonders auf, wenn man das Gefühl hat, dass die Dinge sich logisch entwickeln. Dies hier ist logisch. Nach dem Leben, das wir ge-
75 führt haben, war nichts anderes zu erwarten."

„Sind wir denn so schlecht gewesen?"

„Nein, aber auch nicht besonders gut. Und ich glaube, darin
80 liegt unser Fehler – wir haben uns zuviel mit uns selbst beschäftigt, während ein großer Teil der Welt nichts Besseres zu tun hatte, als lauter schreckliche Dinge anzurichten."

Im Wohnzimmer lachten die Mädchen.
„Ich habe immer gedacht, die Leute würden vor einem solchen Ereignis schreiend durch die Straßen rennen."
„Man schreit nicht, wenn man dem Unausweichlichen gegenübersteht."
„Weißt du, außer dir und den Kindern würde ich nie etwas vermissen. Meine Arbeit, die Stadt – nichts außer euch dreien habe ich je wirklich geliebt. Ich würde nichts anderes vermissen – außer vielleicht den Wechsel im Wetter und ein Glas kaltes Wasser, wenn es sehr heiß ist, und vielleicht den Schlaf. Wie können wir hier nur so ruhig sitzen und so darüber reden?"
„Weil es nichts anderes zu tun gibt."
„Du hast recht, natürlich; denn sonst würden wir es tun. Wahrscheinlich ist dies das erste Mal in der Geschichte der Welt, dass jedermann genau weiß, was er in der kommenden Nacht tun wird."
„Ich würde gern wissen, was all die andern in den nächsten Stunden, heute Abend, tun werden."
„Irgendeine Vorstellung besuchen, Radio hören, vor dem Fernsehgerät sitzen, Karten spielen, die Kinder zu Bett bringen, schlafen gehen – wie immer."
„In gewisser Weise ist das etwas, worauf man stolz sein kann: wie immer."
Sie schwiegen einen Augenblick, während er sich eine frische Tasse Kaffee eingoss. „Warum nimmst du an, dass es heute Nacht geschehen wird?"
„Weil es so ist."
„Warum geschah es nicht in irgendeiner Nacht des vorigen Jahrhunderts, oder vor fünf Jahrhunderten, oder zehn?"
„Vielleicht, weil noch nie der 19. Oktober 1969 gewesen ist, noch nie in der Weltgeschichte, und heute ist er da; weil dieses Datum wichtiger ist als jedes andere Datum zuvor; weil in diesem Jahr die Dinge überall in der Welt so und nicht anders sind, und weil darum das Ende kommen muss."
„Auch heute Nacht fliegen strategische Bomberkommandos, die nie wieder landen werden, auf ihren vorgeschriebenen Routen in beiden Richtungen über den Ozean."
„Das ist einer der Gründe, warum."
„Also", sagte er und stand auf, „was wollen wir tun? Das Geschirr abwaschen?"
Sie wuschen das Geschirr ab und stellten es mit besonderer Sorgfalt in den Schrank. Um acht Uhr dreißig brachten sie die Kinder zu Bett, gaben ihnen den Gutenachtkuss, knipsten die kleinen Lampen an ihren Betten aus und ließen die Tür einen kleinen Spalt weit offen.
„Ich möchte gern wissen …", sagte er, als er aus dem Schlafzimmer der Kinder gekommen war, mit der Pfeife in der Hand stehenbleibend und zurückblickend.
„Was?"
„Ob sich die Tür völlig schließen wird, oder ob sie einen kleinen Spalt weit offen bleibt, damit etwas Licht hereinfallen kann."

„Ich würde gern wissen, ob die Kinder etwas wissen."
„Nein, natürlich nicht."
Sie saßen und lasen Zeitungen und unterhielten sich und hörten Radiomusik;
130 dann setzten sie sich an den Kamin und sahen in die Glut, während die Uhr halb elf, elf und halb zwölf schlug. Sie dachten an all die andern Leute auf der Erde, die auch diesen Abend verbrachten, jeder auf seine Weise.
„Alsdann", sagte er schließlich.
Er gab seiner Frau einen langen Kuss.
135 „Wir sind jedenfalls immer gut zueinander gewesen."
„Möchtest du weinen?", fragte er.
„Ich glaube nicht."
Sie gingen zusammen durch das Haus und drehten überall das Licht aus und traten in ihr Schlafzimmer; in der kühlen, dunklen Nachtluft zogen sie sich aus
140 und deckten die Betten auf. „Die Laken sind so frisch und sauber."
„Ich bin müde."
„Wir sind alle müde."
Sie stiegen in die Betten und legten sich hin.
„Nur einen Augenblick", sagte sie.
145 Er hörte sie aus dem Bett steigen und in die Küche gehen. Einen Augenblick später war sie wieder da.
„Ich hatte vergessen, den Wasserhahn abzudrehen", sagte sie.
Er fand das so komisch, dass er lachen musste.
Sie stimmte in sein Lachen ein, denn ihr wurde jetzt auch bewusst, wie
150 komisch sie gehandelt hatte. Als sie endlich aufhörten zu lachen, lagen sie still nebeneinander. Hand in Hand, die Köpfe aneinandergelegt.
„Gute Nacht", sagte sie einen Augenblick später.

Jakob van Hoddis
Weltende

Aufgaben: Seite 208

Dem Bürger fliegt vom spitzen Kopf der Hut,
In allen Lüften hallt es wie Geschrei.
Dachdecker stürzen ab und gehn entzwei
Und an den Küsten – liest man – steigt die Flut.

5 Der Sturm ist da, die wilden Meere hupfen
An Land, um dicke Dämme zu zerdrücken.
Die meisten Menschen haben einen Schnupfen.
Die Eisenbahnen fallen von den Brücken.

Klaus Gropper, Weltende, Öl auf Leinwand, 2000

● *Adalbert Stifter,* **Vorrede zu „Bunte Steine"** *(Seite 200)*

1. Zunächst überrascht Stifters Vergleich. Erläutere, inwiefern er doch sinnvoll ist und welche Konsequenzen sich daraus für unsere Haltung zu Naturkatastrophen ergeben.
2. Finde weitere Vergleichspaare nach Stifters Vorbild, die den Eindruck von Kleinheit und Größe relativieren.

Bild *Robert Gernhardt,* **Das Tier, das in einer Träne ertrinkt** *(Seite 201)*

1. Gernhardt hat diese Bilderfolge zu dem titelgebenden Satz von Georg Christoph Lichtenberg gezeichnet. Werte aus, wie Gernhardt Lichtenbergs Titel deutet.
2. Beschreibe, worin deines Erachtens die Aussage der Bildfolge besteht.

1 *Gerd Ledig,* **Vergeltung** *(Seite 202)*

Wie grausig darf Dichtung sein? Kann/Sollte man solches Grauen sprachlich erfassen? – Diskutiert über die Angemessenheit der von Ledig verwendeten Sprache und Darstellungsmittel.

2 *Johann Peter Hebel,* **Unglück der Stadt Leiden** *(Seite 203)*

1. Der Text stammt aus dem „Schatzkästlein des rheinischen Hausfreunds", einer Sammlung von Kalendergeschichten, die für die einfache Bevölkerung bestimmt waren. Mit welchen Intentionen könnte Hebel diese Begebenheit berichtet haben?
2. Untersuche: Wie gestaltet Hebel das Grausige an der Katastrophe? Vergleiche mit den Texten von Ledig (☞ S. 202) und Kleist (☞ S. 211).

3 *Ray Bradbury,* **Die letzte Nacht der Welt** *(Seite 204)*

1. Untersuche den Text: Welche Überlegungen werden von den Figuren zu Ursache und Wirkung der Katastrophe angestellt?
2. Der offene Anfang ist charakteristisch für die vorliegende Textsorte. – Um welche handelt es sich? Welche weiteren Merkmale kennst du? Weise sie am Text nach und gib auch jeweils die Funktion der einzelnen Elemente an.
3. „Ich würde gern wissen, was all die andern in den nächsten Stunden, heute Abend, tun werden." (Z. 98f.) – Entwickelt kurze Texte, die diese Leerstelle (☞ S. 44f.) der Erzählung füllen.

4 *Jakob van Hoddis,* **Weltende** *(Seite 207)*

1. Nach einer ersten Lektüre von Gedichtüberschrift und Gedicht: Was scheint nicht zu passen, was also stört deiner Meinung nach?
2. Beschreibe, welche Art von Problemen du meist gerade hast, wenn du im Fernsehen von einer Katastrophe erfährst. Interpretiere von dieser Erkenntnis aus die 2. Strophe.
3. Informiere dich beispielsweise in Karl O. Conradys „Das große deutsche Gedichtbuch" über das Entstehungsjahr des Gedichts. Stelle Vermutungen an, wie es die Themenauswahl des Autors beeinflusst haben könnte.

Thema „Katastrophen" – immer ähnlich, immer anders?

Das Erdbeben von Lissabon am 1. November 1755

San Francisco, 1986

1. Lege ein Namenskärtchen nach dem folgenden Muster an und notiere dir zunächst allein – ohne auf die anderen zu achten – wichtige Stichworte zu den Fragen. Suche dann einen Partner/eine Partnerin. Für den Austausch eurer Aufzeichnungen habt ihr zwei Minuten Zeit. Danach sucht ihr euch zu zweit ein weiteres Tandem, dem ihr eure Antworten präsentiert und umgekehrt. Hierfür habt ihr sechs Minuten Zeit. Im Anschluss an den Austausch gehen alle wieder an ihre Plätze und ein Gedankenaustausch im Plenum erfolgt. Die Kärtchen könnt ihr als ersten Baustein einer Wandzeitung zum Thema *Katastrophen* im Klassenraum aufhängen.

Was verbinde ich mit dem Begriff *Katastrophe/katastrophal*?

Wie könnten Katastrophen der Zukunft aussehen?

Dein NAME

Ein Symbol, das ich mit dem Begriff Katastrophe verbinde

Was wäre für mich persönlich eine Katastrophe?

Tsunami in Indonesien, 2005

2. Listet auf: Welche Arten von Katastrophen werden von den Autoren des Lesebuchteils thematisiert? Aus welcher Zeit stammen die Texte? Welche anderen Arten von Katastrophen gibt es noch?

3. Erarbeitet auf der Grundlage eurer Ergebnisse eine Mind-Map zum Thema „Katastrophen", die die Verzweigungen des Themas übersichtlich darstellt.

4. Erstellt abschließend aufgrund eurer Austauschrunde und der Rechercheergebnisse Collagen zum Thema, die Bild- und Textmaterial enthalten können. Denkbar sind auch Sätze, in denen für euch charakteristische Verwendungen der Begriffe *Katastrophe* bzw. *katastrophal* vorliegen. – Die Präsentation der Collagen soll mit Musik und szenischen Elementen unterstützt werden. Dabei könnt ihr Standbilder bauen, bestimmte Vortragsformen erproben und auch besondere Licht- und Tonelemente zur Unterstützung eurer Collagenpräsentation einsetzen.

5. Listet Katastrophen der Vergangenheit und Gegenwart auf. Benutzt dabei die Quellen Befragung, Zeitung, Geschichtsbücher und Internet.

Bei der **thematischen Literaturbetrachtung** untersuchst du die inhaltliche, die sprachliche und die formale Gestaltung eines bestimmten Themas in verschiedenen Texten. Diese Texte können aus unterschiedlichen Zeiten stammen, verschiedene Gattungen umfassen und von verschiedenen Autoren verfasst sein. Dabei kommen thematische, motivische und sprachliche Ähnlichkeiten und Unterschiede der Werke in den Blick. Außerdem kann das Wissen um die Entstehungszeit der Texte und die Lebenserfahrungen ihrer Autoren zu einem vertieften Textverständnis führen.

Leitfragen können beim Thema „Katastrophen" z. B. sein:
- Welche Katastrophen sind es, die die Menschen im Text beschäftigen?
- Wie gehen sie damit um?
- Wie hängen persönliches Erleben und übergreifendes Ereignis zusammen?
- Wie kam es zur Katastrophe?
- Welche Darstellungsform wählt der Verfasser zur Gestaltung dieser Thematik?

Novelle: Heinrich von Kleist „Das Erdbeben in Chili"

In seiner 1807 erschienenen Novelle schildert Kleist vor dem Hintergrund des großen Erdbebens, das Santiago am 13.05.1647 erschütterte und etwa 4000 Menschen das Leben kostete, die Geschichte von Jeronimo und Josephe. Ihr privates Schicksal ist dabei eng mit der Naturkatastrophe verbunden.

In St. Jago, der Hauptstadt des Königreichs Chili, stand gerade in dem Augenblicke der großen Erderschütterung vom Jahre 1647, bei welcher viele tausend Menschen ihren Untergang fanden, ein junger, auf ein Verbrechen angeklagter Spanier, namens Jeronimo Rugera, an einem Pfeiler des Gefängnisses, in wel-
5 ches man ihn eingesperrt hatte, und wollte sich erhenken. Don Henrico Asteron, einer der reichsten Edelleute der Stadt, hatte ihn ungefähr ein Jahr zuvor aus seinem Hause, wo er als Lehrer angestellt war, entfernt, weil er sich mit Donna Josephe, seiner einzigen Tochter, in einem zärtlichen Einverständnis befunden hatte. Eine geheime Bestellung, die dem alten Don, nachdem er
10 die Tochter nachdrücklich gewarnt hatte, durch die hämische Aufmerksamkeit seines stolzen Sohnes verraten worden war, entrüstete ihn dergestalt, dass er sie in dem Karmeliterkloster unsrer lieben Frauen vom Berge daselbst unterbrachte.
Durch einen glücklichen Zufall hatte Jeronimo hier die Verbindung von neuem
15 anzuknüpfen gewusst, und in einer verschwiegenen Nacht den Klostergarten zum Schauplatze seines vollen Glückes gemacht. Es war am Fronleichnamsfeste, und die feierliche Prozession der Nonnen, welchen die Novizen folgten, nahm eben ihren Anfang, als die unglückliche Josephe, bei dem Anklange der Glocken, in Mutterwehen auf den Stufen der Kathedrale niedersank.
20 Dieser Vorfall machte außerordentliches Aufsehen; man brachte die junge Sünderin, ohne Rücksicht auf ihren Zustand, sogleich in ein Gefängnis, und kaum war sie aus den Wochen[1] erstanden, als ihr schon, auf Befehl des Erzbischofs, der geschärfteste Prozess gemacht ward. Man sprach in der Stadt mit einer so großen Erbitterung von diesem Skandal, und die Zungen fielen so scharf über
25 das ganze Kloster her, in welchem er sich zugetragen hatte, dass weder die Fürbitte der Familie Asteron, noch auch sogar der Wunsch der Äbtissin selbst, welche das junge Mädchen, wegen ihres sonst untadelhaften Betragens liebgewonnen hatte, die Strenge, mit welcher das klösterliche Gesetz sie bedrohte, mildern konnte. Alles, was geschehen konnte, war, dass der Feuertod, zu dem
30 sie verurteilt wurde, zur großen Entrüstung der Matronen und Jungfrauen von St. Jago, durch einen Machtanspruch des Vizekönigs, in eine Enthauptung verwandelt ward.
Man vermietete in den Straßen, durch welche der Hinrichtungszug gehen sollte, die Fenster, man trug die Dächer der Häuser ab, und die frommen Töch-
35 ter der Stadt luden ihre Freundinnen ein, um dem Schauspiele, das der göttlichen Rache gegeben wurde, an ihrer schwesterlichen Seite beizuwohnen.

[1] *Wochen: Wochenbett*

Jeronimo, der inzwischen auch in ein Gefängnis gesetzt worden war, wollte die Besinnung verlieren, als er diese ungeheure Wendung der Dinge erfuhr. Vergebens sann er auf Rettung: Überall, wohin ihn auch der Fittig der vermessensten Gedanken trug, stieß er auf Riegel und Mauern, und ein Versuch, die Gitterfenster zu durchfeilen, zog ihm, da er entdeckt ward, eine nur noch engere Einsperrung zu. Er warf sich vor dem Bildnisse der heiligen Mutter Gottes nieder, und betete mit unendlicher Inbrunst zu ihr, als der Einzigen, von der ihm jetzt noch Rettung kommen könnte.

Doch der gefürchtete Tag erschien, und mit ihm in seiner Brust die Überzeugung von der völligen Hoffnungslosigkeit seiner Lage. Die Glocken, welche Josephen zum Richtplatze begleiteten, ertönten, und Verzweiflung bemächtigte sich seiner Seele. Das Leben erschien ihm verhasst, und er beschloss, sich durch einen Strick, den ihm der Zufall überlassen hatte, den Tod zu ergeben.

Eben stand er, wie schon gesagt, an einem Wandpfeiler, und befestigte den Strick, der ihn dieser jammervollen Welt entreißen sollte, an eine Eisenklammer, die an dem Gesimse derselben eingefugt war, als plötzlich der größte Teil der Stadt, mit einem Gekrache, als ob das Firmament einstürzte, versank, und alles, was Leben atmete, unter seinen Trümmern begrub. Jeronimo Rugera war starr vor Entsetzen; und gleich als ob sein ganzes Bewusstsein zerschmettert worden wäre, hielt er sich jetzt an dem Pfeiler, an welchem er hatte sterben wollen, um nicht umzufallen. Der Boden wankte unter seinen Füßen, alle Wände des Gefängnisses rissen, der ganze Bau neigte sich, nach der Straße einzustürzen, und nur der, seinem langsamen Fall begegnende, Fall des gegenüberstehenden Gebäudes verhinderte, durch eine zufällige Wölbung, die gänzliche Zubodenstreckung desselben. Zitternd, mit sträubenden Haaren, und Knieen, die unter ihm brechen wollten, glitt Jeronimo über den schief gesenkten Fußboden hinweg, der Öffnung zu, die der Zusammenschlag beider Häuser in die vordere Wand des Gefängnisses eingerissen hatte. […]

1. „Berühmt als Meisterstück gedrängter Exposition (👉 S. 221) ist der Anfangssatz des ‚Erdbebens in Chili', der mit souveräner Sachlichkeit alles Nötige unterzubringen und in schöner Gliederung auf einmal auszusprechen weiß." (Thomas Mann)
Untersuche, welche Informationen der erste Satz der Novelle enthält.

2. In den Wirren der Katastrophe treffen sich die Liebenden und ihr Kind und finden in einer Gruppe von Menschen, denen die so strengen Regeln der Gesellschaft plötzlich unbedeutend erscheinen, freundliche Aufnahme:

Unendliches hatten sie zu schwatzen vom Klostergarten und den Gefängnissen, und was sie umeinander gelitten hätten; und waren sehr gerührt, wenn sie dachten, wieviel Elend über die Welt kommen musste, damit sie glücklich würden! […]

Josephe dünkte sich unter den Seligen. Ein Gefühl, das sie nicht unterdrücken konnte, nannte den verflossnen Tag, soviel Elend er auch über die Welt gebracht hatte, eine Wohltat, wie der Himmel noch keine über sie verhängt hatte. Und in der Tat schien, mitten in diesen grässlichen Augenblicken, in welchen alle irdischen Güter der Menschen zugrunde gingen, und die ganze Natur verschüttet zu werden drohte, der menschliche Geist selbst, wie eine schöne Blume aufzugehn. [...] Statt der nichtssagenden Unterhaltungen, zu welchen sonst die Welt an den Teetischen den Stoff hergegeben hatte, erzählte man jetzt Beispiele von ungeheuern Taten: Menschen, die man sonst in der Gesellschaft wenig geachtet hatte, hatten Römergröße gezeigt; Beispiele zu Haufen von Unerschrockenheit, von freudiger Verachtung der Gefahr, von Selbstverleugnung und der göttlichen Aufopferung, von ungesäumter Wegwerfung des Lebens, als ob es, dem nichtswürdigsten Gute gleich, auf dem nächsten Schritte schon wiedergefunden würde. Ja, da nicht einer war, für den nicht an diesem Tage etwas Rührendes geschehen wäre, oder der nicht selbst etwas Großmütiges getan hätte, so war der Schmerz in jeder Menschenbrust mit soviel süßer Lust vermischt, dass sich, wie sie meinte, gar nicht angeben ließ, ob die Summe des allgemeinen Wohlseins nicht von der einen Seite um ebenso viel gewachsen war, als sie von der anderen abgenommen hatte.

Diskutiert: Gibt es vergleichbare Betrachtungsweisen auch noch bei heutigen Katastrophen? Wie bewertet ihr sie?

3. Im Schlussteil der Novelle wird geschildert, was Josephe, Jeronimo und ihren Freunden Donna Constanza Xares und Don Fernando widerfährt, nachdem sie sich entschlossen haben, in die Stadt zurückzukehren, weil dort eine Messe stattfinden soll, um „den Himmel um Verhütung ferneren Unglücks anzuflehen." Schildere unmittelbar nach dem (möglichst lauten) Lesen dieser Seiten deine Empfindungen.

... Klostermetze[2]! erscholl es schon, mit einem zweiten Keulenschlage, von einer andern Seite, der sie leblos neben Jeronimo niederwarf. Ungeheuer! rief ein Unbekannter: Dies war Donna Constanza Xares! Warum belogen sie uns!, antwortete der Schuster; sucht die rechte auf, und bringt sie um! Don Fernando, als er Constanzens Leichnam erblickte, glühte vor Zorn; er zog und schwang das Schwert, und hieb, dass er ihn gespalten hätte, den fanatischen Mordknecht, der diese Greuel veranlasste, wenn derselbe nicht, durch eine Wendung dem wütenden Schlag entwichen wäre. Doch da er die Menge, die auf ihn eindrang, nicht überwältigen konnte: Leben Sie wohl, Don Fernando mit den Kindern!, rief Josephe – und: Hier mordet mich, ihr blutdürstenden Tiger! Und stürzte sich freiwillig unter sie, um dem Kampf ein Ende zu machen. Meister Pedrillo schlug sie mit der Keule nieder. Darauf ganz mit ihrem Blute besprützt: Schickt ihr den Bastard zur Hölle nach!, rief er, und drang, mit noch ungesättigter Mordlust, von neuem vor.

Don Fernando, dieser göttliche Held, stand jetzt, den Rücken an die Kirche gelehnt; in der Linken hielt er die Kinder, in der Rechten das Schwert. Mit jedem Hiebe wetterstrahlte er einen zu Boden; ein Löwe wehrt sich nicht bes-

[2] *Metze:* Hure

ser. Sieben Bluthunde lagen tot vor ihm, der Fürst der satanischen Rotte selbst war verwundet. Doch Meister Pedrillo ruhte nicht eher, als bis er der Kinder eines bei den Beinen von seiner Brust gerissen, und, hochher im Kreise geschwungen, an eines Kirchpfeilers Ecke zerschmettert hatte. Hierauf ward es still, und alles entfernte sich. Don Fernando, als er seinen kleinen Juan vor sich liegen sah, mit aus dem Hirne vorquellenden Mark, hob, voll namenlosen Schmerzes, seine Augen gen Himmel.

Der Marine-Offizier fand sich wieder bei ihm ein, suchte ihn zu trösten, und versicherte ihm, dass seine Untätigkeit bei diesem Unglück, obschon durch mehrere Umstände gerechtfertigt, ihn reue; doch Don Fernando sagte, dass ihm nichts vorzuwerfen sei, und bat ihn nur, die Leichname jetzt fortschaffen zu helfen. Man trug sie alle, bei der Finsternis der einbrechenden Nacht, in Don Alonzos Wohnung, wohin Don Fernando ihnen, viel über das Antlitz des kleinen Philipp[3] weinend, folgte. Er übernachtete auch bei Don Alonzo, und säumte lange, unter falschen Vorspiegelungen, seine Gemahlin von dem ganzen Umfang des Unglücks zu unterrichten; einmal, weil sie krank war, und dann, weil er auch nicht wusste, wie sie sein Verhalten bei dieser Begebenheit beurteilen würde; doch kurze Zeit nachher, durch einen Besuch zufällig von allem, was geschehen war, benachrichtigt, weinte diese treffliche Dame im Stillen ihren mütterlichen Schmerz aus, und fiel ihm mit dem Rest einer erglänzenden Träne eines Morgens um den Hals und küsste ihn. Don Fernando und Donna Elvire nahmen hierauf den kleinen Fremdling zum Pflegesohn an; und wenn Don Fernando Philippen mit Juan verglich, und wie er beide erworben hatte, so war es ihm fast, als müsste er sich freuen.

[3] *Philipp:* der Sohn von Jeronimo und Josephe

4. Wie erklärst du dir die grausige Eskalation des Geschehens an diesem sakralen Ort?
5. Bewertest du den Schluss als „Happy End"? Begründe.
6. Erläutere den folgenden Deutungssatz von R. Tiedemann (1977) und nimm zu ihm schriftlich Stellung, indem du insbesondere der Frage nach der Aktualität von Kleists Novelle nachgehst.

[1] *latent:* verborgen

[2] *Pogrom:* gewalttätige Ausschreitungen

[3] *anmuten:* einem vorkommen wie

„[…] tritt im ‚Erdbeben in Chili' eine Naturkatastrophe, die alle in der Gesellschaft latente[1] Aggressivität heraustreibt und in der Pogromstimmung[2] sich überschlagen lässt. Wie ein Lehrstück moderner Massenpsychologie muten die Schilderungen an[3], die Kleist von den Zuständen des 17. Jahrhunderts gibt und für welche die Literatur seiner Zeit kaum ein Gegenstück kennt. […] Unmittelbarer Angst und Lebensnot enthoben, wird in der Kirche die Menge sogleich wieder zum ‚wütenden Haufen', der das Mordurteil vollstreckt."

7. Eines der wichtigsten Gestaltungsmittel Kleists ist der Satzbau. Untersuche beispielhaft den Einleitungssatz der Novelle sowie ein weiteres Beispiel deiner Wahl im Hinblick auf die syntaktische Form. Erstelle hierzu Strukturskizzen, die die kunstvolle Verschachtelung von Haupt- und Gliedsätzen verdeutlichen. Hierfür kannst du das Verfahren der Satzabbildung nach dem Einrücksystem verwenden:

HS   Hauptsatzelemente linksbündig
    GS$_1$ Gliedsatz ersten Grades eingerückt
        GS$_2$ Gliedsatz zweiten Grades weiter eingerückt usf.
HS   Fortsetzung des Hauptsatzes

Versuche zu deuten, welche Funktion die Syntax für den Gehalt der Novelle hat.

> **Novelle:** epische Form mittlerer Länge, die
> - das Verhalten von Menschen in einer inneren oder äußeren Krise darstellt,
> - oft ein besonderes Ereignis schildert, durch welches das Leben des „Helden" eine besondere Wendung nimmt,
> - sich durch straffe Handlungsführung und konzentrierte Darstellung vom längeren Roman unterscheidet.
>
> **ERINNERT EUCH!**

8. Vergleiche die Novelle mit den dir bereits bekannten epischen Kurzformen der Kalendergeschichte, Kurzgeschichte und der Anekdote: Welche Gemeinsamkeiten und Unterschiede kannst du feststellen? Welche besonderen Gestaltungsmöglichkeiten bieten die drei Formen? Beachte hierzu auch die Textbeispiele im Lesebuchteil.

Roman: Christa Wolf „Störfall. Nachrichten eines Tages"

Von Juni bis September 1986 verfasste Christa Wolf diesen Roman, der die Atomkatastrophe von Tschernobyl zum Gegenstand hat und gleichzeitig das Schicksal des Bruders der Erzählerin, der vor einer Hirntumoroperation stand, thematisiert. In einem kleinen Dorf in Mecklenburg kommen für die Erzählerin die Informationen über das Geschehen in Tschernobyl (in der damaligen Sowjetunion) an …

Eines Tages, über den ich in der Gegenwartsform nicht schreiben kann, werden die Kirschbäume aufgeblüht gewesen sein. Ich werde vermieden haben, zu denken: „explodiert"; die Kirschbäume sind ex-
5 plodiert, wie ich es noch ein Jahr zuvor, obwohl nicht mehr ganz unwissend, ohne weiteres nicht nur denken, auch sagen konnte. Das Grün explodiert: Nie wäre ein solcher Satz dem Naturvorgang angemessener gewesen als dieses Jahr, bei dieser Frühlingshitze
10 nach dem endlos langen Winter. Von den viel später

sich herumsprechenden Warnungen, die Früchte zu essen, deren Blüte in jene Tage fiel, habe ich an dem Morgen, an dem ich mich wie jeden Morgen über das Treiben der Nachbarshühner in unserer frischen Grassaat ärgern mußte, noch nichts gewußt. Weiße Leghorn[1]. Das beste, was man von ihnen sagen kann, ist, daß sie auf mein Klatschen und Zischen hin angstvoll, wenn auch verwirrt, reagieren, immerhin ist eine Mehrheit von ihnen aufgescheucht in Richtung auf das Nachbargrundstück gelaufen. Eure Eier, habe ich gedacht, schadenfroh, werdet ihr womöglich für euch behalten können. Und jener Instanz, die von früh an begonnen hat, mich aus einer sehr fernen Zukunft aufmerksam zu betrachten – ein Blick, nichts weiter –, habe ich zu verstehen gegeben, daß ich mich von nun an an nichts mehr gebunden fühlen würde. Frei, zu tun und vor allem zu lassen, was mir beliebt. Jenes Ziel in einer sehr fernen Zukunft, auf das sich bis jetzt alle Linien zubewegt hatten, war weggesprengt worden, gemeinsam mit dem spaltbaren Material in einem Reaktorgehäuse ist es dabeigewesen zu verglühen. Ein seltener Fall –

Sieben Uhr. Da, Bruder, wo du jetzt bist, fängt man pünktlich an. Deine Beruhigungsspritze wirst du schon vor einer halben Stunde bekommen haben. Jetzt haben sie dich von der Station in den Operationssaal geschoben. Ein Befund wie der deine kommt als erster unters Messer. Jetzt spürst du, denke ich mir, ein nicht unangenehmes Drehen in deinem geschorenen Kopf. Es ist ja darauf angelegt, daß du keinen scharfen Gedanken fassen, kein allzu deutliches Gefühl empfinden sollst, zum Beispiel Angst. Alles geht gut. Dies ist die Botschaft, die ich dir, ehe sie dich in den Narkoseschlaf versetzen, als einen gebündelten Energiestrahl übermittle. Nimmst du ihn wahr? Alles geht gut. Jetzt lasse ich deinen Kopf vor meinem inneren Auge erscheinen, suche den verletzlichsten Punkt, den mein Gedanke durchdringen kann, um dein Gehirn zu erreichen, das sie gleich freilegen werden. Alles geht gut.

Da du nicht fragen kannst: Die Art Strahlen, lieber Bruder, von denen ich rede, sind gewiß nicht gefährlich. In einer mir unbekannten Weise durchqueren sie die verseuchten Luftschichten, ohne sich anzustecken. Das Fachwort ist: kontaminieren. (Während du schläfst, Bruder, lerne ich neue Wörter.) Steril, garantiert steril erreichen sie den Operationssaal, deinen hilflos, bewußtlos hingestreckten Körper, tasten ihn ab, erkennen ihn in Sekundenbruchteilen. Würden ihn auch erkennen, wenn du noch stärker entstellt wärst, als du es zu sein behauptest. Mühelos durchdringen sie die dichte Abwehr deiner Bewußtlosigkeit, auf der Suche nach dem glühenden, pulsierenden Kern. Auf eine Weise, die sich der Sprache entzieht, stehen sie jetzt deiner schwächer werdenden Kraft bei. Darauf sollst du dich verlassen, so ist es verabredet. Es gilt –

Nicht unvorbereitet, doch ahnungslos werden wir gewesen sein, ehe wir die Nachricht empfingen. War uns nicht, als würden wir sie wiedererkennen? Ja, habe ich eine Person in mir denken hören, warum immer nur die japanischen Fischer. Warum nicht auch einmal wir. [...]

[1] *Leghorn:* Hühnerrasse

1. Bildet Arbeitsgruppen und entscheidet euch für eines der folgenden Themen, die ihr präsentieren sollt:
   - Informiert euch über die Geschehnisse von Tschernobyl und erarbeitet eine Präsentation z. B. mit Schautafeln, Infotexten, Filmstation, Hörstation, Grafiken.
   - Lest den Roman und informiert über Inhalt und Form. Findet heraus: Wie wurde Wolfs Roman vom Publikum aufgenommen? Recherchiert über das „Kritische Lexikon zur deutschsprachigen Gegenwartsliteratur" entsprechende Pressestimmen.

> **Roman**: epische Langform, die oft
> - ein umfassenderes Bild der Welt entwirft,
> - mehrere Themenstränge hat,
> - komplexere Personenkonstellationen enthält.

2. Prüft, ob die im Merkkasten genannten Merkmale auf Romane, die ihr kennt, zutreffen (z. B. Klassenlektüren, „Harry Potter" und andere Werke, die viele von euch gelesen haben).
3. Analysiere Erzählweise und -perspektive (☞ S. 273) des Romans von Christa Wolf.
4. Untersuche, wie die Katastrophe von Tschernobyl und das Schicksal des Bruders der Erzählerin zusammenhängen.

Das fünfaktige Drama: Henrik Ibsen „Ein Volksfeind"

1. Vielleicht erinnerst du dich an Katastrophen, von denen es hieß, sie seien verhinderbar gewesen: Es stürzten Hallen ein, weil der Schnee nicht vom Dach geräumt worden war, oder Menschen kamen um, weil in einer Disco nicht die vorgeschriebenen Sicherheitsvorkehrungen vorhanden waren… Überlegt, welche verschiedenen Ursachen solche Fälle von offensichtlichem menschlichen Fehlverhalten haben können.
2. Schon 1882 hat der norwegische Dichter Henrik Ibsen ein Drama darüber geschrieben, wie Menschen mit einem Umweltskandal umgehen. Im ersten Akt erfahren wir, dass der Badearzt Dr. Tomas Stockmann in einem Kurort eine Entdeckung macht, die er gleich seiner Familie und zwei Gästen, den Journalisten Billing und Hovstadt, mitteilt.

DOKTOR STOCKMANN: Ja, das wird eine Neuigkeit für unsere Stadt, das könnt ihr glauben!
BILLING: Eine Neuigkeit?
FRAU STOCKMANN: Was ist es denn für eine Neuigkeit?
5 DOKTOR STOCKMANN: Eine große Entdeckung, Katrin!
HOVSTADT: So?
FRAU STOCKMANN: Die du gemacht hast?

[1] *Grille:* Laune

DOKTOR STOCKMANN: Jawohl, ich. *(Auf und ab gehend.)* Jetzt sollen sie nur kommen und wie gewöhnlich sagen, das seien Grillen[1] und Einfälle eines Verrückten. Aber sie werden sich hüten! Haha, sie werden sich hüten, denke ich!

PETRA: Aber so sag doch, Papa, was eigentlich los ist!

DOKTOR STOCKMANN: Ja doch, lass mir nur Zeit, ihr werdet es schon noch alle erfahren. Wenn jetzt der Peter hier wäre! Aber da sieht man es wieder einmal: Wir Menschen gehen umher und reden wie der Blinde von der Farbe.

HOVSTADT: Wie meinen Sie das, Herr Doktor?

DOKTOR STOCKMANN *(bleibt beim Tisch stehen)*: Sind wir nicht alle der Meinung, dass unsere Stadt ein gesunder Ort ist?

HOVSTADT: Das versteht sich wohl von selbst.

DOKTOR STOCKMANN: Und zwar ein ganz besonders gesunder Ort – ein Ort, den man den kranken und den gesunden Mitmenschen wärmstens empfehlen kann –

FRAU STOCKMANN: Ja aber, lieber Tomas –

DOKTOR STOCKMANN: Und wir haben diesen Ort ja auch wirklich anempfohlen und gepriesen. Immer wieder habe ich darüber geschrieben, im „Volksboten" und in Broschüren –

HOVSTADT: Na ja, und?

DOKTOR STOCKMANN: Diese Badeanstalt, die man die Schlagader unserer Stadt genannt hat, den Lebensnerv – und weiß der Teufel, was sonst noch alles –

BILLING: „Das klopfende Herz der Stadt" habe ich mir einmal in festlicher Stunde erlaubt zu –

DOKTOR STOCKMANN: Gewiss, auch das. Aber wissen Sie, was dieses große, prächtige, gepriesene Bad, das so viel Geld gekostet hat, in Wirklichkeit ist – wissen Sie das?

HOVSTADT: Nein, was ist es denn nun eigentlich?

FRAU STOCKMANN: Ja, was ist es denn?

DOKTOR STOCKMANN: Das ganze Bad ist eine Pesthöhle.

PETRA: Vater! Das Bad?

FRAU STOCKMANN *(gleichzeitig)*: Unser Bad!

HOVSTADT: Aber, Herr Doktor –

BILLING: Unglaublich!

Szene der Aufführung am Zürcher Schauspielhaus von 1990/91 Doktor Stockmann

DOKTOR STOCKMANN: Die ganze Badeanstalt ist ein übertünchtes vergiftetes Grab, sag ich. Gesundheitsgefährlich in höchstem Grade! Dieser ganze Unrat da oben im Mühlengrund – alles, was hier so übel riecht – das infiziert das Wasser in den Zuflussrohren zum Brunnenhaus; und der gleiche verdammte giftige Schmutz sickert auch in das Wasser unten am Strand –

HORSTER: Da, wo die Seebäder liegen?

DOKTOR STOCKMANN: Genau dort.

HOVSTADT: Woher wissen Sie denn das alles so genau, Herr Doktor?

DOKTOR STOCKMANN: Ich habe die Verhältnisse so gewissenhaft wie nur möglich untersucht. O ja, ich hatte schon lange einen Verdacht in dieser Richtung. Voriges Jahr hatten wir unter den Badegästen eine Reihe auffälliger Erkrankungen – sowohl typhöse[2] wie gastrische[3] Fälle –

FRAU STOCKMANN: Ja richtig, das stimmt auch.

DOKTOR STOCKMANN: Damals glaubten wir, dass die Fremden die Ansteckung mitgebracht hätten. Doch dann – im Winter – kam ich auf andere Gedanken; und deshalb fing ich an, das Wasser zu untersuchen, so gut sich das hier machen ließ.

FRAU STOCKMANN: Das also war es, was dir so viel zu schaffen machte.

DOKTOR STOCKMANN: Ja, das kannst du wohl sagen, dass es mir zu schaffen machte, Katrin. Aber es fehlte mir hier ja an den erforderlichen wissenschaftlichen Hilfsmitteln; deshalb schickte ich Proben des Trinkwassers und des Badewassers an die Universität, um eine exakte chemische Analyse zu bekommen.

HOVSTADT: Und die haben Sie jetzt?

DOKTOR STOCKMANN *(zeigt den Brief)*: Hier ist sie! Es ist festgestellt, dass das Wasser Fäulnisstoffe enthält – Massen von Bazillen[4]. Dieses Wasser ist absolut gesundheitsschädlich, sowohl bei innerem wie bei äußerem Gebrauch.

FRAU STOCKMANN: Dann ist es ja wirklich ein Glück, dass du noch rechtzeitig darauf gekommen bist.

*Szene der Aufführung am Zürcher Schauspielhaus von 1990/91
Doktor Stockmann mit den Journalisten und Horster*

[2] *typhös:* an einer Typhuserkrankung leidend

[3] *gastrisch:* zum Magen gehörend

[4] *Bazillen:* veraltete Bezeichnung für Bakterien

DOKTOR STOCKMANN: Ja, das kann man wohl sagen.
HOVSTADT: Und was beabsichtigen Sie nun zu tun, Herr Doktor?
DOKTOR STOCKMANN: Der Übelstand muss natürlich behoben werden.
HOVSTAD: Das ist also zu machen?
DOKTOR STOCKMANN: Es muss zu machen sein. Sonst ist die ganze Badeanstalt unbrauchbar – ruiniert. Doch das hat keine Not. Ich bin mir über die notwendigen Maßnahmen völlig klar.
FRAU STOCKMANN: Und von der ganzen Sache hast du uns kein Wort gesagt, Tomas.
DOKTOR STOCKMANN: Hätte ich vielleicht in der Stadt herumlaufen und darüber reden sollen, ehe ich meiner Sache sicher war? Nein, besten Dank, so verrückt bin ich nicht. […] Du kannst dir gar nicht vorstellen, Katrin, was das jetzt für einen Wirbel hier in der Stadt gibt. Die ganze Wasserleitung muss neu verlegt werden.
HOVSTADT *(sich erhebend)*: Die ganze Wasserleitung?
DOKTOR STOCKMANN: Allerdings. Das Sammelbecken liegt zu niedrig; es muss wesentlich höher liegen.

Leite aus dem Text ab, welche Konsequenzen Stockmanns Entdeckung für den Badeort haben wird – positiv wie negativ. Diskutiert: Überwiegen eurer Meinung nach die positiven oder die negativen Folgen?

3. Schau dir das Personenverzeichnis des Dramas an: Welches Konfliktpotential steckt zwischen diesen wenigen Protagonisten? (Horster und Aslaksen sind Nebenfiguren.) Schreibe in Form eines Inhaltsüberblicks mögliche weitere Handlungsverläufe.

Personen

Doktor Tomas Stockmann, *Badearzt*
Frau Stockmann, *seine Frau*
Petra, ihre Tochter, *Lehrerin*
Ejlif und Morten, *ihre Söhne, 13 und 10 Jahre alt*
Peter Stockmann, *der ältere Bruder des Doktors, Stadtrichter und Polizeidirektor, Vorsitzender der Badeverwaltung usw.*
Morten Kiil, Frau Stockmanns Pflegevater, *Gerbermeister*
Hovstad, *Redakteur des „Volksboten"*
Billing, *Mitarbeiter des „Volksboten"*
Horster, *Schiffskapitän*
Aslaksen, *Buchdrucker*
Teilnehmer einer Bürgerversammlung, Männer aller Stände, einige Frauen und ein Rudel Schuljungen.

Exposition eines Dramas:
- sein Beginn
- dient der Einführung in den Kreis der handelnden Personen, in Ort, Zeit und Themenbereich

4. Ibsens Drama besteht aus fünf Akten. Damit greift er – zumindest äußerlich – eine Form auf, deren innere Struktur nach dem Dichter und Literaturtheoretiker Gustav Freytag so zu skizzieren wäre:

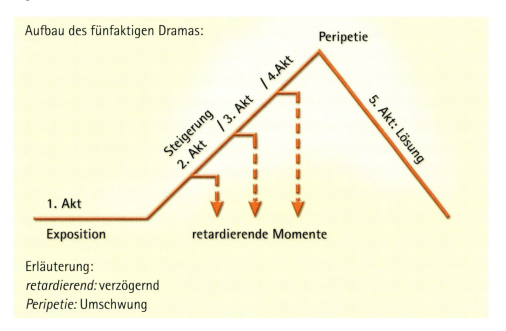

Aufbau des fünfaktigen Dramas:

Erläuterung:
retardierend: verzögernd
Peripetie: Umschwung

Beschreibe, wie Ibsens Schauspiel nach diesem Schema verlaufen könnte.

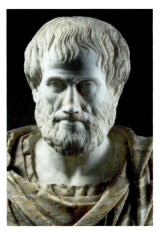

Aristoteles (384–322 v.Chr.)

5. Gustav Freytags Theorie geht auf den antiken Philosophen Aristoteles zurück (aristotelisches Drama). In der Antike gab es als Grundformen des Dramatischen die Tragödie, die mit einer Katastrophe endet, oder die Komödie, die mit einem Happy End schließt. Diskutiert, ob für Ibsens Drama beide Schlüsse nach der euch bekannten Exposition möglich wären.

6. Ibsens Drama trägt den Untertitel „Ein Schauspiel in 5 Akten", legt sich also weder auf eine Tragödie noch auf eine Komödie fest, und in der Tat ist das Ende seltsam. Lest das Drama und überlegt, welcher Gattung man Ibsens Text zuordnen könnte. Prüft, ob Ibsens Werk Gustav Freytags Dramentheorie entspricht oder nicht.

Gustav Freytag (1816–1895)

ZWISCHEN INSZENIERUNG UND INFORMATION

Die Videoinstallation *Die letzte Familie* besteht aus drei Monitoren, auf denen der Kopf einer Frau, eines Hundes und eines Mannes zu sehen sind. Der unvorbereitete Betrachter steht vor den drei Köpfen und glaubt, drei Fotos zu sehen, die auf die Mattscheibe geklebt wurden. Dann jedoch nimmt er den kaum merklichen Augenaufschlag der Frau wahr, die leichte Bewegung ihres Kopfes, das unerwartete Gähnen des Hundes.

Friederike Pezold, Die letzte Familie (1990)

1

Aufgaben: Seite 230

Hilde Domin
Fernsehgedicht

Brennende Stadt (Beirut)

Die brennende Stadt
brennt lautlos
Ich sehe sie jeden Abend
mit immer neuen Namen
5 der Ansager
vorläufig
sagt Abend für Abend den einen
Ich kann das abstellen
vorläufig
10 Zumindest im Wachen

Gero Hellmuth, Augen, 2006

2

Aufgaben: Seite 230

Manfred Spitzer
Studien zu Gewalt in Computer- und Videospielen

Obgleich zu den Auswirkungen von Video- und Computerspielen noch nicht so viele Studien vorliegen wie für das Fernsehen und obwohl Studien zu den Langzeiteffekten von Gewalt per Konsole, Computer oder Internet 5 noch gar nicht vorliegen können, wissen wir dennoch bereits einiges. Die wichtigsten Ergebnisse seien an dieser Stelle zusammengefasst.

Zunächst einmal ist aufgrund der Zunahme von Gewalt und Realitätsnähe in den Computer- und Videospielen anzunehmen, dass der Zusammenhang zwi- 10 schen dem Spielen dieser Spiele und realer Gewalt, wie er sich in den Ergebnissen von Studien ausdrückt, zunehmen sollte. Mit anderen Worten: Je jünger die wissenschaftlichen Untersuchungen zum Zusammenhang von Gewalt und Computer- bzw. Videospielen sind, desto größer sollte der gefundene Zusammenhang sein. Genau dies wurde mit einer Korrelation von 0,738 tatsächlich 15 gefunden (Abb.).

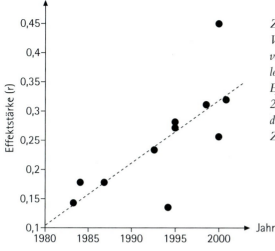

Zusammenhang zwischen dem Jahr der Veröffentlichung von Studien zum Effekt von Gewalt in Video- und Computerspielen und der in diesen Studien gefundenen Effektstärke (nach Gentile & Anderson 2003, S. 144). Je neuer die Studien sind, desto deutlicher war der gefundene Zusammenhang.

Betrachten wir beispielhaft einige Studien zu diesem Zusammenhang etwas genauer. In einer Längsschnittstudie der Universität Potsdam untersuchten Barbara Krahé und Ingrid Möller (2004) bei 231 zwölf- bis 14-jährigen Jugendlichen mittels eines Fragebogens den Zusammenhang zwischen Konsum bzw. Präferenz gewalthaltiger Bildschirmspiele und aggressionsbegünstigenden Gedanken. Eine Neigung zu Aggressivität sowie das Geschlecht wurden getrennt erfasst, sodass ihre Auswirkung auf die Ergebnisse „herausgerechnet" werden konnte. Die Ergebnisse zum ersten Messzeitpunkt stützten bereits bekannte Befunde zum Zusammenhang zwischen Gewaltspielkonsum und aggressionsbegünstigenden Gedanken. Das Untersuchungsdesign erlaubte es weiterhin, unterschiedliche Modelle des kausalen Zusammenhangs zwischen Mediengewalt und Aggressionsneigung bzw. entsprechenden aggressiven Gedanken zu untersuchen. Insgesamt hatte diese Studie die folgenden Ergebnisse: (1) Wer viel Video- und Computerspiele spielt, der spielt auch viele *aggressive* Video- und Computerspiele ($r = 0{,}98$). (2) Jungen spielen mehr als die Mädchen. (3) Jungen empfehlen anderen auch eher ein Gewalt-Videospiel und neigen zu gewalttätigen Gedanken bzw. zum Gebrauch von körperlicher Gewalt. Damit ergaben sich in dieser deutschen Studie Hinweise für reale Gewalt durch virtuelles Spielen. […]

Weiterhin zeigte sich, dass die mit Videospielen verbrachte Zeit signifikant negativ mit den Studienleistungen korrelierte ($r = -0{,}2$). Solche Korrelationen sagen zunächst nichts über ursächliche Zusammenhänge, denn es könnte ja sein, dass kriminelle Jugendliche zu gewalttätigen Videospielen neigen (und nicht umgekehrt diese Spiele delinquentes[1] Verhalten hervorrufen). Zu Aussagen über Ursachen und Wirkungen gelangt man nicht durch Beobachtung allein; sie sind die Domäne[2] des wissenschaftlichen Experiments.

Daher führten die Autoren an 210 College-Studenten (104 Frauen und 106 Männer) das folgende Experiment durch: Männer oder Frauen spielten entweder ein gewalttätiges oder ein nicht gewalttätiges Videospiel. Die Aggressivität

---

[1] *delinquent:* straffällig

[2] *Domäne:* Spezialgebiet

der Versuchspersonen wurde danach experimentell dadurch gemessen, dass die im Labor spielenden Versuchspersonen die Dauer und die Lautstärke eines Lärmgeräuschs im Raum eines vermeintlichen Gegenspielers einstellen konnten, wenn dieser ihrer Meinung nach verloren hatte. Wurde das aggressive Spiel gespielt, nahm der Bestrafungslärm für den Gegenspieler zu; die Versuchspersonen verhielten sich also eindeutig aggressiver.

Aber nicht nur das Verhalten, sondern auch die Gedanken änderten sich durch das Spiel. Aggressives Denken wurde mit einem Wortlese-Experiment gemessen, bei dem die Reaktionszeit beim Lesen von insgesamt 192 neutralen oder aggressionsgeladenen Wörtern ermittelt wurde. Es zeigte sich hierbei eine hoch signifikante Verkürzung der Reaktionszeit bei Wörtern mit aggressivem Gehalt nach dem Spielen aggressiver Spiele. Man spricht hier von Bahnungseffekten, d. h. davon, dass bestimmte Gedanken leichter fallen, wenn sie erst einmal besonders oft „eingeschliffen" wurden. In der experimentellen Studie fand man somit Effekte aggressiver Videospiele auf das Denken und das Verhalten der Spieler und damit insgesamt eine deutliche Verstärkung von deren Gewaltbereitschaft.

Aufgaben: Seite 230

Sonja Mikich
Kritischer Journalismus

Magazinjournalismus ist oft deckungsgleich mit Meinungsfreude, was ich nicht verdächtig finde, solange dem Zuschauer klar ist, wer was warum sagt und solange die Tatsachen sauber gesammelt wurden. MONITOR versucht, allen politischen Parteien gegenüber gleichermaßen distanziert zu bleiben, ihnen zunächst mit grundsätzlicher Skepsis zu begegnen. Und unsere besten Sendungen sind die, in der wir zu allen gleich grausam waren. Doch am allerwichtigsten ist das Handwerkszeug. Das gründliche Vermitteln von Sachverhalten, die überprüft wurden. Recherche und Fähigkeit zur Kritik – die Fundamente für Qualitätsjournalismus. Kritischer Journalismus ist dazu da, „die Demokratie zu beatmen" (Thomas Leif). Wir Magazin-Macher sehen uns als Anwalt der Bürger, als unabhängige Kontrolleure der Machtstrukturen. Wir sind keine Richter, aber Augenzeugen. Unser Blick auf die Wirklichkeit ist sachlich, aber nicht „objektiv" im engen Sinne. Objektivität gibt es nicht im Magazinjournalismus. Jedem Bild, jeder Aussage, jedem Text geht die Auswahl voraus. Wen interviewen? Wen nicht? Welche Fakten, welche Zitat? Wir können nicht *die* Wirklichkeit abbilden, sondern nur einen Ausschnitt.

Ich finde den kritischen Journalismus, immer noch, aufregend. Er kann nicht light daherkommen. Wahrheitssucher sind mir im Zweifel lieber als leichte Kaliber[1], die nichts außer ihrer Karriere umtreibt, die im Quotenmahlwerk zu runden, glatten Kieseln gemahlen werden, die nie anecken.

[1] *Kaliber hier:* ugspr. Typen

Über unser Berufsethos reden wir oft bei MONITOR, und das hilft angesichts der Themenflut. So vieles drängt danach, den Menschen erzählt zu werden. Die Geschichte über abgeschobene Tschetschenen, aber auch die miserablen Aussichten von Ghetto-Kindern in Köln-Ossendorf. Müll-Skandal der SPD gegen Spendenskandal der FDP gegen Datenschutzskandal der CDU. Was zuerst? Wie viel davon? Es gibt keinen „Wert-o-meter" für die Relevanz von Themen, das macht die Sache schwierig. Klar. Da ist der journalistische „mainstream", der festlegt, was gerade recherchierenswert ist. Da sind die mächtigen Presseagenturen, die vorgeben, worüber in den nächsten Tagen berichtet wird. Und natürlich die großen Ereignisse wie Katastrophen, Rücktritte, Skandale, die alle anderen Themen wegfegen. Letztendlich wissen wir erst nach der Sendung, ob unsere Themen wirklich nötig waren und unser Publikum „aufklären" konnten.

Wenn wir gut arbeiten, dann helfen wir unseren Zuschauern, bei gesellschaftlichen Entwicklungen aufgeklärt mitzumachen. Und: Wir setzen die Mächtigen in der Politik, Wirtschaft oder Kultur unter Erklärungs- und Rechtfertigungsdruck. Sie sollen sich äußern zu ihren Entscheidungen und Handlungen. Sie sollen an ihre Versprechen von vorgestern erinnert werden. Dahinter steht eine idealtypische Vorstellung von Gesellschaft, die auf Kräfte- und Arbeitsteilung beruht. Hier die politische, wirtschaftliche und soziale Elite, da die mündigen Bürger mit den unabhängigen Medien.

Aber: Viele Journalisten sind mehr und mehr zu Teilhabern der politischen Elite geworden und reichen Informationen nach unten weiter. Konform zu sein mit dieser Elite trägt Privilegien und Prestige ein. Dissidenten und Kritiker spüren dagegen irgendwann die gläserne Decke. Querdenker werden in Sonntagsreden gerühmt, aber nicht wirklich gewollt.

Was ich mich in meiner Arbeit also regelmäßig frage: Wer möchte, dass ich das glaube, und warum? Es gibt viele Wahrheiten, wir müssen zu unterscheiden lernen, welche unserer Aufmerksamkeit wert sind und welche nicht. Meine Idealvorstellung vom Journalisten: ein Detektiv, ein Augenzeuge, ein Humanist. Ich selbst bin aus sehr idealistischen Gründen Journalistin geworden und wusste als Volontärin genau: Die Welt kann besser werden und ich will dazu beitragen. Bis heute ist dies der schönste Beruf der Welt und ein relevanter dazu. Ein Beruf, bei dem Kopf und Herz gleichermaßen herausgefordert sind. Für mich ist kritischer Journalismus nichts weniger als Aufklärung und Veränderung, immer noch.

Heinrich Böll

Die verlorene Ehre der Katharina Blum

Die 27-jährige Katharina Blum verliebt sich bei einer Karnevalsparty in einen jungen Mann und nimmt ihn mit nach Hause, ohne zu wissen, dass er ein polizeilich gesuchter Verbrecher ist. Als die Polizei die Wohnung stürmt, verhilft Katharina ihm zur Flucht und gerät von da ab in die Schusslinie einer Boulevardzeitung, von der es im Vorspann heißt: „Ähnlichkeiten mit Praktiken der ‚Bild'-Zeitung [… sind] weder beabsichtigt noch zufällig, sondern unvermeidlich."

Schon am Samstagmorgen am Bahnhof der Stadt, die immer noch saisongemäß fröhlich war, völlig zerknittert und elend, schon auf dem Bahnsteig des Bahnhofs die ZEITUNG und wieder mit Katharina auf dem Titel, diesmal, wie sie in Begleitung eines Kriminalbeamten in Zivil die Treppe des Präsidiums herunterkam. MÖRDERBRAUT IMMER NOCH VERSTOCKT! KEIN HINWEIS AUF GÖTTENS VERBLEIB! POLIZEI IN GROSSALARM.
Trude kaufte das Ding und sie fuhren schweigend im Taxi nach Hause und als er den Fahrer bezahlte, während Trude die Haustür aufschloss, wies der Fahrer auf die ZEITUNG und sagte: „Sie sind auch drin, ich hab' Sie gleich erkannt. Sie sind doch der Anwalt und Arbeitgeber von diesem Nüttchen". Er gab viel zuviel Trinkgeld und der Fahrer, dessen Grinsen gar nicht so schadenfroh war wie seine Stimme klang, brachte ihm Koffer, Taschen und Skier noch bis in die Diele und sagte freundlich „Tschüs". […]
Es war gerade acht Uhr fünfzehn und fast genau die Zeit, zu der ihnen sonst Katharina das Frühstück servierte: hübsch, wie sie immer den Tisch deckte, mit Blumen und frisch gewaschenen Tüchern und Servietten, vielerlei Brot und Honig, Eiern und Kaffee und für Trude Toast und Orangenmarmelade.
Sogar Trude war fast sentimental, als sie die Kaffeemaschine, ein bisschen Knäckebrot, Honig und Butter brachte. „Es wird nie mehr so sein, nie mehr. Sie machen das Mädchen fertig. Wenn nicht die Polizei, dann die ZEITUNG, und wenn die ZEITUNG die Lust an ihr verliert, dann machen's die Leute. Komm, lies das jetzt erst mal und dann erst ruf die Herrenbesucher an." Er las: „Der ZEITUNG, stets bemüht, Sie umfassend zu informieren, ist es gelungen, weitere Aussagen zu sammeln, die den Charakter der Blum und ihre undurchsichtige Vergangenheit beleuchten. Es gelang ZEITUNGS-Reportern, die schwerkranke Mutter der Blum ausfindig zu machen. Sie beklagte sich zunächst darüber, dass ihre Tochter sie seit langer Zeit nicht mehr besucht hat. Dann, mit den unumstößlichen Fakten konfrontiert, sagte sie: „So musste es ja kommen, so musste es ja enden." Der ehemalige Ehemann, der biedere Textilarbeiter Wilhelm Brettloh, von dem die Blum wegen böswilligen Verlassens schuldig geschieden ist, gab der ZEITUNG noch bereitwilliger Auskunft. „Jetzt", sagte er, die Tränen mühsam zurückhaltend, „weiß ich endlich, warum sie mir tritschen gegangen ist. Warum sie mich sitzengelassen hat. DAS war's also, was da lief. Nun wird

mir alles klar. Unser bescheidenes Glück genügte ihr nicht. Sie wollte hoch hinaus und wie soll schon ein redlicher, bescheidener Arbeiter je zu einem Porsche kommen. Vielleicht (fügte er weise hinzu) können Sie den Lesern der ZEITUNG meinen Rat übermitteln: So müssen falsche Vorstellungen von Sozialismus ja enden. Ich frage Sie und Ihre Leser: Wie kommt ein Dienstmädchen an solche Reichtümer. Ehrlich erworben kann sie's ja nicht haben. Jetzt weiß ich, warum ich ihre Radikalität und Kirchenfeindlichkeit immer gefürchtet habe, und ich segne den Entschluss unseres Herrgotts, uns keine Kinder zu schenken. Und wenn ich dann noch erfahre, dass ihr die Zärtlichkeiten eines Mörders und Räubers lieber waren als meine unkomplizierte Zuneigung, dann ist auch dieses Kapitel geklärt. Und dennoch möchte ich ihr zurufen: Meine kleine Katharina, wärst du doch bei mir geblieben. Auch wir hätten es im Laufe der Jahre zu Eigentum und einem Kleinwagen gebracht, einen Porsche hätte ich dir wohl nie bieten können, nur ein bescheidenes Glück, wie es ein redlicher Arbeitsmann zu bieten hat, der der Gewerkschaft misstraut. Ach, Katharina."

Unter der Überschrift: „Rentnerehepaar ist entsetzt, aber nicht überrascht", fand Blorna noch auf der letzten Seite eine rot angestrichene Spalte:
Der pensionierte Studiendirektor Dr. Berthold Hiepertz und Frau Erna Hiepertz zeigten sich entsetzt über die Aktivitäten der Blum, aber nicht „sonderlich überrascht". In Lemgo, wo eine Mitarbeiterin der ZEITUNG sie bei ihrer verheirateten Tochter, die dort ein Sanatorium leitet, aufsuchte, äußerte der Altphilologe und Historiker Hiepertz, bei dem die Blum seit 3 Jahren arbeitet: „Eine in jeder Beziehung radikale Person, die uns geschickt getäuscht hat."

(Hiepertz, mit dem Blorna später telefonierte, schwor, folgendes gesagt zu haben: „Wenn Katharina radikal ist, dann ist sie radikal hilfsbereit, planvoll und intelligent – ich müsste mich schon sehr in ihr getäuscht haben und ich habe eine vierzigjährige Erfahrung als Pädagoge hinter mir und habe mich selten getäuscht.")

Fortsetzung von Seite 1:
„Der völlig gebrochene ehemalige Ehemann der Blum, den die ZEITUNG anlässlich einer Probe des Trommler- und Pfeiferkorps Gemmelsbroich aufsuchte, wandte sich ab, um seine Tränen zu verbergen. Auch die übrigen Vereinsmitglieder wandten sich, wie Altbauer Meffels es ausdrückte, mit Grausen von Katharina ab, die immer so seltsam gewesen sei und immer so prüde getan habe. Die harmlosen Karnevalsfreuden eines redlichen Arbeiters jedenfalls dürften getrübt sein."

Schließlich ein Foto von Blorna und Trude, im Garten am Swimmingpool. Unterschrift: „Welche Rolle spielt die Frau, die einmal als die „rote Trude" bekannt war, und ihr Mann, der sich gelegentlich als „links" bezeichnet. Hochbezahlter Industrieanwalt Dr. Blorna mit Frau Trude vor dem Swimmingpool der Luxusvilla."

Friederike Pezold, **Die letzte Familie** *(Seite 222/223)*

1. Beschreibe diese Installation der Wiener Videokünstlerin.
2. Diskutiere, was durch dieses fast statische Werk zum Ausdruck gebracht wird. Beziehe den Titel in deine Überlegungen ein.

Hilde Domin, **Fernsehgedicht** *(Seite 224)*

1. Informiere dich, warum Beirut als „brennende Stadt" bezeichnet wird.
2. „immer neue Namen": Welche brennenden Städte werden zur Zeit im Fernsehen gezeigt?
3. Zeige, wie im Gedicht zum Ausdruck kommt, dass das lyrische Ich den Fernseher abstellt. Diskutiert, ob das Abstellen dem Ich etwas nutzt.

Manfred Spitzer, **Studien zu Gewalt in Computer- und Videospielen** *(Seite 224)*

1. Erläutere die Grafik in dem Text von Manfred Spitzer und überlege, welche Funktion sie erfüllt. Schlage dazu den Begriff *Korrelation* nach.
2. Erstelle zusammen mit einem Partner eine Vortragsfolie und haltet anschließend mit deren Hilfe einen Kurzvortrag, der die wichtigsten Aussagen von Manfred Spitzer verdeutlicht.

Sonja Mikich, **Kritischer Journalismus** *(Seite 226)*
Heinrich Böll, **Die verlorene Ehre der Katharina Blum** *(Seite 228)*

1. Verdeutliche den Unterschied zwischen den Begriffen *Sachlichkeit* und *Objektivität*, auf den im Text von Mikich aufmerksam gemacht wird.
2. Entwerft in Gruppen einen Informationsflyer für die Magazinsendung „MONITOR", in dem neben möglichen Bildern auch das Selbstverständnis der Macher, deren Zielsetzungen usw. enthalten sind.
3. Analysiere die im Textauszug aus Bölls Roman enthaltenen Passagen aus der ZEITUNG und stelle zusammen, mit welchen Mitteln die ZEITUNG arbeitet.

O Über Sprache nachdenken

Unterhaltsames – Nachdenkenswertes
Arbeite die Bedeutungsunterschiede heraus:
Wir führten eine gute Unterhaltung • Das Programm war unterhaltsam • Unterhaltungsliteratur • U-Musik • Die Unterhaltungskosten für das Schwimmbad sind sehr hoch • Für Unterhaltung war auch gesorgt • Wenn du dich mit deinem Nachbarn unterhältst, kannst du ja nicht aufpassen • Er zahlt regelmäßig Unterhalt • Unterhaltungssteuer • Sie ist die geborene Unterhalterin • die Hand unterhalten • unterhaltsberechtigt • „Bitte folgen Sie mir. Der Polizist da drüben würde sich gern mal mit Ihnen unterhalten."

Sich mit medial vermittelten Texten auseinandersetzen

Medien vergleichen

Wolfgang Maier, Dimensionen des Medienbegriffs

Medienaspekte	Bereiche	Nutzeranforderung
Technischer Aspekt	Technik	Bedienung
Semantischer Aspekt	Information: Inhalte, Gestaltung	Verständnis
Pragmatischer Aspekt	Kommunikation: Austausch, Unterhaltung, Verbreitung, Absichten, Wirkung	Verwendung

1. Schlage in einem Lexikon die Begriffe *Semantik* und *Pragmatik* nach. Wertet anschließend in kleinen Gruppen die Tabelle aus, indem ihr einen Kurzvortrag über die Dimensionen des Medienbegriffs vorbereitet. Verdeutlicht euren Vortrag mit entsprechenden Beispielen.
2. Betrachte die folgende Collage zwei Minuten lang konzentriert, schließe anschließend das Buch und notiere möglichst viele Aussagesätze, die deiner Meinung nach zu der Abbildung passen. Eine bloße Aufzählung der Bestandteile genügt nicht.
3. Vergleicht eure Sätze und diskutiert deren Aussagen.

4. Vergleicht Zeitung, Fernsehen, Radio und das Internet in der folgenden mehrteiligen Gruppenarbeit:
   - Erarbeitet in der Klasse zunächst Vergleichskriterien, die ihr als Grundlage eurer Arbeit verwenden könnt. Orientiert euch dabei unter anderem an den W-Fragen: Wer? Was? Wie? Zu welchem Zweck?
   - Teilt eure Klasse in acht Gruppen. Jeweils zwei Gruppen erarbeiten ein Medium anhand der vereinbarten Vergleichskriterien. Dabei ist es erlaubt, weitere Kriterien heranzuziehen. Recherchiert dazu im Internet und in Lexika.
   - Haltet eure Ergebnisse auf einem Plakat fest und stellt diese anschließend in der Klasse vor. Klärt dabei offene Fragen. Diskutiert die Unterschiede der Medien.
5. Erweitert euren Vergleich um die Medien *Elektronische Spiele*, *Handy* und *MP3-Player*.

> Zeitung, Fernsehen, Radio und Internet werden als **Massenmedien** bezeichnet. Sie erreichen ein großes und weit verstreutes Publikum. In vielen Fällen ist die Kommunikation über Massenmedien **einseitig**, d.h., es erfolgt keine direkte Reaktion wie in einer unmittelbaren Kommunikationssituation zwischen anwesenden Menschen.

6. Ordne die folgenden Aussagen einem Medium oder mehreren Medien zu und begründe deine Wahl.
   - … fungiert als Geschichtenerzähler.
   - … wird vielfach nebenbei benutzt.
   - … verhilft zu schneller Information.
   - … hat positive Auswirkungen auf die Stimmungen des Nutzers.
   - … ermöglicht Identifikation mit Personen.
   - … verhilft zu vertiefter Information.
   - … lebt von der Aktualität.
   - … ermöglicht neue Formen von zwischenmenschlicher Kommunikation.
   - … erzeugt viele Probleme in Bezug auf Urheberrechtsfragen.
   - … wird immer mehr durch das Internet bedroht.
   - … wird Probleme nach sich ziehen, die man heute noch nicht überblicken kann.
   - … trägt zur Beschleunigung des modernen Lebens bei.
   - … hat Suchtpotential.
7. Du hast sicher schon einmal einen Sirenenalarm erlebt. Dabei wird geprüft, ob das öffentliche Alarmsystem noch funktioniert, und die Bürger werden daran erinnert, was im Notfall zu tun ist: Sie sollen nämlich umgehend das Radio einschalten und Anweisungen, die dort gegeben werden, befolgen. Erkläre in Abgrenzung von anderen Möglichkeiten, warum für diese Situation das Radio das geeignetste Medium ist.

Realität und Fiktion in den Medien

1. Vergleiche die beiden Bilder mit der zum Trocknen aufgehängten Wäsche. Reflektiere die unterschiedliche Wirkung, die dadurch entsteht, dass jeweils ein anderer Ausschnitt gewählt wird.

Herlinde Koelbl
Lügen Bilder?

Die Wahrheitsfrage beginnt für den Fotografen schon mit der Entscheidung, wie er ein Geschehen darstellt. Zeigt er den Ort des Geschehens, fotografiert er alle Personen des Ereignisses oder konzentriert er sich auf die eigentlichen Hauptpersonen? Zeigt er nur die Gesichter und nicht die Körper? Nur den Anfang einer Situation, den Höhepunkt oder das Ende? Wählt er für sein Bild die Anspannung vor dem Wahlergebnis oder das fassungslose Gesicht bei dem katastrophalen Abschneiden? Fotografiert er den Kampf vor dem Fußballtor oder den Jubelschrei nach dem gewonnenen Spiel?

Alle Bilder, die der Fotograf dem Bildredakteur schickt, sind wahr, und doch ist es *seine* Wahrheit. Der Bildredakteur selektiert dann noch nach *seinen* jeweiligen Gesichtspunkten, meist in Hektik, und gibt seine Auswahlwahrheit an den Redakteur weiter. Dieser wiederum ist formalen Zwängen ausgesetzt. Fotos müssen in Spalten passen, Personen werden weggeschnitten. Und die letzte Entscheidung trifft der Chefredakteur. Vielleicht passt ihm der emotionale Ausdruck eines Fotos nicht und er sucht ein anderes aus. Das fotografierte Ereignis hat dann plötzlich eine andere Aussage, eben eine andere Wahrheit. Und doch bleibt es ein und dasselbe Ereignis.

2. Fasse die Grundaussage von Herlinde Koelbl zusammen und diskutiere anschließend die in der Überschrift gestellte Frage.

3. Überprüfe, ob sich das folgende Beispiel mit Koelbls These erklären lässt. Welche Absicht könnte eine solche Berichterstattung um den damaligen Minister Trittin verfolgen?

„Bild"-Manipulation
SPD und Grüne fordern Entschuldigung der Zeitung bei Trittin

Berlin (AP). SPD und Grüne haben von der „Bild"-Zeitung eine Entschuldigung für die falsche Beschriftung eines Fotos verlangt, das Umweltminister Jürgen Trittin bei einer Demonstration mit vermummten Autonomen zeigt. SPD-Fraktionschef Peter Struck sprach am Donnerstag von einem „dreisten" Fehler. Grünen-Chef Fritz Kuhn warf der Zeitung in einem Brief an Chefredakteur Kai Diekmann eine „eklatante" Verletzung der journalistischen Sorgfaltspflicht vor. Das Umweltministerium wollte noch am Donnerstag eine Beschwerde beim Presserat einreichen.

In der „Bild" war am Montag ein Foto aus dem Jahr 1994 erschienen, das Trittin neben vermummten Demonstranten zeigt. Rote Hinweise auf einen „Bolzenschneider" und einen „Schlagstock" deuteten auf angebliche Einzelheiten des Bildes hin. Tatsächlich handelte es sich aber um ein Seil und einen Handschuh, wie „Bild" zwei Tage später in einer Berichtigung klarstellte.

Struck machte sich am Donnerstag die Überschrift „Bild lügt wieder" der „taz" vom Vortag zu eigen. Kuhn schrieb in seinem Brief an Diekmann, durch die „Bild-Manipulation" sei Trittin „zu Unrecht verunglimpft" worden.

Der Presserat wird sich voraussichtlich erst im April mit der Beschwerde Trittins befassen. Die „Bild"-Zeitung werde nach Eingang der Beschwerde drei Wochen Zeit haben, Stellung zu nehmen, sagte ein Presserats-Referent.

Tagesspiegel, 1.2.2001

Das Originaldokument:

4. Entnehmen Sie dem Artikel des „Tagesspiegel", welche Möglichkeiten bestehen, sich gegen eine unwahre Berichterstattung zur Wehr zu setzen.

Fotografien erwecken den Eindruck, Wirklichkeit einfach abzubilden. Veröffentlichte Fotos sind jedoch nicht neutral, sondern dienen der Meinungsbeeinflussung und spiegeln die Sicht derer, die das Bild gemacht, unter anderen Bildern ausgewählt und ggf. verändert haben. Neben der Wahl von Bildausschnitten sind es vor allem die Veränderungsmöglichkeiten digitaler Fotografie, die es erlauben, unter dem Vorwand der Dokumentation zu manipulieren.

PROJEKT

Bildeinsatz in den Medien

Bestimmt anhand einer überregionalen Tageszeitung vier aktuelle und zentrale Themen, von denen ihr annehmt, dass über sie mehrere Tage berichtet werden wird. Verteilt anschließend die Themen auf vier Gruppen, die zu ihrem Thema möglichst viele Tageszeitungen, Online-Zeitungen und Zeitschriften auswerten:

- Sprecht gemeinsam einen Zeitraum ab, in dem die Auswertung stattfinden soll.
- Legt ein Bilderarchiv zum Thema an.
- Vergleicht die Bilder und ihre Aussagen.
- Prüft, ob die Bildauswahl einer Zeitung einen Rückschluss auf deren Standpunkt zulässt.
- Haltet eure Ergebnisse in einer Wandzeitung fest.

Mit einer kurzen Einführung zum Rahmenthema „Die Macht der Bilder" könnt ihr eure Wandzeitungen auch vor einem größeren Publikum (Parallelklassen, Lehrerinnen und Lehrer, Eltern) präsentieren. Auch eine Ausstellung in der Aula ist denkbar.

Infotainment

1. Stellt in kleinen Gruppen einen Anforderungskatalog zusammen, der eurer Meinung nach für die Hauptnachrichtensendung im Fernsehen zu gelten hat.
2. Schlagt die Bedeutung des Begriffs *Infotainment* nach und vergleicht, inwiefern sich die Definition des Begriffs mit eurem Anforderungskatalog deckt und worin sie sich unterscheidet.

Das Morgen-Magazin, Moderation: Dunja Hayali

WDR Fernsehen PLANET WISSEN: „Luxusspeisen - Schlemmen ohne Reue?", Moderatoren Till Nassif und Brigitte Pavetic mit Studiogast Heiko Antoniewicz (Mitte), Koch und Meister der molekularen Küche

3. Stellt Argumente zusammen, die für und gegen Nachrichtensendungen im Sinne von *Infotainment* sprechen.
4. Informiere dich über die Bedeutung der Begriffe *Edutainment* und *Politainment*.

> **Nachrichtensendungen**, die sich als **Infotainment** verstehen, betonen neben der Informationsvermittlung den Unterhaltungswert der Nachricht bzw. der Sendung. Dabei fallen häufig Aspekte weg, die dem tieferen Verständnis eines Sachverhalts dienen und deshalb Konzentration und Denkanstrengung notwendig machen. Für den Zuschauer bzw. Zuhörer ist es deshalb wichtig, die Seriosität der Beiträge zu hinterfragen. Dazu ist u.a. der Vergleich mit der Berichterstattung in anderen Medien, wie z.B. der Zeitung hilfreich.

Sich einmischen statt wegschauen – gegen Gewalt durch Medien

1. Diskutiert, ob ein Zusammenhang zwischen den Themen „Gewalt in Medien" und „Gewalt durch Medien" besteht. Berücksichtigt dabei auch die Untersuchungen von Manfred Spitzer (S. 224).
2. Gewaltvideos auf Handys sind eine Ausprägung der Kinder- und Jugendkriminalität. Informiere dich über die wichtigsten Paragraphen des Strafgesetzbuches zu Gewaltdarstellungen.
3. Sammelt Gründe, warum sich Kinder/Jugendliche Gewaltdarstellungen ansehen.
4. Sammelt Argumente gegen Herstellung, Konsum und Weiterverbreitung von Gewaltdarstellungen.
5. In manchen Bundesländern ist der Gebrauch von Handys in Schulen verboten. Nimm zu dieser Maßnahme Stellung und begründe deine Meinung.

○ Über Sprache nachdenken

Gewaltige Unterschiede
In folgenden Wendungen hat der Begriff *Gewalt* jeweils unterschiedliche Bedeutungsnuancen. Erkläre die Unterschiede, indem du mit folgenden Möglichkeiten experimentierst: Synonyme suchen • Gegenbegriffe suchen • Umschreibungen bilden • Anwendungssituationen formulieren • mehrere Begriffe mit ähnlicher Bedeutung gruppieren
Er hatte keine Gewalt mehr über sich • Gewaltige Wolken türmten sich auf • „Und bist du nicht willig, so brauch ich Gewalt" (aus Goethes „Erlkönig") • Nach einem Gewaltmarsch trafen sie erschöpft ein. • „Gewalt geht vor Recht" • Schlüsselgewalt • Naturgewalten • Der Staat hat das Gewaltmonopol • Gewaltdarstellungen in den Medien • ein sprachgewaltiger Mensch • Mit aller Gewalt klopfte er gegen die Tür • Die Gewaltverzichtserklärung der IRA • Gewaltenteilung • Gewaltakt • Gewaltherrschaft • gewaltbereit • Gewalttäter • Gewaltverbrechen

Filme analysieren

1. Heinrich Bölls Erzählung „Die verlorene Ehre der Katharina Blum" wurde von Volker Schlöndorff verfilmt. Die Anfänge von Buch und Film unterscheiden sich in der Erzählstruktur grundlegend. Beschreibe die Unterschiede mithilfe von Wolfgang Gasts Gegenüberstellung auf S. 238.

Buch	Film
1. Vorbemerkungen zu den Quellen des „Berichts"	Friedhofssequenz Insert:[1] Mittwoch, 05. Februar
2. Zur Darstellungsweise des „Berichts"	Vorspann/Ankunft Ludwig Göttens mit der Rheinfähre
3. Kurze Darlegung der „Tatsachen"	Im Café Polkt
4. Überprüfung des Mordes am Bildjournalisten Schönner	Autofahrt zur Party bei Else Woltersheim
5. Überlegungen eines Karnevalsfunktionärs und Sekthändlers über Tat und Stimmung	In der Wohnung bei Else Woltersheim
6. Verhalten der ZEITUNG nach Tod von Tötges	Beizmenne fordert „Zäpfchen" (Abhöranlage) an
7. Bilanz der Eigentumsverhältnisse Katharinas	Observierung Katharinas und Ludwigs
8. Bericht über Recherchen über Katharinas Tätigkeiten bis zur Party	
9. Recherche über Tanz mit Ludwig Götten auf der Party	
10. Hinweis auf Staatsanwalt Hach, der Beizmennes Abhöraktion mitteilte	

[1] *Insert:* graf. Darstellung, die in eine laufende Sendung eingeblendet wird

2. Begründe die Veränderungen, die im Film vorgenommen wurden.

3. Der auf Seite 228 ff. wiedergegebene Ausschnitt der Erzählung ist im Buch Kapitel 23 (von insgesamt 58). Stelle Mutmaßungen an, wie sich die Geschichte bis dahin entwickelt haben könnte. Informiere dich anschließend in einem Literaturlexikon über den Inhalt der Erzählung.

4. Vervollständige, möglichst nach der Lektüre von Bölls Erzählung und nach Betrachten des Films, die folgende Grafik zur Grundstruktur des Wegs vom Buch zum Film.

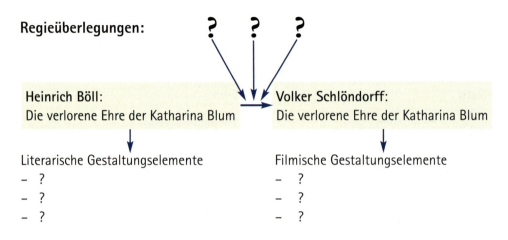

Regieüberlegungen: ? ? ?

Heinrich Böll:
Die verlorene Ehre der Katharina Blum

Volker Schlöndorff:
Die verlorene Ehre der Katharina Blum

Literarische Gestaltungselemente
- ?
- ?
- ?

Filmische Gestaltungselemente
- ?
- ?
- ?

5. Ein wichtiges filmsprachliches Mittel sind die Einstellungsgrößen. Beschreibe zusammen mit einem Partner die von Wolfgang Gast unterschiedenen Grundtypen.

Wolfgang Gast
Einstellungsgrößen im Film

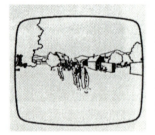   

1. Weit (W) 2. Total (T) 3. Halbtotal (HT) 4. Halbnah (HN)

5. Amerikanisch (A) 6. Nah (N) 7. Groß (G) 8. Detail (D)

6. Ordne die Szenenbilder aus dem Film „Die verlorene Ehre der Katharina Blum" begründet bestimmten Einstellungsgrößen zu.

7. Diskutiert in der Klasse, was die jeweiligen Einstellungsgrößen im Film bewirken.

Ähnlich wie die Interpretation eines literarischen Werks beschäftigt sich die **Filmanalyse** mit Inhalt, Bauformen und Aussage des jeweiligen Kunstwerks. Zu der spezifischen **Filmsprache** gehören u. a. die Einstellungsgrößen, die Kameraperspektiven, die Beleuchtung und die Musik.

Übungen zur Wiederholung, Intensivierung und Vertiefung

Das folgende Kapitel bietet eine Reihe zusätzlicher Übungsmöglichkeiten zu den besonders übungsintensiven Lernbereichen der Jahrgangsstufe an. Im Rahmen des Kapitelthemas „Bildschirm, Bytes und Botschaften" wird der Bereich „Sprachbewusstsein schaffen" im Zusammenhang mit Fremdwortgebrauch und Fremdsprachen vertieft. Außerdem wird die innerhalb des Kapitels erarbeitete Schreibform „Erörtern" durch zusätzliche Übungen geschult. In der zweiten Übungseinheit werden passend zum Thema „Zusammenleben in einer Welt" weitere Übungen zur Sachtextanalyse angeboten, die noch einmal einen besonderen Schwerpunkt auf das Verständnis und die Wiedergabe von diskontinuierlichen Texten legen. In Einheit 3 steht – passend zum Thema „Gutes Klima?" – die Schulung der Schreibform „Protokollieren" im Mittelpunkt der zusätzlichen Übungen. Zum Lernbereich „Reflexion über Sprache" passend bietet die Einheit 4 zum Thema „Katastrophen" Übungen zu Rechtschreib- und Sprachwandel an.

Man kann diesen Übungsteil zuhause zum selbstständigen Wiederholen, bei Intensivierungsstunden in der Schule oder zur Wissensüberprüfung und -festigung während des Schuljahres oder am Schuljahresende heranziehen.

 Übungen zum mündlichen Sprachgebrauch und zum Interpretieren von Texten

 Übungen zum schriftlichen Sprachgebrauch:
Informieren, Erörtern, Zusammenfassen, Protokollieren

 Übungen zur Grammatik

 Übungen zur Rechtschreibung

 Übungen zur Zeichensetzung

 Hinweise stehen in der Marginalspalte

Solltest du bei manchen Arbeitsaufträgen nicht mehr ganz sicher sein, was das dafür benötigte Wissen betrifft, um eine Aufgabe wirklich gut erledigen zu können, so folge den Hinweisen zu den entsprechenden Seiten vorne im Buch und/oder zum Wissensspeicher am Ende, wo du noch einmal alles Wichtige nachlesen kannst.

Einheit 1 zu „Bildschirm, Bytes und Botschaften"

Kenntnisse der Fremdsprachen nutzen und Sprachbewusstsein entwickeln

M 1 Zwischen diesen beiden Einträgen aus einem Wörterbuch liegen 15 Jahre. Vergleiche sie und stelle Überlegungen an, in welchen Bereichen sich Veränderungen ergeben haben und warum hier englische Ausdrücke aufgenommen wurden.

Duden, 1991   *Duden, 2006*

S 1 Finde für folgende Anglizismen deutsche Begriffe, durch die sie ersetzt werden können. Entscheide, ob die Ersetzungen passend oder eher ungewöhnlich und unpassend sind.

Anglizismus	deutsche Entsprechung	eher ungewöhnlich oder unpassend	passend
Coffee-to-go	Kaffee zum Mitnehmen		X
outsourcen			
Meeting			
take-away-food			
Snail-Mail			
Info-Point			
Drive-in-Restaurant			
Lunch-Paket			
Hotline			
Entertainer			
Event			
Bodyguard			
Loser			
downloaden			
Backshop			
Airbag			

Übungen zur Wiederholung, Intensivierung und Vertiefung   Übung macht den Meister

S 2 Bei manchen Anglizismen muss man aufpassen, wenn man sie in der Fremdsprache verwenden möchte. Finde heraus, welche Bedeutung folgende aus dem Englischen stammenden Ausdrücke in ihrer Herkunftssprache haben.

Anglizismus	Bedeutung im Deutschen	Bedeutung im Englischen
Public Viewing	öffentliches „Freilichtfernsehen", geprägt bei der Fußball-WM 2006	...
Bodybag	...	
Blockbuster		
Stream		

S 3 Formuliere folgende Sätze, die in ihrer grammatischen Struktur vom Englischen beeinflusst wurden, in korrektes Deutsch um. Finde die englische Konstruktion dahinter heraus.
a) Das macht keinen Unterschied, ob ich mich heute oder morgen entscheide.
b) Nach dem Nachhauserennen aß er sofort etwas.
c) Das macht doch keinen Sinn!
d) In 2009 waren wir in den Ferien in Spanien.
e) Ich entspanne am besten im Schwimmbad.
f) Wie heißt das in Deutsch?

M 2 Analysiere, worin die Pointe dieses Cartoons besteht. Erkläre, um welche einzelnen Sportarten es sich auf der Angebotsliste des Sportstudios handelt.

Neulich bei einem Interview fürs Radio:

- Freizeiting -

Schriftlich Erörtern

 4 Werte die beiden folgenden Text aus: Welche Argumente werden gegen, welche für Anglizismen vorgebracht? Notiere dir Stichworte mit Zeilenangaben.

Text 1:
Mathias Schreiber
Deutsch for sale

Die deutsche Sprache wird so schlampig gesprochen und geschrieben wie wohl nie zuvor. Auffälligstes Symptom der dramatischen Verlotterung ist die Mode, fast alles angelsächsisch „aufzupeppen". Aber es gibt eine Gegenbewegung.

Zwar haben zurzeit über 101 Millionen Menschen in Europa Deutsch als Muttersprache. Und weltweit lernten im Jahr 2005 16,7 Millionen Men-
5 schen Deutsch – aber 2000 hatte die Welt-Deutschstunde noch 20,1 Millionen Teilnehmer. Ein Schwund von 3,4 Millionen oder fast 20 Prozent in nur fünf Jahren. […] Die Furcht vor
10 dem Bedeutungsschwund des Deutschen wird weniger durch die mickrige Geburtenrate des Landes oder den internationalen Siegeszug des Englischen genährt als durch die
15 seltsamste Leidenschaft, die ein Volk nur befallen kann: die fast paranoide[1] Lust der Deutschen an der Vernachlässigung und Vergröberung des eigenen Idioms[2]. […]
20 Die „sprachlich-moralische Veluderung[3]" des Deutschen, die der Germanist Wolfgang Thierse, Vizepräsident des Bundestags, beklagt hat, ist nicht auf bestimmte Krassheiten des
25 Jugendjargons beschränkt. Sie greift lange schon aus auf immer mehr Felder der sprachlichen Kommunikation aller Schichten, Generationen, Institutionen und Milieus[4]. „Weithin",
30 schreibt der Sozialwissenschaftler Meinhard Miegel in seinem jüngsten Buch, „drohen sprachliche Fähigkeiten auf SMS-Niveau abzusinken." Das Handy, zumal seine ablesbaren
35 „SMS"-Kurznachrichten („CU im East?" – gemeint ist „see you …"), aber auch der E-Mail-Verkehr übers Internet, mitsamt den dort üblichen „Chatrooms", „Download-Portalen"
40 und „Websites", sind nicht nur Medien dieses Verlusts, sondern Mitursachen. […]
Nicht einmal die gehobene Schriftsprache, die immer schon einen mehr oder weniger deutlichen, normativ[5]
45 verstandenen Feierlichkeitsabstand zum Alltagsdeutsch wahrte, bleibt von alldem unberührt: Lange, architektonisch raffiniert gebaute Sätze, wie sie bei Kleist, Thomas Mann, Thomas
50 Bernhard, sogar noch bei dem jungen Daniel Kehlmann zu finden sind, sterben allmählich aus. […] In den Sätzen von Goethe und Heine lag die durchschnittliche Zahl der Wörter noch bei
55 30 bis 36. […] Heutige Zeitungstexte begnügen sich mit 5 bis 13 pro Satz. Auf dem Boulevard[6], doch auch im seriöseren Radio und Fernsehen ist der simple Vier-Wörter-Satz Trumpf.
60 Muster: „Der Nahe Osten brennt." Steuern wir auf das Ideal der Comic-Sprechblase zu?

[4] *Milieu:* hier gesellschaftliche Gruppe

[5] *normativ:* vorbildhaft

[1] *paranoid:* krankhaft

[2] *Idiom:* Sprachschatz

[3] *veludern:* verkommen

[6] *Boulevard:* hier abgekürzt für Boulevardpresse

Text 2:

„Englisch ist Geschäftssprache"

Der Geschäftsführer der Agentur Bates Germany, Uli Veigel, verteidigt den Gebrauch von Anglizismen in der Werbung.

FOCUS: Ihre Agentur kreiert öfters englischsprachige Slogans für den deutschen Werbemarkt.

VEIGEL: Es ist nicht unser Credo[1], vor allem englische Claims[2] zu entwickeln. Wir kreieren das, was der Markt, die Marke und die Zielgruppe brauchen. Als Agentur haben wir viele deutsche Slogans wie „Beck's Spitzen-Pilsener von Welt" oder „Liebe ist, wenn es Landliebe ist" entwickelt. Aber auch einige auf Englisch, etwa für Lufthansa Cargo „Thinking in new Directions" oder für First Telecom „You can't beat the First".

FOCUS: In welchen Fällen halten Sie Englisch für besser?

VEIGEL: Bei internationalen Kampagnen ist es sehr überlegenswert. Der Spirit von Lufthansa Cargo muss weltweit begriffen werden.

FOCUS: Warum texten Sie nicht in Deutschland „In neue Richtungen denken", in Frankreich „Nouvelles directions de la pensée" und so weiter?

VEIGEL: Das machen wir auch. Wir texten für Seat in der jeweiligen Landessprache. Aber bei Kunden wie Lufthansa Cargo ist Englisch nun mal Geschäftssprache. Wir leben im Zeitalter der Globalisierung, der Mega-Companys. Da müssen wir Länderinteressen zurückschrauben und uns fragen: Was ist im Ganzen das Beste für die einzelne Marke?

FOCUS: Es kommt wohl auch auf das Alter der Zielgruppe an?

VEIGEL: Ja. Aber selbst für die Zielgruppe „Top- oder gehobenes Management", also auch gestandene Persönlichkeiten, empfiehlt sich oft Englisch. Die Leute leben ja auch in dieser Sprache. Hinzu kommt: In Englisch kann man oft präziser formulieren.

FOCUS: Man kann damit auch leichter beeindrucken …

VEIGEL: Ein wichtiger Job eines Kommunikators ist es, Gefühlswerte rüberzubringen. Nehmen Sie das Beispiel New Beetle, da ist es absolut richtig, die englische Sprache zu benutzen.

FOCUS: Können Sie die Kritik an den Anglizismen im Deutschen verstehen?

VEIGEL: Ich habe großen Respekt vor dem Verein zur Wahrung der Deutschen Sprache. […] Wir sollten dafür sorgen, dass unsere Kinder das Kulturgut deutsche Sprache verstehen und die deutsche Literatur kennenlernen. Trotzdem sollten sie mindestens vier Sprachen sprechen und kosmopolitisch[3] im Kopf sein.

---

[1] *Credo:* (lat.): „ich glaube" – Glaubensbekenntnis/Glaubensgrundsatz
[2] *Claim:* Slogan
[3] *Kosmopolit:* Weltbürger

5 Du kennst verschiedene Arten der inhaltlichen Gestaltung von Einleitungen. Ordne folgenden Beispielen dem jeweils entsprechenden Typ zu (→ S. 98).

- Anglizismen sind besonders Wortentlehnungen aus dem Englischen, die dann unterschiedlich stark an das Laut-, Schreib- und Grammatiksystem der eigenen Sprache angepasst werden. Man kann sie aber nicht nur auf der Wort-, sondern auch auf der Satzebene feststellen, wofür die Wendung *Sinn machen* (engl. *to make sense*) als Beispiel dienen kann.
- Viele Anglizismen verwenden wir tagtäglich, ohne uns Gedanken darüber zu machen. Dabei störten sich 2008 laut einer Umfrage der Gesellschaft für deutsche Sprache 39 % der Befragten an Lehnwörtern aus dem Englischen.
- „Ich habe mit den *99 Luftballons* bewiesen, dass man nicht englisch singen muss, um im Ausland Erfolg zu haben. Die Amis fanden die deutsche Version viel spannender", so die Sängerin Nena. Dennoch glauben viele deutsche Künstler auf Englisch mehr Erfolg haben zu können. Der Einzug des Englischen in die deutsche Sprache ist nicht nur in der Popmusik bereits weit vorgeschritten.
- Während in den 1990er Jahren und zu Beginn des neuen Millenniums Anglizismen geradezu „in" waren, kann man seit ein paar Jahren einen Rückgang der englischen Ausdrücke in der deutschen Sprache feststellen. Dazu braucht man nur einmal Werbeslogans zu betrachten, die vor nicht allzu langer Zeit noch sehr oft englisch waren, nun aber auf Deutsch ihre Produkte anpreisen.

6 Erarbeite, was in folgenden Ausschnitten aus Schüleraufsätzen zum Thema „Beeinflussen Anglizismen die deutsche Sprache negativ oder sind sie eine Bereicherung?" besser gemacht werden muss.

Einleitungen:

> Schon seit einiger Zeit wird die deutsche Sprache von englischen Wörtern regelrecht „aufgefressen". Beispiele dafür sind Ausdrücke wie „cool", „Job-Center" oder „Brainstorming". Ob das wirklich notwendig ist oder nicht doch vermieden werden kann, soll im Folgenden erörtert werden.

> Anglizismen beeinflussen die deutsche Sprache. Daran besteht kein Zweifel. Ob das gut oder schlecht ist, ist noch offen.

Hauptteil:

Englische Wörter im Deutschen erleichtern oft die Verständigung, wenn es z.B. um fachsprachliche Ausdrücke geht. Gerade im Bereich der Wirtschaft und im Management sind die Anglizismen nicht mehr wegzudenken. Denn wie sollte man auf Deutsch den Unterschied zwischen Meeting und Date erklären? So wird die Eindeutigkeit und Präzision der Begriffe erhöht.

Der wohl größte Nachteil der Anglizismen ist die Gefahr der Verarmung der deutschen Sprache.

Schluss:

Ich bin der Meinung, dass man sich wegen der Anglizismen nicht so anstellen sollte. Sie bereichern die deutsche Sprache, auch wenn sie teilweise Wörter verdrängen. Trotzdem finde ich sie gut.

7 Ergänze jeweils die fehlenden „Teile" der folgenden Argumente unter Beachtung der angegebenen Argumentationsstrategie (S. 94).

- Ein wichtiges Argument, das gegen die Verwendung von Anglizismen spricht, ist die bessere Verständlichkeit der deutschen Sprache. (Hinweis auf eine Autorität)
- Ein Grund, der oft für die Beibehaltung der Ursprungssprache genannt wird, ist, dass man dem Wort seine Herkunft weiterhin ansehen soll. Das ist fraglich, denn wenn wir mit jeder Sache immer auch deren fremdsprachliche Bezeichnung importieren müssten, entstünde ein großer Sprachwirrwarr. Genau den richten heute die vielen Anglizismen an. (Bekräftigung durch überprüfbare Beweise)
- Andererseits stehen dem Gebrauch der aus dem Englischen entlehnten Wörter auch einige Gründe entgegen. Dazu gehört, dass bestimmte Wörter aus der eigenen Muttersprache verdrängt werden. „Dinge, die schön, wunderbar, reizvoll, faszinierend, bezaubernd oder prächtig sind, werden heute nur als cool bezeichnet", sagte Professor Frühwald der Präsident der Alexander-von-Humbold-Stiftung. (Hinweis auf nachvollziehbare Folgen)

8 Verfasse eine dialektische Erörterung zum Thema „Beeinflussen Anglizismen die deutsche Sprache negativ oder sind sie eine Bereicherung?" Beziehe die beiden Texte (S. 243 f.) mit ein. Der Merkkasten auf S. 101 hilft dir. Erstelle zunächst eine Gliederung.

Einheit 2 zu „Zusammenleben in einer Welt"
Sachtexte und diskontinuierliche Texte verstehen

S 9 Lies den Sachtext „Leere im Meer" aufmerksam durch und unterteile ihn in Sinnabschnitte, die du jeweils mit einer Überschrift zusammenfasst. Denke auch an den Infokasten (S. 248) und berücksichtige ihn an geeigneter Stelle deiner Überschriften.

Andrea Börner
Leere im Meer

Raubbausyndrom[1]: Überfischung
Es ist noch nicht lange her, da galten die Ressourcen der Meere als unerschöpflich. Doch seit vielen Jahrzehnten betreibt die Menschheit Raubbau am Ökosystem Meer. Nun mehren sich alarmierende Meldungen, dass zahlreiche Fischbestände erschöpft oder überfischt sind.

Fischerei ist die menschliche Aktivität im Meeresbereich, welche die größten Auswirkungen auf die biologische Vielfalt hat. Der derzeitige Fangflottenbestand ist für eine nachhaltige Nutzung der Meere zu hoch. In den Küstenmeeren gibt es zwar ein Management der Fischbestände mit Aufteilung und Verkauf der jährlichen Fangquoten unter den Mitgliedsstaaten (z. B. in der EU oder vor Westafrika), aber die Fangquoten werden unter dem Druck der Fischereiminister zu hoch angesetzt, um die Bestandsgröße für zukünftige Jahre gleich bleibend zu halten (vgl. Umweltbundesamt 2004).

Die Auswirkungen der Überfischung zeigen sich deutlich. In Neufundland sind nur noch 5 % der einstigen Fischmenge vorhanden. Obwohl dort niemand mehr fischt, konnten sich die Bestände bis jetzt nicht mehr erholen (vgl. Öko-Test 2008). Ebenso ist der Fischbestand des Kabeljaus in der Nordsee zusammengebrochen. Laut Welternährungsorganisation ist heute ein Viertel aller Meeresfischbestände gefährdet. Bei 52 Prozent aller Bestände sei bereits heute keine Steigerung der Ausbeutung mehr möglich. In den am meisten befischten Meeresregionen im Südost-Pazifik, im Atlantik sowie im Indischen Ozean seien zwischen 46 und 66 Prozent der Bestände überfischt oder bereits erschöpft (vgl. FAO 2006).

Ein weiteres Problem zeigt sich durch das Herunterfischen der marinen[2] Nahrungskette. Die Erträge der größeren Fischarten, die an der Spitze der Nahrungskette stehen, gehen zurück und somit wendet sich die Fi-

[1] *Syndrom:* Krankheitsbild bzw. Gruppe von Merkmalen, die einen bestimmten Zustand anzeigt

[2] *marin:* Meeres-

[3] *small pelagics:* kleine Fische, die im uferfernen Freiwasserbereich leben

[4] *Plankton:* kleinste frei im Wasser treibende und schwebende Organismen

[5] *Aquakulturen:* kontrollierte Aufzucht von im Wasser lebenden Organismen, z. B. Fischen oder Muscheln

[8] *Degradation:* Verschlechterung

[9] *irreversibel:* unwiderruflich

[6] *Schelfgebiete:* flacher, küstennaher Meeresboden
[7] *hochdivers:* sehr vielfältig

scherei kleineren Arten (small pelagics[3]) zu. Dazu zählen unter anderem Heringe, Sardinen, Sardellen und Makrelen. Sie kommen in großen, dichten Schwärmen vor, die mit nur wenig Kapitaleinsatz leicht zu fangen sind. Diese kleineren Futterfische spielen eine entscheidende Rolle im marinen Ökosystem. Sie sind Planktonfresser und übertragen die Energie des Planktons[4] auf die größeren Fischarten und marinen Säuger. Derzeit macht der Fang von kleineren Fischarten etwa ein Drittel der weltweiten Gesamtfangmenge aus. Ein Großteil des Fangs wird zur Erzeugung von Fischmehl und Fischöl und für Aquakulturen[5] verwendet. Der intensive Druck auf die small pelagics hat mehrere Konsequenzen, wobei der Verlust der Nahrungskette für marine Säuger und Seevögel der dramatischste ist. Durch die modernen Fischereipraktiken, wie das Schleppnetzfischen, geht inzwischen mehr als ein Viertel der Fische als sogenannter Beifang ins Netz (vgl. Pauly 2003). Teilweise wird der Beifang verwertet; häufig wird er – meist tot – über Bord geschmissen. Auch Delfine, Meeresschildkröten, Robben und Wale werden zu Hunderttausenden Opfer des Beifangs. Des Weiteren ist die Bodenschleppnetzfischerei ein Problem. Dabei wird in Tiefen zwischen 500 m und 2000 m gefischt. Um die biomassereichen Fischbestände der Tiefsee erbeuten zu können, werden Bodennetze in Schelfgebieten[6] mehrmals pro Jahr über dieselbe Fläche geschleppt. Dies zerstört in kürzester Zeit das Ökosystem hochdiverser[7] Tiefenwasserkorallenbestände, die Jahrhunderte zum Aufwachsen benötigten (vgl. Ott 2006).

> **Info Raubbau:**
> eine Wirtschaftsweise, bei der ohne Rücksicht auf Zustand und künftige Nutzung der Ressourcen das Naturraumpotential ausgebeutet wird. Dies geschieht, ohne auf das Leistungsvermögen des Landschaftshaushaltes sowie ohne auf seine Regenerationsfähigkeit zu achten. In Land- und Forstwirtschaft handelt es sich um eine Produktionsweise, bei der hoher und rascher Ertrag vor Beachtung des Prinzips der Kontinuität und Nachhaltigkeit geht.

Das Raubbau-Syndrom ist der Syndromgruppe „Nutzung" zuzuordnen und beschreibt die rasche, bis zur Zerstörung bzw. Ausrottung reichende Übernutzung nachwachsender Ressourcen sowie die Degradation[8] oder Vernichtung von Ökosystemen aufgrund kurzfristiger Nutzungsinteressen. Irreversible[9] Verluste an biologischer Vielfalt sind die Folge. Die Überfischung der Weltmeere ist ein Syndrom, das sich nach dem typischen Muster des Raubbau-Syndroms vollzieht (vgl. WBGU 1999).

10 Entscheide, welche Aussagen laut Text zutreffen bzw. nicht zutreffen.

	trifft zu	trifft nicht zu
Fischerei hat eine große Auswirkung auf das Ökosystem Meer.		
Die Fangquoten schützen die Fischbestände.		
Überfischung bedeutet, dass zu viele Fische einer Art in einem bestimmten Meeresabschnitt vorhanden sind.		
Überfischung kann zu einer Reduktion um 95 % der ursprünglichen Fischmenge führen.		
Heute sind weltweit 50 % der Meeresfischbestände gefährdet.		
Der Eingriff in die Nahrungskette durch das Fischen besonders kleiner Fische ist nicht so drastisch.		
Fischerei wird mithilfe von Schleppnetzen oder Bodenschleppnetzen betrieben, wobei beide ein großes Problem darstellen.		
Die Zerstörung bzw. Übernutzung der Meeresökosysteme wird als Degradation bezeichnet.		
Der Raubbau kann wieder gut gemacht werden.		

11 Zeichne eine bildliche Darstellung der Nahrungskette (dritter Absatz des Textes). Suche Bilder in Zeitschriften oder benutze Clipart-Symbole, wenn es dir schwerfällt, die einzelnen Lebewesen darzustellen. Die Darstellung kann so ähnlich aussehen:

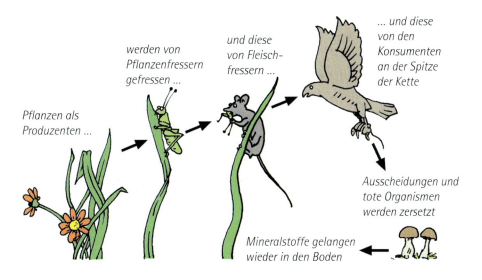

12 a) Erkläre, welche Zustände mit den drei Bezeichnungen in der Grafik „moderat oder gering befischt", „am biologischen Limit befischt" und „überfischt oder bereits erschöpft" beschrieben werden. Schlage, wenn nötig, Fremdwörter nach.
b) Beantworte zum folgenden Diagramm die sich daran anschließenden Fragen.

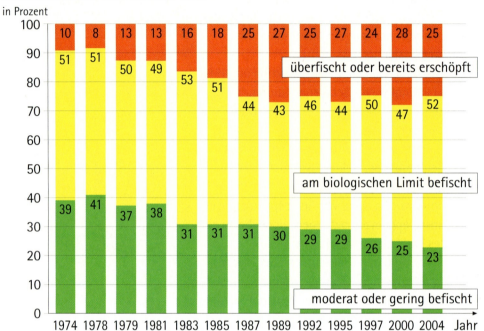

Fischbestände auf offener See
in Prozent
Fischbestände nach Befischungsintensität – in Prozent der Gesamtbestände – weltweit 1974 bis 2004
nach: FAO 2004

- Wie hoch war der am biologischen Limit befischte Anteil der Fischbestände 1985?
- Wie groß ist der Unterschied zwischen den gering befischten Fischbeständen zwischen 1974 und 2004?
- Zwischen welchen Jahren besteht der größte Unterschied in Bezug auf die gering befischten Fischbestände?
- In welchen Jahren war der prozentuale Anteil der überfischten Fischbestände am höchsten, wann am niedrigsten?
- Wie hat sich der Anteil der am biologischen Limit befischten Bestände entwickelt? Betrachte dazu besonders die Daten von 1979 und 1997!
- Wie haben sich die gering befischten im Vergleich zu den überfischten Fischbeständen entwickelt?

13 Entscheide, ob die folgenden Aussagen zur abgebildeten Tabelle richtig (✓), falsch (−) oder nicht in ihr enthalten (n. e.) sind.

Entwicklung der Fangergebnisse

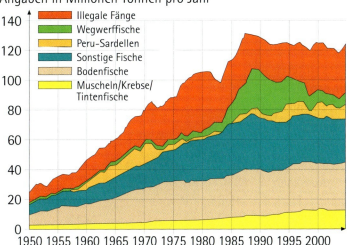

Angaben in Millionen Tonnen pro Jahr

Legende: Illegale Fänge, Wegwerffische, Peru-Sardellen, Sonstige Fische, Bodenfische, Muscheln/Krebse/Tintenfische

nach: Öko-Test

Seit 1950 hat sich die Menge der gefangenen Fische verfünffacht. Doch das hat die Bestände überfordert und der Ertrag sinkt, ermittelten Forscher der Universität Vancouver. Viele Fische werden illegal gefangen.

Aussage	✓	−	n. e.
Illegale Fänge haben sich seit 1950 vervierfacht.			
Die illegalen Fänge überfordern die Bestände.			
Es wurden mehr als viermal so viel sonstige Fische gefangen.			
Zwischen 1985 und 1990 war die Menge der Wegwerffische besonders gering.			
Peru-Sardellen werden im Vergleich zu den anderen Gruppen häufig gefangen.			
Muscheln, Krebse und Tintenfische sind eine sehr beliebte Delikatesse.			
Es werden in etwa gleich viele Boden- wie sonstige Fische gefangen.			
Wegwerffische werden oft tot ins Meer zurückgeworfen.			
Zwischen 1985 und 1990 wurden am meisten Fische gefangen.			
Besonders die große Fangmenge aus illegalen Fängen 1986 bedingte die hohe Zahl von insgesamt 130 Mio. Tonnen.			
Seit 1950 ist die Menge an gefangenem Fisch ständig gestiegen.			
1960 wurden ca. 10 Tonnen sonstige Fische gefangen.			
1995 wurden mehr als 30 Tonnen Fisch illegal gefangen.			
1990 wurden ca. 30 Tonnen Wegwerffische und Muscheln, Krebse und Tintenfische gefangen.			

14 Benenne die zwei unterschiedlichen Diagrammtypen, die in nebenstehender Abbildung enthalten sind. Notiere dann die Hauptaussage jedes der beiden Diagramme in einem Satz.

15 Erstelle statt des unteren Diagramms in der nebenstehenden Abbildung ein Säulendiagramm. Vergleiche beide hinsichtlich ihrer Aussagekraft.

16 Schreibe vier Aussagen über das Diagramm „Fisch und Ernährung" auf, die entweder richtig, falsch oder nicht enthalten sein können. Tausche sie mit denen deines Nachbarn. Kreuzt die jeweils richtige Antwort zu den Aussagen des Nachbarn an.

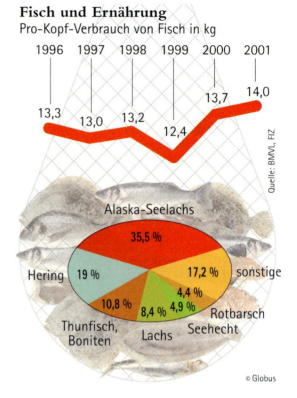

17 Erstelle eine Mind-Map aus sprachlichen Wendungen, die du zur Beschreibung von Diagrammen benutzen kannst. Stelle dabei auch Verknüpfungen zwischen ähnlichen Phrasen her. Sammelt eure Ergebnisse an der Tafel und ergänze weitere Einfälle.

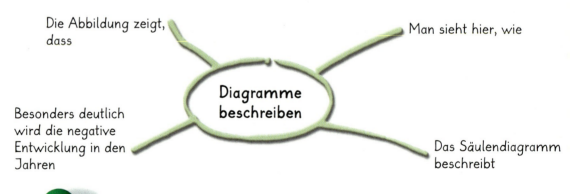

18 Verwende die erarbeiteten Wendungen zur Beschreibung eines beliebigen Diagramms im Kapitel „Zusammenleben in einer Welt" ab S. 159 ff.

19 Verfasse eine Inhaltsangabe zum Text „Leere im Meer" (S. 247 f.).

Einheit 3 zu „Gutes Klima?"

Protokollieren

 20 Stefan war beim folgenden Protokoll nicht besonders gründlich und aufmerksam.

a) Folgende Fehler sind ihm unterlaufen:
- falsche Personen- und Ortsangaben
- überflüssige Informationen
- stilistische Mängel

Verbessere den Text.

b) Prüfe auch, ob die Einteilung in Tagesordnungspunkte stimmig ist.
Tipp: Es sollten fünf TOPs sein.

zu TOP 1:
Herr Stegbauer kommt wie immer zu spät ins Klassenzimmer und lässt uns aufstehen, damit wir endlich ruhig sind, was insgesamt drei Minuten in Anspruch nimmt. Dann gibt Herr Stegbauer bekannt, dass unsere nächste Schulaufgabe schon in zwei Wochen stattfindet, wir also wenig Zeit haben, weil
5 er seine Termine wieder 'mal nicht auf die Reihe gekriegt hat. Anschließend sagt er, dass wir als nächste Schulaufgabe ein Protokoll schreiben müssen. Mein Banknachbar meint, dass das angeblich eine sehr langweilige Aufsatzart sei, die man besonders für geschwätzige Schüler als Strafaufgabe braucht. Als Hausaufgabe müssen wir bis morgen ein Protokoll von dieser Stunde schreiben.

zu TOP 2:
Herr Stegbauer sagt, dass das Protokoll das Ergebnis bzw. den Ablauf einer Diskussion, Sitzung, Unterrichtsstunde o. Ä. wiedergeben soll. So kann man nachlesen, was besprochen oder beschlossen worden ist. Auch die Schülerzeitungsredaktion benötigt Protokolle, etwa, um zu sehen, wer welchen Artikel
5 schreiben soll.

zu TOP 3:
Im Sprachbuch schauen wir uns zwei verschiedene Formen von Protokollen an. Die Mischform ist aber am besten, weil sie nicht die Nachteile des Verlaufsprotokolls oder des Erlebnisprotokolls aufweist. Dabei erwähnt Vera, dass auch die W-Fragen im Protokoll beantwortet werden sollen. Mittlerweile wird die
5 Klasse sehr unruhig, worauf Herr Stegbauer ziemlich genervt reagiert und rumbrüllt. Harry Münzheimer und Holger Dorsten bekommen Strafarbeiten, was auch Zeit wurde! Anschließend schreiben wir die Protokolltypen von der Tafel ab. Herr Stegbauer sagt noch etwas zur Form des Protokolls, was ich aber nicht mehr gehört habe, weil es schon gegongt hat und ich mich beeilen muss,
10 um den Bus zu erwischen.

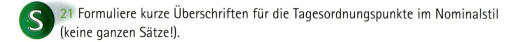

21 Formuliere kurze Überschriften für die Tagesordnungspunkte im Nominalstil (keine ganzen Sätze!).

22 Stefans Mitschüler Tom hat zwar besser aufgepasst, verwechselt aber ständig das Tempus. Korrigiere die Tagesordnungspunkte 4 und 5 im Hinblick darauf.

zu TOP 4: Form des Protokolls

In einem Lehrervortrag stellte der Lehrer der Klasse die wichtigsten formalen Kennzeichen eines Protokolls vor. Gefordert worden sind Präsens als grundsätzliches Tempus (ggf. Perfekt bei Vorzeitigkeit) und nüchterner Sachstil. Abschließend wird noch die Form des Protokollkopfs vorgestellt. Hier hatte Herr Stegbauer besonders betont, dass die TOPs im Nominalstil stehen müssen und ₅ keine ganzen Sätze verwendet werden dürfen. Dies sei wirklich wichtig und diene dem besseren Überblick. Ein Merkkasten, den ein Kollege von Herrn Stegbauer erstellt, wurde der Klasse in Kopie ausgeteilt.

zu TOP 5: Hausaufgabe

Als Hausaufgabe hat Herr Steckelberg die Schüler aufgefordert, bis zum 20.06. ein Protokoll dieser Stunde zu verfassen.

23 Verbessere folgende Protokollausschnitte im Hinblick auf die äußere Form.

Protokoll über die Deutschstunde am 20.05.2009

Ort und Zeit: Raum 116 von 8:45 - 9:30 Uhr
Anwesend bzw. abwesend: 26 Schüler und Schülerinnen der Klasse 9c sowie die Deutschlehrerin Frau Hartling, Eva Fuchsberg
Schriftführer: Sören Stettmann

zu Top 1: Wiederholung der Definition des Begriffes „Rhetorik". Die Lehrerin bittet einen Schüler den Begriff „Rhetorik" zu definieren. Dieser erklärt, dass es sich hierbei um die Lehre von der Kunst der Rede handle.
zu Top 2: Praktische Übungen. Die Klasse soll in dieser Unterrichtsstunde praktisch einüben, was in der davor theoretisch behandelt worden ist. Dazu gehören Sprechübungen, die zunächst zu zweit durchgeführt werden. …

zu Top 5: Frau Hartling gibt der Klasse als Hausaufgabe auf, zwei der in dieser Stunde gelernten rhetorischen Übungen daheim durchzuführen.

Braunschweig

_____   _____
Vorsitzende   Sören Stettmann

24 Sammle Wendungen und Phrasen (keine Einzelwörter!), die du in einem Protokoll verwenden kannst, um im Ausdruck zu variieren. Denke dabei an unterschiedliche Tätigkeiten und Personen im Unterricht. Erstelle ein ganzes Netzwerk (eine Mind-Map).
Beispiel: *Der Lehrer fordert die Klasse auf ...* • *Die Schüler arbeiten heraus ...* • *In Kleingruppen sammeln die Schüler ...*

25 Wie können die folgenden Sätze anders formuliert werden (bei gleichbleibendem Inhalt)?
- In Partnerarbeit formulieren die Schüler Ergebnisse zur gestellten Aufgabe.
- Die Jugendlichen übernehmen die Tafelanschrift ins Heft.
- Die Lehrkraft erfragt, welche Stilmittel in dem Gedicht entdeckt werden.
- Alle können die Frage leicht beantworten.
- Die Schüler suchen selbständig nach Lösungswegen und vergleichen diese.
- Das Gedicht wird mittels einer Folie an die Wand projiziert.
- Bei der Präsentation der Ergebnisse werden Plakate zur Veranschaulichung angefertigt.
- Die Aufgabe, dass der Hefteintrag gelernt werden muss, folgt am Stundenende.

26 Entscheide, welche Wendungen richtig formuliert und welche sprachlich fehlerhaft sind. Verbessere die fehlerhaften.

	richtig	fehlerhaft
Die Klasse wird vom Verlauf der Stunde informiert.		
Im Bezug auf die Aufgabenstellung fragt eine Gruppe genauer nach.		
Im Unterrichtsgespräch verweist der Lehrer zu zahlreichen Eselsbrücken, die zur Merkhilfe dienen können.		
Die Antwort auf die Frage der Lehrkraft besteht darin, die richtigen Stilmittel in dem Gedicht zu bestimmen.		
In Teamwork werden dann gegensätzliche Worte, beispielsweise wie alt – jung im Gedicht gesucht.		
Zum Abschluss wird von der letzten Strophe des Gedichts gesprochen.		
Um das Gelernte zu vertiefen, liest die Klasse ein weiteres Sonett desselben Autors.		

S 27 Lies folgende Sätze aus Protokollen aufmerksam durch. In Bezug auf Rechtschreibung und Zeichensetzung sind sie korrekt. Dennoch sollten sie wegen ihres unangemessenen oder unschönen Stils und grammatischer Schwächen so nicht in einem Protokoll stehen. Begründe jeweils warum und verbessere die Sätze.

- Zum Stundenanfang will Frau Schulz sofort ein Ziel für den Wandertag am 11. Juni verabreden.
- Die Tipps prasseln nur so auf sie ein.
- Die einen wollen unbedingt auf jeden Fall ins Schwimmbad. Einige Mädels das Gegenteil. In keinster Weise wollen sie ins Schwimbad, sondern wandern oder picknicken.
- Weitere Wünsche werden – weil's so viele sind – an der Tafel notiert. Sonst könnte man sie nicht checken.
- Dazu gehört z. B. auch ins Kino zu gehen, was aber viele doof finden – der Protokollführer übrigens auch –, man kann sich da ja gar nicht unterhalten.
- Einige wollen trotz der guten Wettervorhersage ins Museum. Aber wer weiß das schon so genau?
- Schlussendlich gibt's einen Kompromiss und man geht ins Schwimmbad (Wandern + Schwimmen + Picknicken).
- Bezüglich der Planung der Wegroute besteht noch eine kleine Komplikation hinsichtlich einer Schülerin mit einer Zerrung der Wade.
- Ihre Banknachbarin, die zugleich ihre beste Freundin ist, die auch neben ihr wohnt, verspricht, dass sie sie unterstützen wird, damit sie sicher am Wandertag teilnehmen kann, so dass sie nicht daheim bleiben muss.
- Der genaue Ablauf wird wohl erst in der letzten Stunde festgezurrt.

Einheit 4 zu „Katastrophen"

Rechtschreib- und Sprachwandel

R 1 a) Die folgenden Sätze stammen aus einer älteren Ausgabe von Kleists Novelle „Das Erdbeben von Chili" und zahlreiche darin vorkommende Wörter würden nach den heute geltenden Rechtschreibregeln anders geschrieben. Übertrage die Tabelle von Seite 257 in dein Heft und notiere in der linken Spalte diese Wörter. Notiere in der mittleren Spalte die neue Schreibweise. Achte auf Schreibvarianten, also unterschiedliche Möglichkeiten der korrekten Schreibweise.
b) Beschreibe in der rechten Spalte die Veränderung. Notiere zudem – wenn möglich – in Stichpunkten die jeweils zutreffende Rechtschreibregel. Siehe Beispiel auf S. 257.

- Hier stürzte noch ein Haus zusammen, und jagte ihn, die Trümmer weit umherschleudernd, in eine Nebenstraße [...] hier wälzte sich, aus seinem Gestade gehoben, der Mapachofluß auf ihn heran, und riß ihn brüllend in eine dritte.

- Dieser Vorfall machte außerordentliches Aufsehn.
- Jeronimo begriff nicht, was ihn und sie hiehergeführt haben konnte.
- Er senkte sich so tief, daß seine Stirn den Boden berührte.
- Josephe küßte das Kind, drückte sich die Tränen aus den Augen, und erreichte, nicht mehr auf die Greuel, die sie umringten, achtend, das Tor.
- An dem nächsten Scheidewege stand Josephe still, und harrte, ob nicht einer, der ihr, nach dem kleinen Philipp, der liebste auf der Welt war, noch erscheinen würde.
- Josephe fand ihren Geliebten in einem Tal nahe der Stadt und wurde mit ihm von Don Fernando zu seiner Gesellschaft gebeten. Josephe antwortete, daß sie dies Anerbieten mit Vergnügen annehmen würde, und folgte ihm, da auch Jeronimo nichts einzuwenden hatte, zu seiner Familie, wo sie auf das innigste und zärtlichste von Don Fernandos beiden Schwägerinnen, die sie als sehr würdige junge Damen kannte, empfangen ward.
- Darauf ganz mit ihrem Blute besprützt: schickt ihr den Bastard zur Hölle nach! rief Meister Pedrillo und drang, mit noch ungesättigter Mordlust, von neuem vor.

Wörter aus Kleists „Das Erdbeben in Chili"	Neue Rechtschreibung	Veränderungen bzw. Regeln
- Mapochofluß	- Mapochofluss	- ss statt ß bei kurzen Vokalen
- ...	- ...	- ...

 28 Ersetze dir veraltet vorkommende Wörter und Formulierungen in den folgenden Sätzen durch heute alltagssprachlich gebräuchliche Begriffe.

- Josephe bebte bei diesem entsetzlichen Anblicke zurück.
- An dem nächsten Scheidewege stand Josephe still, und harrte, ob nicht einer, der ihr, nach dem kleinen Philipp, der liebste auf der Welt war, noch erscheinen würde.
- Indessen war die schönste Nacht herabgestiegen.
- Überall, längs der Talquelle, hatten sich, im Schimmer des Mondscheins, Menschen niedergelassen, und bereiteten sich sanfte Lager von Moos und Laub.
- Sie beschlossen, sobald die Erderschütterungen aufgehört haben würden, nach La Conception zu gehen, [...] von dort nach Spanien einzuschiffen, wo Jeronimos mütterliche Verwandten wohnten, und daselbst ihr glückliches Leben zu beschließen.
- Am nächsten Morgen sahen sie mehrere Familien, darunter die des Don Fernando. Er fragte: ob sie sich nicht mit ihm zu jener Gesellschaft verfügen wollten.
- Josephe [...] folgte ihm, wo sie [...] von Don Fernandos beiden Schwägerinnen, die sie als sehr würdige junge Damen kannte, empfangen ward.
- Donna Elvire, bei deren Verletzungen Josephe viel beschäftigt war, hatte in einem Augenblick [...] Gelegenheit genommen, sie [etwas] zu fragen.
- Und Josephe gab ihr einige Hauptzüge davon an.
- Josephe dünkte sich unter den Seligen.

G 1 Formuliere die folgenden Sätze in heutiges Deutsch um und beschreibe die Veränderungen hinsichtlich der Grammatik.
- Jeronimo erinnerte sich Josephens.
- Ein junger wohlgekleideter Mann trat zu Josephen.
- In Josephens Armen lag Philipp, ihr Sohn.
- Donna Elvire zog Josephen zu sich nieder.

Z 1 Entscheide, wo sich bei den folgenden Sätzen die Zeichensetzung in heutigem Deutsch ändern würde. Kennzeichne optionale (mögliche, aber nicht notwendige) Kommas mit kleinen runden Klammern (,). Erläutere zudem in Stichpunkten, welche Zeichensetzungsregel greift.
- Jeronimo warf sich vor dem Bildnisse der heiligen Mutter Gottes nieder, und betete mit unendlicher Inbrunst zu ihr.
- Josephe harrte, ob nicht einer, der ihr, nach dem kleinen Philipp, der liebste auf der Welt war, noch erscheinen würde.
- Sie schritt, den Jammer von ihrer Brust entfernend, mutig mit ihrer Beute von Straße zu Straße.
- Drauf, als er [Jeronimo] eines Ringes an seiner Hand gewahrte, erinnerte er sich plötzlich auch Josephens, und mit ihr seines Gefängnisses.
- Don Fernando war sehr dankbar für diese Güte, und fragte: ob sie sich nicht mit ihm zu jener Gesellschaft verfügen wollten, wo eben jetzt beim Feuer ein kleines Frühstück bereitet werde?
- Donna Elvire, bei deren Verletzungen Josephe viel beschäftigt war, hatte in einem Augenblick, da gerade die Erzählungen sich am lebhaftesten kreuzten, Gelegenheit genommen, sie zu fragen: wie es denn ihr an diesem fürchterlichen Tag ergangen sei? Und da Josephe ihr, mit beklemmtem Herzen, einige Hauptzüge davon angab, so ward ihr die Wollust, Tränen in die Augen dieser Dame treten zu sehen.
- Auf den Feldern, so weit das Auge reichte, sah man Menschen von allen Ständen durcheinander liegen, Fürsten und Bettler, Matronen und Bäuerinnen, Staatsbeamte und Tagelöhner, Klosterherren und Klosterfrauen: einander bemitleiden, sich wechselseitig Hülfe reichen, von dem, was sie zur Erhaltung ihres Lebens gerettet haben mochten, freudig mitteilen, als ob das allgemeine Unglück alles, was ihm entronnen war, zu einer Familie gemacht hätte.
- Jeronimo und Josephe wurden in der Kirche entdeckt. Josephe rief, von entsetzlichen Verhältnissen gedrängt: dies ist nicht mein Kind, Meister Pedrillo.
- Der Schuster fragte: wer von euch, ihr Bürger, kennt diesen jungen Mann? Und mehrere der Umstehenden wiederholten: wer kennt den Jeronimo Rugera? Der trete vor!
- Hierauf: Er *ist* der Vater! schrie eine Stimme; und: er *ist* Jeronimo Rugera! eine andere.

Der Wissensspeicher

1. Sprechen und Zuhören

S. 59 ff. **1.1 Präsentieren – Referate halten**

Vorbereitung
- Thema suchen
- Informationen recherchieren (suchen)
- Informationen auswählen nach den Kriterien *verfügbare Zeit, Interessen* und *Vorwissen der Zuhörer, Anschaulichkeit*
- Informationen ordnen
- Gliederung erstellen
- Medien auswählen, z. B. Tafel, Folie, Thesenpapier, realer Gegenstand, Abbildung, computergestützte Präsentation
- Referatskript (Stichwortzettel) sinnvoll gestalten: nur das Wichtigste, übersichtlich, durchnummerieren, Medien in Rot
- richtige Stilebene wählen:
  - Absicht „Informieren": berichten, beschreiben
  - Absicht „Unterhalten": erzählen
- Anfang und Schluss vorformulieren
- Zeit messen beim Probesprechen

Referat vortragen
- anhand des Stichwortzettels möglichst frei sprechen
- Arme frei für natürliche Gestik
- vom Blatt aufschauen, Blickkontakt herstellen, Blick schweifen lassen
- so wenig wie möglich zur Tafel/Wand schauen
- → Methoden: Bibliotheksrecherche, Exzerpieren, Anfertigen von Thesenpapieren

S. 83 ff. **1.2 Diskutieren**

Vorbereitung
- Argumente sammeln
- Gegenargumente antizipieren

Durchführung:
- mit Blickkontakt, am besten im Sitzkreis oder U-Form
- bei größeren Gruppen mit Moderator
- Diskussionsregeln: ausreden lassen, melden, sachlich bleiben, beim Thema bleiben

Bewertung der Beiträge hinsichtlich
- Ausdrucksvermögen
- Gesprächsfähigkeit
- Überzeugungskraft

☞ S. 86 **1.3 Moderieren**
- Diskussion eröffnen und schließen
- Rednerliste führen und Sprecher aufrufen
- Diskussionsregeln anmahnen
- evtl. Abstimmungen durchführen

☞ S. 14 ff. **1.4 Gespräche führen**
Das Vier-Ohren-Modell der Kommunikation
- erklärt, warum ein und dieselbe Nachricht unterschiedlich verstanden werden kann,
- unterscheidet Selbstoffenbarungsohr, Sachohr, Appellohr, Beziehungsohr.

Einen guten Gesprächspartner kennzeichnen
- Blickkontakt,
- keine vorschnellen Urteile,
- Nachfragen,
- Ich-Botschaften.

☞ S. 89 ff. **2. Schreiben**
2.1 Schreiben als Prozess
Planung
- Themenerfassung
- Stoffsammlung
- Stoffordnung
- Entwurf eines Schreibplans/einer Gliederung

Textproduktion
Überarbeitung (allein oder in der Schreibkonferenz, Dokumentation im Portfolio)
→ Methode: Texte überarbeiten

Portfolio
- Sammelmappe eigener Texte bzw. verschiedener eigener Fassungen eines Textes
- zur Beobachtung und Dokumentation des Lernfortschrittes

☞ S. 72 ff. **2.2 Zitieren und Quellen angeben**
Zitate
- Übernahme fremder Texte/Gedanken in einen eigenen Text und deren Kenntlichmachung
- wörtlich oder sinngemäß
- stets mit einer Quellenangabe versehen
- folgen in ihrer Form festen Zitierregeln (z. B. Anführungszeichen beim wörtlichen Zitat, Zeilenangabe, gekennzeichnete Auslassungen, korrekte Syntax)

Quellenangaben
- nennen die Bücher und/oder Aufsätze und/oder Internetseiten, aus denen Zitate entnommen wurden,

- folgen in ihrer Form Regeln, die unterschiedlich sein können, aber innerhalb einer Arbeit einheitlich gehandhabt werden müssen

↯ S. 33 ff.

2.3 Eine Inhaltsangabe schreiben

Ziel: jemanden über den Inhalt eines Textes informieren

Was? (Inhalt):
- verkürzter Inhalt
- W-Fragen beantworten
- Zusammenhänge verdeutlichen

Wie? (Aufbau und Darstellungstechnik):
- Basissatz: Autor, Textsorte, Titel, Thema
- verkürzen und zusammenfassen
- Zusammenhänge verdeutlichen (Hypotaxen, Konjunktionen)

Sprache:
- sachlich: keine Spannung, keine persönlichen Wertungen
- direkte Rede zusammenfassend wiedergeben oder in indirekte Rede umwandeln
- Präsens, Vorzeitiges im Perfekt
- standardsprachlich
- indirekte Rede: Konjunktiv I, Ersatzform Konjunktiv II

↯ S. 144 ff.

2.4 Eine Sachtextanalyse schreiben, auch vergleichend

Ziel: Untersuchung eines Textes mittels Fachbegriffen in Form eines Textes über den Text, auch ggf. über mehrere Texte zum gleichen Thema

Was? (Inhalt):
- Wiedergabe des Inhalts (→ gleiche Regeln wie unter 2.3.)
- Herausarbeitung des Aufbaus/Argumentationsverlaufs
- Untersuchung der Sprache und des Stils
- Klärung der Wirkungsabsicht
- ggf. Herausarbeitung der Gemeinsamkeiten und Unterschiede zweier Texte im Hinblick auf Inhalt, Aufbau/Argumentation, Sprache, Stil, Wirkungsabsicht

Wie? (Aufbau und Darstellungstechnik):
- Reihenfolge wie unter „Was?", Betonung des wechselseitigen Zusammenhangs der einzelnen Aspekte eines Textes
- Beleg der Aussagen mithilfe von Textstellen
- korrekte Form des Zitierens und der Quellenangabe

Sprache:
- Fachsprache
- Präsens, Vorzeitiges im Perfekt
- sachlich, subjektive Deutungsansätze werden als solche kenntlich gemacht

↯ S. 39 ff.

2.5 (Analytische) Interpretation eines literarischen Textes, auch im historischen Kontext

Ziel: Deutung eines Textes mittels Fachbegriffen in Form eines Textes über den Text, auch im Zusammenhang mit zusätzlichen Informationen

Was? (Inhalt):
- Untersuchung (Analyse) des Textes anhand von Untersuchungsaspekten
- Deutung des Untersuchungsbefunds
- ggf. Einbeziehung zusätzlicher Informationen:
  - geschichtlicher Hintergrund des dargestellten Themas oder der Textentstehung
  - Leben des Autors/der Autorin
  - andere Texte des Autors/der Autorin

Wie? (Aufbau und Darstellungstechnik):
- meist Beginn mit einer Inhaltsangabe, dann Untersuchung der Form, dann Deutung (Zusammenhang Inhalt/Form, symbolische Bedeutung des Inhalts)
- Beleg der Aussagen mithilfe von Textstellen
- korrekte Form des Zitierens und der Quellenangabe

Sprache:
- Fachsprache
- Präsens, Vorzeitiges im Perfekt
- sachlich, subjektive Deutungsansätze werden als solche kenntlich gemacht

☞ S. 42 ff. ## 2.6 Produktiver Umgang mit einem Erzähltext

Ziel: eigene gestalterische Textproduktion mit einem vorgegebenen Erzähltext als Ausgangspunkt, basierend auf dessen Analyse und Interpretation

Was? (Inhalt): z. B.
- Füllen einer Leerstelle (Unbestimmtheitsstelle des Textes)
- Umschreiben in eine andere Textsorte

Wie? (Darstellungstechnik):
- der Textsorte, die geschrieben werden soll, angepasst

Sprache:
- der Textsorte, die geschrieben werden soll, angepasst

→ Methoden: Produktive Schreibaufgaben bearbeiten, Füllen einer selbst gefundenen Leerstelle, Umgestalten in eine andere Textsorte

☞ S. 161 f. ## 2.7 Schriftlich appellieren

Ziel: bei einem anderen etwas erreichen, ihn zu etwas bewegen

Was? (Inhalt):
- Aufrufe, Ankündigungen, Werbung usw.

Wie? (Aufbau und Darstellungstechnik):
- Aufmerksamkeitslenkung durch Textlayout
- gute Lesbarkeit (Schriftgröße)
- graphische Elemente
- werbende und informierende Teile

Sprache:
- oft direkte Anrede
- dem Adressaten angepasst
- eher kurz und schlagwortartig

S. 89 ff. **2.8 Erörtern**

Ziel: über ein Thema auch mündlich oder schriftlich nachdenken

Was? (Inhalt):
- Standpunkte (Thesen) darlegen und begründen (argumentieren)
- steigernde (einsträngige) Erörterung: für oder gegen etwas Stellung nehmen
- dialektische Erörterung: für und gegen etwas Stellung nehmen (Pro-und-Contra-Argumentation)
- Erörterung im Anschluss an einen Text: erst Inhaltsanalyse des Textes, dann Erörterung der im Text vertretenen Thesen

Wie? (Aufbau und Darstellungstechnik):
- Gliederung: formal einheitlich, Übereinstimmung mit Aufsatz
- Einleitung: führt zum Thema hin, endet mit Themafrage
- Hauptteil:
  - steigernde Erörterung: vom schwächsten zum stärksten Argument
  - dialektische Erörterung: erst die Gegenposition: vom stärksten zum schwächsten Argument, dann die eigene: vom schwächsten zum stärksten Argument („Sanduhrprinzip")
- Schluss: rundet ab, enthält kein neues Argument
- Argumentation: Behauptung – Begründung – Beleg/Beispiel (3 Bs)
- Argumente durch Überleitungen verknüpfen

Sprache: sachlich

→ Methoden: Internetrecherche, Texte überarbeiten

S. 176 ff. **2.9 Protokollieren**

Ziel: über einen Vorgang, den man miterlebt hat, informieren

Was? (Inhalt):
- Wortprotokoll, Ergebnisprotokoll, Verlaufsprotokoll
- Stundenprotokoll: Verlauf und Ergebnisse

Wie? (Aufbau und Darstellungstechnik):
- äußere Form: standardisierte Form, z. B. siehe rechts
- direkte Rede sinngemäß wiedergeben oder in indirekte Rede umformen
- erste Person umformen in dritte Person
- präzise Orts- und Zeitangaben

Sprache:
- protokolliertes Geschehen: Präsens, Vorzeitiges im Perfekt

Protokoll
über die Erdkundestunde
am 24.10.2009

Ort: Heine-Gymnasium, Düsseldorf
Zeit: 4. Stunde, 10.40 – 11.25 Uhr
Leiterin: Frau StRefin Schneider
Anwesend: Klasse 9b (s. Anwesenheitsliste)
Abwesend: Harald Braun
Schriftführerin: Sabine Petzold

Tagesordnung: Folgen des Klimawandels (Sachtextanalyse)
1. Betrachtung einer Weltklimakarte
2. Rechenschaftsablage
3. „Wohin treibt der Globus?" (Sachtext)
   3.1 Lektüre
   3.2 Textanalyse
4. Diskussion: Was können wir tun?

zu 1. ...
zu 2. ...
zu 3. ...
zu 4. ...

Düsseldorf, 24.10.2009

_____   _____
Schriftführer/in   Leiter/in

- Vergangenes aus der Perspektive des protokollierten Geschehens: Präteritum, Vorzeitiges im Plusquamperfekt
- indirekte Rede: Konjunktiv I, Ersatzform Konjunktiv II
- sachlich
- Zusammenhänge durch Hypotaxen verdeutlichen
→ Methode: Mitschreiben

3. Reflexion über Sprache
3.1 Wortarten, Flexion, Modalität

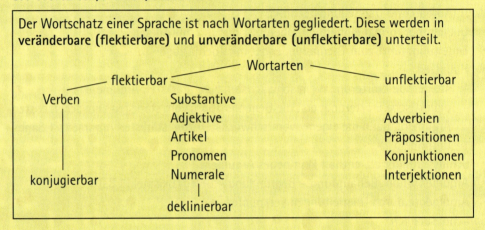

Der Wortschatz einer Sprache ist nach Wortarten gegliedert. Diese werden in **veränderbare (flektierbare)** und **unveränderbare (unflektierbare)** unterteilt.

```
                    ─── Wortarten ───
            flektierbar                unflektierbar
   Verben        Substantive
                 Adjektive              Adverbien
                 Artikel                Präpositionen
                 Pronomen               Konjunktionen
                 Numerale               Interjektionen
   konjugierbar
                 deklinierbar
```

Verben
- Träger der „Satzaussage"
- Unterscheide:
  - Vollverben vs. Hilfsverben (*haben, sein*)
  - Verben mit einem Akkusativ-Objekt = transitive Verben (*Julia schreibt einen Brief.*) vs. solche ohne Akkusativ-Objekt = intransitive Verben (*Hanna lacht.*)
  - nicht gebeugte Formen: Grundform = Infinitiv (*schreiben*), Partizip I und II (*denkend, gedacht*) vs. gebeugte (konjugierte oder auch finite) Formen = Personalformen (*ich schreibe, du schreibst ...*)
  - zwei Genera (Sg. Genus): Aktiv vs. Passiv
  - sechs Tempora (Zeiten, Sg.: Tempus), die sich auf drei Zeitstufen verteilen:
    Gegenwart: Präsens
    Vergangenheit: Präteritum, Perfekt (vorzeitig zum Präsens), Plusquamperfekt (vorzeitig zum Präteritum)
    Zukunft: Futur I, Futur II (vorzeitig zum Futur I)

Modalität
- Art und Weise, in der ein Sprecher seine Einschätzung einer Situation zum Ausdruck bringt (als wahr, als möglich, als unwahrscheinlich, als wünschenswert, als unwahr ...)
- sprachliche Mittel:
  - drei Modi (Sg. Modus) des Verbs: Indikativ (Wirklichkeitsform), Konjunktiv (Möglichkeitsform), Imperativ (Befehlsform)

- Modalverben: z. B. *sollen, können, dürfen, müssen, mögen, wollen*
- Modaladverbien: z. B. *anstandslos, vergebens, besonders, beinahe ...*
- Potentialis: Ausdruck von Möglichem, gebildet mit dem Konjunktiv II der Gegenwart
- Irrealis: Ausdruck von Unmöglichem, gebildet mit dem Konjunktiv II der Vergangenheit

Konjunktiv
- Möglichkeitsform
- einer der drei Modi des Verbs
- unterteilt in K I und K II.
- Die Formen des K I bezeichnen eine Möglichkeit, eine Vermutung oder eine indirekte Rede und werden vom Präsensstamm des Verbs abgeleitet (*er gehe*).
- Die Formen des K II stellen eine Möglichkeit in Frage, lassen eine Aussage als unwirklich erscheinen oder bezeichnen in bestimmten Fällen die indirekte Rede und werden vom Präteritumstamm des Verbs abgeleitet (*er ginge*).

Indirekte Rede
- wird verwendet, um Aussagen von Personen nicht direkt (also keine wörtliche Rede) wiederzugeben.
- Ihr Modus ist
    - der Konjunktiv I,
    - der Konjunktiv II bei Gleichlautung des Konjunktivs I mit dem Indikativ Präsens.
- Die würde-Ersatzform wird verwendet bei Gleichlautung des Konjunktivs II mit dem Indikativ Präteritum oder bei veralteten Konjunktiv-Formen.
- Imperative werden mit „sollen" umschrieben: *Sie sagt, er solle sie am Bahnhof abholen.*
- Wortfragen werden in den Konjunktiv gesetzt, Satzfragen zusätzlich mit *ob* eingeleitet. (*Ob sie über Nacht blieben, wollte er wissen.*)

Substantive/Nomen
- Unterscheide
    - Konkreta (Lebewesen und Dinge, „Anfassbares") vs. Abstrakta (Stimmungen, Gedanken, Gefühle und Zustände),
    - grammatisches Geschlecht (Genus) vs. biologisches Geschlecht, z. B. *Das Mädchen*: sprachlich Neutrum, biologisch Femininum.

Adjektive
- sind Eigenschaftswörter,
- können gesteigert werden (Komparation): *schön, schöner, am schönsten*.

Artikel
- begleiten Substantive,
- unterscheide den bestimmten Artikel (*der, die, das*) und den unbestimmten Artikel (*ein, eine, ein*).

Pronomen
- Fürwörter
- Arten von Pronomen:
    - Personalpronomen (*ich, dir, euch, uns ...*)
    - Possessivpronomen (*mein, unser, sein, ihr ...*)
    - Interrogativpronomen (*wer?, wessen?, welcher? ...*)
    - Demonstrativpronomen (*der, diese ...*)
    - Relativpronomen (*welcher, das, die ...*)

Numeralia (Sg.: Numerale)
- Mengenangaben, z. B. Zahlen (*eins, der erste*)

Adverbien
- Wörter, die die Umstände eines Geschehens oder einer Aussage näher bestimmen
- Unterscheide Adverbien des Ortes (*hier, unten ...*), der Zeit (*heute, oft, jetzt ...*), der Art und Weise (*kaum, gern, sehr ...*) und des Grundes (*deshalb, trotzdem ...*).

Präpositionen
- z. B. *in, durch, über ...*,
- ziehen einen bestimmten Kasus nach sich (*auf* mit Dativ: *auf dem Dach*),
- können mit dem bestimmten Artikel verschmelzen (*im Kino = in dem Kino*).

Konjunktionen
- sind Bindewörter,
- unterscheide beiordnende (auch: nebenordnende) (*denn, und, aber, und ...*) vs. unterordnende Konjunktionen (*als, obwohl, damit ...*).

3.2 Satz und Satzglieder

Unterscheide drei Satzarten:
- Aussagesatz (*Thomas geht gerne ins Kino.*)
- Fragesatz (Wortfrage: *Wer bist du?* oder Satzfrage: *Kommst du heute ins Freibad?*)
- Ausrufe- und Aufforderungssatz (*Komm nicht so spät nach Hause!*)

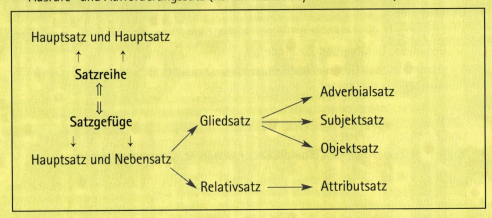

Unterscheide:
- Satzreihe (Parataxe) = Verbindung von Hauptsätzen
- Satzgefüge (Hypotaxe) = Verbindung von Haupt- und Nebensätzen, erkennbar an der Stellung des konjugierten Verbs (Endstellung im Nebensatz)

Satzglieder
- sind die grammatischen Gliederungseinheiten des Satzes.
- Man erkennt sie daran, dass man sie im Satz verschieben kann (Verschiebe- oder Umstellprobe), ohne dass er grammatisch falsch wird.
- Dazu gehören das Subjekt, das Objekt, das Prädikat, die adverbiale Bestimmung.
- das Prädikat: Satzaussage (*Anna **schreibt** Thomas eine Postkarte nach Hamburg.*)
- das Subjekt: Satzgegenstand (***Anna** schreibt Thomas eine Postkarte nach Hamburg.*), wird erfragt mit „Wer oder Was?"

Kongruenz (Übereinstimmung) von Subjekt und Prädikat
- Subjekt und Prädikat müssen in Person und Numerus, bei nominalen Bestandteilen des Prädikats auch im Genus und Kasus übereinstimmen.
- Probleme macht erfahrungsgemäß in bestimmten Fällen der Numerus:
  - *Es kommen der Mann und sein Sohn.*
  - *Es kommt der Mann mit seinem Sohn.*
  - *Es kommt der Mann oder sein Sohn.*
  - *Eine Reihe von Veranstaltungen musste abgesagt werden.*

Die Objekte
- sind Satzergänzungen,
- hängen vom Prädikat ab (z. B. *Wem schreibt Anna? Was schreibt Anna?*),
- unterscheide Genitiv-, Dativ-, Akkusativ- und Präpositionalobjekt.

Das Attribut
- ist ein Satzgliedteil,
- erläutert als Beifügung ein Bezugswort,
- kann nur zusammen mit seinem Bezugswort verschoben werden,
- kann vor oder nach dem Bezugswort stehen,
- Beispiele: *das schöne Buch* (Adjektiv), *das Fahrrad meines Bruders* (Substantiv im Genitiv).

Der Attributsatz
- ist ein Nebensatz, der für ein Attribut steht,
- ist ein selbstständiges Satzglied,
- Beispiele: *Die Befürchtung, dass sie einen Test schreiben würden, war leider richtig. Julia fand die Aufgaben, die sie erwartet hat, nicht schwer.*

Der Gliedsatz
- ist ein abhängiger Satz, der anstelle eines Satzgliedes steht,
- wird mit Komma vom Hauptsatz abgetrennt,
- wird gemäß der Unterscheidung der Satzglieder in Subjekt, Objekt und Adverbiale als Subjektsatz, Objektsatz oder Adverbialsatz bezeichnet,
- Beispiele: *Wer keine Fehler macht, schreibt eine Eins.*
  Wir warten darauf, dass du zurückkehrst.
  Ich schlafe, wo immer ich kann.

Der Adverbialsatz
- ist ein Nebensatz, der wie ein Adverb das Prädikat des Hauptsatzes näher erläutert,
- ist ein Gliedsatz,
- unterscheide: Kausalsatz (Grund, Ursache), Finalsatz (Zweck, Absicht), Temporalsatz (Zeit), Modalsatz (Art und Weise), Konzessivsatz (Einräumung), Konditionalsatz (Bedingung), Konsekutivsatz (Folge) und Adversativsatz (Gegensatz).

Der Infinitivsatz
- drückt den Zusammenhang zwischen zwei Handlungen aus,
- dient der verkürzten Ausdrucksweise,
- funktioniert nur, wenn das Subjekt des übergeordneten Satzes gleich dem Subjekt des Infinitivsatzes ist,
- Beispiel: *Er ging ins Kino, um sich zu unterhalten.*

Der Partizipialsatz
- Unterscheide:
  - Partizip I = Partizip Präsens: lesen → lesend, z. B. *Der lesende Schüler lässt sich durch nichts ablenken.*
  - Partizip II = Partizip Perfekt Passiv: lesen → gelesen, z. B. *Das mehrfach gelesene Buch ist schon ganz zerfleddert.*
- Er drückt den Zusammenhang zwischen zwei Handlungen aus,
- dient der verkürzten Ausdrucksweise,
- funktioniert nur, wenn das Subjekt der Handlung im Partizipialsatz auch im übergeordneten Satz vorkommt.

3.2 Rechtschreibung

Grundprinzipien und -strategien der Rechtschreibung:
- Lautprinzip → deutlich sprechen
- Stammprinzip → Wort verlängern, Einzahl/Mehrzahl bilden

Groß- und Kleinschreibung
- Der Satzanfang wird großgeschrieben.
- Substantive (Nomen) werden großgeschrieben.
- Wörter aus anderen Wortarten (z. B. Verben, Adjektive, Adverbien) können als Substantive verwendet werden = Substantivierung (*denken – das Denken*).

- Zeitangaben werden (auch nach Adverbien) großgeschrieben, wenn sie Substantive sind (z. B. *am Nachmittag, heute Abend*). Wenn es sich um Adverbien handelt, werden sie kleingeschrieben; man erkennt sie oft an der Endung -s (z. B. *heute, nachmittags, abends*).
- Von geografischen Namen abgeleitete Wörter auf die Endung -er schreibt man immer groß (z. B. *der Bamberger Dom, der Hamburger Hafen*).

Ausnahmen
Substantivierte Adjektive, Partizipien und Pronomen werden dann kleingeschrieben,
- wenn sie sich auf ein voranstehendes oder nachstehendes Substantiv beziehen:
  Ich probierte viele Hosen an. Die blauen passten am besten.
- wenn es sich um Superlative handelt: *Sabine springt am höchsten.*
- wenn Pronomen als Vertreter von Substantiven gebraucht sind:
  Ich habe über dieses und jenes gesprochen. Das hat manchen überrascht.
- wenn es sich um folgende Zahladjektive (in allen Formen) handelt:
  viel, wenig, der/die/das eine/andere.

Zusammenschreibung
- Substantive, Adjektive, Präpositionen oder Adverbien können mit Verben untrennbare Zusammensetzungen bilden:
  - Substantiv + Verb: *Er maßregelt den Kollegen. Wie hast du das denn geschlussfolgert?*
  - Adjektiv + Verb: *Sie hat sich gelangweilt. Damit hatte er noch nie geliebäugelt.*
  - Präposition/Adverb + Verb (mit Betonung auf dem Verb): *Er hintergéht seinen Chef nicht. Er übersétzt Romane.*
- Manche Adverbien oder Präpositionen können als Verbzusatz mit Verben auch trennbare Zusammensetzungen bilden. Man schreibt sie nur im Infinitiv, Partizip oder bei Endstellung im Nebensatz zusammen: *Er weiß, dass du mitarbeitest.* aber: *Er arbeitet gerne mit.*
- Adjektiv + Verb schreibt man zusammen, wenn sie gemeinsam eine neue Gesamtbedeutung bilden: *kaltstellen, freisprechen, richtigstellen …*
- Verbindungen von gleichrangigen Adjektiven schreibt man zusammen: *dummdreist, nasskalt …*

Getrenntschreibung
- Verb + Verb werden in der Regel getrennt geschrieben: *laufen lernen, baden gehen.*
- Adjektiv + Verb werden getrennt geschrieben, wenn das Adjektiv erweitert oder morphologisch komplex ist: *ganz nahe kommen, schachmatt setzen.*
- Verbindungen mit *sein* werden getrennt geschrieben: *fertig sein, vonnöten sein.*
- Adverb + Verb werden getrennt geschrieben, wenn beide Teile gleich betont sind: *frei sprechen, zusammen stehen.* (Achtung: Es gibt auch *freisprechen* und *zusammenstehen*. Diese Wörter haben dann aber eine andere Bedeutung. Siehe folgende Regeln)

Zusammen- oder Getrenntschreibung
- Adjektiv + Verb, wenn das Adjektiv das Ergebnis der Tätigkeit bezeichnet: *blankputzen/blank putzen, klein schneiden/kleinschneiden, blaufärben/blau färben*.
- Verb + *lassen* oder *bleiben* in übertragener Bedeutung: *stehen lassen/stehenlassen, kennen lernen/kennenlernen, sitzen bleiben/sitzenbleiben*
- Bei folgenden Fällen: *achtgeben/Acht geben, achthaben/Acht haben, haltmachen/Halt machen, maßhalten/Maß halten*
- Wenn eine Verbindung aus Substantiv, Adjektiv oder Adverb mit einem adjektivisch gebrauchten Partizip sowohl als Zusammensetzung oder als syntaktische Fügung angesehen werden kann: *die ratsuchenden Bürger/die Rat suchenden Bürger, die alleinerziehende Mutter/die allein erziehende Mutter*

s-Schreibung
Der stimmlose s-Laut (das „scharfe s") wird in der Regel
- nach Kurzvokalen als *ss* geschrieben, z. B. *Fluss*,
- nach Langvokalen oder Diphthongen (Doppellauten) als *ß* geschrieben, z. B. *Fuß, reißen*.
- Wörter auf *–nis* werden nur mit einem *s* geschrieben, obwohl ihr Plural mit Doppel-*s* gebildet wird, z. B. *Zeugnis, Zeugnisse*.

das-dass-Schreibung
- Faustregel: Ist die Ersatzprobe mit *dieses* oder *welches* möglich, steht *das*.
- *Das* ist entweder ein Artikel, ein Demonstrativpronomen oder ein Relativpronomen.
- *Dass* ist eine Konjunktion, die einen Nebensatz einleitet.

Schreibung von Fremdwörtern
- oft zwei Schreibweisen nebeneinander gültig, z. B. *Frisör* neben *Friseur*.
- In den Fachsprachen und in der Bildungssprache behält man in der Regel die ursprüngliche Schreibweise bei: *Philosophie* statt *Filosofie*.

Der Bindestrich
- wird in Zusammensetzungen verwendet,
- wird beidseitig unmittelbar an das Wort herangerückt: *deutsch-englisches Wörterbuch*.
→ Der Gedankenstrich

Der Ergänzungsstrich
- steht für einen Wortbestandteil,
- wird einseitig unmittelbar an das Wort herangerückt: *An- und Verkauf*.

3.3 Zeichensetzung
Komma steht bzw. Kommas stehen
- bei Aufzählungen, wenn die einzelnen Glieder der Aufzählung nicht durch *und* oder *oder* verbunden sind (*Äpfel, Birnen, Pfirsiche und Bananen*),
- bei der Anrede (*Paul, kommst du endlich?*),

- bei Datums- und Zeitangaben (*Wir sehen uns am Freitag, den 11. Oktober, um 20.00 Uhr*),
- bei Ausrufen (*Ach, das ist aber schade!*),
- vor und nach Einschüben, also:
  - Appositionen (*Oliver, ein guter Schüler, lernt leicht*).
  - erweiterten Infinitiven (*Sophie, um ihren Durst zu stillen, rannte zum Schulkiosk*).
  - Partizipien (*Sie konnte, durch den Kakao erfrischt, gut lernen*).
- zwischen Hauptsatz und Nebensatz (*Claudia arbeitete, während Annalena schlief*),
- zwischen Hauptsatz und Hauptsatz, wenn diese nicht durch *und* oder *oder* verbunden sind (*Stefan schlief, Dennis bastelte und Simone hörte Musik*),
- vor erweiterten Infinitiven,
  - wenn diese mit *um, ohne, statt, anstatt, außer* oder *als* eingeleitet werden (*Sie öffnete das Fenster, um frische Luft hereinzulassen*),
  - wenn diese von einem Substantiv abhängen (*Der Versuch, ihr zu helfen, gelang*),
  - wenn im übergeordneten Satz ein Stellvertreterwort auf den Infinitiv hinweist (*Sie freute sich schon lange darauf, ihre Eltern endlich wiederzusehen*).

Doppelpunkt
- steht vor:
  - angekündigten wörtlichen Reden,
  - angekündigten Gedanken,
  - wörtlich zitierten Textstellen,
  - angekündigten Aufzählungen, Angaben, Erläuterungen,
  - Sätzen, die das vorher Gesagte zusammenfassen,
  - Sätzen, die eine Schlussfolgerung ziehen.
- zieht folgende Schreibung nach sich:
  - Ganze Sätze werden großgeschrieben.
  - Unvollständige Sätze werden kleingeschrieben.

Der Gedankenstrich
- wird häufig dort gemacht, wo in der gesprochenen Sprache eine deutliche Pause vorkommt,
- steht frei zwischen den Wörtern (hat vor und nach sich eine Freitaste),
- ist meist durch andere Zeichen ersetzbar:
  - der einfache Gedankenstrich durch Doppelpunkt:
    Großartig: ein voller Erfolg, der uns als Klasse zusammengeschweißt hat.
  - der doppelte Gedankenstrich durch eine Klammer oder Kommas:
    Meine Freundin (sonst eher unsportlich) war begeistert bei der Sache. Meine Freundin, sonst eher unsportlich, war begeistert bei der Sache.

3.4 Wortschatz und Sprachverwendung
Wortbedeutung
- Denotation: Grundbedeutung eines Begriffs
- Konnotation: zusätzliche, assoziative Bedeutung eines Begriffs

Sprachebenen
- Standardsprache: erfüllt die Normen eines korrekten, stilistisch hochstehenden Sprachgebrauchs
- Umgangssprache: enthält Abweichungen von der Norm, z. B. Elemente aus dem Dialekt, Jugendsprache usw.
- Gruppensprache: Sondersprache einer bestimmten Gruppierung innerhalb einer Gesellschaft, z. B. Jugendsprache.
- Fachsprache: Gruppensprache einer Berufsgruppe

Stil: besondere Ausdrucksweise, zurückzuführen auf
- verschiedene Sprachebenen
- individuelle Eigenheiten (z. B. der Stil eines bestimmten Autors)
- jeweilige Situation, Zeit, jeweiligen Kulturraum

Sprachkritik
- untersucht Sprachverwendung im Hinblick auf vertuschte negative Absichten,
- prangert „Unwörter" an, die inhumanes Denken spiegeln,
- legt Wert auf „Political Correctness", d.h. nicht diskriminierenden Sprachgebrauch,
- mahnt Sprachpflege an.

Euphemismus
- indirekte, beschönigende Umschreibung eines Sachverhalts
- aufgrund von Tabus (gesellschaftlichen Sprachverboten)

4. Umgang mit Texten und Medien
4.1 Wichtig für alle Textsorten
Motiv
- in Literatur und Musik: Leitgedanke, wiederkehrendes Element
- in bildender Kunst: Gegenstand der Darstellung
- allgemein: Beweggrund

Thematische Literaturbetrachtung
- untersucht die inhaltliche und formale Gestaltung eines bestimmten Themas in verschiedenen Texten (auch Filmen)
- im Hinblick auf Gemeinsamkeiten und Unterschiede.

Satire
- literarische Darstellungsform, die durch spöttische Übertreibung etwas kritisiert
- keine eigene Gattung, sondern kann sowohl als epischer, als lyrischer, als dramatischer oder als Sachtext auftreten

Szenische Interpretation eines Textes
Ziel: Deutung eines Textes mittels Empathie in Form einer Aufführungssituation (künstlerische Konkretisation)
Was? (Inhalt):
- Darstellung einer bestimmten Textdeutung

Wie? (Darstellungstechnik): z. B.
- lauter Vortrag
- szenisches Spiel
- mediale Umsetzung

Sprache:
- sprachgestaltend (Modulation usw.)
- Emotionen/Subjektivität zulassend
- der Textdeutung angepasst
→ Methoden: Interpretieren durch lautes Lesen, Erstellen einer Rollenbiografie

4.2 Umgang mit Erzähltexten
S. 33 ff.

Untersuchungsaspekte: z. B.
- Figuren
- Ort
- Zeit
- innere und äußere Handlung:
  - Außensicht: Darstellung des äußeren Geschehens
  - Innensicht: Darstellung der Gedanken und Gefühle der Figuren
- Erzählperspektive, z. B. Ich-Perspektive, Er-Perspektive, allwissender Erzähler
- Erzählhaltung, z. B.
  - Erzählerbericht: Geschehen wird deutlich von einem Erzähler dargestellt
  - szenische Darstellung: erweckt den Eindruck der Unmittelbarkeit
  - Figurenrede: Gedanken der Personen oder Figuren werden unmittelbar wiedergegeben
  - Innerer Monolog: Selbstgespräch einer Figur
- Aufbau
- Sprache
- Stilmittel
- Textsorte
- Überschrift
→ Methode: Textmerkmale erkennen

Kurzgeschichte
- epische Kurzform
- unvermittelter Anfang
- offenes Ende
- alltägliche Figuren
- Wendepunkt im Leben einer Figur

Parabel
- epische Kurzform
- lehrhaft
- allgemeine Erkenntnis in Form eines Gleichnisses, wobei die allgemeine Erkenntnis vom Leser selbst erschlossen werden muss

Anekdote
- epische Kurzform
- besonderer Vorfall, durch den eine Person/eine Gruppe/ein historisches Ereignis treffend charakterisiert wird
- enthält eine Pointe

Novelle: epische Form mittlerer Länge, die
- das Verhalten von Personen in einer inneren oder äußeren Krise darstellt,
- oft ein besonderes Ereignis schildert, durch welches das Leben des „Helden" eine besondere Wendung nimmt,
- sich durch straffe Handlungsführung und konzentrierte Darstellung vom längeren Roman unterscheidet.

Roman: epische Langform, die
- ein umfassenderes Bild der Welt entwirft,
- oft mehrere Themenstränge hat,
- komplexere Personenkonstellationen enthält.

4.3 Umgang mit Gedichten

S. 121 ff.

Untersuchungsaspekte
- lyrisches Ich: das „Ich", das im Gedicht vorkommt, nicht zu verwechseln mit dem Verfasser.
- sprachliche Bilder:
    - Vergleich: Ding und Bild werden durch das Wörtchen *wie* in Beziehung gesetzt (*Blitze schossen wie Speere vom Himmel.*)
    - Metapher: Das Bild steht für das Ding (*Speere schossen vom Himmel.*)
    - Synästhesien: Bilder, in denen mehrere Sinneseindrücke verschmelzen (*kaltes Licht, helle Klänge*)
    - Personifikation/Personifizierung: Vermenschlichung von Unbelebtem (*Die Bäume sind weise.*)
- Zeilenstil/Hakenstil:
    - beim Z. fallen Satz- und Vers-(Zeilen-)ende zusammen.
    - beim H. geht der Satz über das Vers- (Zeilen-)ende hinaus = Zeilensprung (Enjambement).
- Reimarten:
    - Kreuzreim: a b a b / c d c d / usw.
    - Paarreim: a a / b b / c c / usw.
    - umschließender Reim: a b b a / c d d c / usw.
- Versmaß
  Kombination von unbetonten Silben (Senkungen) und betonten Silben (Hebungen). Häufig sind: Jambus (unbetont, betont), Trochäus (betont, unbetont), Anapäst (unbetont, unbetont, betont), Daktylus (betont, unbetont, unbetont). Die Anzahl der Betonungen in einer Zeile bestimmen das Versmaß (Metrum).

- Klänge:
  - Alliteration: Mehrere Wörter, die nahe beieinander stehen, fangen mit dem gleichen Laut an (*Des Wassers weiche Wellen*).
  - Anapher: Mehrere Sätze oder Zeilen beginnen mit dem gleichen Wort.
→ Methode: Ein Gedicht untersuchen

Kreativer Umgang mit Gedichten – selbst ein Gedicht schreiben
- Ideen finden durch Cluster
- auf eine stimmige Reihenfolge achten
- Strophen thematisch ordnen
- Wiederholungen zur Hervorhebung einsetzen
- mit Doppelbedeutungen spielen

⇨ S. 217 ff. **4.4 Umgang mit dramatischen Texten**
Textelemente des Dramas
- Figurenrede: Es sprechen die Darsteller, z.B. in Dialogen (Zwiegesprächen), in Monologen (Selbstgesprächen, längere Redeanteile einer Person)
- Szenen- oder Bühnenanweisung: gibt Hinweise darauf, was die Figuren in einem Theaterstück tun sollen und wie die Bühne aussehen soll
- Personenverzeichnis: gibt an, welche Figuren im Drama vorkommen
- Akte = Aufzüge, Gliederungseinheit eines Theaterstücks, so benannt, weil ursprünglich vom Öffnen und Schließen des Bühnenvorhangs begrenzt
- Szenen = Auftritte: kleinste Gliederungseinheiten eines Theaterstücks oder Drehbuchs, vom Auf- und Abtreten einer Person begrenzt

Fünfaktiges Drama
- klassische Dramenform, bei der
  - im ersten Akt die Exposition (Einführung mit Klärung der W-Fragen) erfolgt
  - in den Akten 2 und 3 der Konflikt sich immer mehr zuspitzt
  - im 4. Akt die Wende erfolgt
  - im 5. Akt die Lösung präsentiert wird
- Theorie von Gustav Freytag (19. Jh.) im Anschluss an die Dramentheorie des Aristoteles (Antike)

Vorstufen/Hilfsmittel zur Interpretation eines Dramas
- Szenenübersicht: gibt Ort, Zeit und Personen in den aufeinander folgenden Szenen an
- Nebentext: Gedanken, Gefühle und Absichten der Figuren, die so nicht im Text stehen, sondern vom Leser erschlossen werden. Sie dienen dem Darsteller als Orientierungshilfe

⇨ S. 144 ff. **4.5 Umgang mit Sachtexten**
Lesestrategien
- gründliches Lesen: den Aufbau und Gedankengang eines Textes nachvollziehen

- überfliegendes Lesen: sich einen Überblick verschaffen
- selektives (auswählendes) Lesen: gezielt eine bestimmte Information suchen
- Lesen eines Gesamttextes: Erfassen der ganzen Argumentation

Einen Sachtext verstehen
- Vorwissen zum Thema abrufen
- Fragen an den Text stellen
- überfliegendes Lesen
- unbekannte Wörter klären
- gründliches Lesen
- Inhalt in eigenen Worten wiedergeben

→ Methode: Einen Sachtext verstehen

Die Struktur eines Sachtextes erfassen
- äußere Gliederungssignale wahrnehmen
- auf sprachliche Gelenkstellen achten
- Sinnabschnitte erkennen
- wichtige Informationen durch Markieren von unwichtigen trennen
- Gedankengang des Textes in Form einer Textskizze wiedergeben

→ Methode: Die Struktur eines Sachtexts erfassen

Sachtexte zum gleichen Thema vergleichen
- Untersuchung der inhaltlichen und formalen Gestaltung eines bestimmten Themas in verschiedenen Sachtexten
- im Hinblick auf Gemeinsamkeiten und Unterschiede

Diagramme und Schaubilder verstehen und beschreiben
Leitfragen:
- Was ist das Thema?
- Was sagen die Legenden (Erklärungen) aus?
- Welche Bedeutung haben die Farben/Formen?
- Was bezeichnen die Zahlen?
- Wird eine Entwicklung oder ein Zustand dargestellt?
- Welche Informationen fehlen?

Journalistische Darstellungsformen
- Nachricht:
    - informiert über eine Neuigkeit, die wichtig und/oder interessant ist
    - beantwortet zu Beginn die W-Fragen
    - ist sachlich und neutral (frei von Wertungen)
    - stellt das Wichtigste an den Anfang und ordnet die folgenden Teile nach abnehmender Bedeutung (Lead-Stil)
    - heißt in der knappen Fassung Meldung
    - heißt in der längeren Fassung Bericht

- Kommentar:
  - Meinungsäußerung des Autors zu einer Nachricht
  - will die Meinungsbildung des Lesers beeinflussen
  - Stil sehr unterschiedlich (sachlich-erörternd, emotional-aufrüttelnd usw.)
- Reportage:
  - schildert ein live miterlebtes Ereignis
  - bietet Information und Unterhaltung
  - mischt Sachinformationen und persönliche Bewertungen
  - bietet in der Regel Hintergrundwissen
  - benutzt eine anschauliche, lebendige Sprache, oft mit direkter Rede
  - enthält meist eines oder mehrere Bilder
- Interview:
  - Frage-Antwort-Gespräch
  - oft geführt von einem Journalisten/einer Journalistin mit einer Person von öffentlichem Interesse

Fernsehen: hier
- Politmagazin
  - kombiniert politische Nachrichten mit Hintergrundinformationen und Kommentaren
  - will informieren, erklären, zur Meinungsbildung beitragen und (in geringem Maße) unterhalten
- Talk-Show
  - Meinungsaustausch zwischen mehreren Personen
  - will – in je unterschiedlicher Gewichtung – informieren, erklären, zur Meinungsbildung beitragen und unterhalten
→ Interview

Film
- Darstellungsmittel: Sprache – Bildgestaltung (z. B. Kameraperspektive, Einstellungsgröße) – Musik – Geräusche
- Einstellungsgrößen
  Die Größe des gezeigten Objektes auf einem Bild bezeichnet man als Einstellungsgröße. Die wichtigsten Einstellungsgrößen sind:
  - Totale: Vermittlung einer Übersicht über das Geschehen, räumliche Orientierung
  - Weit: Darstellung einer gesamten Landschaft
  - Halbtotale: volles Bild der Figuren in einer näheren Umgebung
  - Halbnah: Figuren vom Knie an aufwärts
  - Amerikanisch: Figuren bis zur Hüfte (der Einstellungsgröße „Halbnah" recht ähnlich)
  - Nah: Figur von der Brust aufwärts
  - Groß: Gesicht einer Figur
  - Detail: Teilaspekt in Nahaufnahme

- Kameraperspektiven:
  Bei der Kameraperspektive geht es um die Position der Filmkamera:
  - Normalsicht: Kamera befindet sich in „normaler" Position (auf gleicher Höhe) vor den Objekten.
  - Froschperspektive oder Untersicht: Kamera nimmt von unten her die Objekte auf.
  - Vogelperspektive oder Aufsicht: Kamera nimmt von oben her die Objekte auf.

5. Methoden und Arbeitstechniken

- S. 38 → Textmerkmale erkennen
- S. 43 → Produktive Schreibaufgaben bearbeiten
- S. 45 → Füllen einer selbst gefundenen Leerstelle
- S. 46 → Umgestalten in eine andere Textsorte
- S. 48 → Interpretieren durch lautes Lesen
- S. 49 → Erstellen einer Rollenbiografie
- S. 62 → Bibliotheksrecherche
- S. 62 → Exzerpieren
- S. 67 → Anfertigen von Thesenpapieren
- S. 90 → Internetrecherche
- S. 103 → Texte überarbeiten
- S. 123 → Ein Gedicht untersuchen
- S. 148 → Die Struktur eines Sachtexts erfassen
- S. 149 → Lesestrategien
- S. 151 → Einen Sachtext verstehen
- S. 179 → Mitschreiben

Autoren- und Quellenverzeichnis

S. 135 Ausländer, Rose (geb. 1907; gest. 1988)
Im Chagall-Dorf, aus: dies., Aschensommer. Ausgewählte Gedichte, hrsg. von Berndt Mosblech, Deutscher Taschenbuch Verlag, Frankfurt/Main, 1978, S. 26, © Literarischer Verlag Helmut Braun KG, Köln

S. 188 Asendorpf, Dirk (ohne Lebensdaten)
Viel Energie auf hoher See, aus: http://www.zeit.de/2008/27/Windpark?page=1, zuletzt besucht am 22.04.2009

S. 17 Auster, Paul (geb. 1947 in Newark, New Jersey)
Smoke, Blue in the Face, Zwei Filme, Rowohlt Verlag, Reinbek bei Hamburg, 1995, S. 114-116

S. 56 Von der Hand in den Mund, Rowohlt Verlag, Reinbek bei Hamburg, 1998, S. 12ff.

S. 88 Bauer, Michael Gerard, Ute Mihr (ohne Lebensdaten)
Nennt mich nicht Ismael!, Hanser Belletristik Verlag, München, 2008, S. 97f.

S. 27 Benn, Gottfried (geb. 1886; gest. 1956)
Ein Wort, aus: ders., Statische Gedichte, © 1983, 2006 by Arche Literaturverlag AG, Zürich-Hamburg, S. 73

S. 228 Böll, Heinrich (geb. 1917; gest. 1985)
Die verlorene Ehre der Katharina Blum, Kiepenheuer & Witsch, München, 1976, S. 35ff.

S. 247 Börner, Andrea (ohne Lebensdaten)
Leere im Meer, aus: Praxis Geographie 6/2008, S. 16ff., © Westermann Schroedel Diesterweg Schöningh Winklers GmbH

S. 204 Bradbury, Ray (geb. 1920 in Waukegan, Illinois)
Die letzte Nacht der Welt, aus: Der illustrierte Mann, Sciencefiction Geschichten, Diogenes Verlag, Zürich, 1977, S. 156-161

S. 45 Brecht, Bertolt (geb. 1898 in Augsburg; gest. 1956 in Berlin)
Der hilflose Knabe, aus: ders., Geschichten vom Herrn Keuner, Züricher Fassung, Frankfurt a.M., 2004, S. 18

S. 127 Die Liebenden, aus: ders., Gesammelte Werke, Suhrkamp, Frankfurt/Main, 1967, S. 138

S. 9 Buchholz, Simone (geb. 1972)
Es reicht schon ein falsches Wort ..., aus: Jetzt. Jugendmagazin der Süddeutschen Zeitung, Nr. 17 (2002), S. 16

S. 174 Burchardt, Rainer (geb. 1945)
Hochwasser, aus: www.dradio.de/cgi-bin/es/neukommentar/263.html, zuletzt aufgerufen am 01.08.03

S. 11 Busch, Wilhelm (geb. 1832; gest. 1908)
Die Selbstkritik hat viel für sich, aus: ders., Historisch-kritische Gesamtausgabe in vier Bänden. Hrsg. von Friedrich Bohne, Vollmer Verlag, Wiesbaden und Berlin, 1960, Bd. 2, S. 496

S. 25 Die Ärzte
Lasse redn, Text und Musik: Farin Urlaub, PMS Musikverlag GmbH, Berlin, 2008

S. 115 Domin, Hilde (geb. 1912; gest. 2006)
Das Gefieder der Sprache, aus: dies., Was für ein Zeichen mache ich über die Tür. Gesammelte Gedichte, S. Fischer Verlag, Frankfurt a.M., 1987, S. 272

S. 224 Fernsehgedichte, aus: dies., Gesammelte Gedichte, S. Fischer Verlag, Frankfurt/Main, 1987, S. 352f.

S. 121 Möwe zu dritt, aus: dies., Nur eine Rose als Stütze, in: Gesammelte Gedichte, S. Fischer Verlag, Frankfurt a.M., 1987, S. 150

S. 116 Eichendorff, Joseph von (geb. 1788; gest. 1857)
Anklänge 1, aus: ders., Sämtliche Werke. Historisch-kritische Ausgabe, Bd. I/1, hrsg. von H. Fröhlich und U. Regener, Verlag W. Kohlhammer, Stuttgart, Berlin, Köln, S. 59f.

S. 81 Enzensberger, Hans Magnus (geb. 1929 in Kaufbeuren)
Altes Medium, aus: ders., Kiosk, Neue Gedichte, Suhrkamp Verlag, Frankfurt/Main, 1995, S. 57

S. 170 Das Ende der Eulen, aus: ders., Landessprache, Suhrkamp Verlag, Frankfurt a.M., 1960, S. 31

S. 150 Eschbach, Andreas (geb. 1959 in Ulm)
Kriege der Zukunft, aus: Das Buch der Zukunft. Ein Reiseführer, Rowohlt Verlag, Berlin, 2004, S. 183-185

S. 156 Globalisierung, aus: ders., Das Buch der Zukunft. Ein Reiseführer, Rowohlt Verlag, Berlin, 2004, S. 174f.

S. 80 Feldmann, Joachim (ohne Lebensdaten)
Die Fachinformatikerin – auf Zukunft programmiert, aus: Süddeutsche Zeitung vom 24.04.01, S. 19 (SZ-Spezial für Schule und Weiterbildung)

S. 8 Fritsch, Daniel (ohne Lebensdaten)
Wenn Mädchen anfangen... aus: aus: Jetzt. Jugendmagazin der Süddeutschen Zeitung, Nr. 17 (2002), S. 15

S. 123 Fritz, Walter Helmut (geb. 1929)
Der Wal, aus: ders., Gesammelte Gedichte 1979-1994, Hoffmann und Campe, Hamburg, 1994, S. 19

S. 126 Goethe, Johann Wolfgang (geb. 1749; gest. 1832)
Willkommen und Abschied, aus: ders., Werke in vier Bänden, Bd. 3, Caesar Verlag, Salzburg, 1983, S. 33f.

S. 133 Groth, Klaus (geb. 1936)
Fledermaus, aus: http://gutenberg.spiegel.de/?id=12&txid=993&kapitel=94&cHash=3fe59c5bb62, zuletzt aufgerufen am 07.08.2008

S. 79 Hacke, Axel (geb. 1956 in Braunschweig)
Ohne Titel, aus: Das Beste aus meinem Leben, Verlag Kunstmann, München, 2003 o.S.

S. 58 Havel, Václav (geb. 1936 in Prag)
Ohne Titel, aus: ders., Das Gartenfest. Die Benachrichtigung. Zwei Dramen, Essays, Antikoden, rororo, Hamburg, 1990, S. 204

S. 203 Hebel, Johann Peter (geb. 1760 in Basel; gest. 1826 in Schwetzingen)
Unglück der Stadt Leiden, aus: ders., Schatzkästlein des rheinischen Hausfreundes. In: Digitale Bibliothek, Band 1, Deutsche Literatur, S. 37428-37430. Ausgewählt von Mathias Bertram, Directmedia, Berlin 1998

S. 54 Herz, Henriette (geb. 1764; gest. 1847)
Verlobung, aus: dies., Erinnerungen, zitiert nach: Ingeborg Weber-Kellermann, Die deutsche Familie, Suhrkamp Verlag, Frankfurt a.M., 1974, S. 97

S. 125 Hesse, Hermann (geb. 1877; gest. 1962)
Blauer Schmetterling (Dezember 1927) aus: ders.: Die Gedichte, Suhrkamp Verlag, Berlin, 1992, S. 59

S. 207 Hoddis, Jakob van (geb. 1887; gest. 1942)
Weltende, aus: ders., Dichtungen und Briefe, herausgegeben und kommentiert von Regina Nörtemann, Wallstein, 2007, S. 9

S. 116 Hoffmann, E.T.A. (geb. 1776; gest. 1822)
Lebensansichten des Katers Murr, aus: ders., Werke, Dritter Band, Insel Verlag, Frankfurt a.M., 1967, S. 132 und 196f.

S. 80 Hönicke, Ina (ohne Lebensdaten)
Wenn das Internet zur Droge wird – im Tiefenrausch des Datenmeers, aus: Süddeutsche Zeitung vom 16.06.1998, S. 37

S. 217 Ibsen, Henrik (geb. 1828 in Skien/Norwegen; gest. 1906 in Oslo)
Ein Volksfeind, Reclam Verlag, Stuttgart, 1968, S. 19-22

S. 144 Jelloun, Tahar Ben (geb. 1944 in Fes, Marokko)
Papa, was ist ein Fremder?, übersetzt von Christiane Kayser, Rowohlt Verlag, Berlin, 1999, S. 17ff., 7ff.

S. 138 Kaminer, Wladimir (geb. 1967 in Moskau)
Geschäftstarnungen, aus: ders., Russendisko, München, Goldmann Verlag, 2000, S. 97ff.

S. 31 Kästner, Erich (geb. 1899; gest. 1974)
Der gordische Knoten, aus: ders., „... was nicht in euren Lesebüchern steht", hrsg. von Wilhelm Rausch, Fischer, Frankfurt a.M., 1971, S. 32

S. 211 Kleist, Heinrich von (geb. 1777 in Frankfurt/Oder; gest. 1811 in Berlin-Wannsee)
Das Erdbeben in Chili, aus: Hedwig Appelt und Dirk Grathoff, Heinrich von Kleist. Das Erdbeben in Chili. Erläuterungen und Dokumente, Reclam Verlag, Stuttgart, 1986, S. 5ff.

S. 130 Knopf, Jan (ohne Lebensdaten)
Gedichte 1924–1933, aus: ders., Brecht Handbuch, Bd. 2: Gedichte, Metzler & Poeschel Verlag, Stuttgart 2001, S. 118ff.

S. 233 Koelbl, Herlinde (geb. 1939 in Lindau)
Lügen Bilder? Aus: Sehen, was andere nicht sehen. Über die Arbeit des Bildjournalisten. In: Illner, Maybrit und Ingke Brodersen (Hg.), Ente auf Sendung. Von Medien und ihren Machern. DVA, München, 2003, S.102ff.

S. 39 Kunze, Reiner (geb. 1933 in Oelsnitz, Erzgebirge)
Nachhall, aus: ders., Die wunderbaren Jahre, Fischer Verlag, Frankfurt a.M., 1979, S. 42 f.

S. 202 Ledig, Gert (geb. 1921 in Leipzig; gest. 1999 in Landsberg am Lech)
Vergeltung, Suhrkamp Verlag, Frankfurt a.M., 1999, S. 198 f.

S. 28 Lewis, Alun (geb. 1915; gest. 1944)
Der Lapsus, aus: ders., The Last Inspection, George Allen & Uwin Publishers Ltd., London, 1942, übersetzt von Klaus Zobel, zitiert nach: Zobel, Klaus (Hg.): Moderne Kurzprosa. Eine Textsammlung für den Deutschunterricht, Verlag Schöningh, Paderborn u.a., 1978, S. 66

S. 112 Lovenberg, Felicitas von (geb. 1974)
Das Buch ist unverbesserlich ..., aus: www.faz.net/s/RubBD1309DF4509455E09678A1DCABE6/Doc~EDE8BB15704764C3F85D8CBOD7358534D~ATpl~Ecommon~Scontent.html, zuletzt aufgerufen am 23.03.2009

S. 231 Maier, Wolfgang (ohne Lebensdaten)
Dimensionen des Medienbegriffs, aus: ders., Grundkurs Medienpädagogik – Mediendidaktik. Ein Studien- und Arbeitsbuch. Beltz Verlag, Weinheim, 1998, S. 15

S. 121 Meyer, Conrad Ferdinand (geb. 1825; gest. 1898)
Möwenflug: aus: ders., Werke in zwei Bänden, 1. Band, Aufbau-Verlag, Weimar, Berlin, Weimar, 1983, S. 40f.

S. 226 Mikich, Sonja (geb. 1951)
Kritischer Journalismus, aus: Illner, Maybrit und Ingke Brodersen (Hg.), Ente auf Sendung. Von Medien und ihren Machern. DVA, München, 2003, S. 55f.

S. 182 Molina, Mario (geb. 1943 in Mexico City)
Ozon sorgt nicht nur für den blauen Himmel ..., Auszug aus „Warum ist der Himmel blau?", aus: Stiekel, Bettina (Hg.): Kinder fragen, Nobelpreisträger antworten, Verlag Heyne, München, 2003, 7. Auflage, S. 72 f.

S. 118 Morgenstern, Christian (geb. 1871; gest. 1914)
Das Vermächtnis. Eine Legende, aus: ders., Werke und Briefe, Stuttgarter Ausgabe, Band IV, Episches und Dramatisches, hrsg. von R. Habel und E. Kretschmer, Verlag Freies Geistesleben und Urachhaus GmbH, Stuttgart, 2001, S. 30–32

S. 152 Newth, Eirik (geb. 1964 in Oslo)
Krieg und Frieden in der Zukunft, aus: ders., Abenteuer Zukunft. Projekte und Visionen für das dritte Jahrtausend, Deutscher Taschenbuchverlag, München, 2002, S. 111–114

S. 156 Globalisierung, aus: ders., Abenteuer Zukunft, ebd. S. 100–102

S. 50 Orths, Markus (geb. 1969)
Lehrerzimmer, Schöffling & Co, Frankfurt/Main, 2003, S. 5 ff.

S. 72 Pelz, Monika (geb. 1944 in Wien)
Janusz Korczak träumt ..., aus: dies., Nicht ich will mich retten!. Die Lebensgeschichte des Janusz Korczak, Beltz & Gelberg Verlag, Weinheim, Basel, Berlin, 2003, S. 49

S. 124 Riedl, Ute (ohne Lebensdaten)
Vogel Herz, aus: dies., Verbotenes, Gedichte, Karin Fischer, Aachen, 1994, S. 69; zitiert nach: Lyrik der neunziger Jahre, Reclam Verlag, Stuttgart, 2000

S. 243 Schreiber, Mathias (geb. 1943)
Deutsch for sale, aus: http://wissen.spiegel.de/wissen/image/show.html?did=49067625&aref=image036/2008/03/04/ROSPKO200604001820198.pdf&thumb=false,
zuletzt besucht am 23.03.2009

S. 33 Seul, Michaela (geb.1962)
Allmorgendlich, aus: Allert-Wybranietz, Kristiane (Hg.): Abseits der Eitelkeiten, Heyne Verlag, München, 1987, S. 23

S. 131 Sigel, Kurt (geb. 1931)
Anpassen, aus: ders., Verse gegen taube Ohren. Gedichte zweisprachig, D. Fricke Verlag, Frankfurt a. M., 1983, S. 36

S. 132 Nach drei hochdeutschen Gedichtbänden ..., Auszug aus: Der Dialekt als Frischzellenkur für die Hochsprache, ebd., S. 104 ff.

S. 224 Spitzer, Manfred (geb. 1958 in Darmstadt)
Studien zu Gewalt in Computer- und Videospielen, aus: ders., Vorsicht Bildschirm! Elektronische Medien, Gehirnentwicklung, Gesundheit und Gesellschaft. Klett Verlag, Stuttgart, 2005, S. 218 ff.

S. 200 Stifter, Adalbert (geb. 1805; gest. 1868)
Vorrede zu „Bunte Steine", aus: ders., Bunte Steine und Erzählungen, Artemis Verlag, Düsseldorf und Zürich, 1996, S. 310

S. 139 Tempel, Sylke (geb. 1963)
Kulturelle Vielfalt – ein Zeichen von Freiheit, aus: Globalisierung, was ist das? Rowohlt Verlag, Berlin, 2005, S. 136–139

S. 136 Tucholsky, Kurt (geb. 1890 in Berlin; gest. 1935 in Göteborg)
Augen in der Großstadt, aus: ders., Gesammelte Werke, Rowohlt Verlag, Reinbek bei Hamburg, 1960, S. 58

S. 140 Tutu, Desmond (geb. 1931 in Klerksdorp, Südafrika)
Warum gibt es Krieg? Aus: Bettina Stiekel (Hg.), Kinder fragen, Nobelpreisträger antworten, Heyne Verlag, München, 2003, S. 99–109

S. 128 Vogt, Jochen (ohne Lebensdaten)
Bertolt Brecht, aus: Kritisches Lexikon zur deutschsprachigen Gegenwartsliteratur. Lose Blattsammlung in 11 Ordnern, München, Edition Text + Kritik GmbH, 1978, 16. Nlg.

S. 129 Völker, Klaus (ohne Lebensdaten)
Bertolt Brecht: Eine Biographie, Rowohlt Taschenbuch Verlag, Reinbek, 1978, S. 124 f.

S. 55 Wander, Maxie (geb. 1933; gest. 1977)
Leben wär' eine prima Alternative. Herausgegeben von Fred Wander. Darmstadt/Neuwied: Luchterhand Verlag. 1980.
Frankfurt/M.: Suhrkamp Verlag (st 4085). 2009. S. 82/83. Alle Rechte: Susanne Wander, Wien.

S. 12 Weitholz, Arezu (ohne Lebensdaten)
Interview mit den „Ärzten", aus: Jetzt. Das Jugendmagazin der Süddeutschen Zeitung, Nr. 48 (1999), S. 28 f.

S. 10 Wohmann, Gabriele (geb. 1932)
Ein netter Kerl, aus: dies., Habgier. Erzählungen, Rowohlt Verlag, Reinbek, 1978, S. 73 f.

S. 134 Wolf, Christa (geb. 1929)
Verwundet, aus: dies., Hierzulande Andernorts, Erzählungen und andere Texte 1994–1998, Luchterhand Literaturverlag, München, 1999, S. 42

S. 215 Störfall. Nachrichten eines Tages, Luchterhand Literaturverlag, München, 1987, S. 9–11

S. 42 Zimmermann, Tanja (ohne Lebensdaten)
Eifersucht, aus: Bolte, Marion (Hg.), Total verknallt, Rowohlt Verlag, Reinbek bei Hamburg, 1984, S. 56

ohne Autor/in:

S. 234 „Bild"-Manipulation – SPD und Grüne fordern Entschuldigung der Zeitung bei Trittin, aus: Der Tagesspiegel, 1.2.2001, S. 9

S. 106 brennen etc. aus: Wippermann, Peter/Trendbüro (Hg.), Wörterbuch der Szenesprachen, Duden-Verlag, Mannheim, 2002, S. 124

S. 20 Briefsteller, Entschuldigung einer Beleidigung, aus: Privatarchiv Karla Müller

S. 99 Computer-Projekt gescheitert: Schüler wollen keinen Einsatz mehr, aus: http://www.neue-oz.de, zuletzt aufgerufen am 12.03.07

S. 84 Computerspiele-Typen, aus: Umlauf, Konrad/Sarnowski, Daniella: Medienkunde, Harrassowitz-Verlag, Wiesbaden, 2000, S. 283f.

S. 250 Diagramm „Fischbestände auf offener See", aus: Praxis Geographie, 6/2008, Westermann Schroedel Diesterweg Schöningh Winklers GmbH, 2008, S. 16ff.

S. 251 Diagramm „Entwicklung der Fangergebnisse", aus: ebd.

S. 223 Die Videoinstallation Die letzte Familie ..., aus: Petzold, Friederike, Die letzte Familie. In: Peine, Sibylle (Red.): ZKM, Zentrum für Kunst und Medientechnologie Karlsruhe, Prestel Verlag, München, 1997, S. 76

S. 241 Dudenauszüge
1991 © Bibliographisches Institut & F.A. Brockhaus AG, Mannheim 1991, S. 537
2006 © Bibliographisches Institut & F.A. Brockhaus AG, Mannheim 2006, S. 770

S. 244 Focus-Interview mit Uli Veigel „Englisch ist Geschäftssprache", aus: www.focus.de/kultur/leben/pro-englisch-ist-geschaeftssprache_aid_175666.html, zuletzt besucht am 23.03.2009

S. 108 Frau Holle und die soziale Kiste, aus: www.kidz-fun.de/Marchen/Jugendsprache/hauptteil jugendsprache.html#HaenselundGretel, zuletzt aufgerufen am 12.03.07

S. 164 Gesetz zum Schutz der arbeitenden Jugend, aus: www.gesetze-im-internet.de/jarbschg/, zuletzt aufgerufen am 13.11.09

S. 23 „Ihr müsst nun das in eure Jugend aufnehmen...", Rede Adolf Hitlers anlässlich des Reichsparteitages 1934 in Nürnberg, aus: Klönne, Arno, Jugend im Dritten Reich. Die Hitler-Jugend und ihre Gegner. Deutscher Taschenbuchverlag, München, 1990, S. 79f.

S. 172 Interview mit Stephan Kohler, Wege aus dem Energie-Irrsinn, aus: Die Zeit, Nr. 31, 2000, entnommen aus der Webseite (www.diezeit.de) zuletzt aufgerufen am 29.09.02

S. 107 Man merkt – Interneteuphorie, Internetfieber sind ausgebrochen ..., aus: http://www.goethe.de/lhr/pro/odyssee/lehrer/texte/gfds2.htm, zuletzt aufgerufen am 12.02.07

S. 133 Mo' fas'er ..., aus: Cajun Night Before christmas, © Pelikan Publishing Company, 1973, o.S.

S. 74 Prof. Dr. Wolfgang Paul (1913–1993) – Physiker. Nach Abschluss ..., aus: www.arge-deutsche-geschichte.de/bilder/paul.jpg, zuletzt aufgerufen am 12.02.2009

S. 159 Schaubilder zum Energieverbrauch, aus: www.physik.uni-muenchen.de/leifiphysik/web_ph10/umwelt-technik/13statistik-/prim_welt.htm, zuletzt aufgerufen am 12.12.04

S. 160 Schaubild „Globaler Temperaturanstieg", aus: Das Ravensburger Schülerlexikon, © Ravensburger Buchverlag Otto Maier GmbH, 2003, S. 65

S. 173 Szenario Weltenergieverbrauch, aus: http://www.physik.uni-muenchen.de/leifiphysik/web_ph10/umwelt-technik/13statistik/_prim_welt.htm, zuletzt aufgerufen am 12.12.04

S. 130 Terzinen über die Liebe, aus: Brecht-Lexikon. Hrsg. von Ana Kugli und Michael Opitz, J.B. Metzler Verlag, Stuttgart u. Weimar, 2006, 239f.

S. 183 Warum ist es im Winter so kalt?, aus: Schulz, Bernhard u.a.: Warum ist der Himmel blau?, Rowohlt Verlag, Reinbek bei Hamburg, 2005, S. 93f.

S. 166 Wege aus der Krise – die globale Wasserpolitik, aus: http://www.km.bayern.de/blz/web/700207/5.asp, zuletzt aufgerufen am 23.03.2009

S. 74 Wolfgang Paul wurde am ..., http://physik.uni-bonn.de/w.paul/wp_bio.php, zuletzt aufgerufen am 12.02.2009

S. 40 „1973 wurde in Ost-Berlin ...", aus: van Rinsum, Annemarie und Wolfgang, Dichtung und Deutung. Eine Geschichte der deutschen Literatur in Beispielen, bsv, München, 1992, S. 327-329

Textsortenverzeichnis

Biografische Texte
Auster, Paul, Vom der Hand in den Mund, S. 56
Buchholz, Simone, Es reicht schon ein falsches Wort, S. 9
Fritsch, Daniel, Wenn Mädchen anfangen..., S. 8
Herz, Henriette, Verlobung, S. 54
Pelz, Monika, Janusz Korzcak träumt..., S. 71
Prof. Dr. Wolfgang Paul, S. 74
Sigel, Kurt, Nach drei hochdeutschen Gedichtbänden, S. 132
Vogt, Jochen, Bertolt Brecht, S. 128
Völker, Klaus, Bertolt Brecht – Eine Biographie, S. 129
Wander, Maxie, Ein Blatt weißes Papier, S. 55
Wolfgang Paul wurde..., S. 74

Dramentexte
Ibsen, Henrik, Der Volksfeind, S. 217

Erzählungen
Bradbury, Ray, Die letzte Nacht der Welt, S. 204
Hebel, Johann Peter, Unglück der Stadt Leiden, S. 203
Kaminer, Wladimir, Geschäftstarnungen, S. 138
Kästner, Erich, Der gordische Knoten, S. 31
Kunze, Reiner, Nachhall, S. 39
Seul, Michaela, Allmorgendlich, S. 33
Wohmann, Gabriele, Ein netter Kerl, S. 10
Wolf, Christa, Verwundet, S. 134

Gedichte
Ausländer, Rose, Im Chagall-Dorf, S. 135
Benn, Gottfried, Ein Wort, S. 27
Brecht, Bertolt, Die Liebenden, S. 127
Busch, Wilhelm, Die Selbstkritik hat viel für sich, S. 11
Domin, Hilde, Das Gefieder der Sprache, S. 115
Domin, Hilde, Fernsehgedicht, S. 224
Domin, Hilde, Möwe zu dritt, S. 121
Eichendorff, Joseph, Anklänge 1, S. 116
Enzensberger, Hans Magnus, Altes Medium, S. 81
Enzensberger, Hans Magnus, Das Ende der Eulen, S. 170
Fritz, Walter Helmut, Der Wal, S. 123
Goethe, Johann Wolfgang, Willkommen und Abschied, S. 126
Groth, Klaus, Fledermaus, S. 133
Havel, Vaclav, Ohne Titel, S. 58
Hesse, Hermann, Blauer Schmetterling, S. 125
Hoddis, Jakob van, Weltende, S. 207
Meyer, Conrad Ferdinand, Möwenflug, S. 121
Riedl, Ute, Vogel Herz, S. 124
Sigel, Kurt, Anpassen. S. 131
Tucholsky, Kurt, Augen in der Großstadt, S. 136

Gesetzestexte
Gesetz zum Schutze der arbeitenden Jugend. S. 164

Journalistische Texte
„Bild"-Manipulation, S. 234
Computer-Projekt gescheitert, S. 99
Feldmann, Joachim, Die Fachinformatikerin – auf Zukunft programmiert, S. 80
Focus-Interview mit Uli Veigel, S. 244
Interview mit Stephan Kohler, S. 172
Lovenberg, Felicitas von, Das Buch ist unverbesserlich, S. 112
Schreiber, Mathias, Deutsch für sale, S. 243
Tutu, Desmond, Warum gibt es Krieg?, S. 140
Wege aus der Krise, S. 166
Weitholz, Arezu, Interview mit den Ärzten, S. 12

Jugendbuchauszüge
Cajun Nights Before Christmas, S. 133
Jelloun, Tahar Ben, Papa, was ist ein Fremder, S. 144

Kurzprosa
Brecht, Bertolt, Der hilflose Knabe, S. 45
Ein verschwenderischer Junger Mann ..., S. 190
Frau Holle und die soziale Kiste, S. 108
Hacke, Axel, Ohne Titel, S. 79
Lewis, Alun, Der Lapsus, S. 28
Morgenstern, Christian, Das Vermächtnis, S. 118
Stifter, Adalbert, Vorrede zu „Bunte Steine", S. 200
Zimmermann, Tanja, Eifersucht, S. 42

nicht-kontinuierliche Texte
„brennen" – Auszug aus dem Wörterbuch der Szenesprache, S. 107
Diagramm „Fisch und Ernährung", S. 252
Diagramm „Fischbestände auf offener See", S. 250
Diagramm „Entwicklung der Fangergebnisse", S. 251
Dudenauszüge, S. 241
Gast, Wolfgang, Einstellungsgrößen im Film, S. 238
Schaubild „Globaler Temperaturanstieg", S. 160
Schaubilder zum Energieverbrauch, S. 159
Szenario Weltenergieverbrauch, S. 173

Novelle
Kleist, Heinrich von, Das Erdbeben von Chili, S. 211

Rede
Auszug aus einer Hitlerrede, S.23

Romanauszüge
Bauer, Michael Gerard und Ute Mihr, Nennt mich nicht Ismael!, S. 88
Böll, Heinrich, Die verlorene Ehre der Katharina Blum, S. 228
Hoffmann, E.T.A., Lebensansichten des Katers Murr, S. 116
Ledig, Gert, Vergeltung, S. 202
Orths, Markus, Lehrerzimmer, S. 50
Wolf, Christa, Störfall, S. 215

Sachtexte
Asendorpf, Dirk, Viel Energie auf hoher See, S. 188
Börner, Andrea, Leere im Meer, S. 247
Entschuldigung einer Beleidigung, S. 20
Burchardt, Rainer, Hochwasser, S. 174
Computerspiele-Typen, S. 84
Die Videoinstallation „Die letzte Familie" ..., S.223
Eschbach, Andreas, Kriege der Zukunft, S. 150
Eschbach, Andreas, Globalisierung, S. 157
Hönicke, Ina, Wenn das Internet zur Droge wird, S. 80
Knopf, Jan, Gedichte 1924 – 1933, S. 130
Koelbl, Herlinde, Lügen Bilder?, S. 233
Man merkt – Interneteuphorie, Internetfieber ausgebrochen, S. 108
Mikich, Sonja, Kritischer Journalismus, S. 226
Molina, Mario, Ozon sorgt nicht nur für den blauen Himmel, S. 182
Newth, Eirik, Krieg und Frieden in der Zukunft, S. 152
Newth, Eirik, Globalisierung, S. 156
Spitzer, Manfred, Studien zu Gewalt in Computer- und Videospielen, S. 224
Tempel, Sylke, Kulturelle Vielfalt- ein Zeichen von Freiheit, S. 139
Brecht-Lexikon, Terzinen über die Liebe, S. 130
Warum ist es im Winter so kalt?, S. 183
1973 wurde in Ost-Berlin..., S. 40

Songs
Die Ärzte, Lasse redn, S. 25

Szenische Texte
Auster, Paul, Smoke, S. 17

Bildquellenverzeichnis

S. 8/9	Anna-Rosa Krau, London
S. 11	Verlagsarchiv
S. 12	Ullstein-Bild, Berlin
S. 15	Markus Knebel, Bamberg (5)
S. 16	Markus Knebel, Bamberg
S. 17	Victor Wever und Lorey Sebastian, Miramax Films
S. 19	Lorey Sebastian, Miramax Films
S. 23	dpa Picture-Alliance, Frankfurt; Ullstein-Bild, Berlin
S. 26/27	The Image Bank/P. Turner, Düsseldorf
S. 30	Verlagsarchiv
S. 31	Peter Lowin, Bremen
S. 34	http://www.artchive.com
S. 39	dpa Picture-Alliance, Frankfurt
S. 40	Ullstein-Bild, Berlin
S. 46	Superbild, Taufkirchen (2); Ullstein-Bild, Berlin
S. 48	Peter Lowin, Bremen
S. 54	Stiftung Weimarer Klassik und Kunstsammlungen, Inv.-Nr. 00330, Weimar
S. 56	Ullstein-Bild, Berlin
S. 59	Deutsches Museum, München
S. 61	Ullstein-Bild, Berlin (2)
S. 64	Markus Knebel, Bamberg
S. 68	Verlagsarchiv
S. 70	Verlag Beltz & Gelberg, Weinheim; Preußischer Kulturbesitz, Berlin © Carlsen Verlag, Hamburg
S. 74	http://www.nobelprize.org
S. 75	http://www.nobelprize.org
S. 78/79	Peter Lowin, Bremen
S. 82	Rainer Weisflog, Cottbus
S. 84	Markus Knebel, Bamberg
S. 87	Gemeinnützige Hertie-Stiftung, Frankfurt
S. 90	http://www.google.de
S. 96	dpa Picture-Alliance, Frankfurt
S. 106	CCC - Cartoon-Caricatur-Contor, Pfaffenhofen
S. 107	Peter Lowin, Bremen
S. 112	dpa Picture-Alliance, Frankfurt
S. 114/115	Museum Albertina, Wien
S. 116	Verlagsarchiv
S. 117	Kunsthalle Bremen
S. 119	Elke Langendorf, Bremen
S. 120	Elke Langendorf, Bremen
S. 121	Volker Köpp
S. 123	dpa Picture-Alliance, Frankfurt
S. 127	Peter Lowin, Bremen
S. 128	Verlagsarchiv
S. 132	dpa Picture-Alliance, Frankfurt
S. 133	Pelikan Publishing Company, 1973
S. 134	Frida Kahlo
S. 135	Artothek, Weilheim
S. 136/137	Ullstein-Bild, Berlin
S. 138	dpa Picture-Alliance, Frankfurt
S. 139	dpa Picture-Alliance, Frankfurt
S. 140	dpa Picture-Alliance, Frankfurt
S. 142	dpa Picture-Alliance, Frankfurt
S. 144	Bruno Barbey/Magnum und Charly Case
S. 146	Walter Hellmann und Charly Case
S. 149	Verlagsarchiv
S. 171	CCC - Cartoon-Caricatur-Contor, Pfaffenhofen
S. 174	dpa Picture-Alliance, Frankfurt
S. 176	dpa Picture-Alliance, Frankfurt (4)
S. 185	Mohr/CCC, www.c5.net
S. 189	Fotoagentur Blickwinkel/McPhoto, Witten
S. 192	Verlagsarchiv
S. 200/201	Robert Gernhardt
S. 202	Verlagsarchiv
S. 204	Verlagsarchiv
S. 205	Peter Lowin, Bremen
S. 207	Klaus Gropper, Berlin
S. 209	Archiv für Kunst und Geschichte, Berlin; dpa Picture-Alliance, Frankfurt
S. 210	dpa Picture-Alliance, Frankfurt
S. 215	dpa Picture-Alliance, Frankfurt
S. 218	Schauspielhaus Zürich
S. 219	Schauspielhaus Zürich
S. 221	dpa Picture-Alliance, Frankfurt (2)
S. 222/223	ZKM - Zentrum für Kunst und Medientechnologie, Karlsruhe
S. 224	Gero Hellmuth
S. 227	Fotolia/Falco
S. 231	Das Fotoarchiv/Xinhua, Essen
S. 233	© Herlinde Koelbl (2)
S. 234	Der Tagesspiegel, Berlin
S. 235	Cinetext, Frankfurt; WDR/M. Potjans (S1), WDR Pressestelle/Fotoredaktion, Köln
S. 238	Verlagsarchiv
S. 239	Cinetext, Frankfurt (3)
S. 242	Friedrich Retkowski, Hameln
S. 247	SeaTops/Mark Conlin, Karlsruhe
S. 249	Peter Lowin, Bremen
S. 251	Öko-Test
S. 252	Globus Infografik, Hamburg

Trotz entsprechender Bemühungen ist es nicht in allen Fällen gelungen, den Rechtsinhaber ausfindig zu machen. Gegen Nachweis der Rechte zahlt der Verlag für die Abdruckerlaubnis die gesetzlich geschuldete Vergütung.

Sachregister

Alliteration 123, 275
Appellieren 161 f., 262 f.
Argumentation 96-98
äußere Form 179-180, 263
äußere Handlung 37, 273
Autorenabsicht 158

Basissatz 155
Bedeutungswandel 104
Bibliotheksrecherche 62, 70
Bindestrich 192 f., 270

Das/dass-Schreibung 187, 270
Debattieren 87 f.
Denotation 106
Diagramme 159 f., 276
Dialekt 131-133
Diskutieren 83-86, 259
Doppelpunkt 190 f.
Drama, fünfaktig 217-221, 275
Du-Botschaft 14

Einleitung 65, 102 f.
Ellipse 122
Enjambement 122
Ergänzungsstrich 192 f., 270
Ergebnisprotokoll 176
Erörtern 89-103, 263
Erzählhaltung 37
Erzählperspektive 37
erzähltechnische Mittel 37
Erzähltext 36-49, 262, 273 f.
Euphemismus 21, 272
Exposition 221
Exzerpieren 62

Fachsprache 108
Fehleranalyse 111
Fehlervermeidungsstrategien 196
Fernsehen 231 f., 277
Film 237-239, 277
Fremdwörter 186 f., 270

Gebrauchsanweisungen 163
Gedankenstrich 192 f.
Gedichte analysieren 121-133, 274 f.
Gelenkwörter 147
Gesetzestexte 163
Gespräch 14-16, 260
Gliederung 63 f., 92-95
Gliedsatz 268

Grammatik 185-196, 264-268
Groß- und Kleinschreibung 185 f., 268
Gruppensprache 108

Hakenstil 122, 274

Ich-Botschaft 14, 260
indirekte Rede 36, 155, 181, 184, 265
Infotainement 235 f.
Inhaltsangabe 33-36
innere Handlung 37
Internetrecherche 90 f.
Interpretation 38, 41, 126-131

Kommasetzung 188-190
Kommunikation 25
Kongruenz 195, 267
Konjunktionen 36, 184, 266
Konjunktiv 155, 181, 265
Konnotation 106
Kurzgeschichte 273

Laut-Buchstaben-Zuordnung 187 f.
Leerstelle 44 f.
Lesestrategien 149, 275 f.

Medien 231-239
Metapher 125, 274
Mitschreiben 179
Moderieren 86, 260
Modus 181, 264

Nachrichtensendung 236
Notizen machen 177-179
Novelle 211-215, 274

Peripetie 221
Personifikation 123, 274
Präsentieren 59-69, 259
Produktives Schreiben 42-47
Protokollieren 176-184, 263

Quellen nachweisen 71 f., 260

Radio 232
Recherchieren 61 f., 70, 90 f.
Rechtschreibung 185-196, 268-271
Rede, politische 24
Referat 59-69
Reimschema 123, 274

Retardierende Momente 221
Rollenbiografie 49
Roman 215–217, 274

Sachtexte
  - vergleichen 152–158
  - verstehen 144–153, 161–165, 276
  - zusammenfassen 154 f.
Satz 266–268
Satzgefüge 36, 188 f., 266
Satzglieder 266 f.
Satzstellung 195 f.
Schaubilder ' Diagramme
Schluss 65, 102 f.
Schreiben 35, 43 f., 154–158, 260
Sprachebenen 20, 109, 272
Sprachgebrauch 22, 109, 158, 181–184
Sprachkritik 21, 272
Sprachpflege 21
Stil 20, 24, 36, 44–47, 64, 104–109, 155, 158, 272
Stoffordnung 92–95
Stoffsammlung 63 f., 93
Struktur von Sachtexten 144–149
Substantivierungen 188
Szenisches Interpretieren 48 f., 272

Tempus 155, 183, 184
Textmerkmale erkennen 38
Textskizze 144–149
Textzusammenfassungen 154 f.
thematische Literaturbetrachtung 209–221, 272
Themenanalyse 89, 209
Thesenpapier 67

Überarbeiten 36, 103, 184
Überleitungen 101

Verlaufsprotokoll 176
Versmaß 123, 274
Verträge 163–165
Vier-Ohren-Modell der Kommunikation 260
Vortragen 69
Vorwissen abrufen 149–151

W-Fragen 155
Wortarten 264
Wortbedeutung 104–106, 271 f.
Wortprotokoll 176
Wortstellung 195 f.

Zeichensetzung 188–194, 270 f.
Zeilenstil ' Hakenstil
Zeitenfolge 183
Zeitung 232
Zitieren 72 f., 191 f., 260
Zuhören 177–179
Zusammen- und Getrenntschreibung 186, 269